U0946165

Meditations on Science

# 科苑沉思录

张端明 著

华中科技大学出版社
http://www.hustp.com
中国·武汉

## 作者简介

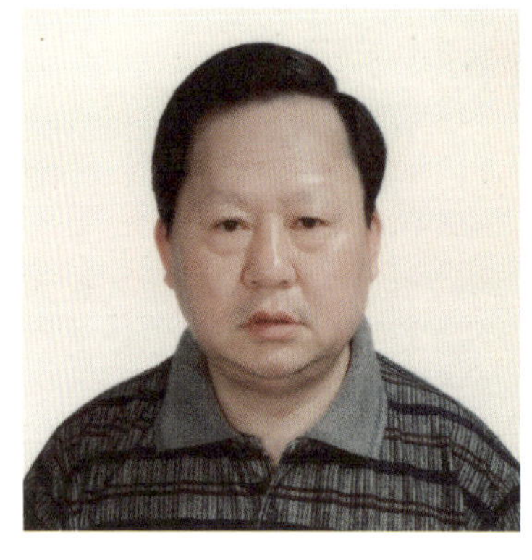

1941年生，湖北武汉人。华中科技大学物理学院教授，享受国务院特殊津贴专家。曾任湖北省科普作家协会副理事长，湖北省物理协会理事、美国物理学会会员、美国纽约科学院成员。主要研究方向为基础物理与凝聚态物理。多年来主持并完成国家级、省部级科研项目20余项，率领课题组构建的脉冲激光沉积动力学被载入国际材料科学巨著《Comprehensive materials processing》第13卷。多次获国家级、省部级奖励，包括自然科学成果奖、科学技术进步奖、优秀论文奖，以及科普奖等。其中湖北省自然科学奖二等奖1项，湖北省科学进步奖2项，全国科普奖一等奖1项，湖北省政府教学成果奖二等奖1项，国家级和省级优秀论文奖多项，湖北省科普一等奖4项。曾获“全国优秀科普作家”称号，专著曾获“湖北出版政府奖”图书奖，入选“三个一百”原创图书出版工程。

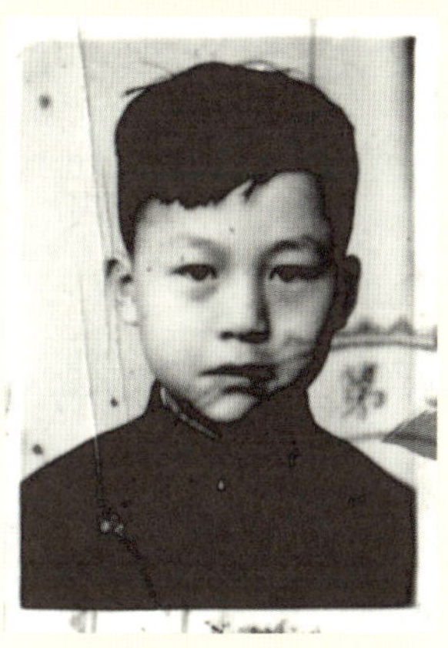

1957 年在武汉二十中念初中

1960 年高中毕业合影

1961 年与中学同学合影
(左一余焱祖，右一丁岐亮)

1963 年与大学老师李振华
(左一) 合影

1963 年与武汉一中同学合影（右一为作者）

1964 年大学毕业合影

1965 年在华中农学院附属中学任教时与部分同事合影

1965 年与武汉市一中同学合影（左一赵瑞泰，左二白祖柏，右二余焱祖）

1965 年与母亲在东湖合影

大学时代（左一余焱祖，右一白祖柏）

1972 年与彭芳明结婚照

1974 年与好友王齐建在华中农学院

1974 年与华中农学院附属中学六四届共青团六支部合影

1976 年在华中农学院附属中学任教班主任时与高二（4）班全体同学合影 作者是班主任

1979 年在华中工学院教工运动会上

20 世纪 80 年代父亲

1984 年春天与家人在华中理工大学青年园合影（前排左一为父亲）

1984年在北京大学勺园召开纪念杨－米尔斯理论三十周年学术讨论会（前排左二杨振宁，左三米尔斯，二排右二为作者）

1985年与物理系党总支书记张秀梅在梅园

1988年华中理工大学第一届少年班合影

1989 年在西安参加学术会议访问西山周公庙

1991 年全家福

1992 年在莫斯科访问俄罗斯科学院

1992 年于里亚斯特访问联合国理论物理中心

1998年春节与好友（从左到右为刘永钊、余焱祖、郭培道、何大同、赵瑞泰）欢聚在汉阳动物园

1998年参加美国物理联合学术会议时在Ohio州立大学电子工程系门口照像

1999年庆贺武汉大学曾昭度先生（曾是华中农业大学附属中学同事，系忘年好友）八十寿辰

20世纪90年代华中理工大学引力中心奠基典礼

2000 年、2004 年获华中科技大学优秀研究生指导老师奖

2002 年偕夫人彭芳明在哈佛大学校园合照

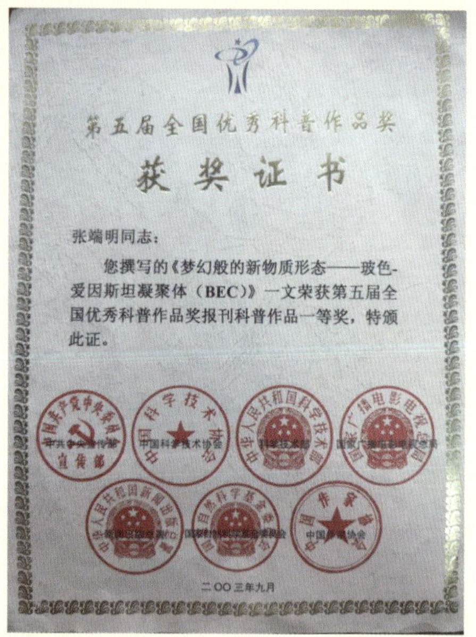

第五届全国优秀科普作品奖

获奖证书

张端明同志：

您撰写的《梦幻般的新物质形态——玻色-爱因斯坦凝聚体（BEC）》一文荣获第五届全国优秀科普作品奖报刊科普作品一等奖，特颁此证。

二〇〇三年九月

2003 年获第五届全国优秀科普作品奖

2007 年在耶鲁大学

2008 年在博士生谭新玉获华中科技大学“科技十佳”颁奖会上

2009 年博士生杨凤霞和李智华讨论问题

2009 年在人民大会堂“首届国际老子道学文化高层论坛”做报告

2009 年与博士生钟志成、徐洁在新疆调研

2010年与华中科技大学王文奇教授、王能超教授在应城

2013年与古稀同窗合影

已出版部分科普读物与经典著作，其中“脉冲激光沉积动力学”作为材料科学百科全书《Comprehensive Materials Processing》（十三卷）的第四卷第四章，2014年正式出版，全世界发行

2015年与教育学博士涂鸿斌合影

2016年在武昌理工学院“梅南书香大讲坛”启动仪式暨“中国梦与科技创新精神培养”报告会上

2017年在华中科技大学附属中学做报告

2017年参加第三届全国物理学哲学学术研讨会（前排右四武汉大学桂起权，左一华中科技大学万小龙教授，右七我国著名科学哲学家范岱年）

2017 年在华中农业大学国际学术交流中心与朋友们相聚（右一刘丹先生，右二汪昌仑老师，左二王力文老师）

2018 年“纪念五四运动名师学子面对面活动”现场

科学技术奖励证书

项目名称：脉冲强磁场国家重大科技基础设施

奖励类别：科技进步奖

获奖等级：特等奖

获 奖 人：张端明

证书编号：2018J-214-特-002/001-R15

二〇一八年十二月

2018 年获湖北省科技进步奖特等奖

# 前言

本书书名，几经周折，犹豫不决，最后华中科技大学出版社人文分社周晓方副社长点破迷津，终于确定现在的书名《科苑沉思录》。众所周知，《沉思录》是公元2世纪后期古罗马帝国皇帝马可·奥勒留传下来的一部个人哲学思考录，主要思考人生伦理问题兼及自然哲学，是奥勒留所作的一本写给自己的思想散文集。近两千年来，《沉思录》受到读者，尤其是知识界朋友们的广泛好评。在某种意义上，本书跟《沉思录》具有类似的特点。

我在教育战线工作了近60年，在科学的园地，辛苦耕耘了40余年。我作为一名自然科学工作者及基础科学和应用科学园丁，年深月久，获得国家和省部级奖励多项，发表研究论文近300篇。据2014年检索结果，其中有SCI和EI的论文174篇。出版科学专著4部，受邀参加欧洲和美国三个出版社的专著的写作。因此，有关方面的研究成果都应该展现在这些论文和专著中。

然而，自20世纪下半叶开始，在科学的领域，由原来的不断分化、不断细化、新学科不断涌现潮流中出现了一股相反的潮流，即各学科之间的交叉融合，整体集约化的趋势不断增强，并且科学的突破往往出现在这些交叉领域。基础科学研究的基本问题——宇宙的创生、物质的始源、生命的诞生和智能的发展等，无一不跟哲学的基本命题有关。在20世纪与21世纪交接之时，在杨叔子院士和欧阳康教授的推动下，结合我的专业，对于我国古典哲学(老庄哲学)，我认真地进行了若干研讨；对于后现代主义思潮和社会信息科学进行了有针对性的探索。这是本书中若干哲学研究论文的缘起。在给朋友们的著作所作的序言中，我将这种探讨延伸至佛教和道教的哲理讨论，指出科学与宗教的分野，科学精神与民间科学的根本不同，强调现代科学发展到今天，应该有所反省，但是这种反省绝不能否定科学的实在性，否定科学在人类文明发展中的巨大作用。

我在成长过程中，深深感到科学普及工作的重要。因此，每当我面临新的科研课题时，首先是大量阅读原始文献，写成研究综述，供研究生们参考。随着研究的进展，我对课题背景和内容的认识加深，往往我还抽暇写成科普文章，或者进行科普宣传。因此，全国的科普杂志，如《自然》《科学》《科学画报》《探秘》等都是我投稿的园地。20 世纪 90 年代，我就成为科普奖大户，从全国一等奖一直到湖北省各种奖项(科学进步奖和科普奖)我都收入囊中。发表文章百余篇，出版著作十余部，以至于许多出版社慕名而来，至今欲罢不能。在本书的“书香魅影”中，收录了我在这些出版物中的前言和后记，阐述了我的科学普及创作中的基本观点：不仅要深入浅出、形象生动地介绍相关的科学内容，而且更应该结合内容丰满地介绍科学精神、科学方法，张扬爱国主义的旗帜。有关报刊，近年来纷纷请我评介科学著作和科普著作，这些评论文章也收录在本书中，所谓“赏花人言”。在这些文章中，我强调基础科学研究的重要性，没有基础科学的重大突破，高新技术就会成为无本之木、无源之水。我在 20 世纪 90 年代中期，在湖北省科学技术协会的大力支持下，并且以身示范，编撰成“基础科学与高新技术科普丛书”10 本，其宗旨就在于此。

现在大国的竞争，集中体现为科学技术的竞争。这种竞争的关键因素是人才的竞争，尤其是高端人才培养的竞争。我所在的华中科技大学是全国闻名的双一流重点建设高校，我们崇高的使命就在于培养忠于祖国、忠于人民的高端科技人才。我受老校长、老书记朱九思同志的委托，在 20 世纪 80 年代中期组建我校少年班和提高班，并主持工作十余年，培养了大量社会主义建设的优秀人才，有国内国外的院士，有科学院、研究所的骨干，有卓有成绩的企业家，有党政机关重要领导干部，等等。在我校物理学院的建设中，尤其是硕士点和博士点的申报工作中，我也亲历其中。相关的经验教训不少，在本书的“萍踪碎影”的篇章中，有所反映。

文理渗透，科学工作者跟所有的人一样，也有自己的喜怒哀乐。在我的晚年，欣逢盛世，跟瑜珈诗社的所有同仁一样，创作了若干古典诗词，以表达我在沉思之余的兴奋心情。

张端明

**2019 年 12 月**

# 目录

**第一篇　赏花人言**　/1

高能碰撞多粒子产生夸克王国一首铿锵的叙事诗　/3
原子世界的眼睛——扫描隧道显微镜　/7
梦幻般的新物质形态——玻色-爱因斯坦凝聚体(BEC)　/9
宇宙琴弦上的智慧之音——读《宇宙的琴弦》、《超越爱因斯坦——关于世界理论的宇宙探秘》　/17
百年物理学的恢宏画卷　/20
“长江科学技术文库”总序　/24
“遗憾”的叹息——2004年诺贝尔物理学奖的反思　/26
爱因斯坦在1905年　/30
天路津梁——《物理天文学前沿》读后　/44
透过蟹状星云的美丽羽纱　/50
奇妙的旅行　/51
建设人与自然和谐发展的新社会　/53
亚原子世界的绝妙素描　/56
迎接我国工程伦理学繁花似锦的春天——《工程伦理:概念和案例》读后感　/59
西方社会信息学与东方社会信息科学鸟瞰　/62
迈向21世纪的道学文化研究与当代科学的新趋势　/71
佯谬何以是科学的福音　/79
桃李不言,下自成蹊——庆祝科学出版社成立60周年　/83
浩瀚宇宙的涟漪——人类首次发现引力波　/87
培养拔尖人才的初步探索与试验——华中理工大学教改(少年)班综合改革的

实践与思考 /99
营造学术大师脱颖而出的软环境 /111
新世纪的第一只燕子——2001年度诺贝尔物理学奖述评 /118
道德经中的“道”、“无”与真空场、暗能量 /127
武汉科技发展剪影与展望(古代、近代与民国时期) /139
中国纳米科技现状分析与思考 /150
后现代思潮批判论纲 /156
《〈心经〉之物理诠释》序 /160
老子和现代物理学 /162
脉冲激光沉积动力学研究进展 /168
《进化教育论》序言 /198
《老子和爱因斯坦》序言 /200

## 第二篇 书香魅影 /204

《大宇宙与小宇宙》后记 /206
《21世纪物理学》前言 /207
《21世纪物理学》后记 /209
《应用群论》前言 /211
《应用群论》后记 /214
《大宇宙奇旅》后记 /216
《小宇宙探微》后记 /218
《科技革命的弄潮儿——世纪之交的物理学》前言 /220
《科技革命的弄潮儿——世纪之交的物理学》后记 /220
《精神文明知识宝库》科技博览摘要 /221
《高等量子理论》译者前言 /222
《高等量子理论》作者序 /223
《极微世界探极微》后记 /226
《科技王国的宙斯——物理学与高新技术》后记 /227
《科技王国的宙斯——物理学与高新技术(修订版)》前言 /229
《科技王国的宙斯——物理学与高新技术(修订版)》后记 /230
优秀科普何处有——从张端明教授的科普作品说起 /233
《脉冲激光沉积动力学原理》前言 /236
《脉冲激光沉积动力学原理》后记 /239
《宇宙创世纪史诗》前言 /241

《宇宙创世纪史诗》后记 /243
《神秘失踪的中微子》前言 /244
《神秘失踪的中微子》后记 /245
《物理发现启思录》后记 /247
《小宇宙与大宇宙》后记 /251

**第三篇 杏林弦歌** /254

马公赞 /256
贺张良皋教授九十华诞 /256
贺华科大六十周年华诞两首 /257
绝顶青松 /257
未名湖上月 /258
石城怀古二首 /258
书香 /259
红楼·辛亥百周年 /259
南山“一棵树” /260
校庆五十周年感怀 /260
赠友人永年 /261
奠郭公 /261
培道君十周年忌 /262
菩萨蛮·重游恩施 /262
鹧鸪天·师生团聚 /263
临江仙·丽江古城 /263
浣溪沙·瑜伽诗社琴台燕集 /264
登楚天台寄赠友人 /264
鹊桥仙 /265
临江仙 /265
望富士山感怀 /266
秋意 /266
江上龙舟——端阳感怀 /267
示孙辈 /267
悼刘君 /268
长征80周年赞 /268
壮哉华工 /269

江城子两首　/269
贺敏儿四十生日　/270
感怀　/270
神仙游　/271
附和诗两首　/272
贺中国共产党第十九次全国代表大会胜利召开　/273
哭白超翁周年祭　/273
改革开放四十年感怀　/274
王府雅集　/274
赠杨翁　/275
赠内　/276
秋兴两首　/276
冬兴　/277
赠叶公　/277
赠小雪　/278
感怀　/278
喻园银杏道初冬偶成　/279
贺大同、雅玲伉俪金婚　/279
鹊桥仙　/280
悼念姑叔老人千古　/280
一九九五年十二月三十一日两位老人合墓奉安武昌九峰陵园　/281
七七祭　/281
春祭　/281
封城三章　/282
渔家傲·孤城　/283
鸟儿嘲对　/283
哭李文亮　/283
春祭　/284
春月　/285
庚子上元节组诗之十　/285
致张端明教授　/286
悼念段院士　/287
庚子春情　/288
庚子上元节组诗之十　/289

春刺之一　/289
春誓　/290
庚子上元节杂咏之五　/290
庚子上元节即事　/291
上元节诗论　/291
庚子封城组诗　/291
壮行　/292
遥寄张洁君　/292
刺梅　/293
秋兴　/293
钟南山　/293
无题之一　/294
无题之二　/294
无题之三　/294
摸鱼儿　/294
春云　/295
春笑　/295
春叹　/296
破晓　/296
春喜　/297
春分　/297
春兴　/298
春雨　/298
红尘　/299
春之浩歌　/299
瑶瑟梦　/300
公祭　/300
诉衷情　/301
牡丹照　/301
小团圆　/302
谷雨赠赵维义教授　/302
春望　/303
春梦　/303
枇杷　/304

杜陵野老行　/305
赠兆久君并继安兄　/306
八十初度自寿　/306
寄赠张秀梅同志　/307
渔家傲·悼屈原　/307
端午禅意　/308
庚子端午节读史　/308
南湖红船　/308
读聂瑛女士《小暑闻雷声感怀》　/309
赠鹰台诗社社长向进青学长　/309
次韵赠和张端明教授　/309
感怀　/310

## 第四篇　萍踪碎影　/311

片片春云——高中生活回忆　/312
《道钉集》后记　/316
刘丹先生行述　/317
我记忆中的物理学院　/323
调往华中工学院前后的回忆　/333
华中科技大学少年班杂记　/343
1998年美国物理协会与美国物理教师协会联合会年会概况　/348
夸克,世界上最小的“砖石”　/351
伯乐奖前的剪影　/353
梅南书香中国梦　/360
断臂维纳斯与诺贝尔物理学奖　/361
创新需要科学精神和家国情怀　/362
青春鸿鹄志　砥砺逐梦行　/365
用科学情怀,致敬青春!——关于《物理发现启思录》的有关采访　/366
科技创新引领新时代发展　/367
我的事业在中国　/369
老骥伏枥　志在青年　/372
五十年风雨历程　醉心物理创辉煌——记华中科技大学张端明教授　/380
一身清风勤求索　栉沐风雨志不移　/382
宇宙鸿蒙畅想曲——评张端明教授《极微世界探极微》　/386

日暮春深老泪多——中国科学技术大学诸先贤祭　/389
张家长冲张氏宗谱序　/393
先君张文翥传略　/395
后记　/398

# 第一篇　赏花人言

这一部分收集了我的34篇文章，基本上都是发表在报纸和社会科学期刊上，少数文章则发表在有关的全国性学术会议上和学校内部期刊上。内容聚焦在科学著作和科普著作的评论和赏析，涉及的领域包括物理学、天文学、宇宙学、哲学、教育学、科学史、工程伦理学和社会信息学等。相当一部分内容涉及交叉学科，例如，中国古典哲学与现代物理学、道学文化与当代自然科学以及进化论与教育学等。

作为一个自然科学工作者，我直率地对若干社会科学问题发表个人见解，肯定有许多不成熟的地方。但是，我作为一个门外汉对于社会科学的许多问题发表意见，也许具有独有的先天优势，就是没有先入为主的成见，没有鲁迅先生说的专家们常有的“悖论”意识，也许会给有关领域带来一点新的活力、新的视角。特别是，我从现代物理学的视角探讨了我国古典道家文化，认为道家文化对于现代科学的发展具有独特的价值，对于现在环境科学和生态文化具有不可替代的作用。对于佛学与现代科学的关系，通过书评发表了我的看法，哲学的研究和宗教学的研究可能会对科学的探索发挥若干启迪作用，但无论如何都不能替代科学的实证研究。我直率地对于西方最近涌现的后现代主义思潮进行了无情的批判：反思科学主义是可以的，但是这种反思不应该是将科学“解构”，更不是否定科学，尤其对于像我国这样的发展中国家。

关于学术大师、拔尖人才的培养，我觉得对于我国赶上和超过世界先进水平，实现中华民族伟大复兴的中国梦，其意义将越来越重要。正如国之重器，关键技术是买不来的一样，真正的学术大师，真正的科学领军人物，真正的社会栋梁、拔尖人才，必须立足于我国自己培养，立足于在我国营造学术大师成长的软环境。有关的论述，我推荐读者阅读《培养拔尖人才的初步探索与试验》和《营造学术大师脱颖而出的软环境》两篇文章。

我的科普文章在全国科普杂志上发表有近百篇，但本书概不收录，因为已有十本科普著作正式出版，其内容已大体涵盖。唯一的例外是《梦幻般的新物质形态——玻色-爱因斯坦凝聚体(BEC)》，这篇文章获得第五届全国优秀科普作品奖报刊科普文章类一等奖。该奖项由中共中央宣传部、中国科学技术协会、科学技术部、国际广播电视总局、新闻出版总署、国家自然科学基金委员会和中国作家协会联合颁发。被我校科研处核定属于全国科学技术进步奖系列，并由时任校长李培根批示同意。相应地，还收录了我的科学综述《脉冲激光沉积动力学研究进展》。从中读者可以看到，我是如何将自己的前沿科学研究与科学普及工作结合进行的。《桃李不言，下自成蹊——庆祝科学出版社成立60周年》则展示了这项研究工作是如何导致我们建立新的学科分支——脉冲激光沉积动力学的。

至于《武汉科技发展剪影与展望(古代、近代与民国时期)》一文则为应湖北省科学技术协会邀请所撰写，是关于武汉科学技术发展的简史。此类文献并不多见，收录于此，对读者不无裨益。

本书的主要意图是帮助读者阅读优秀的科学著作和科普著作；帮助读者领略科学本身所蕴藏的美；告诉读者当前的科学发展面临自然科学和社会科学的交叉和融合。通过自己的具体行动，展示一个学者在这个新时期是如何在交叉和融合的大潮中工作的。

# 高能碰撞多粒子产生
# 夸克王国一首铿锵的叙事诗

近年来，上海科学技术出版社陆续推出了"物理学前沿丛书"，旨在向世界介绍中国科学家的一流物理研究成果。该丛书的出版，是中国物理学界的一大盛事。其中《高能碰撞多粒子产生》一著，当属众佳作中极具特色的一颗明珠。

作者之一刘连寿教授，为中国高能物理奠基人胡宁先生的高足，曾参加北京粒子物理小组在20世纪60年代中期建立的著名的"层子模型"的工作，而后又多年致力于高能碰撞多粒子产生的研究，取得一系列富于创造性的成果，在国际高能物理学界颇具影响。另一位作者吴元芳教授为高能物理学界近年脱颖而出的青年学者。20世纪90年代初，基于对多重产生中非统计起伏的反常标度性行为的研究，她与刘连寿发现，多粒子末态相空间在纵横平面上具有高度各向异性，和其中的非线性动力学起伏相应的分形是自仿射分形。这一工作受到国际高能物理学界的重视，并且为欧洲核子中心(CERN)NA22实验组的$\pi$介子、K介子和质子碰撞的实验证实。

刘、吴的上述工作，为寻找严格的标度行为开辟了道路，并为而后对多重产生由现象性研究转向动力学探索提供了线索。

## 一、夸克禁闭——物理学一大难题

在高能碰撞中，产生的多粒子系统的质心能量达到1吉电子伏($10^9$电子伏)乃至1太电子伏($10^{12}$电子伏)的量级，人们由此研究多粒子系统的产生过程和物理特征。

高能碰撞多粒子产生研究系高能物理的一个极其重要、复杂的特殊领域。为什么这样说呢？大家知道，20世纪高能物理学的主要成果，大致可用所谓标准模型$SU(3)_C \otimes SU(2)_L \otimes U(1)$概括。绝大多数科学家认为，就目前人类的认识能力而言，夸克和轻子是基本粒子的两大基本类型。描写将夸克结合为强子(分重子和介子)的量子色动力学(QCD),遵从所谓色 $SU(3)_C$ 对称性,相应有 8 种色胶子。QCD 描写强相互作用已取得极大成功,尤其在所谓小距离大横动量的硬过程中(即夸克相距极近时),夸克具有渐进自由的性质。对于这种情形,物理学家利用微扰论(微扰 QCD)获得许多令人信服的成果。越来越多的人相信,QCD 就是强相互作用的理论。

但是,对于所谓软过程,即夸克相距较远(或能量较低)的过程,情况就不同了。此时 QCD 非线性、复杂性充分表现出来,根本无法用物理学家熟悉的微扰论进行计算。其中最使物理学家伤脑筋的是所谓"夸克禁闭"问题。李政道称它是 20 世纪物理学的两大难题之一。

什么是夸克禁闭呢?原来,自 20 世纪 60 年代以来,许多确凿无疑的实验表明,夸克确实是真实的物理存在。斯坦福大学的费尔班克(B. Fairbank)等科学家想尽各种办法苦苦寻找自由状态的夸克,却一直未能如愿。夸克禁闭又称色禁闭,意为有色的夸克,胶子不可能以自由状态存在。在自然界能用实验观察的,只有无色的介子和重子(统称强子)。需要指出的是,从 QCD 的基础理论出发,人们目前并未证明色禁闭,只是在如格点规范等某些特殊条件下证明了这一点。

色禁闭是非微扰过程,其具体机制目前远未弄清。话说到这里就不难明白,何以多重产生的问题如此复杂,又如此重要。因为在高能碰撞中观察到的多粒子系统的规律,与色禁闭机制息息相关,所以无法用微扰 QCD 进行系统的动力学计算。当然,对于多重产生的诸多规律的提示和深入研究,必将逐渐丰富和深化对相关物理图像的认识,从中可以提取越来越多、越来越准确的信息,为最终完整的强相互作用基础理论的建立奠定基础。

QCD 预言,在高能核-核碰撞中可能产生一种新的物质形态——夸克胶子等离子体(QGP),探寻 QGP 出现的信号也是目前超相对论重离子碰撞研究中要解决的问题。事实上,多重产生中的统计规律已经解释了许多有趣的超相对论重离子碰撞的实验现象。

## 二、该书的内容及特色

《高能碰撞多粒子产生》一书涉及的正是高能物理中这个极其重要而又复杂的领域。然而,就在有限的篇幅里,可以看出该领域一幅完整而准确的画面;从严肃而抽象的公式中,可以感受到大自然在微观世界构造中的鬼斧神工。全书处处流荡着夸克王国的叙事诗的韵律。

该书从 20 世纪 50 年代费米、朗道的关于多粒子产生的经典工作展开，反映了人们在该领域近半个世纪艰难曲折和不断前进的研究历程：20 世纪六七十年代将多重产生事件在相空间中作为一个整体研究，主要聚焦于标度无关性质和高能极限行为；从 80 年代开始，研究深入到观察各种关联和起伏，尤其是小相空间区域中的局域起伏，着重分析在窄块度窗口中发现的一系列“反常现象”，如“钉子”事件等，进而导致对间歇和分形等非线性动力学起伏的研究；最后指出目前研究的发展趋向，即由前面的现象性研究深入到动力学探索，同时引入或涌现更多的新途径、新思想和新方法。在综述中，作者恰如其分地将自己的诸多有特色、有影响的工作（如各向异性自仿射等）有机地安排到有关章节和参考文献中。

该书的另一个特色是理论与实验并重，这是由该领域研究工作的特点决定的。

迄今为止，对于高能碰撞多粒子产生问题，由于没有现成动力学理论可资依傍，研究的基本方法还是现象性的。得到的规律多是统计性的，相当多是运动学规律。有鉴于此，该书对于多重产生的实验事实的阐述，翔实清晰。如第 9 页到第 14 页关于一些重要实验结果的一节，涉及强子-强子非单衍射过程的多重数分布、快度分布，关于不同快度区间中的多重数关联，关于窄快度窗口的反常现象，关于 HBT 关联，以及动力学起伏（包括各向异性、赫斯特指数的测定）等实验，为而后的现象分析、归纳提供坚实的基础。同样，现象分析的物理模型，如三火球模型、多源模型、HBT 关联源函数模型、反常标度性的模型、动力学起伏的自仿射分形模型等，都是物理图像鲜明，立论交代十分清楚。读者从中感受到，如何从纷繁的实验现象建立物理模型，同时理论模型一旦建立，就会大大深化和扩展对实验的认识。

该书的立意甚高，视野广阔。读后可以从中感到，在当代学科交叉和综合的网络化趋向下，多重产生的研究不断地被注入新的生命力，诞生出新的生长点，出现新的物理思想和新的研究途径。随着研究的深化，逐步转向对动力学信息的探索，以摸索有关的动力学理论，研究难度和复杂性还会进一步加强。

具体来说，对碰撞事件的研究，由整体方法转向单个事件，描述的特征量，就由原来唯一的特征量——多重数，发展到现在的许多特征量：单事件平均横动量、单事件间歇指数、横动量分布斜率、单事件 K/π 比等。由此可以获取更多的物理信息。

信息熵的概念早就用于多重产生的研究中,已成为有关理论的有机组成部分。如最大熵原理及其对源函数的估计等。间歇与分形现象是 QCD 的非线性动力学现象,与量子混沌等新兴学科存在天然的血缘关系。

正如作者指出的,许多新概念、新方法已在多重产生的研究中崭露头角,如混沌指数、小波变换、成束参数等。看来,多重产生研究领域是一个能“容纳百川”的大海。真正的严峻挑战尚在后面。

该书同时是一本相关专业研究生和高年级大学生的优秀教材。刘连寿在高等院校颇富春秋,教学经验非常丰富。该书材料组织上极为精当:概念的阐述,既注意科学准确性,也注意可接受性;涉及的研究领域头绪纷繁,作者却能用妙手梳理得井然有序、浑然一体。该书不仅可教性强,可读性也强。

总之,《高能碰撞多粒子产生》一书不仅告诉人们 20 世纪该领域的长足进展,更重要的是能从中了解到物理学家的目标极其伟大、崇高。强相互作用基本理论的建立是一个极其困难而漫长的过程,多重产生的研究也许是通向伟大目标的少有的可靠途径之一。在 21 世纪即将到来之际,经过前阶段的准备,物理学家正坚定地将视线朝向这个目标而不懈地努力着。

路漫漫其修远兮,让我们踏上征程吧。

## 篇 后 语

本文载于我国《科学》杂志 2000 年第 1 期,为刘连寿教授及其高足吴元芳女士合著的《高能碰撞多粒子产生》的专著所写的评价文章。原书为上海科学技术出版社出版的“物理学前沿丛书”中的一本。关于作者的基本情况,文章已有所介绍。特别要提到的是,刘连寿教授为湖北省物理学界之翘楚,不仅是华中师范大学基本粒子物理学派的奠基人,同时也是湖北省理论物理界的大师。可惜的是,他已于 2009 年因病去世。斯人已逝,风范长存。刘老生前对我无论在学业上还是生活上都帮助甚多。行文至此,不禁想起另一位湖北物理学界的领头人田德诚教授。田德诚教授于 2017 年 1 月 24 日去世。2017 年 3 月 4 日,我应武汉大学物理科学与技术学院的邀请,参加了田德诚教授的追思会。田德诚教授是我国凝聚态物理领域的著名专家,他与刘连寿老师为改革开放初期湖北省物理学科的起步和腾飞做出了重大贡献。刘连寿教授领军争取到第一个湖北省理论物理专业的博士点,而田德诚教授则领军争取到第一个湖北省凝聚态物理专业的博士点。华中科技大学则由我牵头在 1997 年取得材料物理和化学的博士点,1998 年才获得理论物理专业和凝聚态物理专业的博士授予权。刘、田两位先生,在 20 世纪与 21 世纪之交带头发起组建"中南地区理论物理学术交流中心",刘先生担任中心主任,田先生则为中心的学术委员会主任,我也积极参加了中心的组建、领导和常态性的学术活动。直到刘先生去世,前后大约有十余年,中心活动甚为频繁,中南地区的湖北、湖南、河南、广西和广东几个省的高等院校和研究机构的物理工作者经常聚会。刘先生、田先生和我,每年轮流在华中师范大学、武汉大学和华中科技大学举办联谊活动,具体操办则由我们的学生进行。珞珈山上、桂子山中和喻家山麓都留下了我们的身影,此情此景,至今难以忘怀。

2004 年元月,我与刘连寿教授、田德诚教授在东湖之滨小憩,还有吴元芳教授(时任湖北省人民代表大会代表)和付菁华教授。田德诚先生的高足刘正猷教授为长江学者,在国际上提出了弹性波/声波的多重散射设计理论,该理论实际上提出一种无损耗声音传递的新型声子晶体材料的概念,影响很大。

# 原子世界的眼睛

——扫描隧道显微镜

显微镜是人们观察、研究微观世界的强有力的工具。但不同类型显微镜均受到物理和技术因素的限制,分辨力局限在一定范围。通常的光学显微镜,基于物理原理的分辨尺度只能达到原子直径的 2000 倍左右。第二代显微镜(扫描电子显微镜、场离子显微镜)分辨率固然达到原子尺度,但应用局限性较大,扫描电子显微镜难以分辨固体的表面结构,高速电子易于穿透表面,低速电子又易偏折;场离子显微镜则应用条件苛刻,样品必须在高强电场中稳定。

新一代显微镜出现于 1981 年。美国 IBM 公司的研究员宾尼和罗瑞尔发明了新一代显微镜——扫描隧道显微镜(STM),这种显微镜具有强大的原子显像能力,从此人们对于原子世界的认识更加深入而直观,开辟了广阔的研究和应用领域。宾尼、罗瑞尔因此荣获 1986 年度诺贝尔物理学奖。STM 的基本原理是依据量子力学中的隧道效应。所谓隧道效应,就是微观粒子(如电子)可以有一定的概率穿过量值大于其动能的势垒(按经典力学这是绝对不可能的),只是概率随势垒高度、宽度而呈指数规律减小。因此,在金属中的电子不仅存在于界面以内,在界面外仍有电子弥漫(电子云),只是其密度随离界面距离越远而呈指数规律迅速下降。STM 将样品作为一电极,用一根异常尖而长的探针作为另一电极,两极之间电子云略微重叠,形成一势垒。当两极加上电压时,通过电子云的隧道电流对表面和探针距离变化极为敏感。当距离改变时,隧道电流变化可达到 1 毫安左右。探针在原子表面对一个个原子扫描,由探针运动导致电流变化所得到的数据,在反馈系统交由计算机处理后,可在屏幕上显示表面原子结构的三维图像。

现在 STM 技术不仅可观察静态图像,而且可以得到动态变化的图像。STM 问世以后,立刻在表面物理的研究中发挥重大作用。如在表面结构、表面重构、超晶格、电荷密度波、表面吸附、表面反应及晶体生长动力学等领域,STM 都有重大建树。在化学研究中,由于 STM 能够提供有关固液界面的精细结构及表面形貌方面的丰富信息,可以研究多种化学过程。电子云占据在样品和探针尖之间。电子云是电子具有波动性的结果,其密度随离表面的距离的增加而呈指数规律下降。这样,被所加电压感应出的、通过电子云的电流(隧道电流)就会对表面和探针间的距离变化极为灵敏。当探针在表面上扫描时,有一套反馈装置会感受到这一隧道电流,并据此使探针尖保持在表面原子的恒定高度上,探针尖即以这种方式描述表面的轮廓。读出的针尖运动数据经计算机处理后,或在屏幕上显示出来,或由绘图机表示出来。

STM 具有分辨率高、需要样品量小并可在溶液中成像等特点,所以在生物领域中备受青睐。在研究生物分子的激活、蛋白质与 DNA 的复合以及病毒和细胞的生物变化过程等方面,STM 都有许多有价值的工作。如中国科学院(以下简称“中科院”)上海原子核研究所与中科院上海细胞研究所合作,1989 年 4 月用 STM 拍摄到天然鱼精子 DNA 的图像。同年 8 月又得到左手螺旋的 Z-DNA 图像。1989 年 12 月,其与苏联科学院分子生物学研究所合作,在世界上首次得到平行双链的 DNA 图像,证实一种新型 DNA 构型的存在。1990 年,上海原子核研究所与上海生化所合作,首次获得 DNA 复制过程的 STM 图像。中科院化学所则首次获得三链 DNA 图像。STM 在表面吸附和实用材料的研究中占有特殊地位。STM 可以清晰观察到原子簇化合物和有机金属化合物在不同晶体中的吸附和扩散。在实用材料的表面结构研究(包括高温超导材料的表面原子排列和能谱的研究、金属卤化物的高分辨率表面结构的研究、晶体生长动力学的研究等)中,STM 具有不可替代的作用。尤其值得一提的是，利用STM技术实现了室温下的单电子隧穿效应。所谓电子隧穿，就是让电子“排好队”，一个接着一个地通过介观尺度结构，有人形象比喻，就像门诊大夫招喊就诊的病人一样。1994年，荷兰菲利浦实验室的范·荷顿小组利用STM技术，构成STM双隧道结构，在室温下观察到单电子隧穿现象。这一发现开辟了设计和制作各类单电子器件的广阔前景：单电子晶体管、量子点旋转门、单电子数字逻辑电路、存储器等。另外，用此效应制成的超灵敏电流计，比现有仪器精度可提高1000倍。综观STM广阔的发展前景，目前的研究工作早已由简单的形貌观测，走向系统而深入的测量研究，由单纯的测量，走向材料在微观尺度的加工。例如对基准平面上操纵原子的工作已达到很高水准，能将单原子从表面拔出或安装在表面位置，或者制作某种特殊微观结构，等等。

在STM技术的基础上，人们又发明了一系列新型显微镜：①原子力显微镜，其分辨率已达到原子级；②激光力显微镜，其针尖与样品距离较远，宜于观察微电子器件的表面缺陷检测；③磁力显微镜，它宜于观测磁性材料的表面结构；④扫描离子电导显微镜，用于观察生物体系表面的离子电导。此外，还有摩擦力显微镜、静电力显微镜、扫描热显微镜、弹道电子发射显微镜等。

## 篇　后　语

本文发表于《大科技》2000年第2期，该杂志是一份综合性科普杂志。本文系我应该杂志特邀撰写的。20世纪90年代末，我应湖北教育出版社之邀，参与撰写《科技革命的弄潮儿——世纪之交的物理学》，该书于1999年6月出版。在该书第二章第四节中，对STM技术有更详细的描述。

# 梦幻般的新物质形态

——玻色-爱因斯坦凝聚体(BEC)

2001年10月9日，瑞典皇家科学院在斯德哥尔摩发表公报，将2001年度诺贝尔物理学奖授予美国科学家科内尔、维曼和德国科学家克特勒，以表彰他们发现一种新的物质形态——碱金属原子稀薄气体的玻色-爱因斯坦凝聚体(BEC)。科内尔任职于美国国家标准与技术研究院，维曼为美国科罗拉多大学的教授。他们俩领导联合科研组——玻尔德(科罗拉多大学所在地)小组。克特勒 1957 年出生在德国的海德堡，目前领导麻省理工学院一个人才济济的科研组。

公报还以罕有的浪漫诗情宣称，这种梦幻般的新物质形态“可以控制”。其奇妙之处在于，其凝聚的众多原子以完全相同的腔调和旋律在“齐声合唱”！

BEC 的发现意义非常重大，以至于世界许多媒体和学术杂志，如美联社、《科学》杂志等都将它评为当年十大科学新闻之一。人们清楚，BEC 的发现，不仅是探索微观世界的重大成果，而且必将为精密测量和纳米技术带来革命性的变化。

但是什么是玻色-爱因斯坦凝聚体 (BEC)？它到底有什么梦幻般的性质呢？

## 一、梦幻般的 BEC——BEC 的预言与梦想

故事还得从 1924 年谈起。当时印度科学家玻色在他用纯粹统计的方法研究光子(通常的光就是由光子构成)，得到重要结果。爱因斯坦在他的工作基础上，又进行深入研究，终于在 1924—1925 年间，建立了所谓玻色-爱因斯坦量子统计学。

爱因斯坦当时就预言，有一类微观粒子“玻色子”，在一定条件下，尤其是极端低温下，会像水蒸气凝结成水一样，发生“相变”，宏观分布在同一状态，即能量最低态，这就是 BEC。这里的玻色子系指粒子的自旋大小为整数，0，1，2，…(单位为普朗克常数)。另外一类微观粒子的自旋大小为半整数，1/2，3/2，…。两种粒子的统计行为具有完全不同的性质。所有的微观粒子都具有类似于陀螺自转的自旋，这个性质是 20 世纪 20 年代科学家发现的。

但是在漫长的 70 年间，BEC 是人们的一个美好梦想，原因是实现它的条件太苛刻了。我们应该明了，任何微观粒子都具有一定的波动性。这种波称为德布罗意波，波长的大小和振动方向取决于粒子的动量。大体而论，实现 BEC 的条件有两个：一是要求原子的内部运动状态可以忽略，显然原子之间的距离越远越好，也就是需要稀薄原子气体；二是德氏波要重叠，这就需要波长越长越好。总体来说，这就需要降低原子的热运动(动量)。换言之，要使稀

薄的原子气体的温度降到非常低，各原子的德氏波彼此重叠，方才可能实现全体原子进入相同的量子态，即能量最低态。关键是要获取异乎寻常的低温。

声音、美妙的音乐，无非是声波的波长、强弱的规律变化而已。所有的原子都具有相同的波长和振动方向，岂不就是它们在“齐声歌唱”吗？不过，几千，几万乃至几百万个原子的大合唱确实蔚为壮观。什么时候你见到百万人的大合唱，而且完全整齐划一呢？真是“此曲只应天上有，人间哪得几回闻”。

## 二、娇容初现——BEC 的探索与发现

1995 年 6 月 5 日 10:54，美国的维曼教授与美国国家标准与技术研究所的高级学者科内尔，在他们位于玻尔多的科罗拉多联合实验室中，首次观察到约 2000 个铷原子(87Rb)的玻色-爱因斯坦凝聚体。当时的温度是 $1.7\times10^{-7}$ K，即比绝对零度仅高不过千万分之二的超低温度(在技术上刷新了当时的世界低温纪录)。凝聚持续时间为 15～20 秒。这是人类第一次观察到这个梦幻般的物质形态。

实验是在胡萝卜状玻璃容器中进行的。细细的铷原子凝聚球，直径约为 20 微米，像个小樱桃一样，置于玻璃容器的凹处。

至于超低温度的获得，则利用的是 1997 年诺贝尔奖得主美籍华人朱棣文等发明、改进和完善的“激光冷却术”。我们从来只听说激光焊接、激光加工、激光炮甚至激光核聚变等，从科学上来看，可以粗略认为，它们都是利用激光的热效应。但是自从 1968 年以来，美国和苏联的科学家就提出可以利用激光形成激光驻波（人们形象地称之为光学黏胶)以冷却原子的设想。1985 年，朱棣文小组(隶属美国贝尔实验室)首先利用这种方法将钠原子冷却到 240 $\mu$K。而后人们又不断改进这种技术，进一步提高效应，不断创造世界低温纪录。其中有许多科学家在其中做出了贡献，除了法国人柯亨·塔努吉和美国人菲利浦斯(均为 1997 年度诺贝尔奖得主)以外，还有苏联人莱托霍夫、巴里金，美国人肖洛、汉斯、迪迈尔特、阿什金，等等。

实际上，科内尔和克特勒等也有许多贡献。正是激光冷却术，成为打开玻色-爱因斯坦凝聚这个神秘殿堂的钥匙。对于波色-爱因斯坦凝聚体的探索高潮也正是伴随激光冷却术的问世，才日益高涨。

1995 年 9 月，以克特勒、克勒普奈儿和普里卡德等优秀科学家组成的美国

麻省理工学院小组成功地使几十万个钠原子(22Na)实现玻色-爱因斯坦凝聚。凝聚的原子数目超过科罗拉多小组几千倍！其景象更为壮丽！截至2001年9月，全世界已有36个实验室观察到玻色-爱因斯坦凝聚现象，其中有20个小组观察到铷原子的玻色-爱因斯坦凝聚。除此之外，人们还观察到钠原子、锂原子和氢原子的玻色-爱因斯坦凝聚。

人们终于揭开前所未见的新的物质形态“玻色-爱因斯坦凝聚”的神秘面纱。可以毫不夸张地说，她的动人娇容，使得人们为之心醉；而其绝代风姿，更使科学家为之“震慑”！

麻省理工学院的克勒普奈儿教授欢呼：“这是一个惊人的发现！”牛津大学的伯耐特雀跃：“用圣杯来比喻这项发现的奇特和重要性，极为恰当！”

## 三、精彩纷呈——BEC的应用

2001年，哈佛大学豪教授领导的科研小组利用铷原子的玻色-爱因斯坦凝聚体作为光学介质，成功地使光停止下来，被介质“储存”达一微秒之久。消息传来，人们奔走相告，激动不已，浮想联翩。谁能想到，光也像所有物质一样，如铅笔、玩具、钱币等，可以储存起来呢？当然这一切都是玻色-爱因斯坦凝聚体中发生的故事。

也许BEC就是“一千零一夜”中打开宝藏的那句咒语“芝麻开门”吧。BEC的产生，无异于打开一座璀璨夺目的科学宝殿。

实际上，豪小组的工作也非一日之功。他们早在1999年初，就在$4.5\times10^{-5}$K(约绝对温度十万分之四点五度)的超低温下，将通过钠原子的BEC介质的光脉冲的速度，由真空中的$3\times10^{9}$ m/s降低到17 m/s。随即斯卡里教授小组以铷原子的BEC作为光脉冲的传输介质，在$3.6\times10^{-5}$K的超低温下，将光速减至90 m/s；巴德克尔小组居然在室温下将光脉冲通过铷蒸发时的速度减慢到8 m/s。豪在2001年的工作则集其大成，终于做到将光脉冲停止须臾，而后放出来。这一发现对于未来光信息储存、光通信、光子计算乃至量子计算的研究、开发具有不可估量的作用。

BEC自发现以来就展现出许多奇妙的性质，乃至于短短几年间就出现一门新的物理学分支——BEC物理。BEC物理内容异彩纷呈，宛如“山阴道上，应接不暇”，即使举其荦荦大端者，也是这篇短文难以胜任的工作。

例如，人们在BEC凝聚态中发现涡旋结构，有的甚至观察到100余条涡旋线;有的小组在 BEC 凝聚态中发现有畴状结构,一如铁磁体中的磁畴,和铁电体中的电畴一样在 BEC 凝聚态中发现非线性效应。科罗拉多小组发现在凝聚体中粒子的相互作用可以突然由吸引变为排斥,导致 BEC 像宇宙中最猛烈的爆发——超新星爆发。其中或许隐藏着超新星的秘密吧。美国莱斯大学的一个小组发现在特殊凝聚体中的原子受到压力,似乎跟太空中白矮星的内部压力关系密切。可见,BEC 的研究与天体物理有着千丝万缕的联系。

同时,BEC 的研究与量子物理的原理探索也是联系在一起的。量子物理作为描写微观世界物质运动规律的利器,也有着若干特殊情况,其"势力"范围延伸到宏观领域,即所谓宏观量子现象。BEC 本身就是典型的宏观量子现象,而将它作为介质,还发现许多奇妙的宏观量子现象。这些现象都有深远应用前景,看来 BEC 技术有望成为未来实验室中的一种标准技术。

但是 BEC 物理中,最灿烂的一章,恐怕还要算原子激光……

## 四、前程似锦——原子激光的诞生与应用

1997 年 1 月 28 日,麻省理工学院的克特勒博士领导的科研小组,在他们实现钠原子的 BEC 的基础上,百尺竿头,更进一步,在人类历史上首次产生所谓"原子激光"(Atomis Laser,有人亦译作"原子激射")。他们首先将钠原子气体温度降低到 $10^{-9}$K 的超低温,在磁陷阱中实现 BEC。然后将凝聚体物质以约含 100 万个原子的"原子滴"的形式,利用他们发明的一种脉冲释放技术无破坏地从磁陷阱中取出,并且以 5‰的射频发射。原子滴因重力下落,逐渐膨胀,形成一条宛如光束一样的同步原子束,即原子激光。

通常的光束(激光束)均由光子构成。激光无非是一种特殊光束,只是它的定向性好,能集束传播;单色性好,光子的频率和振动方向完全一致,由此决定激光具有良好的干涉性。

两束普通光束相交,会彼此毫无影响地通过,但两列频率相同、振动方向相同的激光相遇,在交叠区域会产生明暗相间的条纹,它就是相干性。

所谓原子激光,严格说并不是光,因为它的波束并非由光子构成,而是由原子构成。当然其中原子的振动频率、方向的高度一致性远远超过普通激光中的光子,因此其相干性更好。原子激光的频率一般比普通激光要高 $10^4$～$10^6$ 倍,也就是其波长要比普通激光短 $10^4$～$10^6$ 倍。以上特点决定了原子激光具有非凡的能耐。

紧接着，美国的菲利浦斯小组、克特勒小组等又实现原子激光的相干放大，初步试制成一个“原子激光发射器”，可以大体实现连续发射原子激光。其发现原子激光若干非线性效应，如四混频等，为原子激光的应用揭开帷幕。

原子激光由于其良好的干涉性，在精密测量方面大有用武之地。实际上，早在19世纪末，人们便利用相干光制成所谓迈克尔逊干涉仪，用以取代传统的游标卡尺、螺旋测微仪等测量工具。我们知道，迈克尔逊干涉仪在测量光速上曾建立过丰功伟绩，导致狭义相对论的诞生。在20世纪末，朱棣文及其在斯坦福大学的同事卡塞维奇早已制成慢速超冷原子干涉仪，可以测量重力加速度，其精度达到 $3\times10^{-7}$。可以预言，BEC 干涉仪必将进一步提高其测量精度，在理论上甚至有可能将精度再提高10万倍到100万倍！

这意味着什么呢？如果采用精度为 $10^{-17}\sim10^{-16}$ 的原子激光为基础，原子钟的计时准确度会提10万倍，甚至100万倍！将这种原子钟应用到 GPS，就会大大提高 GPS 的定位精度，例如定位精度达到1厘米。这对未来的航天、航海和航空，尤其是军事领域将产生重大影响！从基础科学的研究上来说，精密测量对于广义相对论和引力量子理论的验证具有决定性意义。同时由于可以更准确地确定地球各个地方的局部重力加速度的变化，就为探明地球的地质结构，寻找矿产(如含油结构)提供更准确、珍贵的信息。

目前微电子学中的芯片，都是用激光作“光刻”条纹的利器。由于激光的波长的数量级大致是0.1微米(100纳米)，就是说“光刻”的刀口有0.1微米宽。利用激光刻纹，条宽最小不过0.1微米。现在64兆位的集成电路的芯片条宽已有0.3微米。1000兆位特大规模集成电路的芯片的条宽就是0.1微米。换言之，目前的“光印刷术”已达极限。如果要进一步提高微电子器件的集成度，进一步实现器件的微型化，真正制成纳米级电子器件，唯一的出路就是利用原子激光取代普通激光作为“光刻”工具。如果利用原子激光，芯片的条宽可小到 $10^{-6}\sim10^{-5}$ 微米，亦即将条纹密度提高10万～100万倍！

同时，由于 BEC 干涉仪也可以作为传感器，在 BEC 中发明新技术还可以制造“超微计算元件”，所有这一切为未来的纳米技术、纳米级的单原子器件的制作提供了无限可能性。

BEC 物理方兴未艾，研究刚刚开始。原子激光更是初试啼声。但是，放眼望去，BEC 物理的前景如花团锦簇，十分诱人。BEC 获得21世纪的第一个诺贝尔物理学奖并非偶然。它是新世纪物理学天空上第一只矫健的燕子，预兆着更美好的物理学春天即将到来！

# 篇 后 语

本文发表于湖北科普杂志《探秘》2002年第4期。本文系应该杂志记者李敏女士邀请而作。该刊制作精美,图文并茂且校对精良。没有想到这篇文章由湖北省科学技术协会推荐,荣获第五届全国优秀科普作品奖报刊科普文章类一等奖,署名为魏晓云、张彤和张端明。张彤和魏晓云为我的儿子和儿媳,协助我完成了此文。该奖项由中共中央宣传部、中国科学技术协会、科学技术部、国际广播电视总局、新闻出版总署、国家自然科学基金委员会和中国作家协会联合颁发。2003年9月10日9:30在人民大会堂召开第五届全国优秀科普作品奖颁奖大会,中共中央政治局委员、全国人民代表大会副委员长王兆国和中国科学院院长周光召给我颁发奖状。

有趣的是,《探秘》杂志作为一个地方性的科普杂志,居然在全国优秀科普作品奖中"独中三元"。按2003年9月24日的报道,获奖的科普报刊文章类共评出一等奖2名、二等奖6名、三等奖20名。湖北省科普杂志《探秘》参评的作品《梦幻般的新物质形态——玻色-爱因斯坦凝聚体(BEC)》获一等奖(作者:魏晓云、张彤、张端明),《观察水稻开花》(作者:杨弘远,中科院院士)、《脑死亡与器官移植》(作者:裘法祖,中科院院士)获三等奖。

相关的消息在全国的主流媒体都进行了大篇幅的报道,例如《湖北日报》、《长江日报》、《楚天金报》、《武汉晚报》、《武汉科技报》等。《楚天金报》2003年9月9日第二版综合新闻中以醒目的标题报道:《全国科普最高奖揭晓 华中科大博导摘冠》。《科学时报》在2003年9月11日的《读书周刊》上用突出的位置报道了此次获奖者的声音。首先是《获奖者过花甲奔古稀,科普创作队伍后继乏人?》在相关链接中,报道了该报记者李增慧对我的采访:《获奖者心声,时代呼唤科普大师》。报道指出:

张端明教授对《探秘》杂志编辑们当时二番五次的约稿表示由衷的感谢,他谦虚地说,这篇文章之所以能够获奖离不开《探秘》杂志编辑尽心的工作。

今年(2003年)62岁的张端明教授,本已到了退休的年龄,但他目前仍旧担负着繁重的博士生和硕士研究生的培养工作。截至目前,张教授已有十篇论文被中外权威学术刊物发表和接收(此处记录有误,我当时说的是一百余篇论文),科普创作是他的业余爱好。张教授说,坚持奋斗在科研第一线可以为自己提供很好的创作灵感与机会,张端明教授还特别主张大学生应该接受系统的教育,认为文理不应分家,因为张教授正是得益于这样的文理双修的教育,才使得他在进行科普创作时能够轻松驾驭文字并能够将枯燥的学术语言转化成生动的文字描述。

张端明教授认为这次获得一等奖对于他来说是个意外。他说,时代呼唤科普大师的出现,目前国内科普领域尚缺少领头,他希望科普界能够经常举办一些交流活动,希望科普评论界及全社会更加关注和重视科普并应保持一种健康的科普评论气氛。

影响所及,一时间报纸杂志、学校邀请我做报告、写文章的门庭若市,例如:《湖北日报》让我一定要为他们写一篇科普文章,在 2003 年 9 月 17 日第 11 版上发表了我的一篇袖珍短文《美妙的对称性》。在 2003 年 12 月 8 日的《华中科技大学周报》第 4 版上发表了由陶清清、张仁文写的《张端明教授的科普人生》,现摘录如下:

见到张端明教授是在他的办公室里,精神矍铄、和蔼平易是他给我们的第一印象。简单的办公桌上放着一个笔筒、几本文件夹和一个小水杯。乍看上去,张教授平凡得不能再平凡、普通得不能再普通。然而他十分健谈,显示出十分渊博的学识。今年 9 月 10 日,就是这位不起眼的和蔼老人在人民大会堂捧到了第五届全国优秀科普作品一等奖。

谈到这次获得全国优秀科普作品一等奖,张端明颇有感慨地说,科普创作不仅要掌握好最新最前沿的科技知识,同时要根据自己的教学经验考虑读者的接受能力,还要善于把高深的科学知识写得浅显易懂,有文采,让人感觉科普作品应当是一件美丽的艺术品。他说,很多老师理科知识掌握得很好,但人文知识相对欠缺,结果导致写出来的科普不"普";而很多有着深厚文学功底的老师因为理科知识的贫乏,无法舒畅地从事科普创作。

张端明回忆起往事:"在中学时,我兴趣十分广泛,不光对数学、天文和地理感兴趣,而且对文科也特别喜欢。"当时他特别喜欢天文学杂志《宇宙》,几乎每期都看(按:此处记录有误,我原来讲的是喜欢看科普杂志《知识就是力量》,特别喜欢看法国天文学家米歇尔撰写的《宇宙》)。中学时,他爱看历史书和文学书,例如世界名著《红与黑》、《巴黎圣母院》、《人间喜剧》等都深深地吸引着他。甚至书中的内容他现在还能如数家珍。20 世纪六七十年代,他抽时间阅读了《资治通鉴》、《二十四史》以及诸子百家的若干典籍。

作为一个文理全才,他高一时就把整个高中的数学课程全部学完。此外,他一有时间就看书,在 20 世纪六七十年代,书籍少得可怜,然而张端明总能弄到很多好书。他轻声地说:“那是由于去图书馆,跟图书馆的工作人员混熟了,每次都能借到很多书,因此在那个年代我读了许多别人都读不到的书,这给我以后的学习和科研奠定了坚定的基础。”正因为有如此深厚的积淀,他只用两年时间就大学毕业(按:应为提前通过专业课的毕业考试),并在1963年以第一名的成绩考取南开大学高能物理研究所的研究生(按:应家庭特殊问题,未能入学)。

“淡泊名利、执着追求”是张端明在工作中的真实写照。他在获奖之前一直笔耕不辍,不仅因书教得好而受广大学生的欢迎,而且文章也写得棒,特别是古诗写得很有韵味。校庆时,他满怀深情地挥毫写下了七律《校庆五十周年感怀》:

雄风御宇五十秋,煌煌学宫起荒畴。
翘首三楚差可拟,领袖诸夏须加油。
江东由来多才俊,喻园而今饶凤俦!
云帆高挂涛声急,飞舟直上弄潮头。

与张端明教授交流时,我们都被他渊博的知识、非凡的气质所吸引。他那滔滔不绝的话语、睿智敏捷的思维、平易近人的谦逊态度,都给我们留下了深刻的印象。在他身上,我们可以见证一个老华工人的风采,更可以领略到作为一个华中大人所应具备的品质:执着、朴实、勤奋。

当然,上面的报道过分地夸奖了我。

# 宇宙琴弦上的智慧之音

——读《宇宙的琴弦》、《超越爱因斯坦——关于世界理论的宇宙探秘》

科普作品不乏传世佳作。但平心而论,真正令人满意者不多。大多数作品如非拘泥于科学性,类同科学论文,或者流于肤浅,甚至每每有失真之叹。一般来讲,前者的作者多属科学工作者(其中大有世间之硕学鸿儒)勉强敷衍成文,他们忘记了先哲教导:言而无文,行之不远。文字枯燥干涩,结构跳跃松散,读者味同嚼蜡,不知所云,普及云乎哉?后者的作者多属外行或准外行,缺乏科学素养,尤其是专业知识。以己之昏昏,无论巧言利口,怎能使人昭昭,领略科学世界的奇光异彩?

但在林林总总的科普著作中,哥伦比亚大学教授格林(Brain Green)所著《宇宙的琴弦》和卡库(Michio Kaku)教授与作家汤普逊(Jennifer Thormpson)所著《超越爱因斯坦——关于世界理论的宇宙探秘》(陈一新,陆志成译,吉林人民出版社 2001 年版)却独具特色,异彩纷呈,使人爱不释手,可谓人中佼佼、铁中铮铮的精品了。格林、卡库俱属当今杰出的理论物理学家,尤其是格林,在第二次超弦革命中贡献甚大。因此这两本书虽然选材重点有所不同,叙事风格各有千秋,却都能高瞻远瞩、立论恢宏,围绕理论物理学的热点——超弦论,追踪它的发展历程脉络,发掘它的深邃而精妙的思想,描述它的玄奥莫测的复杂数学结构,展示它的使人难以抗拒的魅力,介绍它的众多不可思议的理论预言,准确、深刻地勾画出 20 世纪理论物理学的最动人心魄的智慧结晶超弦论的风骨。尤其是格林关于《宇宙的琴弦》的第 4 部分"弦结构与时空结构",对于超弦的数学基础量子几何的概念、方法、特点的剖析,真是入木三分、力透纸背。不仅一般读者能在其中领略到超弦数学的蔚为大观,而且对于从事有关专业的科学工作者亦有诸多启发。其中有关作者及其同仁研究宇宙的卡-丘空间的翻转转换的细节,尤其是 1995 年以来,在物理大师、数学奇才惠藤(Edward Witten)带领下一批精英如何发现所谓对偶性,并利用它证明原来人们认为的 5 种不同超弦理论只不过是同一基本理论的不同表达方式罢了,等等描述,真是大手笔,诚可谓字字珠玑。非亲临其境的科学大师,绝不会有如此精彩的描述,须知这些是世界上最深刻、最前沿,同时也是最抽象、最难懂的顶尖热门内容啊!难能可贵的是,这两本书的作者,不仅是科学家,而且还都是科普工作的热心人。科学家的科普,并不一定都是好作品。科普作品必须具有通俗性和趣味性。格林在 20 余个国家举办过科普讲座,其对科普的热诚可见一斑。至于米切奥·卡库看来也是科普工作的老战士,除《超越爱因斯坦——关于世界理论的宇宙探秘》一书外,他与作家詹妮弗·汤姆逊还合作过一本科普著作《核能的两面》,自己还独撰过 6 部科普作品。

无怪乎这两本书文字都相当流利、酣达(当然,其中译者也有很大功劳)。两本书中围绕主题穿插不少奇闻逸事,谐趣横生,增加了可读性。作者在可接受性上下了很深的功夫。《超越爱因斯坦——关于世界理论的宇宙探秘》一书为初次涉猎超弦领域的读者介绍了更多的背景知识,但在介绍超弦本身时,无论在广度还是深度上都远逊于《宇宙的琴弦》。后者涉及更多超弦的核心问题,但是著者在通俗化方面着力良多。一来书中大量采用比喻、故事化的叙写，以减少难度；二来书中绘制、采用多幅精美、生动的插画，为著作生色不少，坊间科普作品罕有其匹。有兴趣的读者，不妨先读《超越爱因斯坦》再读《宇宙的琴弦》，或许收获更多。读者会在这两本书中发现许多引人入胜的绝妙风光，会找到许多智慧思想的灵泉活水，会领略到发人遐思的顿悟通识。但要提醒读者的是，正如我在《极微世界探极微》（张端明著，湖北科学技术出版社2001年版）中所说的，"如山水之旅，不免劳顿一样，阅读本书也可能有费力之处。有的名词，或许乍见显得生僻，敬请读者耐心地与它们打交道，俟以时日，便会陶醉在这些绝妙的概念、思想所散布的淡淡幽香中，亦如异国佳人，会使你断魂失魄呢"。我以为，不仅对于这两本佳作应作如是观，而且对于所有有深度、有思想的科普佳作，读者在阅读时都应具备这样的阅读观。以为阅读科普著作，无须花费气力，不必开动脑筋，是完全错误的。相反，优秀的科普著作，应该引起人们的思索，应该有余味，所谓"回味无穷"是也！

超弦，能成为"终极理论"吗？

鲁迅先生说，倘有取舍，即非全人。超弦论固然被一部分人高捧入云，以为它就是M-理论（即可解决所有问题的终极理论）的雏形。但是毋庸讳言，相当一部分物理学家对它持否定态度。就在本文写作的时候，我国台湾地区有人在报纸上发表文章批评超弦论"不够美"、"不是正道"，甚至点名批评格林的《宇宙的琴弦》一书。这到底应该怎样看呢？大致来说，20世纪物理学有两大基石，即量子论（适用于微观世界）和相对论（狭义相对论和广义相对论，适用于高速与宇观世界）。但是，一个令人满意的能将两者协调起来的物理理论一直未能建立起来。同时，以所谓非阿贝尔规范场（或称杨-米尔斯规范场）理论为代表的现代量子场论，成功地建立起描述强相互作用理论——量子色动力学（$SU(3)c$）；成功地将电磁相互作用与弱相互作用统一起来，建立起弱电统一理论（$SUew(2)\otimes U(1)ew$）。一个包括两者的量子论（$SU(3)c\otimes(SUew(2)\otimes U(1)ew$）叫作标准化模型。直到目前，所有微观世界的高能现象，都能在标准模型中得到满意的描写。

人们曾经建立一个十分优美简洁的所谓大统一模型（$SU(5)$），但是被实验残酷地否定了。超弦论则是人们建立的能统一自然界所有相互作用（引力，强、弱和电磁作用）的理论模型，在数学上十分复杂，几乎涉及所有近代数学分支：流形、群论、拓扑、超代数、超群、微分几何等等。它的一个令人振奋的主要成果，就是自然地、成功地将量子论与广义相对论协调起来，而且避免了量子论常有的令人头疼的毛病——出现发散（物理上无意义的无穷大）。经过二次革命的超弦论在理论上逻辑严谨,形式优美,逻辑自洽,无怪乎获得许多人,包括大名鼎鼎的霍金及诺贝尔奖得主盖尔曼、温伯格的好评,以至于欢呼“终极理论马上就要问世”。然而,另外一批人,包括诺贝尔奖得主杨振宁、格拉肖、特·胡夫特等则持怀疑立场。他们的批评集中到一点:“超弦论”的诸多预言,如影物质、轴子等等没有一个被实验证实。更加糟糕的是,在可以预见的将来,没有可能找到支持这个理论的坚实的实验证据。换言之,在最近的将来,我们无法判断其正确,也无法判断其错误。耐人寻味的是,“超弦论”目前取得的最大的收获是在数学上。惠藤在获得菲尔兹奖后,并未获得什么物理大奖。菲尔兹奖相当于数学界的诺贝尔奖。判断一个物理理论的标准,到底是美学原则还是实践原则呢?我们永远不能忘记,物理学归根结底是实验科学。固然迄今一切经过实验考验的物理理论都是优美的,但是古今有多少“形式优美”的物理理论被实验淘汰呢?从物理学的观点来看,前述标准模型是目前经过实验考验的最先进的可靠微观理论。那么“超弦论”呢?它代表人类在标准型外迈向更完善、更深刻的理论高峰的英勇、悲壮的冲刺,其中运用了几乎所有当代最玄奥的数学,集中了当前理论物理的先进思想,处处闪耀着智慧的光芒。即使今天我们无法判断其正确与否,难道其丰富的内容、优美的结构就不值得人们品味吗?译者将《优美的宇宙》改名为《宇宙的琴弦》,颇有见地。的确,在这两本书中,我们听到探索真理之途的勇士们,在拨动宇宙的琴弦,阵阵优美的旋律,如大珠小珠落玉盘一样,如此清脆,如此动人。这是美的旋律,是探求真理的英雄们悲壮的颂歌。

## 篇后语

本文载于2002年3月13日的《中华读书报》,是我为《宇宙的琴弦》和《超越爱因斯坦——关于世界理论的宇宙探秘》两本书所作的书评。

# 百年物理学的恢宏画卷

这本书不是静态地、平面地、简单地描述事实的本身,而是动态地、立体地、多方面整体地展现了科学在发展过程中的进步和停滞、秩序与混乱、清晰与迷惑、信任与怀疑、传统与反传统等生动画面。

武汉出版社 2002 年下半年出版的译著《基本粒子物理学史》(原著出版于 1986 年)是一部难得的优秀科学史专著。该书于 1986 年问世以来好评如潮，曾被美国《科学家》杂志誉为影响 20 世纪科学的一百本书之一。杨振宁教授和著名理论物理学家彭罗斯极力推荐此书，认为本书非常值得一看。杨振宁甚至认为，本书是一本不朽的巨著，足见本书学术价值之巨大。中译本译为现名是颇有见地的，因为就本书的内容而言，确实是 20 世纪基本粒子物理学从发轫、发展、成熟一直到繁荣蓬勃发展的信史。

该书作者阿伯拉罕・派斯(Abraham Pais)系美国有名的高能物理科学家，美国科学院院士，荷兰皇家科学院通讯院士。他在原子核物理、基本粒子物理领域有过多方面的卓越贡献。他曾与科学巨人爱因斯坦、玻尔、费米、泡利长期共事或者有过科研合作。他在奇异粒子尤其是中性介质的研究上有过非凡的贡献。他提出的相互作用的等级模式、关于基本粒子 $SU(6)$ 对称分类模型等，都在基本粒子物理学的历史上投下了浓重的笔触。由于作者是当事者写现代的科学史，其中许多内容是作者所经历，或耳濡目染的，必然带有某种回忆录的性质，使得本书的内容具有真实、准确、栩栩如生的特点，绝非目下坊间许多堆砌材料写成的科技史所可以比拟的。笔者以为，本书可以算作德国物理学家劳厄的《物理学史》以后最优秀的物理学史读物。

20 世纪是物理学辉煌的一百年。其间物理学的领头军是基本粒子物理学。作为带头的大科学，基本粒子物理学的迅猛发展，精彩纷呈，令人目不暇接，它带动了物理学其他分支的产生和发展。20 世纪物理学的两大主流——量子论与相对论的诞生及发展，是与基本粒子物理学的逐渐发展息息相关的。20 世纪物理学的发展中，最精彩、最有戏剧性的许多事件都发生在基本粒子物理学中，而这些事件实际上导致天体物理、等离子体物理、原子与分子物理、量子光学、光电子学、半导体与固体物理、凝聚态物理等物理学的分支的诞生和发展。因此，本书既是基本粒子物理学的信史，从某种意义上来说，亦可视为 20 世纪物理学的一个缩影。派斯以物理学大家的锐利眼光，高瞻远瞩地把握住粒子物理学发展的脉络与精髓，将丰富、翔实、可靠的材料，在 20 世纪整个物理学，乃至整个自然科学的波澜壮阔的背景中进行审视、考察。本书不是静态地、平面地、简单地描述事实本身，而是动态地、立体地、多方面地整体展现了科学在发展过程中的进步和停滞、秩序与混乱、清晰与迷惑、信任与怀疑、传统与反传统等生动画面。本书选材举重若轻,具有高度的概括性、科学性和典型性。关于粒子物理学发展的重要阶段,放射性的发现、原子结构、光谱与早期量子论、核物理的发展与量子力学的建立,一直到量子场论(包括重整化理论)的建立和发展,乃至奇异粒子和共振态粒子的发现、部分子模型和夸克模型的建立、分离对称性的研究、杨-米尔斯场的建立、弱电统一模型的建立、粒子物理学标准模型的建立,最后还对大统一理论、超引力和超弦理论均有中肯、准确的介绍与评述。全书史料丰富、附有大量的参考文献和索引。在章节之中间或杂有作者对世界的评述,非常富有启迪性。

作者立论公允,具有远见卓识。对于粒子物理学的发展,兼顾理论工作与实验工作的进步和发展。作者既没有20世纪早期一些有实证主义倾向的物理学家鄙夷理论的恶习,也没有沾染20世纪末在粒子物理研究中过于超越当前实验工作的纯理论的倾向。本书对20世纪关于物理结构的理论探索给予了充分的关注。尤其是对于量子力学诞生前后,量子电动力学的诞生前后,重整化理论的曲折路程以及从夸克理论到弱电统一理论的建立的艰辛探索,给予了精彩的描写。引用了大量探索者的原始论文、会议发言和学术交流的内容,极富学术价值。同时本书对粒子物理学实验工作也进行了精当的阐述。从卢瑟福的粒子散射实验,到盖格计数器,从劳伦斯的回旋加速器到近代的对撞机、超大型的加速器,粒子物理如何从作坊式的小实验发展到今日规模庞大、耗资昂贵的巨型联合实验基地,本书进行了细致、深入的描写。尤其难能可贵的是,作者充分认识到现代高能物理实验不仅需要加速器,更需要发展一套精密的、智能化的检测设备和分析设备。

作者在结语中写道:温伯格、萨拉姆之后的第一批理论家们,在对更大的统一的寻求里却第一次超越了实验。在事实和想象之间有一条鸿沟,弥补这条鸿沟需要等待新的机器,而其中某些机器的命运尚未可知。看来在理论同实验之间的对话,好像出现了一次暂停。有鉴于此,对于20世纪80年代中期就已声势浩大的弦论,对于目前尚未经过实验证明的大统一理论、超引力理论等作者未予渲染。此外,作者在结语中对于粒子物理实验前景的展望中提到,一是要追求更高的能量,再一个就是要改进测量的精确度。当前的一个例子是寻求可能是非零的中微子质量。我们知道,20世纪末期,从1996年一直到2000年,以日本科学家为首的多国科学家组成的神岗小组,已经用精密的实验证实:中微子的确具有非零的静质量。我们不得不佩服作者非凡的洞察力。无论如何,我们都不能忘记,物理学首先是实验的科学,缺乏实验基础的、再好的理论,如果要写进物理学史,最好还是稍待时日,要看实验最终做出什么判决。并非"圣人"的科学家形象,作者作为粒子物理学的战士,将亲身经历与耳濡目染的许许多多科学家在物质结构探索中所表现的义无反顾的奋斗与追求,不仅作了生动的表现,还进行了热情讴歌。作者还为一些杰出科学家做了近似小传的注解。这些生动、有趣的材料,大大增加了本书的可读性。在对于科学历史知识的叙述中,读者可以在字里行间清晰地领略到 20 世纪物理学巨人爱因斯坦、普朗克、卢瑟福、玻尔、海森堡、泡利、狄拉克、费米、奥本海默、费曼、盖尔曼、温伯格等为科学献身的迷人风采。读者不仅看到了他们探求真理的超凡绝俗的领悟力,和他们一起感受成功的喜悦,同时也看到了在探索的道路上他们的迷茫和挫折;不仅看到了他们意气相投、和衷共济地创造新理论、发现新现象的动人景象,同时也看到了他们为坚持真理而相互争论的许多有趣场景。

例如,天才焕发、富于个性的泡利在研究衰变时,义无反顾地反对当时的物理权威玻尔提出的在衰变时能量不守恒的观点。尽管玻尔的想法在当时得到了许多物理大家的支持,但是年轻的泡利大胆地提出了中微子的假说,与玻尔对抗。尽管他的想法当时被许多人认为是疯狂的,但在 30 年之后被证明是完全正确的。有趣的是,玻尔在争论中逐渐地放弃了自己的观点,而最后坚定地站在了中微子假设的这一边。但是,就是这同一个直率的泡利,在对待狄拉克的空穴(正电子)理论时,却站到顽固的反对派的立场,极尽嘲笑之能事;同样的事情也发生在他对待杨-米尔斯理论的问题上。人非圣贤,孰能无过。倘有取舍,即非全人。实际上,杰出的科学家尽管在科学上有巨大的贡献,但也不可避免地在探索的过程中有失误。无情的事实往往是,人在探求真理的过程中失误比贡献、成功要多得多。我们所看到的、所听到的几乎完人似的科学大家、哲学大家等,都是经过了过滤、修饰所留给我们的形象。有得有失,有胜有负,类似的故事,在生活中每天都在实际发生着。

本书译者关洪、杨建邺等皆为国内著名的科学史学者,著作颇丰。关洪先生系我国著名理论物理学家胡宁的高足,才华横溢,在物理学、自然哲学及科学史方面贡献良多。杨建邺先生为华中科技大学物理系教授,对科学史研究的勤奋、耕耘的深入在国内是人所共见的;他与许多世界知名科学家,包括不少诺贝尔奖的获得者保持密切联系。本书的版权,就是派斯先生授予杨建邺先生的。总体而论,全书译文流畅、准确。派斯的英文颇有特点,比较难译,因为他原籍荷兰,加之常年居住在丹麦。全书洋洋洒洒几十万字,专业性强,涉及面广，个别术语目前尚无规范的译名，因此更增加了翻译的难度。翻译的最高要求是信、达、雅。他们的译文，辞能达其意，意可以说不违原旨。读起来朗朗上口，我以为能够译成现在这个样子很不容易了。

难能可贵的是，全书完整地保留了原书的附录，包括大事年表和人名索引，避免了坊间科学著作的译本经常被任意肢解的厄运。尽管参考文献、附录所占篇幅有 100 多面，但这是完全有必要的，可以大大便利读者查阅、检索。须知学术著作是一个完整的统一体，因为目光短浅，追求降低定价，而任意肢解、删减原著，往往会造成原书学术价值下降的恶果。除此而外，这种做法也是对著者的不尊重和知识版权的侵害，岂非因小而失大？当然，全书能保持原璧，未伤其身，这与其说是译者的功劳，毋宁说是武汉出版社的领导和责任编辑的真知灼见。毋庸讳言，尽管全书译文质量可算上乘，却也存在质量不完全均衡的现象，也发现有少量的疏误，例如将“spectra”翻译成光谱，这是不恰当的；在第 423 页和第 424 页也有排版上的错误；还有一些译名有不规范的地方。希望在再版时，予以厘正。

## 篇 后 语

本文载于 2003 年 7 月 30 日的《中华读书报》，是我为美国著名物理学家阿伯拉罕·派斯所著《基本粒子物理学史》（译者为关洪、杨建邺、王自华、付冬梅，武汉出版社 2002 年版）写的书评。关于译者的情况，在正文中已经讲得很清楚了。

# “长江科学技术文库”总序

科学技术作为“最高意义上的革命力量”，推动社会生产力的急剧发展，乃是人类社会进步的强大动力。科学技术的一次次革命，触发一次次的产业革命，使人类文明一次又一次地攀上了更高的峰顶。“科学技术是生产力，而且是第一生产力”已成为当代公众的共识。

第二次世界大战以后，一场规模宏伟的高科技革命正以排山倒海之势席卷全球。这场革命的范围之广泛，内容之丰富，发展之迅猛，影响之深刻，更是以往的科技革命所无法比拟的。其直接后果是导致“信息革命”、“知识经济”应运而生。这场新的科学技术革命的三大主角是信息科学技术、材料科学技术和生命科学技术。它们催生九大高新产业集群，即光电子信息产业、智能机械产业、软件产业、超导体产业、太阳能产业、生物工程产业、生物医药产业、空间产业、海洋产业横空崛起。现代科学技术已形成了一个多层次、不断扩大的综合性整体。科技知识空前快捷而广泛地产生、传播和应用，不仅极大地推动经济和社会发展，归根结底，也决定了国家的综合国力和民族的竞争能力。因此，“科技兴国”不仅是现代化建设的必然选择，更是使中华民族自立于世界民族之林、振兴中华的英明决策。

荆楚大地，人杰地灵，自古以来，人才辈出。不仅创造了瑰丽多姿的楚文化，而且在科学技术方面谱就了煌煌乐章。石星的《星经》，曾侯乙的编钟，陆羽的《茶经》，毕昇的活字印刷术，李时珍的《本草纲目》……无不闪耀着智慧的光芒。清末民初，近代科技传入中国，湖北省更是开风气之先，汉口成为当时全国仅次于上海、天津的商埠。湖北的近代教育、近代科技、近代产业在当时的中国堪称中坚。

中共十一届三中全会，尤其是中共十四届五中全会以来，湖北科技界高举邓小平理论的伟大旗帜，认真贯彻“三个代表”的重要思想，锐意创新，勇攀高峰，硕果累累，成绩斐然。老一代的硕学鸿儒，春深花茂；一大批功底扎实，奋进不已的中年学者，叶盛枝繁。更加可喜的是，风起云涌的青年才俊更是意气风发，大展宏图。湖北省目前就整体科学技术的实力已跻身于全国“科技强省”之列。

为了进一步贯彻好“科技兴国”的战略方针，弘扬科学精神，汇集并宣扬改革开放以后的湖北省在科学技术上取得的丰硕成果，特组织出版“长江科学技术文库”。本文库的宗旨，在于收录奋战在荆楚大地的科研第一线上，并且取得了国际国内先进科研成果的专家教授的专著，兼收并蓄，分卷出版，无分轩轾。文库内容遍及偏微分方程现代分析理论、随机分析、理论物理、高能物理、原子核物理、高分子材料、纳米材料、大地测量、摄影和遥感、生物地质、作物遗传改良、动物遗传育种、口腔医学、器官移植、激光技术、数控技术、人工智能、水利工程和桥梁建设等。需要说明的是，应该收录而由于种种原因未进入本文库的专家的作品还很多。如有的专家工作很忙，难以抽暇著书立说。由于湖北科技战线很广，而文库容量有限，挂一漏万，也势所难免，敬请各界同仁见谅。我们希望,这个文库还可以继续出续集,以弥补这些遗憾。

“天行健,君子以自强不息。”愿我省科技工作者再接再厉,百尺竿头,更进一步,描绘出荆楚大地上更灿烂的科技星空。

## 篇 后 语

序言为我所草拟,并经编委会采用作为该文库的总序。总序的落款为“长江科学技术文库”编委会,时间是2003年8月。

该文库为我和李慎谦副总编辑所策划、当时的湖北省副省长王少阶所推动,是一部反映湖北省改革开放以来高科技研究成果的大型集萃。该丛书包括《生物地质学》、《脉冲激光沉积动力学与玻璃基薄膜》、《应用正电子谱学》、《量子白噪声分析》、《腹部脏器移植研究》、《回旋加速器虚拟样机》、《龋病牙髓病研究》、《河道截流及流水中筑》、《流域降雨径流理论与方法》、《系统辨识及其在水电能源中的应用》、《成像自动目标识别》等科学专著。本文库入选2007年新闻出版总署的“三个一百”原创图书出版工程,荣获2012年第二届湖北省图书政府奖。

# “遗憾”的叹息

——2004年诺贝尔物理学奖的反思

2004年10月5日,瑞典皇家科学院诺贝尔奖委员会宣布美国物理学家格罗斯(David J. Gross)、波利策(H. David Politzer)、维尔切克(Frank Wilczek)因为发现在基本粒子之间的强相互作用理论中的“渐进自由”现象,而荣获当年的诺贝尔物理学奖。关于“渐进自由”,杨建邺教授的大作《2004诺贝尔物理学奖秘闻》,已有精彩的介绍,兹不赘述。

本来今年的诺贝尔物理学奖确如杨振宁教授所说,“是众望所归”,大家都是心悦诚服。作为20世纪物理学在高能物理研究领域的最高丰碑——标准模型的各个部分均获得了诺贝尔物理学奖。例如,描写弱电相互作用统一理论的创建者——格拉肖(Sheldon Glashow)、萨拉姆(Abdus Salam)、温柏格

(Steven Weinberg)获得了1979年的诺贝尔物理学奖,发现弱电统一理论预言的$W^{\pm}$粒子和Z0粒子的鲁比亚(Carlo Rubbia)、范德梅尔(Simon van der Meer)获得了1984年的诺贝尔物理学奖;关于标准模型的基本理论框架——杨-米尔斯理论的可重整化问题(这个问题的解决使得杨-米尔斯理论真正成为可精确计算的理论),特·胡夫特(Gerardus't Hooft)和维尔特曼(Martinus J. G. Veltman)获得了1999年的诺贝尔物理学奖;至于标准模型的物质结构的载体——夸克模型的奠基人盖尔曼(Murray Gell-Mann),则早在1969年就获得了诺贝尔物理学奖,其后在夸克模型的完善和发展中有重大贡献的里克特(Burton Richter)、丁肇中(Samuel Chao Chung Ting)获得1976年的诺贝尔物理学奖,弗里德曼(Jerome I. Friedman)、肯德尔(Henry W. Kendall)、泰勒(Richard E. Taylor)获得了1990年的诺贝尔物理学奖,等等。

"冠盖满京华,斯人独憔悴。"唯独标准模型的重要组成部分——描写夸克之间相互作用的量子色动力学(QCD)迟迟没有得到诺贝尔奖的垂顾。1973年,当时在普林斯顿大学任教的格罗斯教授和他的研究生维尔切克,以及当时在哈佛大学就学的波利策,各自独立地在杨-米尔斯理论的优美框架中建立起描写夸克之间强相互作用的理论——QCD理论。这个理论是物理学家创造的完美无瑕的对称性艺术珍品,逐渐得到了越来越充分的实验资料的支持,尤其是这个理论能够圆满地解释实验中发生的特别奇怪的现象,所谓"渐进自由"的现象,以致这个理论逐渐在当时众多的描写强相互作用的各种理论的竞争中,升格为强相互作用理论的最有可能的候选者。直到20世纪90年代,在经受更多的实验的考验后,物理学家终于认为QCD确实是描写强相互作用的可靠理论。

在这种情况下,难道QCD理论获得诺贝尔物理学奖不是顺理成章、众望所归吗?最近,麻省理工学院在庆贺2004年诺贝尔物理学奖的时候,目前在该校任教的维尔切克(顺便说说目前格罗斯在加利福尼亚大学圣·巴巴拉分校任教;波利策在加州理工学院任教)亦庄亦谐地说,这几年每到10月初,金秋时节的晚上,他都在静候瑞典科学院的电话,一直是音信全无。唯独今年的10月4日的晚上,他去洗澡的时候,电话铃声大作。他匆忙拿起电话,好消息终于从大西洋彼岸传来。此时,他才发现他的身上还湿漉漉的。

然而,当我从报纸上读到我国颇负盛名的某公,对今年的诺贝尔物理学奖的评价时,顿时一种无可奈何的悲哀由衷而起。诚然,我从另外的报道知悉,某公确曾非常正确地指出,一个重大科研成果的获得需要充分的工作积累,需要漫长的岁月考验。但他居然奇怪地发出感慨,对今年的诺贝尔物理学奖“感觉非常之遗憾”,“在这个领域里,我们的研究曾早于美国,成果也非常接近最后的结果”。不由不对某公的“遗憾”,发出几声深深的叹息。

懂一点科技史的人都知道,夸克模型是盖尔曼和以色列科学家茨维格(G. Zweig)在 1964 年提出的,夸克一词就是盖尔曼命名的。

我想要指出的是,我国在高能领域,由于种种条件的限制,极少有研究早于美国。我国曾于 1962 年在著名学者朱洪元、胡宁的领导下,成立了北京基本粒子小组。在 1965 年,完成了关于“层子”模型的诸多论文;并在 1966 年的国内中文杂志上发表(1980 年才用英文发表)。这些工作曾在北京暑假国际粒子物理讨论会上与国外学者交流,并获得好评,这是我们在高能物理研究上一个值得称赞的亮点。这些工作,例如关于层子作用的相对论效应的探讨,关于层子是真实存在的亚强子粒子的理念,在当时国际学术界是颇有见地的。然而,层子模型的提出已经比夸克模型晚了一年,其基本的数学结构与夸克模型一致,而夸克模型的数学基础来源于盖尔曼在 1961 年和以色列的物理学家提出的“八重法”。夸克模型正是在“八重法”正确预言了两种基本粒子的捷报后成功建立的。因此,无论如何,我们不能自诩“率先提出夸克模型”。

更加重要的是,层子模型利用的是传统的量子场论如束缚态场论、复合量子场论等,根本不可能解释所谓渐进自由等特殊现象。北京基本粒子物理组非常可惜地在 1966 年解散了。历史不能重演,我们难以逆料,如果这个组继续存在下去,他们会不会沿着这条道路走下去。无可辩驳的事实是,这条道路是一条错误的道路。还是杨振宁先生说得好,“中国早有研究可惜走错了方向”。因为 QCD 理论是在杨-米尔斯理论(也可以叫非阿贝尔规范场论)的框架内,人们建立的一种崭新的理论。用杨先生的话来说,这个理论与北京基本粒子物理组当时所利用的场论方法是迥然不同的,是“发展在另一个方向上”,非但不可能与“最后的结果”趋近,反而是南辕北辙,越来越远离 QCD 理论所给出的物理图像。这就是尽管层子模型与夸克模型问世的时间相差并不大,何以“层子模型后来就没有人讲了”的原因。实际上,有人指出改革开放初期我国的高能物理研究刚刚重新起步的时候,颇有研究工作者,难以接受 QCD 理论的基本理念,甚至说,为什么所有的相互作用都要遵从规范场原理(杨-米尔斯理论),这难道不是唯心的先验论吗?当时 QCD 理论还未得到实验资料的充分支持,这样的怀疑当然是可以的。但是这正好也证明了当时我国有些研究工作者,在杨先生所说的那条错路上走得很远了,以致达到迷途难返的地步。当然大部分的研究者都很快掌握了 QCD 的理论武器，从事有关领域的研究，取得了许多令人称道的成果。

也许还应谈一点关于“颜色自由度”的问题。国际上一般认为提出这个概念的是美国普林斯顿大学格林伯克(W. Greenberg)与韩(J. Han)、南部(Y. Nambu)。其实，与此同时，在层子模型的研究中，中国科学技术大学的学者刘耀阳先生也提出了类似的概念，国际上就很少有人知道了。这一点自然是不够公道的。这些学者早期讨论颜色自由度或双重统计，都是从统计学的角度提出此类概念的。实际上“颜色自由度”这个名词最早是盖尔曼于 1972 年引入的，当时的“颜色”除了统计上的含义以外，实际上成为而后相互作用理论的基本出发点(用数学的语言就是基本表示)。这样看来，说中国人“当时提出的关于颜色的概念已经很接近最后的结果”，不无道理。但是，终究有点夸张。

中国的科学家在微观领域的研究中，曾经有过非常光荣的纪录。早在 20 世纪三四十年代，中国杰出的科学家吴有训(在测量普朗克常数方面)、赵忠尧(关于正电子的发现)、王淦昌(关于中子和中微子的发现)等，都曾与诺贝尔物理学奖失之交臂。新中国成立后，我们在人工胰岛素的研究领域一直居世界领先地位，只是由于种种原因没有获得诺贝尔奖。在我国成功研制出人工合成牛胰岛素后，诺贝尔奖评审委员会化学组组长蒂塞留斯对此给予了很高评价：“你们可以从教科书中知道怎么造原子弹，但是你们绝不可能从教科书中学会人工合成胰岛素。”这些都是我们应该引以为豪的。

但是，无论如何，科学是探求真理的崇高的事业，其中是来不得半点虚假和浮躁的。尤其是不能用自夸和浮躁的“豪言壮语”来遮盖我们的视线。由于起点低、设备条件较差、缺乏深厚的科学传统等，不可否认的是，我们在众多科学领域还显得相对落后。为此，我们必须奋发图强，脚踏实地，实事求是，迎头赶上。知耻近乎勇，首先应该敢于面对现实，这样才可以真正张扬我们的民族正气，从而迈向赶超国际先进科学水平的征程。浮躁、妄自尊大，是当前科学界必须要遏制的学术风气。在这方面，年高德劭的老一辈科学家和风华正茂的年轻科学工作者都需要共同努力。

## 篇后语

本文载于 2004 年 12 月 1 日的《中华读书报》，不久《新快报》转载了此文。本文以确凿证据批评了有的人不顾事实真相，误导舆论，致使某种浮夸风气蔓延,不利于我国科学事业的健康发展。

瑞典皇家科学院诺贝尔奖委员会把2004年度物理学奖授予了三位美国科学家格罗斯、波利策和维尔切克。

# 爱因斯坦在1905年

大家知道,2005年被联合国大会确定为世界物理年。为什么世界物理年定在2005年呢?这是因为爱因斯坦在1905年对现代物理做出了革命性的贡献,不仅推动了现代物理的发展,而且随之改变了人类文明。我想以爱因斯坦1905年的工作生活作为切入点来谈谈这个问题。

## 一、世界物理的两个奇迹年

### 1. 牛顿的奇迹年——1666年

·1665年发现二项式定理。

·1666年完成微积分、光学和重力问题上的大部分工作(万有引力定理以及牛顿运动定理——经典力学的基石)。

·1687年发表《自然哲学的数学原理》。

世界上的事情往往是有巧合的。国际物理学的发展有两个奇迹年,即牛顿(Isaac Newton)的奇迹年(NMY)——1666年和爱因斯坦(Albert Einstein)的奇迹年(EMP)——1905年。这两年物理学的奇迹般的突破,不仅揭开了物理学发展的新的里程碑,而且使我们现代的整个人类文明,哲学、文化乃至我们的日常生活方式产生了革命性的变化。

我们知道,美国纽约时报前主编哈特在20世纪90年代写的一本风靡世界的畅销书《历史上最有影响的100人》,列入最有影响的前10个人中只有2名科学家,一个是牛顿,另一个是爱因斯坦。他们两个人确实是有史以来最伟大的物理学家。

牛顿是我们大家都熟悉的,他建立了我们现在称之为经典物理的体系,他还是现代数学微积分的奠基人。牛顿在科学上的贡献是全方位的。但是大家不知道,牛顿的主要工作几乎都是在1666年这一年完成的。这不能不使人感到惊奇！那么在1666年他完成了哪些工作？首先,他在1666年独立地发明了微积分。当然我们不要忘记微积分的另外一个创造者是德国人莱布尼茨。此外,在1666年牛顿提出了著名的光的微粒说,认为光是由一颗颗的粒子构成的。这是光学上的一个突破。关于光,自古以来有两种不同的说法,除了微粒说,还有一种说法,是荷兰科学家惠更斯提出来的,即光的波动说。这两种学说,争论了几百年,光的微粒说后来被大家忘记了。到了爱因斯坦的时候,大家又重新想起了光的微粒说。

万有引力定律和著名的牛顿三大定律的基本工作都是在1666年完成的。这些工作完成以后,都写进了他非常著名的著作《自然哲学的数学原理》中。我们知道欧美没有物理学博士,只有自然哲学博士。综上所述,如果说1666年是现代经典物理的起点,难道不是名正言顺的吗？

**2. 爱因斯坦的奇迹年——1905年**

现在谈一谈我们的主角爱因斯坦。爱因斯坦在1905年的工作是极不平凡的。世界的1905年也是一个多姿多彩的年份。在亚洲爆发了日俄战争,新起的日本帝国主义打败了沙皇俄国,这是历史上的大事。但是这一年在科学上是一个划时代的年份。

爱因斯坦是犹太人,他的父亲为中等商人,家庭为小康之家。1905年,爱因斯坦风华正茂,在生活上却不如意,只是刚刚由一个失业青年找到一份卑微的工作。然而卑微的爱因斯坦在1905年发表了5篇震动世界科学论坛的论文。如果我们用现在的科学观点来看的话,这5篇论文中任何一篇都是够得上诺贝尔物理学奖的。我们不知道爱因斯坦这个天才是怎么做到像放连珠炮一样,几乎一个月放一炮。

我们现在看看这5篇文章。我们不想在此深究其中的科学道理,但其大致意义可以谈一下。这些文章都不长,而且参考文献很少,爱因斯坦喜欢参考自己的文章。1905年3月,他发表论文《关于光的产生和转化的一个启发性观点》。现在看来,这篇文章提出了我们中学所学到的爱因斯坦的光电效应理论,就是后来成就爱因斯坦1921年获得诺贝尔奖的文章。估计高考也要考光电效应相关的内容。简单来说,以前的科学家认为光是波,是电磁波,但是爱因斯坦基于光电效应的实验得出,光不仅是一种电磁波,同时又是光粒子的集合。什么意思呢？就是说光又是一种微粒。实际上,在某种程度上,爱因斯坦又恢复了牛顿的光的微粒说。现在看起来,这个观点很简单,连中学生也明白。但是这个观点当初得到科学界的承认却整整花了十几年。连鼎鼎有名的德国大科学家普朗克也难以理解,大家都不理解。这是第一篇文章。

过了一个月,第二篇文章《分子大小的新测定法》问世了。在此之前,原子论和分子论的概念在化学家和物理学家中已经形成了,但还有相当一部分人对原子和分子的存在持怀疑观点。他们的理由是,你看到了分子吗?你看到了原子吗?爱因斯坦在这篇文章中,从定量的角度研究布朗运动,给出了测定分子和原子大小的一种方法。布朗是一个植物学家,他发现花粉丢到茶杯里会不停息地做无规则运动,这种运动被我们称为布朗运动。果然不久,法国著名的物理学家佩兰就根据爱因斯坦所提出的方法测定了原子和分子的大小。他是根据爱因斯坦的原子和分子理论得出实验数据的第一个科学家,正如法国大科学家彭加勒所说,佩兰的杰出工作,宣告了原子学说的胜利。因此,1926 年佩兰获得了诺贝尔物理学奖,你不会感到奇怪吧?

第三篇文章《热的分子运动论所要求的静液体中悬浮粒子的运动》发表于1905 年 5 月,内容是上一篇文章的继续。这两篇文章奠定了现代经典统计物理学的一些基础。物理学的一个分支叫统计物理学。爱因斯坦是现代统计物理学的奠基人之一,我们注意到爱因斯坦在 20 世纪 20 年代还提出了有名的玻色-爱因斯坦量子统计。因此说爱因斯坦是现代统计物理学的奠基人之一,应该是实至名归了。第二篇文章和第三篇文章是一个系列。

第四篇文章应该说是惊天动地了,题目叫《论动体的电动力学》或《论运动物体的电动力学》。这篇文章宣告了狭义相对论的诞生,这是爱因斯坦于 1905 年 6 月发表的。有关这篇文章的价值,我们下面还要谈。

第五篇文章《物体的惯性和他所含的能量有关吗?》发表于 1905 年 9 月。这篇文章实际上是关于狭义相对论的一个继续。该文提出了狭义相对论中的有名的质能关系。

为什么我们说这几篇文章宣告了现代物理学的开始?为什么我们说 1905 年是现代物理学的革命年?我们从三个层次来说。

第一个理由是这些论文宣告了狭义相对论的诞生。狭义相对论完全推翻了经典物理学所固有的时空观。从此以后我们就知道没有绝对的时间和绝对的空间的概念。时间和空间是相互关联的,而且时空与运动的主体是密不可分的。这个观点对物理学的影响巨大,而且对机械唯物论的哲学、形而上学的经典哲学是一次毁灭性的打击。列宁有一本著作《唯物主义和经验批判主义》,就是针对狭义相对论诞生后所发生的哲学危机而写的。爱因斯坦的狭义相对论提出以后，加上量子论的提出和发展，经典物理学发生了危机，许多经典的物理概念，甚至哲学概念发生了根本的变化。影响所及，在哲学界爆发了哲学危机，导致许多新哲学流派应运而生。狭义相对论的具体内容太难懂了，在此不予深究。我只想告诉诸位，在狭义相对论诞生后4年，空谷足响，只有一篇文章表示理解支持，其余就是一片沉寂。

在此，我们只想讲一点，就是狭义相对论的质能关系是 $E=mc^2$，$m$ 是质量，$c$ 是光速，$E$ 是能量。爱因斯坦提出质能关系式的时候说，这个关系式完全是一个理论上的东西，可能终其一生他看不到这个公式的应用了。但是爱因斯坦万万没有想到，在他活着的时候他不但看到了公式的应用，而且他看到这个公式的第一次应用就是人类最可怕的一场悲剧。1945年8月，美国在日本列岛上空投下了两颗原子弹，炸死了几十万日本人。尽管日本的军国主义是可恨的，但是日本的老百姓还是值得同情的。爱因斯坦更加痛心疾首的是，原子弹的研制正是他向美国总统罗斯福所建议的。

我们说1905年是现代物理的诞生年的第二个理由是，这些论文宣告了光量子论的诞生，从而使得爱因斯坦成为现代量子力学的奠基人之一。第三个理由则是这些论文提供了分子和原子客观存在的实证基础。因此为量子论的发展提供了坚实的实验背景和可靠的物质基础。

## 二、爱因斯坦在现代物理学中的地位

为了阐明爱因斯坦的贡献，我们对现代物理学的发展做一简单考察。解剖现代物理学，有两大支柱，或者说两大主流：一个是相对论，另一个是量子论。相对论又分狭义相对论和广义相对论。狭义相对论是爱因斯坦于1905年提出来的，广义相对论是10年之后提出来的。这些都是爱因斯坦的贡献。关于量子论，我们现在说有三个奠基人：一个是普朗克，另一个是爱因斯坦，还有一个是玻尔。玻尔和爱因斯坦的故事我们下面还会谈。我们应该记住爱因斯坦既是相对论的提出者，又是量子论的奠基人。

最早提出量子论的是德国普鲁士的科学家普朗克。普朗克是一个非常伟大的科学家，现在德国还有一个普朗克学会。他是德国有史以来最伟大的物理学家之一。他在1900年夏天提出了关于量子论的第一个假说。他认为热能的辐射是以分离的形式，一颗一颗、一份一份地辐射出去的，而不是连续辐射出去的。这样辐射出的每一份能量粒子称为普朗克能量量子。普朗克提出著名的能量量子假说的动机是，为了解决经典物理的一个困难——“黑体辐射的紫外灾难”，亦即在计算黑体辐射能量时，在高频区段出现难以理解的无穷大。

普朗克是在柏林的一个近郊的林荫小道上和他儿子散步的时候突然想到了这么一个观点。当时他跟他儿子说：“我的这一种想法可能引起物理学的一场大的震动和革命。”

量子论的另一个奠基人是玻尔。玻尔于 1913 年提出了原子的玻尔假说，这在中学物理中也讲过。什么叫玻尔假说呢？大家知道，电子在原子核外旋转，按照经典物理，电子在不断辐射能量，从而损失能量。换句话说，电子会最终掉到原子核里面去，原子不可能稳定。但是原子是不是稳定的？当然是稳定的。假如按照经典物理学来解释会多么可怕。你今天看到这位美丽的小姐，明天构成她的原子、分子都蜕变了。她变成什么呢？我也说不清楚。所幸的是我们周围的原子、分子是不变的。这是经典物理学和牛顿、麦克斯韦所不能解释的。因此玻尔提出了玻尔假说，这也是量子论较早的基石之一。

玻尔的另一个伟大的贡献是在丹麦首都哥本哈根建立了一个理论物理研究所。丹麦是一个很小的国家，但是在 20 世纪 20 年代至 30 年代，可以说这个小小的研究所是世界理论物理的中心。玻尔就是在那里和他的学生以及同事进行着非常有成效的科学研究。在哥本哈根的海边上有一个咖啡馆，每当太阳西沉的时候，玻尔手下的年轻人都聚集在这个咖啡馆喝咖啡。大家一边喝咖啡，一边讨论他们所研究的科学，谈笑风生，热烈争论。他们往往就在海滩上把自己所讨论的东西写出来。所以那里有一条规定，这个小咖啡馆附近的沙滩上画的那些乱七八糟的东西是不能够擦掉的。因为说不定那就有诺贝尔奖的种子在里面。

我们知道玻尔所培养的许多才华横溢的年轻的科学家，对于世界物理学的发展贡献很大，人们称之为哥本哈根学派。其中许多杰出的年轻人，最后都获得了诺贝尔奖的殊荣。特别要指出的是他的儿子——小玻尔（Aage Niels Bohr），在 1975 年因为在原子核的研究中发展了原子核理论而获得诺贝尔物理学奖。玻尔在科学上的贡献不仅在于建立和推动量子论的发展，尤其在于他作为一个科学家的民主作风，循循善诱，培养了大批杰出的科学家，建立了至今还影响着我们的哥本哈根学派。人们为了纪念玻尔，现在把丹麦哥本哈根理论物理研究所叫作玻尔研究所。

总而言之，我们记住量子论有三个奠基人，一个是普朗克，一个是爱因斯坦,一个是玻尔。

为了说明爱因斯坦在1905年的工作的重要性,我们不妨回顾19世纪末物理学发展的状况。当时物理学家是非常骄傲的,因为物理学在电磁学理论发展以后确实取得了非常大的成绩,以至于许多伟大的科学家都认为物理学的大厦已经建立好,留给后人的不过是给这个大厦做一些粉刷工作,比如说安个窗帘、修补门板等诸如此类的琐事。现在也有一些科学家,又重蹈覆辙,以为当前科学发展已到了建构所谓M理论,可以说明万事万物的终极真理的时候了。相当一部分人是这么认为的。我写了一篇文章,痛斥了这种观点。任何时候,科学的发展都是没有止境的。

20世纪初物理学的晴朗天空,据说只存在两朵小小的乌云,就是说物理学仅仅只存在两个小难题:一个是之前说的黑体辐射问题;还有一个就是迈克尔逊实验,当时狭义相对论的提出,主要就是针对这个问题。

米列娃是一位非常有才华的物理学家,以至于在20世纪的下半叶经常传出舆论,说爱因斯坦的狭义相对论里面很多思想是米列娃的。米尼娃在物理方面是非常有作为的,但是在料理家务方面非常差。据回忆,当时爱因斯坦的家乱七八糟,家里的生活全靠爱因斯坦一个人的收入,米列娃也不善于理财,脾气很刚强。不久,他们就离婚了。但是爱因斯坦1921年获得诺贝尔物理学奖的全部奖金,都给了这位前夫人。

我们知道20世纪初美国的物理学是相对落后的,大物理学家更是较少,迈克尔逊是当时比较著名的一个实验物理学家。他因为精密光学仪器和借助这些仪器所进行的光谱学和度量学研究等,获得了1907年度诺贝尔物理学奖。

迈克尔逊与莫雷(Morley)教授合作,做了一个非常经典的实验,彻底否定了光的“以太”说。在此以前,人们都认为光的传播是靠特殊媒质而进行的,这个特殊媒质叫“以太”,迈克尔逊-莫雷的经典实验,确凿证明了“以太”是不存在的。这个事情对经典物理学有很大的冲击,但是狭义相对论最后解决了光的传播问题。当代英国的天才理论物理学家罗杰·彭罗斯对这件事有一个总结。他说:“在20世纪,我们极其幸运地目睹了世界物理学两次巨大的革命。第一次革命推翻了我们的时间和空间观……第二次革命完全改变了我们理解物质和辐射的方式……我们用相对论一词概括第一次革命,用量子论概括第二次革命……特别令人惊奇的是,一位物理学家——阿尔伯特·爱因斯坦对自然界有如此非凡的洞察力,以至于在1905年这一年就为20世纪的这场革命奠定了基础。”我们不能不承认世界上还是有天才。

## 三、一个卑微的小职员

我们来看天才是怎么成长的。爱因斯坦出生于 1879 年。你们看看爱因斯坦小时候的照片,看得出他是天才吗?

大家可能会想,他是德国人,怎么跑到瑞士去念书呢?爱因斯坦生来就非常爱自由,他对德国所弥漫的军国主义思想及专制的独裁制度极其反感。他念到中学以后,毅然决然地跑到瑞士去念大学。我听一位院士说,这个学校当时在全球排名第一,不知道确实否。但是这个学校至少在瑞士还算是很不错的。我们知道还有几位有名的科学家都是在这所学校念的博士。爱因斯坦在这个学校毕业之后,他特别不走运。

我们看看他求职的"悲惨"遭遇。他于 1900 年 7 月份毕业,跟我们在座的一些人一样,想留校,他申请所就读学校的助教没有成功。1901 年 3 月—4 月,他向德国两个很有名的教授——莱比锡的奥斯特瓦尔德(F. W. Ostwald)和莱顿的卡麦林-昂内斯(H. O. Kammerlingh)求职。前者在物理学和化学上都非常有成就,后者则是世界上低温物理学的奠基人,也是诺贝尔奖获得者。遗憾的是,这两位天才的科学家并没有发现这位天才,他们当时认为爱因斯坦太笨了,拒绝了他的申请。怎么办?还得吃饭。他首先在温特图尔一个中等技术学校任临时数学老师,所以说人生的道路并不总是平坦的,甚至天才也会走投无路。

1902 年 6 月 12 日,瑞士联邦委员会任命爱因斯坦为伯尔尼专利局试用的三级(三级就是最低级)技术专家。爱因斯坦终身有一个非常好的朋友——格罗斯曼(M. Grossmann),格罗斯曼是一个非常伟大的数学家,现在世界上每年还召开以他的名字命名的国际数学会议。他的这位朋友对爱因斯坦非常赏识,他看到爱因斯坦找不到工作,于是他求助于自己的父亲。他的父亲是伯尔尼专利局的局长。按说爱因斯坦应该起码能弄个二级专家,可能爱因斯坦确实不走运。尽管有这么强的后台,最后还只是弄了一个三级技术专家。但是爱因斯坦对工作很负责任,他并没有因为级别低而怠慢工作。

1903 年 1 月,爱因斯坦与米列娃结婚。家里生活非常拮据,因为米列娃没有工作,这还是小事,更糟的是米列娃不会理财。所以很多人回忆当时爱因斯坦的状况并不是很好。

然而就在非常困难的时候,作为一名卑微的小职员的爱因斯坦,写出了 5

篇具有划时代意义的论文。这给我们的启示是不言而喻的,就是最好的人才不见得是在世界上最好的大学培养出来的。我发现有些学生在考研考博之前,他们读的学校并不是很好,但后来他们从事了非常好的工作。这样的例子不胜枚举。

爱因斯坦真正苦尽甘来是在 1909 年。原来他的 5 篇论文发表以后,科学界并没有很快理解,只是随着普朗克等一些科学家的宣传,爱因斯坦的理论,首先是关于狭义相对论的理论,才逐渐得到承认。1909 年 7 月 6 日,他向专利局提出辞职报告。7 月 8 日,瑞士日内瓦大学授予他第一个名誉博士。当初不愿意给他助教职位的苏黎世技术大学也欣然聘任他为副教授,他于 10 月 15 日就任。他的真正好运是,1911 年 4 月,奥匈帝国的布拉格大学授予他正教授。直到这个时候,他的生活才得到显著改善。

## 四、寂寞的智者

我们的教训是什么呢?一个成功者、一个伟大的创造、一个著名的思想要被世人接受,往往不是一件很容易的事情。有一个很伟大的作曲家说:"作为一个聪明人或智者,往往并不是一件很愉快的事情。智者往往是很寂寞的。"中国古代李白也有一首很有名的诗,说"古来圣贤皆寂寞"。为什么?因为他们崇高的思想、深邃的内容往往大大超越了同时代的人,因而难以被人接受。

我们看看爱因斯坦,人们对狭义相对论最初的反应,用当时的科学家伯恩斯坦(J. Bernstein)的话来说:"主要是漠然视之或加以否定。"漠然视之就是视而不见,加以否定就是说他胡说八道。爱因斯坦的学生英费尔德(L. Infeld)说:"没有潮水般的文章紧步其后,而是过了大约 4 年光景才开始有反应。"用我们现在的话来说,他的文章引用率为零。唯一支持他的是普朗克。普朗克当时没有及时拿到爱因斯坦的论文,所以没有及时反应,爱因斯坦因而也度过了非常紧张的 3 个月等待期。三个月之后,普朗克看到了他的文章非常赏识,所以在 1905 年冬季的一次学术讨论会上,普朗克对他的文章给予了正面评价,这是对狭义相对论的第一个反应。1906 年,普朗克发表了世界上第一篇关于狭义相对论的研究论文。应该说普朗克这位伟大的科学家在发现爱因斯坦这位天才,领会并宣扬爱因斯坦的狭义相对论的精髓方面起到了非常重要的作用。一句话,千里马还是需要伯乐啊!

如果说狭义相对论的际遇还算是比较好的话,那么光量子论自问世以后就举步维艰了。一般人认为,光量子论大概人们容易接受一些。其实不然,普朗克对光量子论开始是非常不赞成的,普朗克说:“真空中传播的过程已由麦克斯韦方程做了精确的描述,至少我还没有发现什么令人非相信不可的理由,要抛弃这个目前看来似乎是最简单不过的假说。”换句话说,他认为麦克斯韦方程已经比法拉第的理论好多了,你干嘛还要搞什么光量子论?他不赞成。但是,普朗克对于科学是非常宽容的,他十分维护不同意见的发表权利。当时他允许关于光量子论的论文及时发表。一直到1913年,他还是不赞成光量子论。一句话,一片反对之声。反对的意见无非有两点:一是说在光的量子说上爱因斯坦走得太远了;二是认为光既然是一个波,怎么可能又是一个粒子呢?波就是波,波怎么会变成粒子呢?这个矛盾难以解释,不承认他的学说。

光量子论发表以后,有三个人赞成他的学说。一个是德国的斯塔克(J. Stark),学过大学物理的人都知道有所谓斯塔克效应,这位先生也得到了诺贝尔奖;一个是英国的拉莫尔(J. Larmor),他研究理论物理;还有一个就是汤姆逊爵士(J. J. Thomson),电子的发现者。但是你想想,全世界那么多科学家,反对的人是多少?但真理是不怕反对的,也是不怕经受检验的。爱因斯坦始终对他的光量子论非常坚信。到了1915年,美国的物理学家密立根(R. H. Millikan)试图用实验来否定爱因斯坦的光量子论。世界上的事情就是这么奇怪,你本来是从这个门进去的,最后却从另外一个门出来。密立根的光电效应实验恰好证实了爱因斯坦方程。即便如此,他还是不相信,说“看上去是站不住脚的”。所以说要接受一个新的思想非常难。1915年之后,爱因斯坦的光量论的命运才开始有所好转。

以普朗克为代表的世界上的几个大物理学家不断地向诺贝尔奖评选委员会推荐爱因斯坦的狭义相对论等理论。但当时诺贝尔奖的评委们目光短浅,大都是一些实证主义者,用现代的话说是思想的侏儒。试想,要请侏儒来评价喜马拉雅山的雄伟,会怎么评价呢?《中华读书报》有一篇很精彩的评述,介绍爱因斯坦为什么迟迟没有获得诺贝尔奖,其中说道,前后总共推荐了27次之多,居然都没有成功。因为他们讲究实证主义,眼见为实,狭义相对论的东西怎么能用眼睛看呢?当时争论得非常厉害。在科学界强大舆论之下,特别是像普朗克、玻尔等一批世界知名科学家的再三推荐,最后迫使1921年诺贝尔奖的评委们开会的时候做了一个妥协。有一位先生,他是坚决不相信狭义相对论的,他说要不我们就用光电效应给他一个诺贝尔奖,以减少压力。所以爱因斯坦的诺贝尔奖完全是妥协的产物。爱因斯坦的狭义相对论一直没得过诺贝尔奖。尽管大家推荐过那么多次，评委们说还是要实验。如果你的每句话大家都很容易理解，估计你说的话没有什么太深刻的含义。爱因斯坦获得诺贝尔物理学奖其实是一种妥协。

## 五、爱因斯坦的遗产

### 1. 爱因斯坦的第二个黄金时代

爱因斯坦的科学生涯，在1905年前后经历了第一个黄金时代；从1912年到1924年则是爱因斯坦科学生涯的第二个黄金时代。在这段时间里，他完成了广义相对论的逻辑结构。

如果说狭义相对论诞生之前，有许多伟大的科学家为狭义相对论的建立做了非常多的准备工作。这些人之所以没有建立相对论，主要是由于他们的时空观点没有能够像爱因斯坦一样，实现向新的时空观的飞跃。例如，法国科学家彭加勒（H. Poincaré）就是这样一个悲剧人物。从某种意义上说，狭义相对论的提出是水到渠成的事情。爱因斯坦只是幸运地踢出临门一脚的足球运动员罢了。但是广义相对论的诞生，所有科学家，包括所有的物理科学史的专家，无一例外一直都认为是爱因斯坦的个人的、伟大的、空前绝后的智慧的创造。在此之前，他没有任何思想可以借鉴。他的伟大就在这个地方。

1916年，爱因斯坦在德国《物理学年鉴》发表关于广义相对论的第一篇论文——《广义相对论基础》。简单说来广义相对论就是一个引力的几何理论。广义相对论认为，在弯曲的时空中，引力越强的地方时空的弯曲越厉害。地球围绕太阳运动，只不过是在爱因斯坦的弯曲的时空中沿着最短程路径行走，根本无所谓引力。这是非常令人惊叹的智慧论断。

时空与宇宙密不可分，所以很自然地，在1917年爱因斯坦根据广义相对论原理，发表了第一篇关于宇宙学的论文，宣告了现代宇宙学的诞生。没有广义相对论就没有宇宙学，可以毫不夸张地说，爱因斯坦是现代宇宙学之父。大家津津乐道的黑洞，实际上也是爱因斯坦的广义相对论里一个特殊的推理结果。

1918年，爱因斯坦写了第二篇关于引力波的文章。牛顿谈的万有引力的传播是不需要时间的，换言之，是瞬时进行的，我们称这种观点为“超距说”。爱因斯坦说不对，引力的传递同样需要时间。联系到电磁场的传播，因此引出所谓引力波的概念，即引力场以波动的形式向前传播。这个时期是爱因斯坦人生最得意的时期。1919年，第一次世界大战打完了。由爱丁顿（A. S.

Eddington)和克罗梅林(A. C. D. Crommelin)率领一个观察组,分别在太平洋的普林西比岛和巴西的北部观察日食。这伙英国人为什么跑到太平洋上去观察日食?原来,根据牛顿和爱因斯坦的理论,光线通过太阳的周围,由于受到强大的吸引按预言都会发生弯曲。但是广义相对论预言的弯曲比牛顿预言的差不多大一倍。特别是在金星跑到太阳和地球的中间而发生日全食的时候,是测量光线弯曲的最好机会。

爱丁顿观察组的测量结果证明了牛顿的引力理论不对,而爱因斯坦的预言则是正确的。这可以说是广义相对论在世界上得到迅速传播的重要推动力。尽管爱因斯坦的声名因此大震,大家都把广义相对论说得神乎其神,20 世纪 30 年代却广为流传着一个笑话,说全世界真正懂得广义相对论的人只有 12 个人,有的说有 12 个半人。孰是孰非,谁也搞不清楚。当然,现在到了 21 世纪,广义相对论对于从事理论物理专业研究的人已经很熟悉了。

1923 年,印度的一位年轻的科学家玻色(S. N. Bose)写了一篇文章,爱因斯坦接到那篇文章后,极为重视,予以推荐发表。同时,爱因斯坦自己也写了一篇文章,将玻色的理论进行了充实、修正和发展。这两篇文章奠定了现在统计物理学里的玻色-爱因斯坦量子统计。它预言了一种特殊的物质状态,不是一般我们说的固态、液态、气态、等离子态,而是在超低温下,自旋为整数倍的粒子都会凝结在一起,并且它们所有的运动方式、振动方向和频率都是完全一致的。这种物质形态现在被叫作玻色-爱因斯坦凝聚体。这是一种新的物质形态,是 1924 年爱因斯坦在理论上预言的。人们一直把这种预言作为难以实现的理论范例,因为这种凝聚只有在绝对零度的情况下才能实现。

随着低温技术的发展,尤其是以美籍华人朱棣文教授等为首的科学家发明的激光冷却技术的发展,爱因斯坦的这个预言有可能被证实。1995 年美国的怀曼(C. Wieman)和康奈尔(E. Cornell)首次在实验室中观察到铷原子的玻色-爱因斯坦凝聚体。我们现在的激光是高频光子的集合体,这种凝聚体可以制作成一种新的激光,我们称之为原子激射,它们是由振动的原子构成的集合体。这种激射的方向性比我们现在的激光更好,其单色性也更纯,就是说其振动的频率、方向和相位完全一致。实际上,这种原子激射,在 21 世纪来临之际也实现了。

原子激射有什么用呢?我们现在的微电子学,芯片的集成电路都是激光来进行光刻的。但是如果用原子激射来进行光刻的话,集成电路的集成度会成百上千倍地增加,换言之,芯片的微型化将会有大幅提高。如果用原子激射来进行测量,测量的精确度会提高很多。我们应该记住,在实验室观察到玻色-爱因斯坦凝聚体是在 1995 年,这已经是爱因斯坦预言之后的第 71 年。

**2. 爱因斯坦的晚年**

爱因斯坦的晚年科学探索之路是一条漫长的道路。从 1925 年到 1955 年去世,30 年间,他主要的工作就是要把引力和电磁力统一起来。当时科学家们只熟悉这两种力。爱因斯坦试图把这两种力统一起来,就像当初麦克斯韦(J. C. Maxwell)统一磁力和电力一样。19 世纪上半叶,大家都认为电力和磁力是两种力。麦克斯韦成功地建立了电磁统一的理论,预言了电磁波。

爱因斯坦的统一场论的工作非常艰苦。如果从成效来说,他的工作是没有成功的。为什么失败呢?我们现在知道,其中至少有一个原因,就是爱因斯坦跑得太快。现在我们知道世界上不止有两种力,而是存在四种力,至少我们知道有四种力。除了爱因斯坦起初知道的两种力外,一种是导致放射性衰变的力,称为弱相互作用(又称"弱力")。还有一种力,就是使得中子和质子结合成为原子核的力,称为强相互作用(又称"强力")。爱因斯坦起初并不知道强力和弱力,后来,虽有所了解,但限于当时的科学发展水平,知之甚少。总而言之,爱因斯坦所处的时代,客观的科学发展状况还没有为新的统一场论的建立提供足够的实验基础。

但是爱因斯坦的艰苦探索,为新时期统一场论的建立提供了宝贵的启示。我们知道,现在科学家已经成功地建立起人类历史上第二个统一场论,即弱电统一理论。这个理论将弱相互作用和电磁相互作用统一起来,告诉我们在 $10^{-16} \sim 10^{-15}$ cm 的距离内,在平时看来强弱很不同的两种相互作用——弱相互作用和电磁相互作用的强度趋于一致,合而为一。那么这个新的统一场论的基础是什么呢?就是杨-米尔斯理论,或者更通俗地说叫规范场论。规范场论的基本框架是杨振宁先生提出来的。杨振宁说他的美国合作者米尔斯太谦虚了,因此大家都把他忘记了。他还说把俄亥俄大学物理系和化学系所有 50 岁以上教授的论文加起来还赶不上米尔斯与他合作的论文。饶有趣味的是,我们仔细考察杨振宁理论的数学结构,竟然跟爱因斯坦当时提出的统一场论有惊人的相似。杨先生开玩笑地说,只是相差指数上的纯虚数因子而已。换言之,爱因斯坦晚年统一场论的工作,对于后人还是有很宝贵的启示。

爱因斯坦的晚年生活相对比较闲适。爱因斯坦与第一位夫人是在 1917 年离婚的。第二位夫人爱尔莎比他大三四岁,这位夫人与他的第一位夫人完全相反,属于贤妻良母型,非常贤惠,善于理家,善解人意,把爱因斯坦的家务事料理得井井有条。爱因斯坦晚年的穿着依然很整齐,而且还能悠闲地骑自行车闲逛。

**3. 关于量子论与玻尔的争论**

爱因斯坦尽管是量子论的奠基人之一,但是关于量子论的解释一直不同意哥本哈根学派的正统解释,与玻尔先生几乎吵了"一辈子的架"。每次学术会议,只要他们与会,会议的主题往往就是他们两个人的争论,而且他们争论得津津有味,精彩纷呈。现在看来,这种争论对科学的发展有极大的推动作用。

争论的基本情况是,玻尔认为量子力学遵从的是统计规律,爱因斯坦不相信。他说:"我们现在还说不清楚,是因为它的真正规律还没找到,我不相信上帝是靠投骰子来统治这个世界的。"玻尔就反驳说:"爱因斯坦先生,我们不能告诉上帝该做什么。"

尽管他们两人在学术上持尖锐对立的观点,但他们的私人关系是非常融洽的。我们知道,玻尔的工作是在丹麦,德国占领了欧洲之后,他没有逃出来,后来是英国人想办法把他偷运出来,运到美国。他们两个人是终身非常好的朋友。玻尔与爱因斯坦在民主的学术讨论上为我们树立了光辉的榜样。如果没有民主的学术讨论,就不会有真正科学的发展。

爱因斯坦是一个理论物理学家,不是一个实验物理学家,他跟人辩论有一个特点,也是他的拿手好戏,就是思想实验。在量子论的争论中,他提出了若干著名的思想实验。这些实验在当时看来是不可能在实验室完成的,所以叫思想实验。但是随着科学技术的进步,尤其是20世纪下半叶,这些思想实验就可以在实验室进行了。现在我们发现,爱因斯坦在这些争论里面给我们留下了非常宝贵的东西。我们现在提到的贝尔不等式、量子隐形传递、量子纠缠、量子计算、量子计算机的概念的起源,都应该归功于爱因斯坦。爱因斯坦在这一领域有非常大的贡献。特别是,1935年,爱因斯坦、玻多尔斯(B. Podolsky)和罗森(N. Rosen)在美国《物理评论》发表论文《能认为量子力学对物理实在的描述是完备的吗?》。根据这篇论文,贝尔(J. S. Bell)在1964年提出了著名的贝尔不等式。20世纪80—90年代,关于贝尔不等式的一系列重要实验工作,对于量子理论的基础有重大发展。

我个人认为,21世纪量子论的基础也许面临重大的革命性转变,比如量子力学的基本原理,有所谓局域因果性。但是量子隐形传递和局域因果性有没有矛盾?量子隐形传递实际上表现出一种非局域性。什么叫非局域性,就是我在这个地方的一个信息可以同时影响到银河系,不需要时间。怎么理解它,有人说这是违反狭义相对论的,有人说是不违反的。其中有许多值得研究的地方。总而言之,这些思想不只会引起技术上的革命,还可能会引起科学基础的动荡。而最先提出这些思想的就是爱因斯坦。

量子纠缠的实验最早就是爱因斯坦设计的。他为了驳倒玻尔,晚上睡不着觉,想到了这个实验。中国科技大学教授潘建伟博士在奥地利维也纳多瑙河河畔的实验站,演示了量子纠缠态远距离分送。潘建伟博士是目前世界上量子纠缠研究领域较有名的科学家之一。他做的量子计算和量子合成在国际上处于领先地位。《自然》杂志选择了 20 世纪世界上最有影响的 20 篇文章,其中有许多获得过诺贝尔奖的文章都没有评选上,但是潘建伟的文章被选上了。这篇文章被引用了约 1500 次。IBM 及斯坦福大学关于量子计算的装置算出了 15 的质因数 3 和 5,为量子计算的一大突破。

对爱因斯坦这个人,我感觉到不可思议,他许多即兴之作,往往变成了科学上的伟大成就。关于爱因斯坦的宇宙学方程有一个故事,他把宇宙学方程一解就发现这个宇宙是不稳定的,就可能是在膨胀,也可能是在收缩。爱因斯坦在这件事情上比较保守,他说我们人看到的天象一直是不变的,怎么可能在变化呢?为了使宇宙不变,为了使宇宙稳定起来,他就在这个方程里面加了一项,这一项我们现在叫作宇宙学项。这一项加了之后,这个宇宙就稳定了。美国的天文学家哈勃的实验,证明了宇宙确实在膨胀。爱因斯坦知道这件事情之后,他说这是他平生最大的错误,不应该随便加上这一项。我在 20 世纪 90 年代写文章、写书的时候,经常引用爱因斯坦的这句话,说明爱因斯坦即使这么伟大,也还是要犯错误的。

其实不然,科学上的事情不是那么好下定论的。20 世纪 90 年代中期以后,宇宙学上,天文学家们进行宇宙学观测后发现,宇宙的膨胀不仅不是越来越慢,相反越来越快。经过反复观测,现在知道宇宙的物质分布有三种物质。一种就是和土星、太阳一样,我们称之为普通物质。普通物质的特点是什么呢?就是可以用我们的仪器观测到。当然我们的仪器主要就是电磁波。它们是可以看到的,但是它们只占整个宇宙的不足 5%。还有 20%多一点的物质是看不到的。为什么看不到呢?因为这些物质不参加电磁作用,而我们的望远镜,我们的天文观测设备都是靠光靠电磁来观测的,这些物质不参加电磁作用,自然也就看不到,这些物质被称为暗物质。2003 年之后,大家发现约 73%的物质是一种非常奇怪的物质,我们把它叫作暗能量,我们现在完全不知道暗能量是什么东西。我们只知道暗能量有一个特点,即暗能量是相互排斥的。

正是有这么巨大的暗能量，才使得我们的宇宙加速膨胀。奇妙的是，如果保留爱因斯坦的宇宙学常数项，就可以最简单地描述暗能量的作用。所以现在看来，爱因斯坦是对的，即使是他的即兴之作也是对的。美国《科学》杂志曾发表美国科学家用天文仪器观测到的暗能量的照片。

爱因斯坦所代表的现代物理学是现代文明的基础。其不仅是现代科学最重要的基础之一，而且改变了人们的思维。有一位伟大的科学家朗之万说："第一，爱因斯坦的伟大发现改造了人类思维的基本概念结构。从爱因斯坦之后，我们的时空观念，我们的宇宙观念，我们的物质观念都变了。第二，爱因斯坦把美学原则引进了物理学：对称—和谐—统一—简单。"从这种意义上说，爱因斯坦也改变了我们的生活及生活方式。

## 篇 后 语

2005 年，我应华中师范大学"博雅论坛"讲座的邀请，做了题为《爱因斯坦在 1905 年》的长篇报告。我的博士生何敏华根据讲座的录音和 PPT 进行了整理，我最后加以充实和修正，正式成文。有关内容，我在 2008 年武汉商贸职业技术学院的名人讲座上进行了整理，在我所撰写的《物理发现启思录》(华中科技大学出版社 2018 年版)中也收录了本文的基本内容。关于爱因斯坦的广义相对论预言的引力波和量子计算近年来都有重大的进展和突破，可参阅本书中《浩瀚宇宙的涟漪——人类首次发现引力波》一文和《物理发现启思录》中的有关章节。

# 天路津梁

——《物理天文学前沿》读后

## 一、一本异彩纷呈的天文科普著作

湖南科学技术出版社近年来出版了四辑"第一推动丛书"，推出了一大批世界科普名著,影响颇大。第四辑里由英国著名天文学家霍伊尔(Fred Hoyle)和印度科学家纳里卡(JayantNarlikar)所著的《物理天文学前沿》就是一本有特色的优秀高级天文科普著作。

《物理天文学前沿》洋洋洒洒40余万言,内容异常丰富博瞻,剪裁巧妙,自成一格。从内容来看,它几乎囊括了20世纪80年代以前有关天文学(包括天体物理和宇宙学)的主要进展,系统性非常强,而且具有相当的深度。全书着力于有关知识的介绍,着力于物理概念本质的阐述,着力于科学研究的演进和深化,有关问题的阐述决不浅尝辄止,来龙去脉交代得清清楚楚。

该书作者是20世纪的大天文学家,在有关领域贡献良多(比如关于恒星演化过程中的理论的建立,关于超行星和脉冲星、中子星的研究,关于宇宙元素丰度的研究,关于大爆炸理论微波背景辐射等效温度的计算,等等,作者都有非凡的成就),加上作者又是杰出的科普作家,无怪乎该书的许多章节都写得深入浅出、精彩纷呈。例如第八章中关于恒星演化理论的阐述,从放射性和核聚变原理开始,描绘了恒星能量来源的核聚变机制,进而展示了恒星演化的整个过程,一直到恒星的终结,收缩为白矮星;或者经过氧燃烧阶段,形成所谓超行星爆炸,核心则收缩为奇怪的中子星。整个过程的物理图像清清楚楚。中间穿插科学家在研究过程中的种种趣闻轶事,例如巴德(Walter Baade)与泡利(W. Pauli)关于中微子打赌的故事,不仅在该书总的严肃基调上平添了几分幽默情调,而且也告诉读者在科学探索中的艰难和曲折性。再如第四章射电天文学部分也是写得绘声绘色。作者介绍了20世纪30年代扬斯基(K. G. Jansky)在新泽西州霍姆德尔的贝尔电话实验室的早期工作,接着又介绍了1965年彭齐阿斯(A. A. Penzias)和威尔逊(R. W. Wilson)在同一实验室意外发现微波背景辐射,以及那前后射电天文学一系列有趣的意外发现(太阳射电波发现的故事等),都异常曲折而生动。有关章节是全书最为轻松的部分。作者系统地介绍了关于蟹状星云、脉冲星、射电星系和类星体等的射电天文学研究的最新进展,其中安排了大量作者在有关领域研究工作的回忆,增添了真实感和阅读的趣味性,同时也为科学史记录了许多珍贵的历史场景。译者何香涛和赵君亮系我国卓有成就的天文学家,著述丰硕。尤其难得的是,他们热心于科普工作,有许多科普佳作(包括译著)问世。因此,原著的科学内容在中文版中都得到了忠实准确的表述。译文流畅平实,没有坊间流行的译著中常有的死译、硬译的毛病。中文版晓畅达意,读者阅读起来感到很舒服,说明译者深谙翻译中的三昧:翻译是再创造的艰苦工作。译者在中文版中添加了少量译注。有的属于补充说明,也有的属于纠谬,颇显功力。

## 二、标新立异的结构方式

该书的结构与众不同,它并不像一般的天文学和天体物理的著作,或者着眼于发现的顺序,以时间为经线;或者根据天体距离地球的远近,由近及远,以距离为经线,展开全书的章节。作者独具慧眼,看到了天文学、宇宙学与物理学之间密不可分的关系,尤其是天文学和宇宙学的基本演化规律都遵从物理学的原理。因而全书的结构以物理学的基本规律为框架,即以自然界的四种基本相互作用,电磁相互作用,强相互作用和弱相互作用,以及引力相互作用,划分为三篇,将天文学与宇宙学的主要内容恰当地安排在这样一个大框架下,在每一篇中均以物理学的基本发现为基础去理解各种天文现象。这样一种独特的叙事方式,老实说我以前在天文学和宇宙学的读物中还未曾见过。真是"领异标新二月花"。为什么作者要采用这样一种非常独特的结构框架呢?当然不仅仅是为了标新立异。主要的原因是,几乎所有现代天文学和宇宙学的主要进展都是建立在物理学新的理论的基础上的。没有量子力学,就没有现代射电天文学,没有毫米波天文学,没有红外天文学,没有 X 射线天文学,甚至连恒星光谱和赫罗图这样的概念也不会出现。没有现代原子物理、原子核物理、基本粒子物理的发展,尤其是没有关于强相互作用和弱相互作用的研究,也就不可能有现代恒星演化理论,不可能有以毕星团主序和造父变星为主的现代天体距离测量理论。当然,没有爱因斯坦的广义相对论和现代高能物理,就不会有现代宇宙学的问世,更不会有以大爆炸模型为标志的现代早期宇宙学的诞生。作者从科学的因果关系出发,为了科学普及的便利以及叙事的快捷,采用了目前这种独特的剪裁方式,确实收到了根据充分、容易理解、逻辑严谨、结构紧凑、读者容易接受的效果。当然,这样的剪裁处理,最后又要不伤及天文学和宇宙学的整体科学结构,需要作者匠心独运,煞费苦心。

## 三、一段佳话传千古

细心的读者或许在该书关于大爆炸宇宙论的章节中会发现作者一方面详尽而又清晰地介绍了伽莫夫(G. Gamow)等提出的热大爆炸模型,尤其是指出了该模型能够圆满地解释 1965 年彭齐阿斯和威尔逊发现的微波背景辐射现象;另一方面,却又奇怪地宣称,热大爆炸是否算对宇宙微波背景的唯一可能解释呢?目前为止还没有任何其他能站得住脚的理论,不过就目前来说完全不能排除其他可能性的存在。作者在该书的结尾"当前宇宙学的难题"一节中,重点讨论了所谓宇宙时空奇点和宇宙起源的问题,作者提出了一种局部零质量理论,强调这种理论可以解释目前观察到的等效温度为3K的微波背景辐射。更加令人费解的是,该书在附录中详尽地介绍了1948年由邦迪(H. Bandi)和戈尔德(Gold)以及霍伊尔提出的稳恒态宇宙模型,表现出对这个已被学术界主流所摒弃的理论的恋恋不舍。实际上,稳恒态宇宙模型不仅不能解释微波背景辐射,对于在该书问世后的天文学观测资料,如宇宙加速膨胀的发现、微波背景辐射各向异性的发现、暗物质和暗能量的发现等,都不能给出合理的解释。反之,伽莫夫的标准大爆炸模型,经过居斯(A. S. Guth)的暴胀宇宙论与林德(A. D. Linde)、斯忒哈德(P. J. Steinthard)和奥尔布莱希德(A. Albrecht)的新暴胀宇宙论等的修正和发展,显示出无限的生机,能够比较自然地解释这些新现象。那么,为什么作者在该书中流露出对稳恒态宇宙模型过于明显的关切呢?须知,这个模型在1965年之前是宇宙学的主宰,而作者之一是这个风行一时的模型的创建者。大概这就是产生这种关切的原因之一吧。更重要的原因是,在20世纪70年代前后关于宇宙论问题,学术界展开了一场大论战,该书的两位作者都是这场论战的主将。他们激烈地反对宇宙有起源的观点,反对大爆炸时刻的宇宙有奇点的观点。除此之外,对于该学说提出了一系列的诘难,例如宇宙的视界问题、均匀性问题甚至宇宙的年龄问题等。限于篇幅,有关的详情在此不可能展开。霍伊尔在1970年曾经感慨万端地写道:"我认为,在这个行星演化而来的一种生物即人类,居然具有从整体上完全解释物理学的头脑,这是极不可能的。退一步说,即使有此可能,它恰恰在1970年来实现,也实在令人难以置信。"他的长期合作者,也是他的拥护者纳里卡原系孟买塔塔基础研究院宇宙学教授,当时在美国亚利桑那州图森市皮克国家天文台做访问学者。当时,纳里卡态度更为激烈,质问道:"我们是否已经获得了了解宇宙起源所需要的知识呢?"实际上,作者的观点是,人类没有资格,也没有能力提出宇宙起源这个问题,至少现在还不到探索这个问题的时候。纳里卡多次撰文提出是否果真发生过大爆炸的问题。他写道:大爆炸时刻无法确定时空的性质,物理学与数学的描绘统统无效。大爆炸时刻因而称为奇点时刻。他评论说:奇点也就是宇宙的起点。此时此处,物质的密度接近无穷大,这是很难解释的。

到此,我们就不难明白,何以作者在大力宣扬热大爆炸学说的同时,对稳恒态宇宙模型还难以割舍。但难能可贵的是,就在论战方兴未艾之际,霍伊尔没有囿于成见、故步自封。他在1964—1965年不厌其烦地计算大爆炸初期可能产生的氦的数量,得到的结果是,氦的丰度为36%,与当时的天文观测值相去不远。霍伊尔承认,他的研究结果为大爆炸理论送去了春风。这是何等严肃求实的科学态度!美国科学家诺贝尔奖获得者温伯格对此大加赞扬,惊叹道:令人惊奇!不仅如此,在1965年微波背景辐射被发现以后,大家才发现伽莫夫等早在1948年曾经根据大爆炸模型计算,预言微波背景辐射的等效温度为5K。1953年伽莫夫在丹麦科学院的学报的一篇论文中,再次提到这个预言,其等效温度为7K。霍伊尔则与当时的许多优秀理论物理学家如皮尔斯(P. J. E. Peebles)、瓦戈纳(R. Wagoner)和福勒(W. A. Fowler)等一起,对微波背景辐射进行了更细致的计算,发现了伽莫夫原来计算中的疏误,断定等效温度应为3K,与观测值完全一致。换言之,霍伊尔本人为热大爆炸学说的发展做出了不可磨灭的贡献。甚至他们当时对于大爆炸模型的种种诘难,也帮助和推动了大爆炸学说的进一步完善和发展。

我觉得在评介霍伊尔等的《物理天文学前沿》的时候,重新提起这一段科学史实,是很有必要的。霍伊尔爵士等在科学研究上的执着和求实,宽容和无私,难道不应该让后人称赞吗?霍伊尔已于2001年去世,但斯人已逝,风范长存。我相信,这一段科学佳话,只要在阳光普照的地方都会永远流传。那么,教训有没有呢?有。我认为,霍伊尔和纳里卡当时的主要问题在于,他们过于轻视了人类认识自然界的能力,他们实质上是取消了人类探索宇宙起源的资格。但是,他们所提到的大爆炸学说的种种具体问题,都是值得研究的,都非常有价值。正如译者所说,在他们的稳态宇宙理论中,“无中生有”的观点,就很有研究的价值。实际上,许多有识之士早就提出,真空具有极其复杂的结构和机能。“无中生有”的观点,早在我国古代哲学家老子的《道德经》中就明确提出过,“天下万物生于有,有中生无”。1973年,天文学家蒂龙(E. Tryon)首先提出,1982年美国波士顿塔夫兹大学的维伦金(A. Vilenkin)在暴胀宇宙论的框架中进一步完善了宇宙起源于虚无的理论。近年来,关于这个问题更是众说纷纭,在此就不一一陈述了。我只想指出,稳恒态宇宙模型也有许多可取之处。读科普不可不费气力,但自有令人陶醉之处。

天文学和宇宙学是理论物理学家的天堂,也是许多热爱科学的年轻人无限向往的科学圣殿。如前所述,该书从科学的深度和广度及阅读的可接受性来看,应属同类科普著作中的翘楚。对有志于太空神游和宇宙探秘的青年学子,该书可以毫不夸张地说是一座宽广的天路津梁！不特此也,对于广大科学工作者,甚至非天文专业的专家轻松了解天文学、宇宙学也是大有裨益的。这是为什么呢?

近年来,天文学和宇宙学迅猛发展,不断有新的现象发现,新的理论出现(例如:宇宙的膨胀的加速、微波背景辐射各向异性、暗物质和暗能量等的发现;近年来在高能物理研究中标准模型的建立和完善,各种大统一理论的建立和探索)。这一切都使得该书的若干内容稍显陈旧。但是,这不正是天文学和宇宙学生机勃勃、发展迅猛的生动写照吗?实际上,介绍科学前沿热点的任何科学著作,专著也好,普及读物也好,都难以避免这样的命运。这就是我们所处时代特征的反映。我们不知道,这到底是我们的幸运还是无奈。好在该书的重点在于基础理论的阐述,绝大部分内容都还没有过时。

该书属于高级科普读物。类似的读物,如爱因斯坦的《相对论的意义》、《相对论的进化》,温伯格(S. Wenberg)的《最初三分钟》,等等,其作者都是有关领域中的大家。这些读物的特点是能抓住科学内容的精髓,要言不烦,准确深刻,引导读者以最便捷的方式走进科学的殿堂。一般来说,此类读物基调比较平实朴素,间或有作者亲身经历的趣闻轶事点缀其间,调整气氛。总体而言,阅读此类书籍,不可抱着侥幸的心理,以为不费气力就可以轻而易举地掌握书中的内容。李政道博士曾经说过,温伯格的《最初三分钟》曾经使整整一代自然科学工作者受益。想想看,爱因斯坦的科普著作在普及相对论上曾经起过何等重要的作用,我们自然就不会将此类读物的对象局限为青年学子了。

在此类科普著作中,字里行间蕴含着作者许多天才的科学思想,洋溢着为真理奋斗、一往无前的科学精神。读者,不管是青年学子还是专家教授,如果在阅读此类读物时肯费气力,耐心领会书中的每一个概念和每一个新的科学思想,自然会大有斩获。我在自己的一本科普小册子《极微世界探极微》后记中曾写道:“正如山水之旅、不免劳顿一样,阅读该书也有可能需要费力之处。有的名词,或许乍见显得生僻。敬请读者耐心地与它们打交道,俟以时日,便会陶醉在这些绝妙的概念、思想所散布的淡淡幽香中,亦如异国佳人,会使你断魂失魄呢！”我以为,阅读所有有价值的高级科普著作,都应作如是观。

## 篇 后 语

本文载于2005年4月13日的《中华读书报》，是为英国著名天文学家霍伊尔和印度科学家纳里卡所著《物理天文学前沿》写的书评，发表时署名为张端明、孙凡，文章由我撰写，孙凡为我的硕士研究生，担任打印、排版任务。读者在阅读本文时，有关背景知识，可参阅作者最近出版的《小宇宙与大宇宙》(湖北科技出版社2018年版)。

# 透过蟹状星云的美丽羽纱

何香涛教授的新作《蟹状星云和她的明珠》一拿到手上，其瑰丽美妙的封页，繁富雅致的插图，精细大方的装帧，便深深地吸引了我。作者何香涛系北京师范大学理学院教授，长期从事天文学教学和研究工作，贡献良多。难能可贵的是，何先生在百忙之余，却对科普工作情有独钟。科普著作或译作我见到过好几种。1981年作者曾出版过《蟹状星云》一书，本书则完全旧貌换新颜，大笔濡染，对20余年来的天文学的进展，尤其是红外、X射线和$\gamma$射线天文学的飞跃发展，尽可能包揽无余。我认为此书值得天文爱好者一读。

本书的特点是从小处着手大处着眼，颇见作者匠心。蟹状星云是宇宙中最迷人的神秘天体之一，其本身物理结构极其复杂，同时外观异常奇特华丽，其中有包含发射脉冲磁场的脉冲星。蟹状星云同时还是宇宙中最强大的射电源之一。蟹状星云的研究是现代天文学研究的焦点之一。仅脉冲星的研究成果，就两次获得诺贝尔物理学奖，其研究的重要性和对整个天文学的贡献，于此可见一斑。本书集中描写蟹状星云的种种奇怪的性质，特殊的结构，演变的历史，然后旁及天文学的观察手段和原理，实际上内容辐射到几乎所有近代天文学的重要前沿。这样的科普著作，容易使读者产生亲近感。

本书在介绍科学知识的同时，巧妙地穿插了相关的科学史趣闻，增加了著作的趣味性，同时也让读者领略到科学发展的艰巨性和曲折性。特别应该指出的是，作者对于我国在相关领域的贡献，包括古代的如战国时代魏人石申、齐人甘德的天文著作,成图于唐中宗时代的敦煌星图,我国关于二十八宿的理论,特别是宋朝关于超新星(当时称为天关客星)的丰富记载,也包括作者本人和我国著名天体物理学家程茂兰先生的贡献等,使得本书成为洋溢着爱国主义和民族自豪感的好书。

本书中极为精彩的多张最新天文图片弥足珍贵,不仅增加了本书的可读性、趣味性,而且是难得的科学资料。本书插图的制作十分考究,与书中内容相得益彰,足以证明作者创作态度的严肃性。

至于本书的科学性,由于作者是描写自己熟悉的研究领域,不仅概念的正确性和精确性得到了保证,而且选材非常注意时效性。许多研究的最新成果(包括作者对于我国古天文学史的最新研究成果)都在本书得到了展现。

作者的语言相当精练,也注意生动和通俗的表达。但是纵观全书,也有极少数地方语言表达不够规范和洗练。例如,书中前言第一面的"本书的一些内容,作者于 1981 年出版过蟹状星云一书"作为书面语言就有些别扭。须知科普作品不仅是理性思维的结晶,而且还应该是艺术品。希望作者创作更多更精彩的科学珍品。

## 篇 后 语

本文载于 2005 年 9 月 28 日的《中华读书报》,是我为何香涛所著《蟹状星云和她的明珠》(湖南科学技术出版社 2005 年版)所作的书评。蟹状星云涉及超新星爆发、中子星等奇异天体现象。书中射电望远镜、红外望远镜、普通天文望远镜、紫外观测、X 射线和伽马射线观测蟹状星云的不同影像,会给本书读者新的启发。

# 奇妙的旅行

英国哲学家 R. L. 普瓦德万的哲学入门书《四维旅行》(胡凯衡、邹若竹译,湖南科学技术出版社 2005 年版)是一本奇特的书。作者再三申明"这不是一本通俗的科学读物",但是居然被收录在我国著名的科普丛书——"第一推动从书”第四辑。这不能不说是意味深长的。

难道收录错了吗？我看未必。时间和空间在科学上无比重要的意义和价值，自从爱因斯坦的狭义相对论和广义相对论诞生以来，恐怕是没有人怀疑的了。但是，从时空的更一般的属性，从有关空间和时间的经典悖论和问题，对其进行概念性考察，对于思考时空在物理学中的地位，也是颇有趣的一件事。本书脱胎于作者多年来在利兹大学所做的名为“空间、时间和无限”的系列演讲。目的在于引导和激发读者对于时间和空间的本质的探索兴趣。

作者从日常关于时间和空间的经验出发，用通俗的语言，饶有兴趣的事例，娓娓道来，提出许多关于时空的问题。时间本质上是一种变化吗？空间是独立于它里面的物体吗？时间和空间是无限的并可以无限分割吗？时间和空间是实在的吗？它们是唯一的吗？现在时刻是唯一的吗？我们可以回到过去吗？时间箭头能够反转吗？等等。作者给出了哲学大师亚里士多德、莱布尼茨、康德和麦克塔格特等对这些问题的答案，但作者又告诉大家这些答案不是最终答案，在这些问题后面还有更多的深层含义。

换言之，本书旨在激发读者对于时间和空间本质的探索激情，启迪人们的智慧，而不在于告诉读者现成的答案。因此，从普及时间和空间的科学意义来说，本书也可以作为一本启蒙读物。作者明白告诉我们：“想寻找有关时空物理学基本原理的人可以在后面的‘进一步的读物’中找到建议。但是对这一点我还应该特别提及丹顿的出色著作《时间和空间》。这本书在我的书终稿时就已经发行了。丹顿的书把我们这里讨论的一些问题更深入了几个层次。”从某种意义上来说，本书可算作是一种另类的科普读物。

本书的译文相当流畅、准确，而且保存了原书的全部参考文献和索引，因此本书实际上是一本具有相当深度的关于时间和空间的哲学思考的学术著作。没有一般哲学书的空灵和晦涩，没有科普著作的科学家活动的身影，平平凡凡，清澈如水，充满了哲人的智慧，这就是本书给我留下的印象。

## 篇 后 语

本文载于 2005 年 9 月 28 日的《中华读书报》，发表时的题目为《哲学家眼里的时间和空间》，署名为张端明、孙凡。孙凡为我的硕士研究生，担任打印、排版任务。本文是我为英国著名科学家 R. L. 普瓦德万著的《四维旅行》所作的短评。

# 建设人与自然和谐发展的新社会

人类到底如何与大自然相处？一部文明史，记录了人类对待自然的态度的多种变化。在人类文明的初期，敬畏自然，甚至神化自然，顶礼膜拜，诚恐诚惶，这实际上反映了当时生产力低下，对于自然现象莫知其所以然，无法抵御自然灾害，人们的一种无奈心理。但近代科学昌明以来，随着科学技术的发展，人类变得自高自大起来，开始"征服自然"，让高山让路、河水倒流等"壮举"比比皆是。20 世纪 100 年间，世界物种灭绝的数量超过以往几百万年的总数，人类的生存环境遭到了史无前例的破坏，自然资源被大量开采和消耗。几百年，甚至几十年内，人类将面临地下资源枯竭的局面。看来我们得认真反思对待自然的态度了。

现在我们终于明白，人与自然的关系，应该是同生共运，浑然一体，彼此应该友好协调，和睦相处。只有人和自然和谐发展，即所谓"生态和谐"，才有可能构建和谐社会，才有可能建立良性循环的生态体系，才有可能实现可持续发展，人类才可能有光明的未来。没有"生态和谐"，就没有人类本身的发展，这已成为当前人类共同认知的普遍真理，尽管这个颠扑不破的真理是付出了惨痛代价得到的。

"众里寻他千百度，蓦然回首，那人却在灯火阑珊处"。实际上，我国的道家，我国唯一的本土宗教——道教，早就提倡一种生态和谐观，只是被我们漠视、轻视，从而束之高阁罢了。发掘道教生态和谐观的丰富内涵，对于建设社会主义和谐社会，尤其是实现人与自然的和谐发展，具有重要意义。

首先，道教的核心——"道"，就是兼有万物之源和万象之源的统称。所谓"有物混成，先天地生，寂兮寥兮，独立不改，周行而不殆，可以为天下母。吾不知其名，字之曰道"(《道德经》第二十五章)。"天地与我并生，而万物与我为一"(《庄子·齐物论》)。"道生一，一生二，二生三，三生万物"(《道德经》第四十二章)。用今天的话来说，道家认为精神世界的普遍规律是与物质世界的基本法则相通的，或者说两者具有一致性。天、地、人等宇宙万物及其内在的系统规律性，在"道"中实现了生态自然的和谐统一。

道家认为,人与自然的和谐统一是至高无上的理想精神境界,老子认为这种精神境界与“自然无为”融为一体。庄子则进一步发挥说:“天地有大美而不言,四时有明法而不议,万物有成理而不说。圣人者,原天地之美,而达万物之理。是故至人无为,大圣不作,观于天地之谓也。”(《庄子·知北游》)这里的“美”、“法”、“理”均与现代的规律、原理同义。庄子在告诫人们,圣人应顺应自然的规律形式,人们应该与自然保持协调。

道家还认为,在整个生态系统中,人类只是其中的一个成员,“故道大,天大,地大,王亦大。域中有四大,而王居其一焉”(《道德经》第二十五章)。因此,列子更将天、地、万物和人构成一个有序的整体。《列子》称:“天地无全功,圣人无全能,万物无全用。故天职生覆,地职形载,圣职教化,物职所宜。然则天有所短,地有所长,圣有所否,物有所通。何则?生覆者不能形载,形载者不能教化,教化者不能违所宜,宜定者不出所位。故天地之道,非阴则阳;圣人之教,非仁则义;万物之宜,非柔则刚:此皆随所宜而不能出所位者也。”人类不应该妄自尊大,应与自然保持整体的和谐统一,即“天无为以之清,地无为以之宁,故两无为相合,万物皆化生”(《庄子·至乐》)。既然人和自然是一个整体,自然是化育万物之本源,则人应该遵循自然规律,顺应自然,协调阴阳,保持和谐,这才是人们应该追求的最高境界,也是道教生态和谐观的本质内涵。《黄帝内经》说:“故阴阳四时者,万物之终始也,死生之本也,逆之则灾害生,从之则苛疾不起。”一言以蔽之,人应顺之以天理,应之以自然,与宇宙万物共生共长,相互协同。

道家的生态和谐观的另一个精义,就是贵生。因贵生而乐生、爱生、好生,以至养生。道家非常尊重人的生命的价值。《道藏》的首经《太上灵宝无量度人上品妙经》称“仙道贵生,无度量人”。在《广弘明集》卷9的《笑道论》中,有言:“天生万物,人为贵也。”《老子西升经》更放言,应将生命掌握在自己的手中,乐观进取,“我命在我,不属天地”。在《太上老君开天经》中,更是绘声绘色,鸣奏了一首生命的颂歌;“生生之类,无形之象,各受一气而生。或有朴气而生者,山石是也;动气而生者,飞走是也;精气而生者,人是也。万物之中,人最为贵”。

道家以追求长生不死、修道成仙为至高目标。实质上,这也反映道教对生命长久的执着追求,因而自创教以来,道教十分注重养生,积累了丰富的养生经验。有人甚至说老子的思想在本质上是以“生命”为核心的体证(参见郑志明《〈老子〉的医疗观》,引自《当代道家与道教》,湖北人民出版社2005年版)。

老子说："修之于身，其德乃真。"（《道德经》第五十四章）庄子指出："道之真以治身。"（《庄子·让王》）养生的宗旨在于"深根固柢、长生久视"（《道德经》第五十九章）。老子以来，道家对于养生提出了一系列十分可贵的原则和规律，至今还闪烁着夺目的光辉。有关的论述，比比皆是，在此不拟展开。

道教的生态和谐观，还体现为对于异教和外来文化的博大兼容。首先对于中华文化的主流——儒家学说，道教并不排斥，相反在"修德"等方面，大量吸收了儒家的道德观的精华。如《抱朴子·对俗》，便直截了当地称"以忠、孝、和、顺、仁、信为本"。《真大道戒规》则倡言"忠于君，孝于亲，诚于人"，与儒家思想如出一辙。北京白云观的"文昌殿"内，文昌帝君旁左有孔子，右有朱熹，这就是道教与儒教融合的生动范例。

武当山紫霄宫父母殿，供奉有佛教的观音菩萨，似乎用形象表明了道教对佛教的兼容的态度。在道教的经典大全《道藏》中，居然收进了摩尼教教典。我们知道，所谓摩尼教，是古代波斯人吸收基督教、佛教等教派所创立的一种新的宗教，曾流行于中亚、印度和中国。仔细考察道教的发展过程，丛林制度、戒规和造像均受到了佛教的影响。有人说道教的"三清"似乎借鉴了佛教的"三身"说，全真教的"五祖七真"与中国化的佛教派别——禅宗的"五家七宗"更有不解之缘。另一方面，佛教在中国的传播也不可避免地受到了道教和儒教的影响。中国佛教的神仙和方术特色，就是道家熏染的结果。实际上，明清以来，儒、释、道三教混杂的现象十分普遍。在道教的道观中，往往有各种佛像和儒教的孔子、孟子等的圣像出现；在佛教的寺院中，道教的诸仙和儒教的孔子、孟子的圣像都是司空见惯的。

奇怪的是，道教作为一个宗教，不但没有压制和排斥自然科学，反而对于我国古代科学技术的发展做出过重要的贡献，其原因也在于道教的自然和谐观。道教的炼丹术，酝酿了众多学科的形成，如化学、矿物学、植物学、动物学和药学。实际上，道家的炼丹术，西传到欧洲，奠定了近代化学的基础。我国的四大发明——火药，也为炼丹道士所发明。道家的《道藏》，收集了我国的大量珍贵古籍，涉及哲学、历史、文艺、化学、生物、医学、天文、地理、民俗、气功等。现代科学家发现，道家的"道"，实质上从万物之源的角度来看，迹近于现代物理中的"真空场"，或者"暗能量"（参见张端明、李睿、杨叔子《当代道家与道教》，湖北人民出版社 2005 年版）。道教文献中所包含的原始科学主义成分，与最新的科学概念之间，竟然存在某种相似性，这使得许多当代的大科学家大吃一惊。他们在探索最新的物理学概念的过程中，从道教经典获得了非同凡响的启迪。道教的无与伦比的创造性的“道”的观念，对于当代化学、物理学、宇宙学和生命科学具有不可替代的借鉴作用，人们从中可以发掘到难以估量的宝藏，会给科学的未来发展增添新的财富。

总而言之，我们在高举邓小平理论、“三个代表”重要思想的旗帜，建设可持续发展的和谐社会的时候，发掘老子哲学和道家思想中，以生态和谐观为核心的许多博大精深的思想内涵，不仅对于振兴中华民族的传统优秀文化，而且对于建设一个人与自然和谐发展的新的社会，都具有十分重要的现实意义。

## 篇 后 语

这篇文章是我在2005年5月“海峡两岸武当文化论坛”上做的报告，文章被载入《海峡两岸武当文化论坛论文集》，各大网站都刊载了此文，在2011年12月17日，上林书苑的《道家》又予刊载。发表时署名张端明、殷艳萍，殷艳萍为我的博士研究生，文章由我撰写。

# 亚原子世界的绝妙素描

杨建邺先生以七十之高龄，病弱之身体，奋不顾身，在科学史和科学普及的园地勤耕不辍，给读者奉献果实之丰硕，确实令人惊叹不已。我在拜读其撰写的传记《杨振宁传》、《霍金传》、《爱因斯坦传》时，每每因其内容之翔实、取材之别致、议论之宏富而击节称叹。我在读他主编的《20世纪诺贝尔奖获奖者辞典》、“诺贝尔奖史话丛书”时，每每因其眼光之独到、策划之精审而敬佩有加。老实说，我与杨先生相稔多年，但是杨先生到底有多少作品，我并不清楚。原因是自己忙于科研教学，对于科普新作所知有限，更主要的是近年来杨先生的作品，佳作纷呈，正如“山阴道上，奇山异水，应接不暇”。

然而，杨先生在科学史和科普工作中最重要的贡献，我以为是他对国际上的诸多科普精品的翻译和介绍。照直说，杨先生目前在科普工作中的卓越成就，其基石就在于对科学史的原始素材的发掘和熟悉，在于他对科学史中的个案的系统研究。据我所知，为了追求事实的真相，他与许多诺贝尔奖获得者、许多科学巨匠有过书信来往。仅就著名的“第一推动丛书”，他就翻译了《夸克与美洲豹——简单性和复杂性的奇遇》等数种；第四辑中，他又翻译了温伯格(Steven Weinberg)的名著《亚原子粒子的发现》，给我们带来了新的惊喜。

温伯格是当代杰出的理论物理学家。他最主要的贡献是1967年在美国麻省理工学院访问的时候，提出了弱相互作用和电磁相互作用的统一理论，并因而荣获1979年的诺贝尔奖。弱电统一理论是继19世纪麦克斯韦、法拉第将电作用和磁作用统一成为电磁理论以后，人类历史上第二个成功的统一理论，目前已经成为高能物理的理论基石——标准模型的关键组成部分。除此之外，温伯格在天体物理、宇宙论等领域贡献甚伟。温伯格的天体物理名著《引力论和宇宙论》出版于1971年，迄今为止经过多次修订再版，依然是广义相对论、宇宙论和天体物理方面较优秀、流行的教科书。他的三卷本的《量子场论》目前是理论物理研究生和物理学家较重要的教科书和参考书。

温伯格才华横溢，一生致力于“终极理论之梦”，他认为科学家的最瑰丽的梦想是找到“具有无限意义的完备和和谐的”终极理论，它可以解释宇宙所有的运动。姑且不论终极理论是否可以实现，但是以温伯格为代表的终极理论学派，对于科学的大胆、无畏追求，是人类值得自豪的颂歌。温伯格的科普名著《终极理论之梦》和《最初三分钟》名满天下，都已经被介绍到国内。李政道博士曾经说，就传播大爆炸宇宙学说而言，《最初三分钟》这本书使整整一代物理工作者和自然工作者受益。这两本书都写得大气磅礴，洋溢着作者澎湃的激情和智慧的沉思。但是当我读完《亚原子粒子的发现》，不由大吃一惊。这本书的风格与前两本迥然不同，像一泓汩汩的清泉清澈而质朴，像一副工笔写真真切而美妙。

《亚原子粒子的发现》的写作风格看来是由作者对于读者的定位所决定的。作者对于本书读者的定位主要是“那些没有科学知识背景而对数学只懂得算术”的人，为了使这些人能够领略和欣赏“20世纪文化最珍贵的部分”——科学的发现，“了解20世纪物理学的伟大成就”，理解这些新的发展，所以本书写得异常浅近，而且尽量做到知识的自足。本书在有关章节的“背景知识回顾”中，对一些重要概念，例如电的本质、牛顿运动定律、电力和磁力、能量、原子量等，作了翔实的讲解。因此本书第一个显著特点是起点低，深入浅出，照顾的读者面极为广泛，既包括“原来没有受过数学和物理训练的学生”，更包括社会上广大的缺乏科学知识背景但对近代科学发展感兴趣的普通读者。本书源自1980年春作者在哈佛大学所开的公共基础课的讲义，听众中有许多是文科专业的学生,这一背景也决定了温伯格会特别重视讲述的通俗性。

本书以亚原子粒子,包括电子、质子和中子等的发现为经,叙述上大体遵循历史的轮廓,由此“让读者直接进入 20 世纪物理学的一系列关键的专题”。这种写法不同于通常教科书系统的逻辑叙述,但也许有助于“从根本上改变把科学传授给一般读者的方法”。

必须说明,作者主要篇幅放在“较早期的一些发现,特别是有关构成普通原子的一些粒子的发现——电子、质子和中子”,甚至与此相关的“更早期的一些发现,包括运动、电学、磁学及热学的一些定律”。反倒对 20 世纪 60 年代至 70 年代关于证实夸克存在的实验等新近的研究进展着墨较少,这似乎使人难以理解。目前科学著作和教科书的编撰中存在一种忽视基础、舍本逐末的倾向,例如编写大学物理教科书,把经典力学和电磁理论等基础内容,或者删减得支离破碎,或者在讲授中挂一漏万。温伯格的这本书,应该是给我们的清凉剂。作者语重心长地说:“如果不把本书的历史发现的主题与今日基础物理工作联系起来,将会十分遗憾。因此我指出这些连接点——例如马斯登-盖革实验揭示原子核存在和 20 世纪 60—70 年代证实夸克存在的实验之间的关联;还有,利用密立根测量电荷的技术在现代物理研究中寻找自由夸克和其他一些外来粒子。我也就较早一些物理学家的工作,如麦克斯韦的电磁统一理论,对今日正试图完成的统一理论提供了一个范式做了解释”。

什么是“连接点”呢?就是知识的传承和创新的交点。目前举国创新的旋律响彻云霄,但是人们往往忘记了创新来自继承,没有牛顿就没有爱因斯坦,没有普朗克、薛定谔和海森堡就不会有今天的高能物理的标准模型。厚积才能薄发,温伯格的这本小册子实际上在告诫我们,学术上是没有什么捷径可走的。温伯格这本书的内容看起来浅近易懂,实际上却包含深意。所谓意在言外,底蕴深厚。深入浅出,正是大家风范。

本书的第三个特点是,浓墨重彩地描绘了书中所涉及的“伟大科学家生长的土壤”,描写了他们“发芽、生长和丰收之源”。作者引用翔实的科学史素材,甚至科学家的经典文献,栩栩如生地介绍了汤姆逊、卢瑟福、密立根、玻尔、查德威克等科学巨匠的科学发现,并且重点介绍了他们活动的主要场所——剑桥大学凯文迪许实验室。这些科学史的材料,不仅增加了本书的趣味性和可读性,而且提高了本书的学术含量。可以说有关内容对于研究科学史的科学工作者颇有参考价值,尤其对于物理学家和其他领域的科学家具有难以估量的启发意义。

《亚原子粒子的发现》的中文版是名家翻译的科普名著，文字质朴流畅，校对精审。我特别欣赏的是，中文版附录了中英文的索引，同时保存了原书的"进一步阅读的材料"的参考文献，便于读者查证和进一步研究。温伯格的这本书定稿于1982年，2002年再版时增加了第五章"其他基本粒子"，使得本书的时代性更强。我热诚地向读者推荐科学巨匠温伯格这本"把深奥难懂的科学知识解释得清晰和美丽动人"的亚原子世界的绝妙素描。

## 篇后语

本文载于2006年9月13日的《中华读书报》，是为诺贝尔奖获得者美国天才物理学家斯蒂芬·温伯格所著《亚原子粒子的发现》（译者为杨建邺、肖明，湖南科学技术出版社2006年6月第1版）所作的书评。本书为湖南科学出版社《第一推动丛书》中的一本。关于温伯格和杨建邺的情况，正文中已介绍得很清楚了。

# 迎接我国工程伦理学繁花似锦的春天

——《工程伦理：概念和案例》读后感

美国得克萨斯州农工大学职业工程伦理与历史专业查尔斯·E.哈里斯、迈克尔·S.普里查德和迈克尔·J.雷宾斯合著的《工程伦理：概念和案例》，是一本十分有价值的书，这本书系统总结了作为工程师必须遵循的工程伦理和职业标准，既可作为一本大学教材，又是工程伦理规范建设中不可多得的学术著作。在发达国家，工程伦理已日趋规范化和法制化。随着世界经济的发展，工业化和现代化的推进，工程伦理问题日益成为当前国际化和全球化潮流中面临的问题之一。在我国，类似的工程伦理道德规范以及法制化建设方兴未艾，相应的著作和文献更是十分缺乏。本书作为工程伦理学领域的一本优秀教材，是美国大学工程伦理学课程的畅销书，因此，浙江大学丛杭青和沈琪等人将本书翻译为中文，并由北京理工大学出版社于2006年4月作为21世纪高校交叉学科教材出版，正好填补了我国出版物中相应领域的空白，必然对我国高等学校工程伦理学的专业建设，对我国工程伦理道德规范和法制建设起到重要的推动作用，尤其对工程界职业道德的提升和标准化，功莫大焉。

美国的工程界实行的“PE”(职业工程师)执照制度，即一种工程注册程序。通过“PE”执照考试，方能获得“PE”执照。考试的内容，就是工程伦理和职业标准。通常工程职业化意味着卓越的技术和完整的伦理。卓越的技术指工程师职业应具备精湛的知识和技术，而完整的伦理则意味着对于良好职业行为原则的履行。所谓工程伦理学，在我国问世不久，但在美国大学中是一门非常普及的课程。由于“PE”执照制度，美国大学工科学科必须将工程伦理学纳入整个工程学的教学大纲，否则，该学科不能通过工程及技术教育委员会(ABET)的认证。简而言之，工程伦理学是美国工科院校大学生的必修课。课程的宗旨是帮助工科学生或从业工程师履行伦理完整所要求的责任，其内容涵盖工程伦理和职业化中诸多重要问题。例如：什么是职业；工程师对于公众健康和安全所负的责任；大型组织中的个人和团体责任；道德责任的障碍；用于思考职业问题的伦理概念；与计算机相关的伦理问题；工程中的诚实与可靠；保密与利益冲突；贿赂与索贿；在工程师与雇主关系中的伦理问题；工程师对环境所负的责任等。

本书作为美国大学工程伦理学的畅销书，已再版三次。除中译本外，目前还有日文本和韩文本等多种译本，可见其影响之广。作为教科书，本书的作者别出心裁、独辟蹊径，将案例研究方法创造性地引入到工程伦理学中。全书提供了770个完整的典型案例，例如哥伦比亚号坠毁事件、花旗银行大厦结构设计事件、切尔诺贝利核事故的余波事件、教授和利润事件等。生动翔实、循循善诱，通过案例分析，完美地将工程问题和伦理问题结合起来，以展示如何利用工程学的技能分析伦理问题。大大提高了本书的可读性，提高了对于本书所提出的规范和标准的可操作性。因此，本书的成功绝不是偶然的。

由于在全世界范围内工程实践具有很多的相似性，面临大体相同的诸多问题，例如：选择恰当的伦理学习方法、道德责任的确定、计算机伦理与隐私问题、诚信与可信赖的责任问题、安全与风险问题、工程与环境的保护问题、管理者与工程师之间的权责利问题、工程社团与自律问题、工程职业化问题、国际工程规范的制定与确立问题等，因此，世界各国尽管对工程伦理和职业标准的要求可能因国情的不同而稍有差异，但其基本原则和内容应当是大体一致的。工程伦理学的中心主题是伦理分析方法、工程责任和计算机伦理，而工程师的基本责任在于恰当处理安全与风险，以及管理者、工程和环境之间的关系。

我国的经济崛起,令世界瞩目。最近中央经济工作会议提出要又好又快地发展我国经济。工程技术的优质则是保证我国经济发展的坚强支柱。为此,不仅需要精良的技术,完美的工程伦理也是不可缺少的要素。本书中文版的出版必然对我国工程伦理学的建设,包括工程伦理学的教学和研究起到重要作用。毫无疑问,本书的绝大部分观点和内容是适合我国读者的,适合我国工科大学生学习工程伦理学的需要的,有助于我国广大工程界的工程伦理和职业标准的规范化和提升。美国十分重视工程伦理学的研究,1992 年美国国家科学基金会(NSF)曾资助过两项工程伦理学的研究:《将伦理案例研究引入大学工程必修课程中》(合同号:DIR-9012252)和《讲授工程伦理学:案例研究方法》(合同号:DIR-8820837)。同时,本书的资料性很强,在附录中载有美国的主要职业工程社团的伦理章程,例如美国计算机协会、美国化学工程师协会、美国机械工程师协会、美国土木工程师协会、美国产业工程师协会、美国电气和电子工程师协会等。“他山之石,可以攻玉”。本书中文版的出版将提供具有中国特色的工程伦理学的建设和发展的良好契机。我们坚信,我国工程界与相关专业的教育工作者,将会通过自身的经验,考察有中国文化产生的工程伦理现象,分析所经历的工程伦理案例和问题,进一步推进我国工程伦理学的发展和完善。

本书由浙江大学丛杭青等集体翻译,前后用时三年,参与翻译、校对和整理的有十余人之多,并且在翻译的过程中,得到了中国社会科学院等单位的帮助和支持,还得到了本书第一作者查尔斯 · E. 哈里斯的帮助。查尔斯 · E. 哈里斯对本书部分段落的准确含义进行了细致的解答。可见,著者和译者态度都极为认真。全书的文献索引、案例分类索引齐备,为阅读本书提供了极大的方便。“好雨知时节,当春乃发生”,本书的出版预示着我国工程伦理学繁花似锦的春天即将来到。

## 篇 后 语

本文载于《华中科技大学学报(社会科学版)》2007 年第 3 期,署名为张端明、何敏华。何敏华为我的博士生,协助我完成这篇文章。工程伦理学是一个新兴的学科,是近代工业化所派生的。本文系应华中科技大学哲学系陈刚教授邀请而撰写。陈刚教授是剑桥大学哲学硕士、华中科技大学哲学博士,在美国加尔文学院哲学系从事博士后研究。

# 西方社会信息学与东方社会信息科学鸟瞰

## 引言

社会信息科学作为一门新型的学科,是信息时代的必然产物。这门学科肇始于20世纪60年代,以计算机科学为中心的信息科学迅猛发展,波及诸多自然科学技术领域,迅速实现信息化,导致一般信息学的兴起。信息科学的发展以不可阻遏的态势,渗透到社会科学的各个领域,导致各种专业信息学的迅猛发展。这一股大融合的学术洪流,波及传统的自然科学和几乎所有的社会科学领域。在这种多学科的交叉和互动中,在信息理论与社会理论的融合和协调中,社会信息科学诞生了。社会信息科学诞生的另一个动因是随着信息科学和技术的广泛应用,人们的社会活动和心灵世界出现极大的波动,由此产生一系列新的理论问题召唤着我们去研究。

## 一、社会信息科学是信息时代的必然产物

人类社会从20世纪下半叶,尤其是80年代以后,随着信息科技、信息产业的迅猛发展进入信息时代。其特点为:信息处理的革命性变革(计算机技术的广泛应用);信息产业的崛起(包括微电子技术和产业、通信技术和计算机技术及其产业等);全球性通信的实现(通信卫星提供全球通信的可靠平台)。以新型的信息产业集群为核心的产业革命,极大地推动了世界经济的蓬勃发展,从而改变人类的生活方式、社会结构和组织形式,以至于整个地球由于信息的迅速传播而变成地球村。通过一系列实验,Stanley Milgram在1967年指出,在人类社会中存在所谓小世界现象,即“六度分离”。通俗地说就是地球上任何两个人平均只要通过六个朋友就可相互认识。在信息时代,网络和视频对话等交际手段的出现,对我们的精神世界和情感体验产生巨大的改变。在我国

古典诗词中经常出现的羁旅乡愁,如“人生不相见,动如参与商”,“此去经年,应是良辰好景虚设。便纵有千种风情,更与何人说”,在我们当前的地球村就很难产生了。

人类经济生活、生活方式和精神世界的急剧变化,必然会推动社会科学和自然科学深刻的革命性变革。有关信息技术与社会相互作用问题的学术研究,开始出现在不同的学科领域,包括信息系统、计算机科学、社会学以及通信科学等。同时,这些研究在不同的学科领域使用不同的名称,比如,“计算机的社会分析”、“信息系统研究”、“行为信息系统研究”等。一言以蔽之,相关的研究主要涉及信息化对社会变化和组织变革的影响,或者说信息化带来的社会问题。

信息化也在改变自然科学和社会科学的面貌。信息化的技术手段和研究方法迅速渗透到各个学科,就自然科学而言,出现许多专业信息学,如化学信息学、生物信息学、医学信息学等。潮流所及,冲击社会科学的各个学科,大大丰富和扩展了学科的研究内涵和外延,导致一系列新的学科分支的诞生,如历史信息学、语言信息学、舆论动力学、人类行为动力学、经济信息学等应运而生。概而言之,前者涉及信息化带给社会各领域的影响,后者则主要是利用信息化的手段和技术,研究各具体学科,包括社会科学的各个领域。

在这样的学术背景下,西方发达国家从 20 世纪 90 年代开始,不同学科领域有关信息化的社会问题的学术研究出现交融、综合和整体化的趋势。1996 年 2—3 月,西方来自不同领域的学者频频聚会,对信息化的社会方面问题感兴趣的学者们一致认为:相关的研究可以统一为社会信息学的新学科。与此同时,从 2006 年到 2007 年,我国学者欧阳康等倡导将现代社会中的信息科学、人文科学和社会科学等跨学科的研究成果和研究领域整合为社会信息科学,并且就该学科的结构层次(哲学层面、技术理论层面、基础学科层面、技术层面)和学科体系(新闻信息学、科学信息学、教育信息学、艺术信息学、历史信息学、文学信息学、宗教信息学)进行了深刻的阐述,以更高的视野、更广的角度和更深的力度规划了这门新学科的未来发展前景。

西方的社会信息学和我国学者提出的社会信息科学几乎同时问世绝非偶然,充分表明这是国际社会信息化的必然产物,是国际学术发展的必然趋势。两者研究的重点和方法有所不同,然而其基本的研究内容、研究方法则大体一致,应该说是一股迎面而来的汹涌澎湃的学术洪流中的两束绚丽的花朵。

## 二、西方社会信息学的界定

1997年,在美国印第安纳大学召开的一次学术研讨会上,与会专家就社会信息学的定义达成共识:社会信息学是指从信息技术与其组织结构和文化背景相互作用的角度,对信息技术的设计、使用和产生的结果进行跨学科研究的新兴学科。换言之,这门学科是利用现代信息化手段的新兴交叉学科。它研究的领域主要涉及:①信息技术在社会变化和组织变革中的作用;②社会力量和社会实践活动对组织中的信息技术产生影响的方式。具体研究内容则包括信息化的社会影响和社会分析、信息政策、计算机与社会、组织信息学、解释信息学等。其研究的特点是跨技术、跨学科、综合性、整体性。研究的着重点是信息技术的开发与其社会环境的相互影响。例如因特网的开发可以视为"社会-技术网络综合系统",其中包含许多要素,如信息技术硬件、软件、法律环境和人等。社会信息学研究上述要素及其相互之间的关系。总之,社会信息学包含诸多的学科领域:信息科学、认知科学、计算机科学、通信科学、社会学、人类学、图书馆学与情报学、政策科学与科学技术研究等。

西方社会信息学的第一个正规学术组织始于20世纪90年代末成立的美国印第安纳大学社会信息学中心。自20世纪90年代末以来,每年在国际上都有许多与社会信息学相关的学术会议召开。目前社会信息学发展极为迅猛,在国际的高等教育中也已立足。相关学校包括:

(1) 美国的印第安纳大学图书情报学院、麻省理工学院、加州大学伊荣分校、锡拉克斯大学、伊利诺伊大学、康奈尔大学、约翰·霍普金斯大学、佛罗里达州立大学、印第安纳布鲁明顿大学、印第安纳波利斯大学、坦普尔大学、马里兰大学、威斯康星大学米尔沃基分校、北卡罗来纳大学教堂山分校等;

(2) 日本的东京大学和京都大学;

(3) 我国台湾地区的元智大学;

(4) 土耳其的中东技术大学;

(5) 澳大利亚的柯廷技术大学;

(6) 加拿大的多伦多大学。

关于社会信息学的研究动态和信息主要可以参阅下述文献源:

(1) 学术类期刊,如《美国信息学会会刊》、《社会信息学特刊》、《计算机通信》、《信息社会》、《信息技术与人》、《统计、管理与信息技术》、《新媒介与社会》、《信息技术与社会》等；

(2) 专门性刊物，如《美国计算机协会通讯》、《计算机通信杂志》；

(3) 公告、消息类刊物，如美国加州州立大学长滩分校计算机科学系《计算机与社会》；

(4) 会议及会议文献。

大体而言，西方的社会信息学研究中心在美国，其研究的水平、深度和规模都是西方其他国家无可比拟的，诸如法国、英国、加拿大、日本和澳大利亚等国社会信息学的真正研究，正在起步或停留在一般的信息学和自然科学的专业信息学的研究层次上。

法国的信息学研究仍是以计算机科学和工程信息学为研究主体，旁及若干自然科学的基础分支，如数学、生物、物理、化学等。法国的生物信息学和化学信息学产生了大量的尖端科研成果，如诺贝尔化学奖获得者列恩(J. M. Lehn)关于超分子化学和分子识别的研究。与社会信息学相关的研究，主要在新闻传播领域表现突出。法国的国家科学研究中心关于传播学的研究颇具特色，涉及课题有信息与工程科学技术，人、企业、信息系统和社会系统之间的技术与互动；信息与传播在认识论中的地位；全球化与文化多样性等。法国在经济信息学领域十分注重与社会现实结合，例如研究“法国居民住宅问题”等。

加拿大的多伦多大学等参与了以美国学者为中心的社会信息学创建和研究活动。其主要信息学研究还是侧重于传统信息科学研究，主要研究机构有加拿大信息科学联合会和加拿大科学技术信息研究所。加拿大生物信息研究具有世界先进水平，截止到2003年，对生物技术的投入约为20亿加元，产值约为150亿加元，雇员达6万人。2007年1月，加拿大阿尔伯塔大学的研究小组宣布建成世界上首个人类小分子代谢物组数据库，对于许多传染病、遗传病或环境引发的疾病的诊断、预防和检测具有重要意义。

日本作为一个发达国家，其传统的信息科学十分发达。20世纪90年代以来，日本成立高度信息通讯社会推进对策本部，日本的信息学研究集中在计算、生物智能、社会通信三个方面，其中，前两个方面还属于传统的自然科学技术范畴，但社会通信方面的研究则与传统的人文学科息息相关，将信息学实际引入到社会信息学范畴。1992年，日本的大众传播研究所更名为社会信息研究所，社会信息学的研究气氛就更浓重了。但是，作为一门独立的学科，社会信息学在日本还没有扎根。

英国的信息科学研究居于世界前列，他们在生物信息学、神经信息学、化学信息学和医学信息学领域都取得了傲人的成绩。英国的信息传播学和信息哲学研究，给现代社会信息学的兴起和发展提供了丰富的营养。2002 年英国牛津大学的哲学家弗洛里迪(Luciana Floridi)在《元哲学》上发表了《什么是信息哲学?》，宣告了信息哲学的诞生，正式把信息这个概念纳入哲学探讨的范畴，认为信息和存在、知识、意义一样，在哲学上具有同等的基础地位。西方学者认为信息是所谓意向性科学的中心话题，是处理符号、意义、指称、解释、真值等概念的学问。与此对立的是以物理为样本所建立起的科学哲学理论。信息哲学的诞生为社会信息学的发展注入了灵魂。

澳大利亚的信息学研究尽管具有跨学科的特点，如图书馆信息学、材料信息学和医学信息学等，但基本上尚未涉足社会信息学的研究领域。

## 三、我国社会信息科学的学科定位

近十几年来，我国学者关于信息科学、人文科学和社会科学的跨学科、跨单位的研究，主要涉及北京、上海、西安、武汉等处的高等院校和科研机关。2000 年北京大学马蔼乃教授、闫学杉副教授等发起交叉信息科学研讨会。2005 年 11 月在北京师范大学成功召开中国首届信息科学交叉研究学术研讨会。2007 年 6 月，在华中科技大学召开第一届社会信息科学全国研讨会，标志着中国特色社会信息科学正式诞生。其间，华中科技大学欧阳康教授多次发表关于我国社会信息科学的学科定位和学科体系结构的论述。其中关于社会信息科学具有四个层面的论述最为精彩：①哲学层面，包括信息哲学、社会科学哲学、社会信息哲学等；②社会信息科学基础理论层面，即理论社会信息科学，涉及社会信息科学各个学科的公共理论的研究；③社会信息科学具体学科层面，比如符号学、语言学、传播学、心理学、历史学、法学等学科中的信息现象研究；④社会信息技术层面，即社会信息科学的应用研究。

北京大学闫学杉则提出社会信息科学的学科体系包括两个方面：其基础学科是语言学、传播学和信息学；其七个应用学科则是新闻信息学、科学信息学、教育信息学、艺术信息学、历史信息学、文学信息学、宗教信息学。我国社会信息科学主要是由社会科学工作者发起建立的，因而能够从哲学的制高点高瞻远瞩，在这门学科问世伊始就有了关于信息哲学、社会科学哲学、社会信息哲学等的讨论。能从词源学、历史学等多学科角度审视社会信息概念的内涵,并将问题的研究升华到哲学的高度,因此对于社会信息概念的内涵底蕴的界定清晰透彻,富有创新意识。例如李宗荣教授等提出所谓统一的哲学包括物质哲学和信息哲学,认为宇宙系由物质和信息构成。

我国社会信息科学特别注重学科理论基础层面的建设。对于社会信息的发生、特殊性、复杂性及其与人类本性的关系等给予细致的考察,提出学科的历史使命是,以社会信息为基轴,促进社会科学与自然科学的交叉、交融与相互渗透,构建关于社会信息的新兴的统一大学科。

社会信息科学的基本框架由具体学科的社会信息科学构成,例如历史信息学、心理信息学等。这个层面的研究工作应该是支撑整个社会信息科学大厦的学科基础,没有坚实、丰满的学科层面,社会信息科学的研究就会失去活力。目前有关研究已经遍及传播学、社会学、语言学、历史学、心理学、哲学、宗教学和思想史的信息问题。然而遗憾的是,对于西方社会信息学的研究成果与信息,我国社会信息科学研究工作者一片茫然。例如,西方社会信息学体系的重要组成部分——经济物理学、舆论动力学和人类行为动力学在我国社会信息科学的研究领域中竟然找不到。有关研究在我国是由自然科学工作者进行的,毫无疑问它们应该归属于我国社会信息科学体系,是社会信息科学不可或缺的重要组成部分。促使它们"归队",一方面广泛介绍西方有关的研究状况,另一方面组织人力开展相关研究,这是我国社会信息科学的迫切任务。

在我国社会信息科学研究中,学科层面的研究力量还显得相对薄弱。尽管研究范围较广,但研究方法因循守旧,缺乏新意。原因在于我们的研究队伍绝大部分来自社会科学研究工作者,对于基于现代科学技术的新的研究方法不甚熟悉,这大大束缚了他们的手脚。我们顺手拈来几个出自自然科学学术会议和杂志的研究报告:《汉语依存句法网络的复杂网络性质》、《达尔文和爱因斯坦的通信模式》、《记忆对人类动力学的影响》、《基于自适应兴趣的人类动力学模型》、《从复杂网络视角看文化信仰及商人与代理关系》、《舆论涌现模型研究》等。在我国社会信息科学的研究文献和会议上,极少看见类似的研究报告。缺失或者无视此类研究成果,就谈不上真正的社会信息学。没有传播信息学、语言信息学、历史信息学、文学信息学、宗教信息学、教育信息学、艺术信息学等深入的量化研究,社会信息科学发展就会失去丰饶的土壤。对于西方的相关研究,自然科学工作者的相关研究成果,绝不能漠然视之。我们必须采取拿来主义,介绍之、熟悉之、消化之,而后发展之。我以为,就我国当前社会信息科学的研究现状而言,当务之急是介绍之、熟悉之。实际上,社会科学的技术层面或应用研究是与具体学科的社会信息学的研究紧密联系在一起的。

## 四、余论

20世纪与21世纪之交,在西方,以现代信息化手段研究社会问题为宗旨的社会信息学正式诞生,主要是围绕信息化对社会的影响和影响信息化的社会因素这两个核心展开的。研究队伍是跨学科的,但其中相当部分是来自自然科学队伍,研究的结果也多发表于自然科学和情报类的学术杂志。

以美国社会信息学研究为例,信息科学的概念早在1959年就出现在宾夕法尼亚大学莫尔电子工程学院,是作为一组计算机课程的称谓。1986年,美国计算机学会课程专业委员会正式将"计算机科学"改称为"计算机与信息科学"。应该说,这是西方信息科学发展的一个典型范例,即由计算机科学、控制论、通信工程科学等自然科学的发展融合构建为所谓"信息科学"。而后,深入渗透到各个自然科学分支,形成所谓化学信息学、生物信息学、医学信息学和图书馆信息学等"领域信息学";深入渗透到各个社会科学领域,逐渐出现所谓历史信息学、语言信息学、信息哲学、经济信息学等"专业信息学"。最后,将这些分散的相关研究结合起来而逐渐形成一个新的跨学科的研究领域,就是非常合乎逻辑、非常顺理成章的事情。换言之,西方社会信息学的诞生经历了一个漫长的由自然信息科学到社会信息科学的道路。

十分自然,西方信息科学的领军人物,如美国印第安纳大学社会信息学中心主任罗布·克林是著名的信息系统和信息学专家,加州大学伊荣分校的Ken Kraemer教授是信息产品和应用整体化的著名专家,等等,都是来自自然科学领域。当然,西方社会信息学领域在信息哲学的研究方面领先一步,以英国的社会信息哲学研究最为卓著。西方信息哲学的研究深化对信息概念本质和基本原理的认识,为信息世界和信息社会的概念基础提供了新的理论,在传统的哲学话题以外提供了一种原创性的新的方法论。但总体而言,西方信息学在整个科学体系大厦的构建上还缺乏整体性和协调性,尤其是专业信息学高度发达的量化研究的成果不断涌现,但对哲学上、人文上的审视和评价还远远滞后。

几乎与此同时,在东方,以社会信息为核心的社会信息科学宣告问世。西方社会信息学与东方社会信息科学相比较,两者不仅名称大同小异,而且研究的内容也相互多有重叠。东方社会信息科学在其发展过程中，汲取了国际上许多有益的精神财富，唯独甚少借鉴西方社会信息学。追溯既往，两者的发展完全是独立的、平行的。两者的同时出现有力地表明它们的诞生不仅是历史的必然，而且还具有共同的学术发展动力和基础。展望未来，两者的整合看来也是必然趋势。

比较而言，东方社会信息科学从诞生伊始，学科发展思路高瞻远瞩，学科体系规划清楚。尤其是对于社会信息的发生、内涵和学科定位，能从哲学高度进行精彩的阐述，为学科的发展奠定了良好的基础。发展极为迅速，走的是一条"捷径"，其领军人物欧阳康、闫学杉、邬焜等著名哲学教授，视野广阔，知识渊博，文理俱佳，大多都曾涉及科学技术哲学。但应该承认，我国社会科学中的领域信息学远远落后于西方，自然科学中的专业信息学的研究尚处于起步阶段，缺乏与自然科学工作者的交流，研究方法稍显陈旧，缺乏现代科学技术手段，对问题很少量化研究，缺乏深度。当务之急是沟通西方社会信息学界，首先是信息沟通，然后是人员交流。

值得指出的是，俄罗斯的社会信息学研究别具特色，值得我们借鉴。就像俄罗斯绘有双头鹰的国旗一样，一面朝向西方，另一面朝向东方，俄罗斯的社会信息学的发展似乎具有东西方信息科学的特点，首先，俄罗斯社会信息学的发展具有悠久的历史，1971 年出现了社会信息学的概念，其主要内容是关于社会交流的一般规律的研究。它以科学信息学为出发点，阐明信息在社会活动领域的特点。20 世纪 80 年代俄罗斯学者又提出了所谓第二类信息学，即局部社会哲学的社会信息学，其主要任务是研究信息化合理的人道主义方向。90 年代，俄罗斯兴起了所谓第三类社会信息学，即所谓方法论的社会信息学，其特点是以信息论为工具研究和总结社会科学、生物科学和技术科学方法论。其次，俄罗斯的社会信息学的发展是建立在充分发展的专业信息学如统计信息学、专利信息学、博物馆信息学、社会学信息学、教育信息学的基础上。就这一点而言，它丝毫不逊色于西方信息学。

目前，社会信息科学的研究范围尚待确切界定，概念体系处于形成阶段，其主要研究方向和有关问题需要进一步细化，理论架构和知识体系需要全面的科学审视和探讨，大致相同的西方和东方社会信息学的两个学科迫切需要交融和整合。建设中国特色的博大精深的社会信息科学学科是我国学者的伟大创举，任重而道远。

# 篇后语

本文发表在《华中科技大学学报(社会科学版)》2009年第5期,由我撰写,发表时署名张端明、何敏华。此处已删去原文的参考文献,有兴趣的同志可以参阅相应的期刊。何敏华博士在写作中收集材料和打印,给予了较大的帮助。2006年,湖北大学教授李宗荣提出人文社会科学的“学科信息化”,当时他在加拿大McGill大学哲学系做访问学者。欧阳康教授指出,社会信息科学的知识体系应该分为四个方面:第一个方面是哲学层面;第二个方面是科学理论层面;第三个方面是具体学科层面;第四个方面是信息技术层面。2006年12月12日,华中科技大学社会信息科学研究中心成立,提出社会信息科学共同体的基本纲领。显然这门新的学科,应该包含传统的人文科学和自然科学的内容,而且随着信息科学的发展,其内容会不断充实和更新。这个时候我领导的课题组有一个研究方向是复杂网络,我的博士生何敏华从事相关方面的研究。她利用复杂网络研究流行病的传染,颇有成果。我们准备利用复杂网络研究舆论(意见)的传播规律,显然有关研究正好属于这门新兴的社会科学的第三个层面的内容。鉴于欧阳康教授的热情邀请,我也参加了华中科技大学社会信息科学研究中心的工作。

我在我校社会信息科学研究中心做了好几次大报告,其中一次的标题为《社会信息学与舆论(意见)动力学引论》,其ppt发表在华中科技大学社会信息科学研究中心办公室主办的《社会信息科学简讯》第六期上,重点报告了有关工作。这些研究成果,都发表在欧洲的物理杂志上。除此而外,我还做了《社会信息科学和当前学科的大融合》的报告,其ppt载于《社会信息科学简讯》第四期,署名张端明。这个报告的部分内容后来经我总结充实,成为一篇论文《西方社会信息学与东方社会信息科学鸟瞰》,发表在《华中科技大学学报(社会科学版)》2009年第5期上。读者可以从中看到当前自然科学与社会科学如何在交叉融合中发展成为具有文理双重特色的新兴学科。

本文阐述国际社会信息科学在东方和西方的发展背景。阐明在世纪之交,宗旨和研究内容大体一致的西方社会信息学和东方社会信息科学几乎同时问世,表明社会信息科学是社会发展和学术发展的必然产物。本文详细论述西方社会信息学发轫、发展的概况,以及学科的界定。简明阐述我国社会信息科学的学科宗旨、体系,剖析其四个层面的研究概况,并分析东西方两门几乎相同的学科的研究特点。并提出整合两门学科，介绍与社会信息科学相关但目前不在我们研究视野的国际上的相关研究成果是我们的当务之急。

# 迈向21世纪的道学文化研究与当代科学的新趋势

## 一、引论——新的启示来自东方

自20世纪中期以来，世界文化的关注中心日益投射到我国的道家文化，乃至在国际上崛起所谓新道家的学术流派。这种特殊的文化现象，出现在我们奔向新世纪的时候，绝非偶然，值得人们探讨和研究。其根本原因在于，现代文化特别是现代科学的新趋势日益清楚地揭示，道家文化思想体系是如此深邃、博大、精微，以至于它对事物的本质的把握，不仅超越当时人们认识的水准，而且就其预见性和洞彻性，也远远超越了时空的限制，超越了我们现代人的想象。我们看到，以老子为代表的道家文化不仅预见性地提出了与量子论的认识新范式（因果的整体相关性与物质概念的泛化和动态化）相类似的论述，而且道家文化的基本精神竟然与当代科学的新趋势完全吻合。毫无疑问，迈向21世纪的道家文化研究对于现代科学研究具有无可估量的启示作用。

科学史专家萨顿早在1930年就断言："新的启示会来自东方。"一大批哲学家、科学家走向了久已忘却的东方的神秘世界。他们发现在那个世界统治多年的归纳、综合的思维方式，灵感、顿悟的认识模式，原来并非"保守"、"愚昧"、"落后"的同义语，恰恰相反，它们是认识客观世界、发展科学的强大利器，闪烁着智慧的光芒。神秘的东方世界里，老子的道家"提供了最深刻并且最完善的生态智慧"。因此道家思想在世界范围内，尤其是在物理学家中受到了广泛的推崇。在这些"新道家"中有著名的科学史专家萨顿，著名的生物化学家、科学史专家李约瑟，更有一大批鼎鼎有名的物理学家，如汤川秀树、玻尔、奥本海默、盖尔曼等。尤其是高能物理专家F.卡普拉（F. Capra），他在1976年出版专著《物理学之“道”——近代物理学与东方神秘主义》,该专著立刻风靡欧美,影响甚大。该专著阐述了道家思想与近代科学的关系,可以说是西方“新道家”的奠基之作。“新道家”普遍认为,道家文化中包含着丰富的现代科学精神,认为老子的宇宙生成图示和物质观,对于现代物理世界的探索极具启发意义。汤川秀树说:“早在两千多年前,老子就已预见到了未来人类文明所达到的状况。”我曾论证过现在的宇宙学(量子宇宙、暗物质、暗能量等)与老子的宇宙虚无创生说在哲学上互相吻合。当然,还有人论及老子思想与现代宇宙空间学说、老子与自然数生成理论、老子与质朴性原理、老子的怀疑精神与科学发展之间的密切关系等。

本文将从现代科学发展的新趋势,即总的态势、新的认识论的范式等,阐述在新世纪,道家文化研究必将取得新的突破:在新的高度上,更充分更合理地发掘老子思想的现代价值。可以预期,21 世纪的道家文化研究,不仅限于传统的研究领域,如哲学、宗教、政治、养生等,而且将波及更为广泛的新领域,包括美学、史学、气功、管理、谋略、处事、自然科学、环境保护、建筑、军事、经济、法律、教育、伦理、医学、心理学、语言学、逻辑学、文学、文献学等诸多方面。但是,其中我们面临的最大挑战,也最引人入胜的将是我们从古老的道家文化中,获取推动现代科学发展的智慧启示,从而激发出非凡的新意。

## 二、现代科学新趋势

现代科学的新趋势是什么? 这是一个复杂的问题。我们从 20 世纪中期就开始了的现代科学中的一股大融合、大交叉的新的学术潮流谈起。随着现代科学的发展,人们对于客观世界,大至包含大千世界的鸿蒙宇宙,小至毫端微末的微观世界的认识都有了飞跃性进步,各种学科相互交融、相互渗透的综合化、整体化趋向日益加强。例如:在自然科学之间,出现了物理化学、化学物理、材料化学、材料物理等交叉学科;在社会科学与自然科学之间也出现了经济物理、数量经济、舆论动力学、社会信息科学等文理交叉学科。这是一股汹涌澎湃的学术洪流。实际上,这是人类文明史上的一个重大转变。

自 17 世纪牛顿经典力学创立以来,在演绎、分析的方法指引下,新学科不断涌现、旧学科不断分化,整个科学领域热气腾腾、生机勃勃,宛如粗大的古树不断长出新枝,呈现出一片专门化、细化的景象。终于长成了枝叶繁茂的、参天的科学大树,形成了学科繁多的现代科学大厦。但是到了 20 世纪中叶,特别是接近20世纪末叶,潮流倒转了,这迫使400年来人们习惯的思维方式、认识模式发生重大的变化。人们突然之间痛切地感到,长时间以来主宰科学世界的演绎、分析的方法不足以应对所面临的复杂纷繁的客观世界。在新的世纪,面对新的学术潮流,我们更加需要归纳的思维方法,而古老的东方哲学,尤其道家文化是利用归纳顿悟法提炼升华而成的智慧宝库。

正如卡普拉所深刻论述的物质世界"表现为各部分组成的各种关系的网络。其中也包括观察者,它构成了观察过程的最后一个环节,任何原子对象的性质都应该理解为这种对象与观察者相互作用的结果"。换言之,我们对自然界的认识,固然往往是从其局部、个体、部分开始的,但是,如果我们不从总体把握系统的全部复杂性,则我们永远无法真正认识事物的本质和底蕴。道家充分肯定直觉思维的合法性和必然性,认为只有从直觉的角度才能从具体的局部中超脱出来而达到对整体性的把握。天人合一是道家的基本核心之一,认为人是一个小宇宙,"人与其他形式的生命一样,是不可分割的有机整体的一部分。他们的智慧意味着这个整体也是有智慧的。人被看成是宇宙智慧活生生的证明。宇宙在我们中间一直重复它创造形式的能力,并通过这种形式意识到它自己"。因此,人们在21世纪将注意力逐渐转向东方哲学,尤其是道家文化,实际上,这也是现代科学发展的需要。在经过了漫长的以演绎、分析为中心的近代科学发展历程后,我们面临的是一个科学的新时代,即归纳直觉越来越重要的新时代。这反映了人们对于物质世界的认识进入一个新的层次。

## 三、现代科学结构范式的革命性变化

正在经历的科学革命,或者更确切地说科学赖以存在的知识论正在经历革命性的变革,使我们对于道德经的现代科学意义看得越来越清楚,穿过层层迷雾,我们好像看到哲人老子不断地发出智慧的启迪。

我们不能不惊叹哲人老子几乎丝丝入扣地预言了当前科学的新态势——知识基本图像的革命性变化。用哲学家孔恩(Thomas Kuhn)的话来说,就是预言了科学革命的结构(The structure of scientific Revolution,Thomas Kuhn,1962)。实际上,近20年来的现代科学进展清楚地表明,一个更为合理、更能反映客观现实的科学结构范式正在取代以牛顿、爱因斯坦为代表的经典科学范式。

以牛顿、爱因斯坦为代表的科学范式，我以为有以下两个基本点。

(1) 物理实在应遵从局域时空地域的规律，特别是局域因果性几乎是现代物理最重要的出发点之一：客体总是以某种方式，限定在时空之中，并受光锥规范。通俗地讲，光锥内外的两个客体或者世界不可能有因果关系。这个重要的原理实际上就是对爱因斯坦的不存在超光速的作用和信号能超光速传播的自然推广。

(2) 物质及其属性两分原则。物质是构成宇宙的永恒的基本材料，是客观的存在，其属性是物质固有的，与认识主体毫无关系。基本粒子作为宇宙的基石，才是客观存在的实体。

但是，近年来的科学实验表明，上述经典范式是大可怀疑的。首先，关于"EPR"(爱因斯坦、波多尔斯基、罗森)悖论的实验，表明地域因果性确实遭到破坏，在爱因斯坦与玻尔的长期争论中，爱因斯坦自己设计的实验令人信服地表明存在超越局域地域性的观念。1980—1981 年阿斯贝克特的实验否定了爱因斯坦提出的局域因果性，证明了在量子力学中确实存在非局域性。近年来蓬勃发展的量子纠缠、量子计算等领域，完全是建立在量子力学的非地域性的基础上。因此，必然的结论是，新的量子论的范式的第一个要点是量子现象存在类空关联性，或者说整体关联性。

实际上，著名的科学家玻姆曾证明一个量子多体系统不能简单地分解为独立的部分，各部分都处于相互联系之中，其动力学关系取决于系统的整体状态。可以设想这种整体关联性将从子系统到系统，到超系统，最终扩展到整个宇宙。仅仅通过传统的演绎和分析的方法怎么可能完全正确地认识客观世界呢？但是，道家从来都是紧紧把握事物的整体联系。《道德经》就是将道作为最高的范畴，即具有宇宙普遍规律和法则的普遍含义。同时，也是作为我们宇宙的总源起。我们所反复论证的道，从其物质属性的主要特征来看，类似于现在量子场论中的真空场或暗能量。

由此我们自然引出了量子论的新范式中的第二个要点。物质概念的泛化和动态化不仅仅将具有类点状的基本粒子视为实体，而且场和能量都属于物质范畴。经典的物质概念一直统治着哲学界。人们只熟悉物质常态的实物粒子，如质子、中子构成的物质。此类物质的特点是可以用仪器直接观察到。就其结构而言，它们具有明显的分离性。从 19 世纪法拉第、麦克斯韦提出电磁场概念以来，科学家早已清楚在自然界存在着一类连续形态的物质——场，如电磁场、胶子场、中子场、质子场等。人们不知道在自然界还存在着一种特殊的场——真空场。实际上,所谓实物粒子,从本质上来说,也是与场物质分不开的。

## 四、道家文化蕴含的科学结构范式的基本特征

我们以老子的《道德经》为中心,探索道家文化蕴含的科学结构范式的基本特征。《道德经》中"道"的含义具有多义性,如前所述,在许多地方"道"应作为普遍规律或者宇宙法则来讲。但是我们应该明白,先哲老子认为精神世界的普遍规律是与物质世界的基本法则相通的,或者说两者具有一致性。本文不拟在这方面作深入的讨论,只想指出这种多义性,以及老子语言的极端简约,表达形式的古朴和朦胧,造成了对道德经所蕴含的丰富、深刻、睿智的自然宇宙观的认识的困难和误解。

首先"道"和"无"具有明显的物质属性,其中既具有连续的特点,而且又表现出有结构的迹象。其运动的特性具有明显的非决定论性,换言之,具有明显的整体关联性。

老子在《道德经》第二十一章开宗明义地断言"道"的物质性,所谓"道之为物"。然后谈到"道"这种物质的特点是"惟恍惟惚。惚兮恍兮,其中有象;恍兮惚兮,其中有物;窈兮冥兮,其中有精;其精甚真,其中有信。自古及今,其名不去,以阅众甫。吾何以知众甫之状哉?以此"。此处"有象"可释为出现了形象,"有物"系指出现了有结构或者可以察觉的物体,"有精"指其中活跃着某种能动的精神,即老子所说的"谷神"或"孔德"。

串讲全章,用现在的话来说就是"道这种物质,说起来只是一团恍恍惚惚的东西。在这恍恍惚惚之中,出现了形象;在这恍恍惚惚之中,又出现了有结构的物体。尽管这种事情是那么深远而不可见,但可以肯定其中活跃着某种能动的精神。这种能动的精神表现得非常真切,它存在的信息可以得到验证。用今天万物的存在可以推论宇宙的开端,我们无法舍去谷神这个名称(即'精'),否则便不能产生出万物。我凭什么知道万物是如何产生的?就是依据于此"。

老子的话,使我们想起现代真空场的概念。什么是真空场?真空场就是宇宙中能量最低的场,一切实物粒子,如光子、电子、介子等等,在一定的条件下,可以湮灭于其中,同时也可以从真空场激发而产生。道与真空场的属性是何等的接近啊!它们都是连续形态的物质;都是不能用决定论描述的(恍恍惚

惚,遵从统计规律);它们都具有极其复杂的结构,尤其它们是有结构的物质(用现代术语就是实物粒子构成的普通物质)的起源。

道家文化蕴含的科学结构范式的基本特征之二,就是物质概念的泛化和动态化。其中既包含实物粒子,也包含场物质,它们之间不断地相互转换,不断地呈现动态演化。更重要的是道家文化指出了宇宙的起源和物质的创生,其大致图像与现代宇宙学吻合。

老子在第二十五章、第四十章和第四十二章中确认宇宙万物始于道,一如现代量子宇宙学所断言的,观测宇宙始于真空。而且更奇妙的是,老子居然描绘出现代科学的物质结构的基本模式。老子说:“有物混成,先天地生,寂兮寥兮,独立不改,周行而不殆,可以为天下母。吾不知其名,字之曰道,强为之名曰大。大曰逝,逝曰远,远曰反。”“道法自然”。“天下万物生于有,有生于无。”“道生一,一生二,二生三,三生万物。”

这里“有物混成”即有东西在混沌中生存,“寂兮寥兮,独立不改”可视为无声无息、无形无象,独立存在而不可分割。“周行”者,旋转运动也。之所以勉强称其为大者,因道无所不至无所不包;之所以称其为逝者,因道无所不至;之所以称其为反者,因道(真空场)旋转运动永无休止。至于“有”可以视为实物粒子,天下万物(即普通物质)均由实物粒子构成。关于“道生一”,如果这里“一”是指无结构的基本粒子或基本场,“二”或“三”则分别表示物质结构的较高层次,那么第四十二章俨然是一幅现代物质结构的模式图。

道德经第十四章实际上再次描写了道的物质性,尤其是生动地描绘场的连续结构特征:“视之不见曰夷,听之不闻曰希,搏之不得名曰微。此三者不可致诘,故混而为一。其上不皦,其下不昧,绳绳不可名,复归于无物,是谓无状之状、无物之象。是谓恍惚。迎之不见其首,随之不见其后。”

无状——无形状;无物——无结构。道是看不见摸不着的,它是混混沌沌没有结构的。俨然讲道是一种没有结构的、连续形态的物质。

最妙的是老子在第三十二章和第四章实际上谈的是道具有真空场的属性:“譬道之在天下,犹川谷之于江海。”“道冲而用之或不盈,渊兮似万物之宗。挫其锐,解其纷,和其光,同其尘。湛兮似或存,吾不知谁之子,象帝之先。”

这两章历来都被视为对于精神规律的阐述。把道视为真空场,则似乎显得更加贴切和自然。第三十二章中的“江海”即是道,这岂不就是告诉我们,作为真空场的道是处于能量最低的状态吗?海纳百川,实际上就是场的较高的能态都会自发地趋向基态(真空态)的形象描述。第四章就字面意思可以直接释为:无结构物质不仅构成有结构物质,而且还包容它,因此无结构物质是永远用不完的。由于在现代物理学中,能量和质量在某种意义上可以视为同义语。因此,用现代物理学的视角来看,在第四章中,神秘的老子似乎在告诉我们:“真空能量无穷大,有结构物质源于真空”这一科学真理。

更加有意思的是《道德经》第四十章中的“反者,道之动;弱者,道之用”。如果将反者解释为旋转、循环、回归、螺旋形上升,将弱者解释为微小、滋育万物而不争、隐而不露,则“反者,道之动”隐含的现代科学含义就是真空场似乎为有旋场,“弱者,道之用”则依然讲的是有生于无。

道家文化的自然宇宙观,远远超过了现代许多哲人和科学家的想象,居然与最新的科学发展,主要是与现代宇宙学和物理学所给出的宇宙本源、宇宙创生的基本图像不谋而合。

2003 年 2 月 1 日,美国宇航局宣告,威尔金森宇宙波各向异性探测卫星(WMAP)发现在宇宙中的绝大部分物质都是暗能量——很可能就是真空能量。这将使我们对于在本文中所提出的对于“道”或“无”的解释更为可信,其科学依据更为坚实,从而更增加我们对先哲老子的仰慕和崇敬。至此,我们清楚地看到,道家文化蕴含的科学结构的基本特征,与现代科学发展的新趋势,与现代科学结构范式的革命性变化是完全吻合的。因此,迈向 21 世纪的道家文化研究中,我们必须充分重视道家文化中所蕴含的丰富、深刻的科学内容。尽管从其表现形式来说,比较朦胧而质朴,但其蕴藏着无比的天才论述和启示。

如果说希腊哲学开启了现代原子论的先河,我们完全有理由认为,老子的《道德经》是现代场论的先驱,是现代科学新趋势的启迪者。在结束本文时,我们不由想起现代量子论奠基人玻尔的话:“当我们协调在人生壮剧中既是观众又是演员的身份时,我们必须指向释迦牟尼和老子这样一些思想家已经遇到的那些认识上的问题。”

## 篇　后　语

本文载于《华中科技大学学报(社会科学版)》2012 年第 3 期,原篇为“道学文化研究与当代科学的新趋势”。署名为张端明、张英杰,由我撰写,张英杰担任打印、排版任务。本文的基本内容,我在 2005 年 5 月海峡两岸武当文化论坛上做的报告已涉及,报告的题目是《建设人与自然和谐发展的新的社会》。文章被载入海峡两岸武当文化论坛论文集，各大网站都刊载了此文，在2011年12月17日上林书苑的《道家》上又予刊载。2011年11月的“武夷论道”上，我也做了相关报告。

类似的内容，我于2006年6—7月在海峡两岸炎帝神农文化论坛进行演讲时已涉及，标题为《道家的生态和谐观》。该论坛由国务院侨办与湖北省政府联合举办。规模十分宏大，层级很高，与会的海内外代表有300余人。

在这些演讲中，我强调了荆楚是原始道家的摇篮。阐述了原始道家的由来。转引如下：

我们是湖北人，荆楚实际上是原始道家的摇篮。神农氏的故都——随县就在荆楚。湖南的衡阳也自称是神农氏的故都。两者到底何者为神农氏的故都呢？争论不休。类似的争论，例如：诸葛亮居住的隆中到底在襄阳，还是在南阳；火烧赤壁的赤壁到底是在黄冈的赤壁，还是在蒲圻的赤壁；还有关于西施的故居的争论等，不胜枚举。其实，除掉民间的附会，利益的驱动，使得类似的争论复杂化，往往透过这些争论的迷雾曲折反映着鲜明的历史的足迹。近年来颇有学者认为中华文明的源头就是巴楚文化（张良皋《巴史别观》）。我认为巴楚文化至少与河洛文化、东夷文化等一样，是中华文明的重要源头。中华文明的起源很可能不是一元的，而是多元的。

巴山汉水一带，其实是古文明发达的地区。周武王伐商纣的主要同盟军，所谓“巴师八国，庸、蜀、羌、髳、微、卢、彭、濮”，“诸侯兵会者车四千乘”（《史记·周本记》），约有300000人。可见这些“国家”实力相当强大，与周国不相上下，庸国大致在今房县竹山一带，汉以后尚称“上庸”，至于其他七国，大概都位于汉水河谷、巴山附近。庸并于楚，祝融氏是楚人公认的祖先（见《史记·楚世家》）。庸者融也，庸国本是祝融的故国（见《随州志》），由于楚人的南迁，在湖南就出现了“下庸”，就有“祝融峰”。按照石泉先生的研究：“当是楚人南迁后，把原居处的河流名称移植”（石泉《古代荆楚地理新探》）。换言之，随州与衡阳共祧神农、祝融为鼻祖都不错。但归根结底，大洪山毕竟是神农氏（应理解为氏族）更早栖息的地方。

道家，史称黄老之学。道家信徒，往往把黄帝、许由尊为道家的先祖。无论如何，道家的产生跟楚文化息息相关，这是许多学者公认的事实。老子是苦县人，庄子是蒙地人，均为楚人，为楚文化的传承者。巴山汉水既为楚人的发祥地，也是楚文化的摇篮。我们说巴山汉水、随都曾邑是道家的摇篮，不为过分吧。

# 佯谬何以是科学的福音

早春二月，江南草长，燕舞莺啼。我们以十分喜悦的心情，凝视散发着油墨清香的科普丛书“科学，那些不可思议的事”。这套书总共有七本：《天文五千年》(王玉民著)、《科学十大突破》(史晓雷著)、《福音：物理学的佯谬》(杨建邺著)、《天才物理学家的失误》(杨建邺著)、《小宇宙探微》(张端明、何敏华著)、《大宇宙奇旅》(张端明、何敏华著)、《科学十大假说》(曹玺敬著)。其中有老科学家的新蕾，也有青年才俊的佳卉，琳琅满目，精彩纷呈。应该说是我国科学普及园地中的新收获，亦如带雨的梨花迎着早春的细雨，盈盈开放。其中尤其引人注目、特别鲜艳的一朵就是《福音：物理学的佯谬》。这本书可以算得上优秀科普的典范之作。作者以在物理学中的所谓“佯谬”作为中心线索，选取了在物理学中著名的二十个佯谬，寻微探隐，步步深入，娓娓道来。揭示所谓神秘现象后的科学真理，颇有侦探小说中的悬疑手法的意味。

该书开宗明义，第一个佯谬就是“神行太保为什么追不上乌龟？——芝诺佯谬”。按亚里士多德《物理学》的记载，芝诺佯谬是这样的：阿基里斯永远追不上乌龟。他首先必须到达乌龟出发的地点，这时候乌龟会向前走了一段路。于是阿基里斯又必须赶上这段路，而乌龟又会向前走了一段路。他总是愈追愈近，却始终追不上它。这当然是荒谬的。类似的佯谬在我国的学术史上还有公孙龙的“白马非马”等命题。作者追寻古今学者对芝诺佯谬的种种议论，例如数学家托比亚斯·丹齐克、历史学家坦纳里以及哲学家柏拉图、柏克森、黑格尔、罗素的观点，条分缕析，最后得出令人信服的结论：芝诺佯谬在历史上的重要性是怎样估计也不为过的，它不仅促使希腊人对时间的观念采取了新的态度，而且也启示现代人对时间的观念应该采取新的态度。

什么是佯谬？作者在该书中进行了比较详尽的说明。按笔者的看法，一般人理解的佯谬或悖论，无非含有两重意思：一是对于现象逻辑推理的结论与事实不符；二是逻辑推理导致的不同结论相互矛盾，如通常说的不自洽、不完备等。作者通过丰富的佯谬问题讨论，说明佯谬的出现是科学发展中不可避免的事件，因而也是科学发展所具有的正常特征。这一特征在 20 世纪物理发展史中表现得特别突出。作者指出,佯谬是科学发展的直接动因之一;佯谬作为一种推理方式,起着反驳和证明的作用;佯谬具有方法论的功能。笔者认为,佯谬的出现和揭示意味着科学的发展面临着更深层次的矛盾和困难,同时更意味着科学发展面临更大的突破机遇;而佯谬的解决,特别是具有重大意义的佯谬的解决,往往意味着科学的重大突破。佯谬之所以在科学发展过程中不可避免,是因为科学的发展不断深入必然会揭示出更深层次的矛盾和困难。因此,作者把该书取名为《福音:物理学的佯谬》是十分有见地的。

从该书的精彩描述中,我们有什么启迪呢?首先,佯谬的揭示和解决是敢于挑战权威、敢于挑战惯性思维的结果。这一点在"落体佯谬"一节中表现得特别明显。两千多年来,人们一直盲目相信亚里士多德的运动观,尤其是他说的越重的物体坠落得越快,似乎与人们的直觉相符,就更加笃信不疑了。伽利略的精彩反驳告诉我们,亚里士多德的运动观只需用逻辑推论就可以断定是自相矛盾的。我们不禁为长期以来人们迷信权威、直觉的惯性思维造成的荒谬感叹不已!

爱因斯坦在20世纪初作为一个年轻的、毫无声望的青年物理学家,面对当时物理学天空的所谓"两朵乌云"——迈克尔逊的光速不变实验和黑体辐射的紫外灾难(该书的第八和第十个佯谬),敢于从实际和理性的科学推理出发,向经典物理提出了大胆的挑战。他提出了狭义相对论和光的量子理论。其理论极为新奇和大胆,以至于同时期的许多权威如普朗克、迈克尔逊、彭加勒和洛伦兹等在相当长的时间内还不能理解和认可,尽管他们的工作都为爱因斯坦的发现奠定了理论和实验的基础。

该书给我们的另一个启迪是,在揭示和解决佯谬时,科学研究的道路是漫长而曲折的,我们不应该满足于一个简单的是或否的答案。在量子力学的建立过程中,我们看到了科学巨匠爱因斯坦的贡献和局限。爱因斯坦是量子力学的奠基人之一,他最早提出了光量子假说。但他一直坚决反对量子力学的所谓正统解释,似乎在一段时间内成为量子力学发展的对立面。然而,事情的复杂性在于,尽管20世纪末的贝尔实验表明量子力学的正统解释是被大多数实验所支持的,但是爱因斯坦就完全错了吗?如果在量子力学中,爱因斯坦的可分离性原则不成立,则是否意味着局域因果性在这个领域失效了?没有爱因斯坦与玻尔的争论,没有本书提到的"EPR"佯谬的提出和实验验证,就没有当前量子纠缠和量子信息研究的迅速兴起和发展,就不可能有呈现在我们面前的奇异的量子世界图景。

于是,我们可能面临着一个新的更大的佯谬(如薛定谔的猫佯谬),用郭光灿院士的话来说,“不确定性和超距作用都已登场”。这种“幽灵般的超距作用”是否意味着对爱因斯坦的狭义相对论的挑战?直言之,爱因斯坦和玻尔在索维尔会议上的争论还在继续发酵,人们在不断夯实量子力学理论基础的同时,发现21世纪的量子力学面临着更严重、更奇特的挑战。经验告诉我们,这些佯谬的研究和解决将是物理学跨越式突破的新机遇。

本书没有谈到的是,当前物理学最大的佯谬是量子力学与广义相对论互不兼容,一个严格的引力量子理论至今尚未建立起来。超弦理论和圈量子引力理论都是物理学家为了解决这个佯谬而提出的优美理论。在数学上,它们都有无可比拟的逻辑严谨性,可惜缺乏实验支持。糟糕的是,似乎在可以预见的未来,人们仍难以验证它们。我们知道,量子力学和广义相对论是现代物理学的两大支柱,在各自的领域都得到了坚强的实验证据。但是,它们彼此之间居然难以兼容。难道这不是天底下最奇怪的一件事么?解决这个佯谬,是物理学当前最困难、最复杂同时也是最重要的问题。

爱因斯坦是继牛顿以后最伟大的物理学家,富于创新精神。没有爱因斯坦就没有近代物理学。同样,爱因斯坦也不是神,也不是永远正确的,甚至在许多时候也未能免俗,被习惯的思维定式所束缚。本书第十九节宇宙常数之谜中,作者富有说服力地指出爱因斯坦是现代宇宙学的奠基人。但是爱因斯坦囿于静态宇宙观的影响,在提出他的宇宙学演化方程式的时候,为了保证宇宙在大尺度上是静态的这一先验观念,无端地加上了所谓宇宙学项 $\lambda$。在其后的岁月中,尤其哈勃发现宇宙在膨胀以后,爱因斯坦后悔加上了这一没有根据的 $\lambda$,是其学术生涯中最大的失误。但是,20世纪90年代末,人们确凿地发现宇宙的膨胀不是像原来期望的不断减速,而是在加速,分明表示宇宙中存在着人们以前不知道的反引力——斥力。于是,人们又想起爱因斯坦的宇宙学项 $\lambda$。它不是可以表示宇宙的斥力么?这件事充分表明,人们在解决佯谬的时候,往往存在着否定之否定的曲折复杂的过程。这并不表明爱因斯坦当初基于错误的理由而添上这一项是正确的。宇宙学项 $\lambda$ 可以最粗糙地描写宇宙膨胀加速的现象,但是要真正的洞悉加速膨胀的物理根源,恐怕还要涉及更深入的物理学探讨。现在人们的主流看法是暗能量驱使宇宙加速膨胀。

本书以霍金与唐·佩吉打赌的故事结束全书,余味无穷。霍金颇为“好赌”,而且每赌必输。他跟本书提到的索恩等“豪赌”过三回:第一回,赌天鹅座X-1双星是否包含黑洞;第二回,赌宇宙中有没有裸奇点;第三回,赌黑洞会不会彻底抹杀信息。三赌皆输。最近一回是他与美国密歇根大学的物理学家戈登·凯恩打赌,认为所谓“上帝粒子”——希格斯粒子不会被发现。2012年,欧洲核子研究中心宣布基本上(2013年3月他们取消了基本上三个字)发现了这种粒子。霍金在接受英国广播公司采访时表示:“这是一个重要的发现,应该能带给希格斯一个诺贝尔奖。”同时他也风趣地提到了自己的小小“失落”:“我曾经和美国密歇根大学的凯恩教授打赌,认为希格斯玻色子不会被发现,看来我刚刚输掉了100美元。”实际上,这已经是霍金第四回赌输了。我们不得不承认,霍金具有从善如流的美德。

附带说一句,希格斯粒子是苏格兰科学家彼得·希格斯在1964年预言的,这是基于依规范场理论所建立的粒子物理标准模型所预言的最后一个有待发现的粒子。规范场方程左边的规范场项是由规范原理唯一确定的,方程的右边的粒子质量项则是希格斯粒子耦合形成的。这一点非常像爱因斯坦的广义相对论方程,方程的左边是由度规张量表示的度规场,可以由广义相对论原理唯一确定,方程的右边则是由能量-动量张量所表示的物质项。爱因斯坦曾经非常不满地说道:“我的方程的左边是由大理石构成的(意思是理论上很完美),但方程的右边则是茅舍(意思是理论上有凑合的意思)。”这里,实际上告诉我们,如果进一步研究,其中必然存在佯谬。佯谬仍将是科学中的福音,前途无可限量。

杨建邺教授是我国有名的科学史专家,在研究诺贝尔奖获得者等方面成绩卓著,作品等身。他治学严谨,精益求精,总是力求充分地占有第一手原始科学材料,他与多位诺贝尔物理学奖获得者有亲密的通信。许多作品一再推敲,反复修订,直到满意为止。他所写的《杨振宁传》就是如此。本书的前身《物理学史中的佯谬》(华中师范大学出版社1988年版)问世以后,广受赞扬。但作者始终有一种“惴惴不安”、“遗憾和不满意的复杂心情”,认为其中尚有许多应该补充、修正和完善的地方。细心的读者可以发现,较之前身,本书可以说是焕然一新,百尺竿头更进一步了。

首先是内容更丰富,增加了现代物理学中的三个有趣的佯谬:薛定谔的猫、宇宙常数之谜和黑洞信息佯谬;原有的十七个佯谬,内容更细腻充实,行文更流畅生动,穿插了许多科学家的故事,可读性更强。其次,在本书的出版编辑中,增添了许多生动有趣的插图,图文并茂,版式优美大方,令人爱不释手。

但是,美玉微瑕。本书在阐述当前物理学发展的时候,有极少数地方引用的材料稍嫌陈旧。例如，本书第十四节谈中微子，写得生动有趣，发人深省。甚至作者还提到了2002年日本物理学家小柴昌俊和美国科学家戴维斯获得诺贝尔物理学奖的故事，谈到了“太阳中微子失窃案”，这实际上就是中微子振荡现象的发现。中微子振荡现象就是中微子具有静止质量的铁证。遗憾的是，作者没有引用最新的资料，却引用了1980年苏联科学家和1983年我国物理学家的测量结果，这些结果是被现在的测量否定了的。

## 篇　后　语

本文发表于2013年5月22日的《中华读书报》，署名为方明、曹小艳。实际上由我撰写，曹小艳女士协助打字、排版。文章是为杨建邺教授所著《福音——物理学的佯谬》(湖北教育出版社2013年版)写的书评。此书笔名方明是为了感恩我的夫人彭芳明对我的写作和生活无微不至的关怀和照顾。本文原来的题目是《梨花一枝带春雨》，正式发表时改为现在的题目。本文强调佯谬是科学研究中常常使用的一种方法。科学研究中发现佯谬并非坏事，往往反倒是大突破的前兆。我借助书评，告诫读者应该正确地对待佯谬，善于转换，将佯谬化作推动科学快速发展的强大动力，化作带来千树万树梨花开的春雨。

# 桃李不言，下自成蹊

——庆祝科学出版社成立60周年

科学出版社问世60周年了，在这60年的风风雨雨中，我由该社的一名忠实读者，成为一名作者，有许多话要说。2011年3月，在中国科学院科学出版基金资助下，我与我的学生在科学出版社出版了专著《脉冲激光沉积动力学原理》；2013年10月，又出版了专著《应用群论》。我现在要讲的是，《脉冲激光沉积动力学原理》一书出版前后发生的事，充分表明科学出版社在国际学术界具有不可替代的重要作用，是我国学者与国际学术界进行学术交流的重要平台。

在《物理》杂志2011年第9期中，著名的光学专家、长江学者陆培祥发表书评《一本值得推荐的专著》，他说："《脉冲激光沉积动力学原理》一书创新性很强……张端明教授的课题组自20世纪90年代开始就利用PLD技术研制钽铌酸钾薄膜等材料，并基于优化工艺对于机理研究的客观需要，从宏观上分析了PLD的各个过程之间的内在关联，确定了构建脉冲激光沉积动力学的'大厦'的目标，制订了相应的长期科研计划。经过近20年坚持不懈的努力，同时不断吸收国际学术界在有关领域的最新研究成果，基本构建起脉冲激光沉积动力学的比较自洽、完整的科学体系，并提供了脉冲激光沉积动力学各个物理过程的比较丰满、准确的物理图像，从而为本书的撰写奠定了坚实的科学基础。本书是国际上第一本全面系统地讨论脉冲激光沉积动力学的专著"。"我热忱地推荐《脉冲激光沉积动力学原理》这本出自我国科学工作者的专著，本书具有很强的独创性、实用性和综合性"。简言之，这本专著介绍了中国学者提出和构建的一门新的学科：脉冲激光沉积动力学。

国内学术界邀请笔者撰写有关研究进展的综述。2012年3月，我国《物理》杂志首页发表笔者的综述《脉冲激光沉积动力学研究进展》。2013年，开源学术刊物《凝聚态物理学进展》发表笔者的综述《激光烧蚀在材料加工中的应用及其机理研究进展Ⅰ：在加工领域和表面改性纳米光栅方面应用》。

《脉冲激光沉积动力学原理》的影响迅速波及欧美。2011年8月，欧洲材料科学家 David Cameron 教授致电笔者："我经由中国科学院 Jie Li 教授介绍，得知你是激光烧蚀沉积技术专家。Elsevier 出版社近期拟出版多卷本的关于材料加工的大型参考丛书。我负责编辑关于薄膜和涂覆一卷的工作，我希望此卷包括激光烧蚀中薄膜沉积这一章，在这个领域你经验和学识极为丰富(我邀请你撰写此章)，我要求其内容涉及激光烧蚀工艺和加工的理论与实践……如果你接受邀请，我将深感荣幸，期待你的回复，David Cameron。"需要说明的是，Jie Li 教授与我素昧平生，至今尚未谋面，算是学界同仁、天涯神交吧。至于 Elsevier 出版社，是目前世界上规模较大的科学技术及医学领域中的出版集团，每年出版2000多种期刊和约2200种新书。我国的对外学术期刊大部分由该出版社对外发行。

2014年6月，国际材料科学界精英撰写的大型材料加工科学专著《材料加工大全》正式向全世界发行，全书共13卷1500多页，应该说是国际材料加工领域的盛事。Elsevier 出版社称，该书受邀请的撰写人均为各个领域世界级的专家。也就是说，笔者受邀应该说是中国科学工作者的一份殊荣，也标志着国际材料科学界对于中国学者提出和构建的脉冲激光沉积动力学的认可。我们在此书所撰写的激光烧蚀一章的内容，严格来说，只是在 2011 年科学出版社出版的《脉冲激光沉积动力学原理》一书的详细英语摘要而已。这也算《脉冲激光沉积动力学原理》所结出的一颗丰美的果实。

近年来，我接到的关于国际材料科学界和凝聚态物理的学术会议邀请极多，由于年事渐高，步履维艰，几乎一概回绝。但是我接到的拟于 2015 年在希腊召开的国际科学和工程计算方法学术会议(ICCMSE)的邀请则使我感动不已。会议前后邀请我 5 次之多，并且诚恳邀请我在大会上做学术报告，此外，还请我在大会期间就所研究的学术领域主持和组织一个研讨会，这是笔者的研究成果受到国际学术界的高度重视的证据。

除此之外，笔者的工作在美国也得到了反响。应美国出版社 Nova Sicence Publishers, Inc. 之邀，在其近期出版的英文专著《laser ablation: Effects and Applications》(《激光烧蚀：效应和应用》)中撰写了第七章"Thermophysical effects of femtosecond laser ablation of metaltarget"(金属靶材飞秒激光烧蚀的热物理效应)。我相信，上面列举的若干事实足以证明，一个好的出版社，例如科学出版社，应该而且必须是高效率、不可替代的国际学术交流平台。可惜的是，我们的著作是以中文出版的。如果当初是以英文出版，可能影响会更迅速、更广泛。

多年来，科学出版社是新中国科学发展的见证者、参与者。科学出版社出版的经典科学著作有《中国植物志》、《堆垒素数论》、《工程控制论》、《物候学》、《地质力学概论》、《稀土的溶剂萃取》等。毋庸讳言，一本科学专著需要科学的积累、沉淀、提炼和升华过程。当然，更需要长时间艰苦的科学研究坚持。这正是与时下浮躁、功利的风气格格不入的。我国原创性的科学成果相对较少，有国际影响的科学著作还比较少，因此，笔者作为一个关心国家科学发展的中国人，深感这种状况必须改变。有的科学成果的传播借助于论文是可以的，例如爱因斯坦的相对论。但是，仅就相对论而言，其传播者爱因斯坦还撰写了相对论的意义等通俗读物。有的科学成果就像一座大厦，一砖一瓦固然不可少，但是大厦不等于所有建筑材料的综合。其中的结构、逻辑关系需要精心配置、精心梳理，方能为学术界所接受。这样的工作吃力不讨好，许多科学工作者不愿做、不屑做。他们愿意做什么呢？

似乎有一种时尚，追求大课题，钱越多越好；追求论文多，影响因子越高越好。这并非完全不对。但是，我们对科学工作的考核，如果完全以此为标准，恐怕就有本末倒置之嫌。牛顿的研究当初并没有所谓国家项目，更无所谓大资金的注入,但是我们毫无例外地都把牛顿视为极其伟大的科学家。爱因斯坦关于相对论的研究,最初连发表都成问题。在其文章发表以后,反对者多,质疑者多,知音寥寥。最富有讽刺意义的是,当爱因斯坦已誉满天下,普朗克等著名科学家一再向诺贝尔奖委员会推荐,相对论始终没有得到诺贝尔奖。诺贝尔奖委员会的衮衮诸公十分为难,他们苦苦寻思,总算找到了一个折中的办法,将诺贝尔奖授给了爱因斯坦的光电效应的研究。这项研究无疑是够格获奖的,其物理内容较为人们所理解,但是其科学价值远远不能与相对论相提并论。阳春白雪,和者盖寡,自古而然,何分中外!

结论是什么?从事科学技术研究,我们一定不能忘记其根本宗旨是解决人们生产生活中面临的问题和科学理论发展中存在的瓶颈。所有背离这个根本宗旨的评价标准和体系,不可避免地会有碍于科学技术的顺利发展,不可避免地会造成在科研中功利主义、浮躁、弄虚作假等不良风气和腐败作风的蔓延。

《脉冲激光沉积动力学原理》一书是笔者20年科研工作的总结,其内容来自发表的近200篇论文以及国际科学界的成果,重要的工作在于把这些内容系统化、条理化,构建为一个逻辑严整的理论体系。没有这些工作的所谓科学专著,实际上不是专著而是论文集。《脉冲激光沉积动力学原理》一书只解决了一个科学问题,即脉冲激光沉积技术长期以来缺乏系统机理研究,该书提供了该技术的整体物理图像。我们感谢科学出版社为我们提供了平台,提供了我们发表研究成果的机会,提供了脉冲激光沉积动力学这门新学科的摇篮。

## 篇 后 语

本文发表于2014年11月12日的《中华读书报》。该报编辑在导言中指出:作者深情回忆了在科学出版社出版《脉冲激光沉积动力学原理》一书的过程以及该书的巨大国际影响。

该书出版后,邀请我出席的国际学术会议很多。可惜由于我年老体衰,所有的学术会议我都没有参加,失去了扩大影响、提高我国学者学术声望的大好机会。这里我特别要指出,主要由欧美学者主导和组织的国际科学和工程计算方法学术会议,从2015年开始,2016年、2017年、2018年和2019年,连续5年邀请我参加该学术会议,言辞恳切,态度诚恳。以2015年的邀请信为例:

Dear Prof. Dr. Duan-Ming Zhang:

In March 2015 we organize the International Conference of Computational

Methods in Sciences and Engineering 2015 (ICCMSE 2015), in Athens, Greece, Metropolitan Hotel: http://www. chandris. gr/athens/, 20-23/03/2015. URL address: http://www. iccmse. org (the page is under construction for ICCMSE 2015).

It is great pleasure to invite you to organize a Symposium on your research subject within ICCMSE 2015.

If you agree, please send me:

- The Title of the Symposium.
- A short description of the Symposium.
- Your full affiliations.
- Please also inform me how you will advertise your symposium.

……

With my best regards,

Professor Dr. T. E. Simos

Chair and Organiser ICCMSE 2015

每次的邀请信内容都大致相同。这里需要说明的是，大会主席 T. E. Simos 是欧洲著名的材料科学家，也是专著《Comprehensive materials processing》(《材料加工大全》)的主编之一。大会承诺专门为我研究的领域组织一个研讨会，并愿提供部分资助，同时还邀请我在大会做报告。这难道不是国际学术界对于我们研究成果的高度评价吗？这不正好说明“桃李不言，下自成蹊”吗？

# 浩瀚宇宙的涟漪

——人类首次发现引力波

## 一、科学世界的春雷

新春伊始，2016 年 2 月 11 日(农历正月初四)我国老百姓还沉浸在春节的节日欢乐中,美国科学家宣布,人类首次直接探测到了引力波。这是人类第一次能够“领略”到“浩瀚宇宙的涟漪”。而引力波是爱因斯坦广义相对论实验验证中最后一块缺失的“拼图”,迄今已有百年历史。实施此次引力波研究的是美国激光干涉引力波天文台(LIGO)的国际科学合作组织(LSC)。该组织包含来自美国和其他14个国家的1000多名科学家。LSC中的90多所大学和科研机构参与研发了探测器所使用的技术,并分析其产生的数据。我国清华大学也在其中。

这一引力波信号于世界协调时间2015年9月14日9:51(北京时间当天17:51),分别由彼此相距3000千米的路易斯安那州列文斯顿和华盛顿州汉福德的激光干涉引力波天文台(LIGO)的探测器探测到。

LIGO是由美国国家科学基金资助,加州理工学院和麻省理工学院构思、建造并运行的。这一发现是由LIGO的科学合作组织(GEO 600组织和澳大利亚干涉引力天文协会)以及Virgo(室女座引力波探测组织)使用来自两台LIGO探测器的数据后做出的。而Virgo的研究工作涉及250多名物理学家和工程师,分别隶属于18个不同的欧洲实验室,包括法国国家科学研究中心(CNRS)的6家研究所、意大利国立天体物理研究所(INFN)的8家研究所、荷兰国家核物理及高能物理研究所、匈牙利维格纳研究所、波兰引力研究组和安置室女座引力波探测器的欧洲引力天文台。

基于观测到的信号,LIGO的科学家们估算出两个并合黑洞的质量大约分别是太阳质量的29倍和36倍,并合发生于13亿年前。根据爱因斯坦的广义相对论,这一对黑洞在相互绕转过程中通过引力波辐射而损失能量,这一过程持续数十亿年,两者逐渐靠近,过程的最后几分钟快速演化。大约3倍于太阳质量的物质在短短1秒之内被转化成引力波,以超强爆发的形式辐射出去。相应的转化能量依据$E=mc^2$公式可以容易估算,爆发的能量极其猛烈、巨大。而两个黑洞几乎是以一半光速的超高速度碰撞在一起,并形成了一个质量更大的黑洞。辐射的引力波经过13亿年的漫长旅行,首先到达列文斯顿的探测器,7毫秒之后到达汉福德的探测器。LIGO观测到的引力波信号就是这样来的。

这一发现立刻轰动了世界,不仅全世界的科学家激动不已,而且波及普通老百姓。从科学上来说,这是一次里程碑式的重大成果,有史以来,科学家第一次观测到了时空中的涟漪——引力波,这一来自遥远宇宙的灾变性事件所产生的信号。这一探测证实了爱因斯坦在1915年的广义相对论的一个重要预言,并打开了一扇前所未有的探索宇宙的新窗口。我们人类开启了一场波澜壮阔的新征程:一场探索宇宙引力波奥秘——通过弯曲时空而产生的事物和现象——的征程。黑洞的碰撞和引力波是首当其冲的完美范例。不难想象,宇宙大爆炸所遗留的回响——引力波背景辐射(原初引力波)的发现也是指日可待的事了。从技术上,从测量的精度和复杂性来说,这一发现是无与伦比的。一门新兴的探测技术——引力子探测术由此诞生。由于引力波(由引力子所构成)对真空完全没有阻碍,传播中不会引起损耗,而对于通常物体(如固体、液体、气体及地球、星体、星系等)则几乎是完全没有阻碍的。因此对于未来的天体物理、宇宙学的发展而言,这门新技术的诞生具有无可估量的价值。引力波携带着波源的信息,而波源往往伴随剧烈的天体现象,暗藏许多难解的宇宙之谜,如超新星爆发、黑洞碰撞、大星系的并合,宇宙大爆炸,甚早期阶段的种种波澜壮阔的剧烈现象(如暴胀现象)。而引力波不会受到障碍而衰减,从而不会产生信息的衰减和畸变。这样一来,我们将拥有极为敏感、保真度极高的探测宇宙深处乃至宇宙早期状况的强大工具。

对于一般读者来说,引力波和引力波的探测并不容易理解。主要原因是它涉及极其玄奥的高科技前沿,极为抽象,涉及领域极为广阔。但是从科学图像出发,我们通俗浅显地介绍有关科学概念还是有可能的。发人深思的是,此次 LIGO 项目的主要发起人基普·索恩不仅是著名的美国理论物理学家,而且是国际知名的科普专家。他曾指导热门科幻电影《星际穿越》与《超时空接触》的拍摄工作,其科普著作《黑洞与时间弯曲——爱因斯坦的幽灵》名满天下。索恩和科学怪杰、英国物理学家斯蒂芬·霍金(著名的科普著作《时间简史》的作者),以及美国天文学家、科普作家、科幻小说作家卡尔·萨根保持了长期的好友关系。我们首先从什么是引力波谈起。

## 二、广义相对论与引力波的预言

什么是引力波呢?简言之,引力波是指宇宙时空曲率的扰动以行进波的形式向外传递。目前流行的一种简单的解释就是,宇宙时空类似于床垫,黑洞或恒星等巨大的天体类似于重重的铅球,行星则类似于小小的乒乓球。当铅球放置在床垫上时,会压出一个凹坑,从而迫使铅球周围的乒乓球向它靠拢,看起来似乎是铅球和乒乓球相互吸引。因此时空床垫的弯曲,等价于物体之间的引力。当天体质量发生变化(例如旋转或运动)时,相当于铅球在床垫上滚动,导致的床垫变形以震动(波)的方式向外扩散,就形成了引力波。因此,有人把引力波诗意地称为“时空的涟漪”。

什么是宇宙时空呢？实际上我们在此不能不为我国古人的智慧所折服。在中国古代就有“上下四方曰宇，往古来今曰宙”(即宇的意思是无限空间，宙的意思是无限时间)的说法。爱因斯坦说宇宙就是时空。两者意思完全一样。爱因斯坦令人信服地指出时间和空间是相关的。他在 1905 年提出的狭义相对论论证了空间和时间实际上是密切相关的，而且彼此之间由洛伦兹变换公式联系。从爱因斯坦的观点来看，我们人类生活的物理空间，不是通常直觉认为的三维空间，而是四维空间，物理学家称之为闵可夫斯基四维时空。这是为了纪念德国数学家闵可夫斯基在广义相对论的数学表述工作中的重要贡献。他在 1919 年召开的第八十届德国自然科学家会议上有一段精辟的论述。他说，在广义相对论中，“时间和空间本身，各自都像影子般消失，只留下时间和空间的一个融合体作为独立不变的客观的实体存在。”用术语表示融合体就是连续统，用现代数学术语表示就是流形。

**任何有重量的物体都会引起宇宙时空的弯曲**

对于四维时空的弯曲，我们无法直观地在纸面上显示出来。我们可以直观表示的是二维时空(一维空间、一维时间)的弯曲状况。至于四维时空的弯曲只有靠读者的想象了。

从广义相对论看来，质量大的物体，周围引力场较强，实际上相应的二维时空弯曲程度越大，像一个凹下去的洞。我们通常说，周围物体受到引力场的吸引，实际上是周围物体慢慢“滑进”凹洞。下图我们用一个二维时空说明这种情况。其中:①平直空间，曲率为 0;②凸曲面，其曲率为正;③凹曲面，其曲率为负。

爱因斯坦的引力理论是建立在四维弯曲空间的几何学，就是广义相对论。爱因斯坦的相对论的重要贡献之一，就是确认所有的相互作用都是以有限的

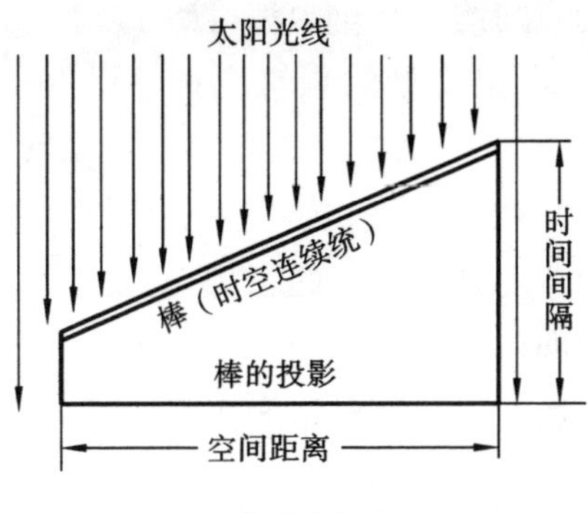


二维时空流形

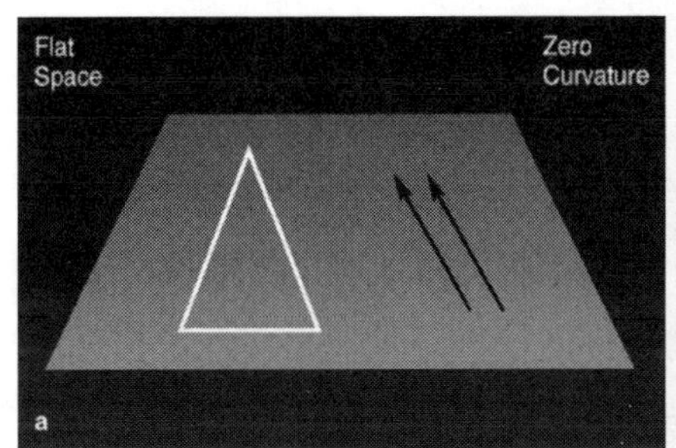


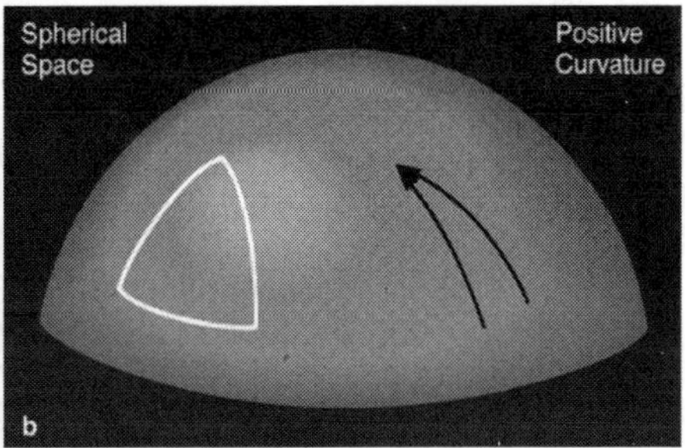


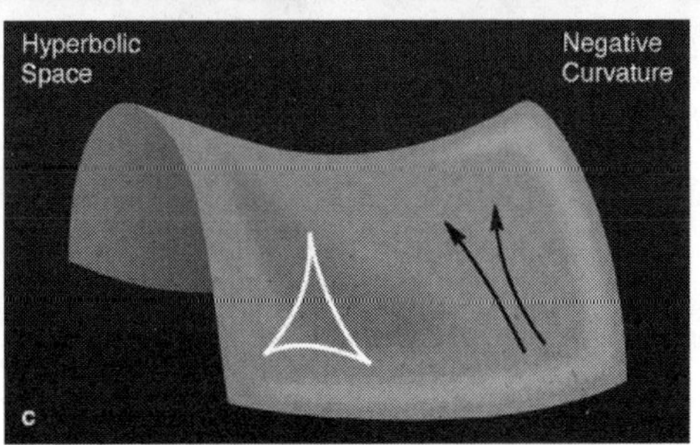


三种不同的弯曲空间

速度传递的。例如,电磁波是以光速传播的,引力的传播也是以光速或者略低于光速传播。如果组成引力波的引力子的静止质量与光子一样为零,则传播速度为光速。但是引力子的静止质量迄今尚未测出,不能完全排除其具有极微小的质量,故也可能稍低于光速。在爱因斯坦的理论中,引力不是别的就是宇宙时空的弯曲,所谓引力波的传播,实质上就是宇宙时空弯曲的传播,因此形象地说引力波就是时空的涟漪是很恰当的。1915 年,爱因斯坦正式提出广义相对论。在精度不高的情况下,这个理论与牛顿的万有引力定律的结果是一致的。但是在精度更高的情况下,广义相对论有很多新的结果、新的预言。

奇妙的是这些预言在其后的约 100 年中都得到了实验的证实。

广义相对论的最重要、最奇妙的预言应该是引力波的存在。这个预言的证实居然要花费 101 年的时间，却是出人意料。正如我们后面所要谈到的，引力波的存在通常强度极其微弱，在人类现有技术的条件下，是很难测量到的，即使是在极为猛烈的天体现象中产生的引力源。爱因斯坦预言引力波的原始论文现收藏在以色列的耶路撒冷。关于发现它的漫长旅程，我们将详细谈到。让我们首先介绍爱因斯坦的广义相对论的实验验证的大致情况。

## 三、广义相对论的实验验证

### 1. 水星近日点进动

太阳系的水星的轨道总是在发生漂移，就是说水星轨道上的近日点发生微小的摄动，其大小为沿轨道每百年 5600.73″，这就是所谓进动现象。而根据牛顿万有引力计算，其值为 5557.62″/百年，相差 43.11″/百年。理论和实验存在误差的问题从 19 世纪下半叶以来，一直困扰着物理学家。1916 年，爱因斯坦用广义相对论计算得到这个偏差为 42.98″/百年，几乎完美地解释了水星近日点进动现象。爱因斯坦本人说，当他计算出这个结果时，简直兴奋得睡不着觉，这是他本人最为得意的成果。

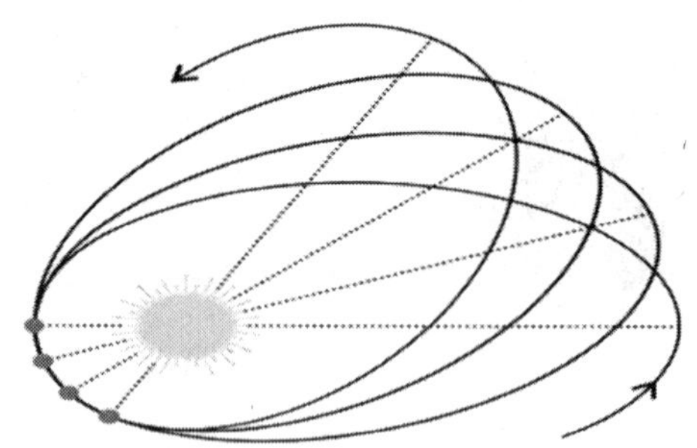

水星近日点进动的示意图

### 2. 光线偏折和引力透镜

万有引力定律和广义相对论都预言光在传播中会受到物体质量的影响而发生偏折。太阳附近存在时空弯曲，背景恒星的光传递到地球的途中如果途经太阳附近就会发生偏转。但是爱因斯坦预测光线偏转角度是 1.75″，而依据牛顿万有引力计算出的偏转角度为 0.87″。最好的观测机会必须等待日全食的时候才会有。机会终于来了，1919 年 5 月 29 日有一次条件极好的日全食，英国爱丁顿领导的考察队分赴非洲几内亚湾的普林西比和南美洲巴西的索布拉进行观测，结果两个地方三套设备观测到的结果分别是 1.61″±0.30″、1.98″±0.12″和 1.55″±0.34″，与广义相对论的预测完全吻合，爱因斯坦因此名声大噪。这是对广义相对论的最早证实。有趣的是 1922 年，原来对于广义相对论持怀疑态度的美国天文学家坎普贝尔在澳大利亚观测日食，其结果使得科学界完全信服爱因斯坦关于“太阳的引力可能引起恒星光线偏折”的预言的正确性。1990 年，哈勃望远镜升空，以及人类发射的一系列空间望远镜拍摄到许多被称为“引力透镜”的现象，如爱因斯坦十字、爱因斯坦圆环等，都是广义相对论的实验验证。

**3. 引力钟延缓**

广义相对论预言，引力越大，时间的进程越慢。站在地面上的人相比于国际空间站的宇航员感受到的引力更大，那么地面上的人所经历的时间相较于宇航员走得更慢，长此以往将比他们更年轻。1971 年做过一次非常精确的测量，哈菲尔(J. C. Halele)和基丁(R. E. Keating)把 4 台铯原子钟分别放在民航客机上，在 1 万米高空沿赤道环行一周。一架飞机自西向东飞，一架飞机自东向西飞，然后与地面事先校准过的原子钟做比较。同时考虑狭义相对论效应和广义相对论效应，自东向西的理论值是飞机上的钟比地面快 275±21 纳秒，实验测量结果为快 273±7 纳秒；自西向东的理论值是飞机上的钟比地面慢 40±23 纳秒，实验测量结果为慢 59±10 纳秒。其中广义相对论效应(即引力效应)的理论值为自东向西快 179±18 纳秒，自西向东快 144±14 纳秒，都是飞行时钟快于地面时钟。此处需要说明的是，由于飞机向东航行是与地球自转方向相同，所以相对地面静止的钟速度更快，导致狭义相对论效应(即运动学效应)更为显著，才使得总效应为飞行时钟慢于地面时钟。

**4. 引力红移**

从大质量天体发出的光(电磁辐射)，处于强引力场中，其光振动周期要比同一种元素在地球上发出的光的振动周期长，由此引起光谱线向红光波段偏移的现象，这就是所谓引力红移现象。红移量一般很小，难以测量，只有在引力场特别强的情况下，引力造成的红移量才能被检测出来。20 世纪 60 年代，庞德、雷布卡和斯奈德在哈佛大学的杰弗逊物理实验室采用穆斯堡尔效应的实验方法，定量地验证了引力红移，结果表明实验值与理论值完全符合。2010 年，来自美国和德国的三位物理学家——马勒、彼得斯和朱棣文通过物质波干涉实验，将引力红移效应的实验精度提高了一万倍，从而更准确地验证了爱因斯坦的广义相对论。

**5. 黑洞**

广义相对论表明，质量大到一定程度，引力将把大量物质集中于空间一点，并产生奇异的现象。这种天体被美国物理学家约翰·阿奇巴德·惠勒命名为黑洞。黑洞的质量极其巨大，而体积十分微小，密度异常大，其引力场极为强大，以至于任何物质和辐射(包括光)在进入到黑洞的一个事件视界(临界点)内，便再无法逃脱。如果太阳缩小到其半径只有 3 千米以内，而地球缩小到其半径只有区区 0.89 厘米，则它们都将变为黑洞。一般认为，1964 年，发现的银河系的中心附近出现神秘的 X 射线源。1971 年美国“自由号”人造卫星的观察表明，该 X 射线源是一个看不见的约 10 倍于太阳质量的黑洞所发出的，它牵引着一颗超巨星。这大概是人类发现的第一个黑洞。此次发现的引力波，也可以视为黑洞存在的又一证明。

**6. 引力拖曳效应**

广义相对论认为，旋转的物体(特别是大质量物体)会使空间产生特殊的拖曳扭曲，正如在水中转动的球，顺着球旋转的方向会形成小小的波纹和旋涡。因此地球转动所引起的拖曳效应，将使在空间运行的陀螺仪的自转轴发生 41/1000 弧秒的偏转。这个角度相当于从华盛顿观看一个放在洛杉矶的硬币产生的张角。2004 年 4 月 20 日，美国航天局“引力探测-B”(GP-B)卫星从范登堡空军基地升空，以前所未有的精度观测地球这种引力拖曳效应。卫星在轨飞行了 17 个月，其后对测量数据进行了 5 年的分析。2011 年 5 月 4 日，美国航天局发布消息称，GP-B 卫星已经证实了广义相对论的这项预测。

## 四、发现引力波的曲折经过

引力波的预言是爱因斯坦在 1916 年的论文中提出的，1918 年，爱因斯坦还订正了论文中的个别计算错误。由于引力相互作用极其微弱，引力波的测量就难上加难了。以至于爱因斯坦生前多次谈过，也许引力波永远也发现不了。通常的物质，由原子而分子，由分子而构成宏观物体，都是借助于电磁相互作用而结合起来的。通常的精密测量仪器大多利用电磁相互作用。科学家估算过，引力相互作用比较电磁相互作用的相对强度，如果以均为相对距离的 $10^{-15}$ 米测量，设电磁作用的强度为 1，则引力相互作用的强度不过 $10^{-37}$。有人形象地做了比喻：我们可观测宇宙的尺度大致是 1000 亿光年左右，即便在宇宙中堆满番茄酱,想要吸收掉1%的引力波能量,你的番茄酱墙需要大概400万亿光年那么厚。换言之,这个过程需要花上400万亿年。顺便说说,我们的宇宙年龄在138亿年左右。

无论引力或者引力波引起的效应多么微弱,但是既然引力波就是空间弯曲或者变形的传播,不难想象如果一串引力波迎面通过我们自己,我们多多少少会变高变瘦,或者变矮变胖。或者说,在引力波的作用下,物体会不断发生拉伸和压缩。我们必须记得,这种真实的变形幅度非常小。例如此次观察到的引力波,只会使物体稍稍变形,大约会使地球产生的空间畸变不超过$10^{-14}$米,刚好是质子的十分之一。这在技术上要求,引力波探测器要能够检测到约$10^{-21}$量级的长度变化。这是极高、极难的技术标准。

在长度的测量上,最精密的方法是使用迈克尔逊干涉仪。所谓干涉仪,就是利用波的干涉现象测量物体长度变化的仪器。在水面投掷两块石头,很快就会出现有规则的凹凸相间的水纹。物理学家利用这个原理测量长度变化。

20世纪90年代,麻省理工学院的莱纳·魏斯(Rainer Weiss)想到了一个绝妙的点子:用激光的干涉来测量引力波。简单来说,一束激光在经过一个半透镜后朝向两个互相垂直的方向前进,各自撞上一面反射镜,反射回来重新汇聚。理论上,只要反射镜与半透镜的距离精确一致,则汇聚后的激光能够由于干涉而相互抵消。而一旦引力波经过,激光走过的距离被改变,干涉现象也会因此发生变化,从而被观测到。加州理工学院的著名引力学家基普·索恩发现,在魏斯的方法上加一些合理的改进,就有可能测量到引力波。于是,加州理工学院和麻省理工学院开展合作,主导了两个激光干涉引力波天文台(LIGO)的建设。LIGO呈现巨大的L形,每一边都有4000米长。

测量引力波的仪器,在正常情况下,LIGO发出的激光相互抵消,将接收不到光信号。如果引力波经过,情况就有所区别了。由于光速是不变的,引力波将导致激光跑过的路程被拉长或压缩,从而激光通过该边的时长就会发生变化。如果发现这种变化,则意味着测量到了引力波。问题的复杂性还在于,环境轻微震动或人为的信号漂移都会成为影响引力波测量的噪音。事实上,2010年9月16日,LIGO和Virgo似乎同时探测到一个信号,方向大概来自大犬座。当时这个消息使得LIGO的国际科学合作组织的成员大为振奋。论文有待发表,新闻稿箭在弦上。后来知道这个事件是由于项目组的一个所谓三人特别小组特意发出的假信号数据。因此要得到可靠的观察结果,必须首先排除假信号的干扰。

此次观察是在2010年观察天文台的设备的基础上，经过升级换代，变得更为可靠，更为灵敏，更新为高新激光干涉引力波天文台。2015年早些时候试运行，并且经过数个月的工作，证实技术可靠。仪器的精度比5年前提高了10倍。2015年9月正式投入运行，而且加上好运气，终于在2015年9月14日探测到了引力波信号，最终将它命名为GW150914。科学家经过5个月的复核和检查，才予以发表。

之所以说运气好，就是LIGO探测到真正的引力波的机会并不大。由于LIGO的设置所满足的测量要求仅能用于测量邻近星系里中子星或黑洞并合产生的引力波，它每年能遇见的引力波事件的概率在1/10000到1之间。

2014年3月，位于南极的BICEP2设备似乎观测到了引力波存在的证据。研究者称，这是一种微弱的微波信号，可能来自宇宙大爆炸时产生的原初引力波。但是相关分析随后被证明是错误的，该信号是太阳系星际尘埃粒子形成的产物。这一发现算是摆了一个乌龙吧。

1990年，激光干涉引力波天文台(LIGO)获得批准可以建造，并在1992年确定了两座探测器的选址。探测器的建设于1999年完工，并于2001年开始收集数据。这次发现引力波是人类第一次直接捕捉到引力波效应。实质上，1974年，马萨诸塞大学阿默斯特分校的罗素·胡尔斯(Russell Hulse)和约瑟夫·泰勒(Joseph Taylor)发现脉冲双星。它包含两个中子星，在互相绕转的同时逐渐向内靠近，人们认为，在这种相互靠近的过程中，能量的损耗会以引力波的形式辐射出去。这个发现荣获1993年诺贝尔物理学奖，但是只能算引力波的间接证实。

关于引力波的探测，最早始于20世纪60年代。1969年6月，波马里兰大学帕克分校的物理学家约瑟夫·韦伯宣布利用自制的仪器——引力波测量棒发现了引力波。当引力波穿过这个测量棒的大铝块时，铝块就会产生振动，从而被探测到。这个宣布曾经轰动一时。但是经过科学家的仔细分析和检查证明这个发现是不可靠的，这个测量棒的精度远远达不到发现引力波的要求。

## 五、基础科学的研究与中国科学家的使命

引力波的测量是典型的大科学基础研究，美国国家自然科学基金会于1992年启动LIGO项目是该基金会有史以来最大的一笔投资。我们已经讲

过,这个项目技术难度极大,相关的科学探索遇到的困难和挫折极多,因此是一项有很高风险的资助,当时受到的质疑和批评极多,但是美国自然科学基金会毅然决然批准了该项目的实施。美国人敢于承担风险,不怕失败,敢于创新,敢于为天下先的科学精神,是值得我们学习的。笔者以为这就是美国一直是全球先进知识创新引领者的重要原因之一。

基础研究是人类探索自然、认识自然的必经途径,人类充满强烈好奇心在不断深化对于宇宙和人类自身的认识。这种探索往往是不带功利性的,许多人魂牵梦萦、耗尽心血都是为了满足人类的这种好奇心。由此而发现的许多基本自然规律,往往具有重大的应用前景,伴随着人类技术的大突破。例如人类历史上的几次产业革命都是来自物理学的革命。进入 21 世纪以来,基础科学,例如物理学中的宇宙学、高能物理(中微子物理与标准模型中的希格斯粒子)和光学的前沿不断取得革命性的进展。我国由于历史的原因,在相关领域曾经落后于欧美先进国家。但是近年来进展很大,例如,潘建伟院士和陆朝阳教授领导的团队关于量子隐形传递的创造性的研究,以王贻芳院士为首的大亚湾核电站团队发现中微子的第三种振荡方式,物理所以方忠教授为首的团队在凝聚态中发现 Weyl 费米子,以及我国科学家发射卫星探测暗物质,等等,都是科学前沿重大的突破性进展。

在 LIGO 科学合作组织中也活跃着不少中国人的身影,包括 LIGO 的国际科学合作组织在我国内地的唯一成员单位清华大学,利用 GPU 加速引力波暴数据分析和实现低延迟实时致密双星并合信号的搜寻;采用机器学习方法加强引力波数据噪声的分析;分析引力波事件显著性的系统误差等。此外,清华大学还参与构建引力波数据计算基础平台,开发的数据分析软件工具被 LSC 成员广泛使用。

就引力波的研究而言,实际上,中山大学在 20 世纪七八十年代就展开了引力波的相关研究,研发出的共振型引力波天线在质量上居于当时世界前列。可惜的是此项研究因为短期内看不到测量到引力波的前景而半途夭折。幸运的是最近该校提出了探索引力波的"天琴计划",计划从 2016 年到 2035 年分 4 个阶段进行,将向太空发射 3 颗卫星探测引力波。"天琴计划"将发射 3 颗卫星(SC1、SC2、SC3),这 3 颗卫星在太空中的分列图类似乐器竖琴,故命名为"天琴计划"。"天琴计划"与 LIGO 不同的是,后者是探测高频段的引力波,而"天琴计划"则是在空间中探测低频段的引力波。低频段的引力波,是连续的引力波,其反映出来的东西更多元、更丰富,一方面可从侧面验证 LIGO 引力波源、引力波传播的性质,另一方面可能探测到大质量甚至超大质量的黑洞。该计划由罗俊院士领衔,主要参与者有著名的理论物理学家李淼。

行动更快的是,中国科学院于 2016 年 2 月 16 日公布了空间引力波探测与研究的"空间太极计划",该项目已被列入中科院制定的空间 2050 年规划。2008 年由中科院发起,中科院多个研究所及院外高校科研单位共同参与,成立了中国科学院空间引力波探测论证组。经过几年的努力,目前已形成中科院院士胡文瑞、吴岳良为首席科学家的"空间太极计划"工作组,在引力波源的理论及探测研究和卫星技术研究上有所进展。通过该计划,我国将在 2030 年前后发射由位于等边三角形顶端 3 颗卫星组成的引力波探测星组,用激光干涉方法进行中低频波段引力波的直接探测。主要科学目标是观测双黑洞并合和极大质量比天体并合时产生的引力波辐射,以及其他的宇宙引力波辐射过程。

中国科学院力学研究所胡文瑞院士表示,"空间太极计划"涉及学科领域和前端技术广泛,需要发展空间超远距离超高精度激光测量、超高灵敏度惯性传感器,以及超高精度卫星无拖曳控制等下一代高端空间技术。这些技术对于提升我国空间科学和深空探测的技术水平具有重要意义,对惯性导航、地球科学、高精度卫星平台建设等应用领域也将发挥积极的作用。为了弥补我国科学技术的不足,该计划包含中欧之间广泛的合作计划,现有两个方案:一是参加欧洲空间局的 elisa 双边合作计划;二是发射一个中国的引力波探测卫星组,与 2035 年左右发射的 elisa 卫星组同时遨游太空,进行低频引力波探测。

在国际科学界加紧于一系列大科学基础研究的前沿,如引力物理、高能物理相互竞争制定了一系列大学科研究项目的背景下,我们应该为我国科学家锐于进取、勇攀世界科学高峰的精神擂鼓叫好。中国人终于甩开膀子快步赶上世界基础科学研究的前沿。但是,我们的国力终究有限,财力和人力终究有限,以欧美之富尚且多年来仅仅只支持了一个探索引力波的研究项目,我们一个发展中的大国难道能够同时资助两个类似的高风险、高难度和高投入的探索项目吗?我们迫切希望有关方面,能够高瞻远瞩、周密部署,有效地整合有限的财力、物力和人力,有选择、有步骤、有重点地实施少数几个重大基础研究项目。在引力波的探索领域,我们看到了这种整合的需要。一方面要创造条件,奋勇而上;另一方面也不应一哄而起、仓促上阵。我们相信,未来引领科学进步的漫漫长路上,中国人的身影会越来越多,越来越高大。

## 篇后语

本文不但比较详尽地介绍了引力波探索的漫长而曲折的过程，指出了科学家在探索中所表现的不畏艰险、敢为人先的科学精神，而且对于我国在大科学基础研究上的发展提出了自己的看法。强调我们现在有充裕的国力上马一些大科学技术工程，是中国科学家的幸运和机遇，但是以我们现在的国力和发展程度不要一窝蜂地上马。习近平总书记在党的十九大报告中，告诫我们大科学工程要慎重地、有计划地实施。

需要指出的是，在其后的两年中人们多次观测到引力波效应，而且其中一次是由两颗中子星并合而产生的。引力波的发现是基础物理学近年来最伟大、最困难、意味最深长的重大突破。

2017 年 10 月 3 日，瑞典皇家科学院在斯德哥尔摩宣布将 2017 年度诺贝尔物理学奖授予美国麻省理工学院教授雷纳·韦斯、加州理工学院教授基普·索恩和巴里·巴里什，以表彰他们构思和设计了激光干涉引力波天文台，并对直接探测引力波做出的杰出贡献。

# 培养拔尖人才的初步探索与试验

——华中理工大学教改(少年)班综合改革的实践与思考

1985 年，教育部决定，在中国科学技术大学试办四届少年班的实践基础上，在 12 所重点院校试行招收少年大学生。据此，同年 9 月，华中工学院(于 1988 年 1 月更名为华中理工大学，2000 年 5 月至今称华中科技大学，以下简称“我校”)招收第一届少年大学生 17 人，迄今(1989 年)已连续招收五届，学生累计 88 人。1986 年 9 月，我校举办以单科强化训练为宗旨的数理提高班。1988 年 9 月，我校创办教改班，连同少年班一起管理。两届教改班累计招生 95 人。

教改(少年)班的宗旨是，为我校提供一块教改试验园地，探索优秀人才的培养模式，因此，它的办学指导思想十分明确，即培养“拔尖人才”。

5 年来，我们通过教改(少年)班的综合教育改革实践，摸索培养拔尖人才的有效途径，进行了卓有成效的高起点教学改革试验和面向社会、面向实践的开放式办学试验；在坚持学生德、智、体全面发展的同时，充分重视学生非智力因素的培养和德育，努力将德育渗透到教学的每一个环节之中。

## 一、探索理工科前期教育中优秀大学生的培养模式

教改(少年)班现行管理方式为：行政上由物理系代管，教学工作由教务处直接统筹；具体的教学计划、规范及其他教学事宜由教改(少年)班教学指导小组负责，该小组成员由物理系、数学系、英语系等有经验的教师组成；日常工作及学生思想政治工作由常设的少年班办公室实施。

少年班招收15周岁以下的中学生，经全国统一高考和学校面试(包括心理学测试)后录取；教改班学生则在我校新生中的保送生及高考成绩优秀者中遴选。这些学生具备成为优秀人才的基本素质，他们在教改(少年)班集中管理、统一学习两年后再分到有关专业定向培养。目前定向范围限于我校所设的以下各专业：信息工程、自动控制、固体电子学、光学工程、电力工程、船舶制造、应用物理等。

在培养模式上，我们充分利用我校理工结合的优势，注意汲取教改成果，不断总结经验，完善教学计划。少年班创办之初，教学计划接近于理科，基础课大部分与物理系合上。实践表明，由于我校所设专业多数为工科，绝大部分学生都将分流到工科专业培养，因此按原计划培养，基础训练(尤其是实践性环节的培养)与专业需要往往脱节，造成分流后“衔接”困难。鉴于这种情况，在教务长的直接领导下，我们对教学计划进行了全面修订。新计划经有关职能部门和系分管教学的系主任研究，一致认为是一个切合实际的较好的教学计划。

经过实践，我们认为，我校作为一所理工结合的重点大学，切合我校实际的优秀大学生培养模式应具备以下几个特点。

**1. 在大学前期阶段(我校定为两年)集中管理、统一教学**

只有这样，才有可能集中适当的人力、财力、物力，充分考虑学生在思想状况、智力因素和非智力因素等方面的特点，因材施教，“优生”优育。教改班创建两年的事实证明了集中管理的优越性。86级与87级数理提高班实行分散管理，只有数学与物理课与少年班合班上课。尽管我校少年班学生的录取分数线低于本科生的录取线，比全校的“尖子班”——提高班更低，但从总体来

说,少年班的成绩仍然领先。1988 年教改班成立,与少年班合班上课,集中管理,教改班的数学成绩又开始优于少年班了(具体情况见表 1、表 2)。

**表 1　86 级少年班与校数理提高班数学成绩对比**

| 项目 | 平均成绩 | | 90 分以上人数 | | 最高分数 | |
|---|---|---|---|---|---|---|
| | 少年班(17 人) | 提高班(80 人) | 少年班 | 提高班 | 少年班 | 提高班 |
| 高考成绩 | 93.06 分 | 110.10 分 | 9 人,占该班的 53% | 43 人,占该班的 54% | 108 分 | 120 分 |
| 第一学期成绩 | 89.12 分 | 86.75 分 | 3 人,占该班的 18% | 13 人,占该班的 16% | 100 分 | 100 分 |

**表 2　少年班与提高班(未集中)、教改班(已集中)的数学成绩对比**

| 项目 | 86 级 | | 88 级 | |
|---|---|---|---|---|
| | 少年班 | 提高班 | 少年班 | 教改班 |
| 平均分 | 89.12 分 | 86.75 分 | 80.50 分 | 88.29 分 |
| 备注 | 集中 | 未集中 | 集中 | 集中 |

**2. 专业相对集中,定向培养**

按原教学计划,少年班面向全校。由于我校有 50 多个专业,各专业基础差异太大,因此课程无法兼顾。1987 年以后,少年班、教改班实行定向招生(目前只对弱电专业)、定向培养。由于专业基础相近,因此教学计划能够大体覆盖,至于极少数难以兼顾的课程,则采取或增加选修课比例,组织学生自行选修补上;或留待学生分到各系后,由定向系负责帮助补上等方式解决。

**3. 充分注意知识结构的整体性,以求"主、辅、选"课程的配合,促进学科的相互渗透**

我校教改(少年)班的 5 门骨干业务课程是物理(含实验)、数学、英语、电路理论(含实验电测技术)以及电子技术(含电子技术实习)。这些课程是弱电类专业重要的基础课,也是学生应该具备的知识结构的核心部分。因此,我们从学时安排、师资配备到课外活动的组织上,都力求加强和充实这几门课的课程建设。除外语以外,这几门课关系密切,存在着相互衔接、同步配合以及彼此渗透的问题;弄不好,会出现相互重叠或相互脱节的情况。教改(少年)班为这些课程的协调改革提供了一个难得的场所。

辅助课程亦十分重要。算法语言的重要性自不待言,对于少年班的学生而言，大学语文也至关紧要。因为对他们来说，要正确、流畅地使用祖国的语言文字，还远非易事。因此，尽管课时很紧，我们始终把大学语文列为少年班的必修课之一。

选修课对于教改（少年）班，不仅是扩大知识面的需要，更重要的是避免和以后的专业学习相脱节的一个有力调节手段。目前计划中，选修课达十门之多。今后还拟增加一些德育、美育等方面的选修课。

## 二、进行高起点教学试验，推动教改向纵深发展

所谓高起点，即对教学内容难度、深度和广度的要求以及对学生学习的要求起点高；高起点教学，即高难度、高速度和高信息量的教学。造就杰出人才，必然要求采用高起点教学。教改（少年）班学生巨大的学习潜能为高起点教学提供了充分的可能性。我们提出，教改（少年）班的各科教学，都应在不违背循序渐进教学原则的前提下，适当增加内容、提高水准、减少学时，尽可能地用现代科技知识来取代陈旧、重复的材料，力求在深层次、高水准的基础上概括和把握教学内容。几年来，各科教学都朝着这个目标扎扎实实地向前迈出了一大步。其中，尤以数学、英语和大学物理三门课程的改革最为突出。这三门课程的改革的共同特点是目标明确、实事求是、持之以恒、全面改革。

高等数学的任课教师，在不增加课时的条件下进行了卓有成效的教学改革。他们自编教材，一方面加深教学内容的理论深度，强化学生的数学思维逻辑训练；另一方面加强对学生实际应用能力的培养，效果显著，充分适应了工程技术对数学知识日益增长的需要。86 级、87 级教改班参加全校统考，平均成绩名列全校第一；87 级参加数学系数学专业学生的数学竞赛，囊括全部一、二等奖和绝大部分三等奖，88 级教改班平均成绩达 89 分。

少年班的外语教改独具特色。少年班学生的英语入学成绩平均只有约 60 分，明显低于统招本科生。针对这种情况，少年班的英语教师精心组织教学，综合安排，对学生英语读、听、译、写、说等五方面的基本能力均严格要求；同时在不同学习阶段，又有所侧重，在教学计划上进行大刀阔斧地调整，如在第一学期增添学时（约增加一倍），强化训练。这一套切中要害的改革措施取得的成效极其明显。仅以 85 级为例，第一学期平均成绩在全校各班中位居第 21 名，第二学期就上升到第 6 名，第三学期则位居第 2 名。第四学期参加全国统考的 21 人中，除 1 人外其余全部通过，为全校之冠，全班平均成绩 73.4 分（这

个成绩与我校平均成绩、全国重点及非重点院校平均成绩的比较见表3)。

**表3　1997年全国英语统考85级少年班成绩与我校、全国重点及非重点院校平均成绩比较**

| 项目 | 平均成绩 | 通过率 |
| --- | --- | --- |
| 非重点院校 | 55.45分 | — |
| 重点院校 | 63.34分 | — |
| 华中理工大学 | 64.98分 | 63.4% |
| 85级少年班 | 73.40分 | 95.2% |

大学物理课的特点是力求创新，注意诱发学生的学习积极性和创造性，一直深受学生的欢迎。此外，大学物理课的教师还坚持给学生开设系列讲座，开阔学生的视野；组织学生开展写小论文活动，学生已完成小论文60余篇，其中有一定新意的有10余篇。

物理实验课与电测技术课教学的共同特点是从严要求和富于新意，内容较面上增加4～6个设计性实验。电测技术课组织的设计性实验比赛，物理实验课组织的小实验、小设计、小科研、小论文等活动，对于培养学生的动手能力和创造能力、拓宽学生的知识面起到了良好的作用。

我们还十分注意充分利用学校的教改成果。例如，电子线路实验课教改成果卓著，曾受到多次嘉奖和新闻媒介的广泛宣传。教改(少年)班就与有关系商议，开设电子技术实习课，为期一个月，要求学生真刀真枪地设计一项有一定实用价值和开发价值的小产品。这门课对于加强教学的实践环节、开发学生的创新开发能力关系甚大，它实际上是学生分流前的设计实习。

教改的质量，在很大程度上取决于教师。教改(少年)班几年来在校领导支持下，相对地稳定住了一批有献身精神和丰富经验的教师。他们致力于教改(少年)班的教学，兢兢业业，坚持不懈。这是教改(少年)班教改工作取得较大进展的关键。没有一支相对稳定的骨干教师队伍，就谈不上高起点的教学试验，就无从积累经验，也就无法使改革扎扎实实地向纵深方向发展。

## 三、进行开放式办学试验，注意课内与课外相结合、校内与校外相结合

教改(少年)班的学生智力发达，进取心强，求知欲高。仅限于计划规定的课程学习是远远不够的，必须开展丰富多彩的第二课堂活动，并将其纳入教学

体系之中，以增强教学过程的活力。同时针对近年来大学生中普遍存在的脱离社会、脱离工农、脱离生产劳动的实际情况，教改(少年)班在现有的条件下尽可能地走向社会，将学校这个小环境与社会大环境结合起来，构成一个内外结合的有效的教育体系。

**1. 积极开展各种有利于学生智力开发、促进学生实践能力发展的课外活动**

教改(少年)班的第二课堂活动的主要内容有：新科学动态讲座，各学科的竞赛活动，学科小组活动，经常举办的小论文、小发明、小设计活动等。这大大激发了学生的学习积极性。在全校性的数学、计算机、电路理论及实验、物理等学科的比赛中，教改(少年)班的学生每次都取得了优秀成绩。

几年来，教改(少年)班举办的新科学讲座邀请的国内外知名学者有：我国著名超导专家赵忠贤研究员，中国科学技术大学副校长、物理学家尹鸿钧教授，武汉大学校长、著名数学家齐民友教授，著名美籍华人物理学家沈平教授，美国IBM公司高级研究员杨建军，著名物理学家陶瑞宝、张其瑞，著名数学家徐利治教授等。此外，还有我校一批蜚声中外的学者，如经济学家张培刚教授，动力学家马毓义教授，等等。他们的讲学深入浅出，高瞻远瞩，下面常常是座无虚席，不仅把学生的视野引向各学科的最前沿，同时还是生动的爱国主义教育和国情教育。

**2. 试行导师制，加强对学生的全面管理与教育**

为了对已分流到各系的教改(少年)班学生继续进行有效的教育和管理，我们实行了对学生的思想、生活和业务学习全面负责的导师制。我们与有关系协商，依据一定条件给品学兼优的学生配备导师，导师的人选都经过认真挑选，绝大部分都很认真负责。例如，计算机系一位副教授接受指导一名少年大学生的任务后，反复与有关方面磋商，慎重制订培养计划，对被指导的学生关怀备至，并创造条件让该生提前进行真刀真枪的科研活动。结果这个学生不仅各门功课名列前茅，而且提前一年进入攻读硕士学位的学习阶段。在物理系学习的一名少年大学生，发奋图强，积极与导师配合，写出高质量的学士论文，并超越硕士生阶段，以优秀成绩考上中国科学院应用数学所的博士生。他叫何洪波，时年17岁，成为我国较年轻的博士生之一。实践表明，导师制是因材施教，充分发挥学生的潜能，保证优秀人才脱颖而出的一条有效途径。

**3. 投身社会大环境，尽可能将社会大环境的砥砺与学校小环境的教育更紧密地结合起来**

教改(少年)班努力创造条件，让学生转向社会，参加社会实践。通过对企业的参观，对农村的实地调查等各种活动，学生自己目睹了沸腾的社会主义建设，以及工人阶级的认真和劳动人民的纯朴；了解了我国的现代化建设是在何等落后的条件下进行的这一基本国情。因此有助于去掉年轻人不切实际的虚妄之气，而增添为国效劳、为人民服务的实干精神。86 级少年班的两位学生在安陆调查期间，发挥所长帮助当地中小学教师进修提高，使得当地来信致谢。

## 四、加强思想政治工作，注意学生非智力因素的培养

我国大学生的主流是积极向上的。教改(少年)班的大学生与一般的大学生相比，有着更大的智能优势和心理优势。但是，他们和其他大学生一样，“涉世不深，实践经验较少，不大熟悉中国国情和中国人民的奋斗历史”；而且他们中的许多人“骄、娇”两气更加严重，少年大学生更是生活自理能力差，容易冲动。

针对教改(少年)班学生的这种思想状况和心理特点，我们在德育方面突出抓了以下三个方面的工作：①坚持四项基本原则，反对资产阶级自由化的教育；②爱国主义教育；③纪律和品德教育，以及学风教育。

教改(少年)班的思想政治工作，除通过共产主义思想品德课和政治理论课教师以外，主要依靠班主任和业务课教师队伍。

**1. 教改(少年)班实行思想教育、生活指导和学习管理一体化的班主任制度**

在各级党组织的支持下，为教改(少年)班配备了专职思想政治工作干部担任班主任，他们是教改(少年)班学生的严师和良友，他们总是以极大的爱心和耐心对待学生，晓之以理，动之以情，循循善诱。许多少年大学生自治自理能力较差，班主任就以身示范，教会学生叠被、洗衣、补衣等。

教改(少年)班的班主任还努力把思想政治工作渗透到业务学习中去。我们曾抓住一名学生入学成绩名列第一，但由于受社会风气的不良影响，热衷经商，以至发展到小偷小摸、斗殴闹事，4 门功课不及格，最后被少年班除名的典型事例，对学生进行学风教育。指出坚定正确的政治方向对于学生的成长是至关紧要的，学生思想受到极大震动，类似的事情以后再也没有发生。

**2. 教改(少年)班充分发挥业务课教师在学生思想政治工作中的作用,力求把德育渗透到教学的每一个环节之中**

教学指导小组定期召开教学会议,除研究教学方面的具体问题外,一个重要的议题就是讨论教学过程中出现的学生思想品德方面的问题。应该说,业务课教师是我校教改(少年)班的思想政治教育中一支颇为得力的队伍,他们忠诚于党的教育事业,工作精益求精,一丝不苟,以身作则。榜样的力量就是最好的言传身教,教师们结合具体的教育内容,通过教学过程对学生进行辩证唯物主义教育的生动事例,俯拾皆是,随处可见。

有力的思想政治工作队伍,不仅保证了教学活动的正常进行,而且使教改(少年)班经受住各种考验。实践表明,这个班的绝大部分学生不仅是学习中的尖子、各种竞赛中的佼佼者,而且在政治上也是合格的、过硬的。

## 五、深化改革需要研究的几个问题

**1. 必须加强教育科学研究,进一步探索和完善教改(少年)班这种新的办学模式**

对优秀大学生,尤其是少年大学生,在其大学前期阶段,集中管理,统一教学,这是教育改革中出现的新事物,兄弟院校,如中国科学技术大学、浙江大学等以及我校的实践表明,这种办学模式确实是早出人才、出好人才的一种有效途径。然而,这种新型办学模式从中国科学技术大学 1978 年举办第一届少年班算起,不过十几年历史,毕竟是教育改革中出现的一个新领域。为了把这项工作推向新的高度,必须加强教育科学研究。研究为了教改,教改必须研究。例如:基础的适当深化、拓宽与专业需要的关系;人才培养的一般规律与优秀学生成长的特殊规律的关系;严格要求与优化环境的关系;从严治校,强化管理与因材施教、采取灵活措施的关系;造成良性竞争环境与集体主义精神培养的关系;集中管理的小环境与开放的社会大环境的关系;前期集中强化训练与理工科高等教育的整体结构的优化的关系;扩宽口径、加强基础与强化实践环节的关系;前期集中管理与分流后定向培养的关系,等等。这些都是摆在我们面前迫切需要解决的问题,我们认为,不仅直接参与这项教改工作的同志对这些问题应该进行研究,而且教育方面的理论工作者、专家学者更应该投入到这一崭新的研究领域中来,使对拔尖人才的培养工作建立在更加科学的基础上。

**2. 教改(少年)班是在教育改革的新形势下应运而生的新型办学形式，必须提高各方面对这种培养模式必要性的认识，发挥各方面的积极性，通力合作，互相配合，把这项工作搞得更好**

江泽民同志指出，在现代化建设和改革开放的实践中，我们越加深刻地认识到，同历史上任何时期相比较，中国人民从来没有像今天这样，对自己的知识分子提出如此广泛，如此迫切的要求。因此，采取各种有效途径，造就一批又红又专的拔尖人才，就是党的召唤，人民的需要，时代的要求。有人担心，这样做会培养“精神贵族”；还有人担心，这样做会“揠苗助长”，这都是误会。各个学校的实践都有力证明，这些顾虑纯属多余。我们必须努力宣传教改(少年)班的办学宗旨，必须实事求是、恰如其分地介绍这项改革的成果，消除误会，争取各个方面的支持。

教改(少年)班既然是一种新型办学形式，对于原有规章制度必然会有必要的“修改”、“调整”，必然会给有关方面带来“麻烦”，对他们的工作提出更高的要求。因此，办好这个班需要得到学校各方面通力合作，需要得到社会的理解与支持。事实上，我校教改(少年)班的工作，没有各个方面的理解和支持，绝不可能有今天这种局面。

**3. 教改(少年)班的工作是一项复杂的系统工程**

由于知识结构和能力结构的整体性，因此必须研究这种培养模式的整体性问题。所谓教育结构的整体性问题，主要指前期集中管理的强化训练与分流到有关系后定向培养的整体结构教育。具体来说，纵的方面包括从学生的遴选，直到分流以后的后期定向培养，甚至毕业以后若干年的跟踪，其中核心问题是在这个班集中学习阶段的前期教育的结构优化及其在整体结构中的地位和关系；横的方面，系指教育结构中德育与智育的关系，智育中各学科之间的和谐关系等，其中核心问题是红与专的关系。

事实证明，如果孤立地考虑前期教育，孤立地考虑智育发展，孤立地考虑各学科的自身改革，对后期教育不认真研究，对红与专的关系不认真研究，对各学科协调一致的综合改革不认真研究，则前期教育的价值必然会大大降低，教学改革无从深入，又红又专的拔尖人才难以脱颖而出。我们深切体会到，要把教改(少年)班的工作搞好，关键在于教育结构优化工作的进展，培养优秀青少年大学生教育结构的优化规律，必然会与理工科高等教育结构优化的一般规律有许多共性。如果说教改(少年)班的许多试验成果在理工科高等教育中有普遍推广的价值，那么正是由于上述共性的存在构成推广的现实基础。当然，培养拔尖人才的教育结构的优化，自有其独特的规律，这些独特规律成为对优秀拔尖学生因材施教、采取种种特殊教育措施的理论根据。

## 篇后语

本文载于《高等教育研究》1990年第3期(总第41期)，署名张端明。这篇总结文章的缘起是学校教务处为总结少年班的办学经验而由我撰写的。它也是1993年湖北省政府评定我校少年班教学研究成果为政府二等奖的基本文字依据。我当时的身份是少年班教学指导委员会主任。

关于这篇文章的背景可以参阅“萍踪碎影”中的《华中科技大学少年班杂记》。所谓少年大学生的培养，实际上是英才教育中的特殊教育。实践表明，如果措施得宜、选拔得当，少年班是一种成功的培养英才的模式。中国科学技术大学少年班三十多年的办学经验证明了这一点，华中理工大学少年班多年的办学经验也证明了这一点。当然，少年班是一种十分特殊的英才教育，毕竟智商高而又成熟较早的少年在人群中是十分少见的。1985年，全国12个院校同时招收少年班，事先又没有充分的思想准备和学术准备，一下子在全国铺开，应该说步伐稍嫌过大。因此，大部分少年班没有坚持下来，这是不足为怪的。目前，中国科学技术大学的少年班和西安交通大学的少年班还在坚持办学，尤其是前者，大有欣欣向荣、硕果累累的傲人成绩。关键是，应总结经验、吸取教训，而不是因噎废食、胡乱指责。

2006年11月2日《楚天都市报》的第13版，以通栏大标题《楚天关注：喻家山下，五百“神童”今安在》发表长篇通讯，其中小标题有：万千宠爱集于一身、班主任眼中的“神童”、当年才俊今安在、一些人不愿读少年班、华工停办少年班有争议。应该说，这篇报道的记者胡成、龚升平的态度还是比较客观的，对正反两种观点都进行了报道。但是，由于当时调查不充分，消极的报道较多，多多少少给读者留下了错误的印象。尤其是记者采访的某位教授(当时是中南工业大学的博士生导师)，发表了一些不当言论。据说此人一贯明确反对大学办少年班。他反对的理由是什么呢？一曰“办少年班是拔苗助长”；二曰“少年班不利于学生性格、情商的培养”；三曰“培养出来的人是不完整的”。

事实果真如此吗？该教授自己也承认“早慧儿童是客观存在的，但数量极少”。诚哉，是言也。我国是一个十三亿人口的大国，占比极少的早慧儿童的总量应该还是相当可观的。这一部分儿童的教育应该如何因材施教？国际上美国、俄罗斯等许多国家都有天才儿童的教育体系，中国科学技术大学30多年少年班的辉煌成就，不正好证明举办少年班在我国是十分必要、非常及时的？绝不是拔苗助长。关键是，在选拔少年大学生时，应该选拔得当、十分慎重。中国科学技术大学少年班和我校少年班办学的经验证明，在选拔时不仅要经过必要的知识水平测试，而且要进行必要的智商测验和心理测试，这样才能选拔出真正的早慧儿童。少年班的举办不能一哄而起、滥竽充数，因为尽管我国有相当可观的早慧儿童，但他们不可能是普遍存在的，因此选拔中必须坚持少而精、宁缺毋滥的原则。事实上，该教授说的早慧儿童并不全面。有一些儿童智力发育较早，但智商峰值不高，也不是恰当的少年大学生人选。我们希望选拔的少年大学生应该是，智力发育较早，而且智商峰值高，心理发育正常的青少年。

中国科学技术大学少年班办学30多年，人才辈出，世界一流的科学家、企业家层出不穷。我校短暂的少年班，尤其是20世纪80年代几届少年大学生，同样，也出现许多杰出的物理学家、数学家，更加难能可贵的是出现了一批十分活跃、富有创新精神的企业家，都以铁的事实否定了“少年班不利于学生性格、情商的培养”，“培养出来的人是不完整的”等言论。

少年大学生并不都是“神童”。少年班的举办在我国尚属新生事物，其教育规律还有待进一步总结，不可能要求他们个个都能被培养成杰出人士。但是，从现在查明的事实来看，少年大学生与一般大学生比较，其成材率相对较高。绝不是有些人说的“因为少年班的生源很好”，因此其考研的比率高，出国深造的比率高是理所当然的。以我校少年班为例，少年大学生入学成绩普遍低于正规大学生平均20分以上。他们的成绩通过少年班的学习，是在两年内逐步赶上正规大学生，而后超越的。有些人津津乐道于个别少年大学生，如中国科学技术大学的宁铂，在媒体上曾吹捧得神乎其神，后来削发到五行山当和尚的故事。这些人只见树木不见森林，他们不知道成百上千的杰出人才从少年大学生中涌现出来的事实。少年大学生个别没有很好成材，这正好告诉我们，不要一味吹捧，应当实事求是地采取各种适合他们的教育措施。不仅应该关心他们的学习，更应该千方百计地创造条件让他们认识我们的大社会，体验我们的沸腾的生活，以不断锤炼他们的意志，提高他们的情商，坚定他们正确的政治方向。

华中工学院第一届少年班毕业生有华中工学院党委书记李德焕，华中工学院院长黄树槐教授，华中工学院常务副校长钟伟芳，有物理系主持学生工作的王海生副书记，华中工学院霍慧娴副书记（主持全院学生工作），物理系总支书记李伟，少年班办公室主任宋文芝，少年班办公室干部钱玉华和任淑香，还有我。参加毕业照的主要校领导有4人，可见当时学校对少年班之重视。这张照片也刊载在2006年11月2日《楚天都市报》第13版关于我校少年班的报道中。

其中不仅包括我国著名企业家李一男，而且包括我国著名数学家黄飞敏。2015年，黄飞敏因为“若干重要的可压缩欧拉方程整体解研究”荣获国家自然科学二等奖。这个班有十几个人，出现了许多企业家、教授，比如华中科技大学物理学院龚云贵教授，现主要从事引力、粒子物理及宇宙学的研究工作，曾多次获得省部级自然科学奖。

尤其要介绍我校少年班88级的学生，我国著名数学家、理论物理学家范辉军，北京大学数学科学学院教授，2015年受聘为教育部第十四批长江学者特聘教授。范辉军教授的研究领域为有关弦理论、量子场理论的数学物理，以及几何分析。2008年获选教育部新世纪人才计划，2013年获国家基金委杰出青年基金资助。2002—2008年，与人合作通过一系列文章构造了量子奇点理论(国际上称为Fan-Jarvis-Ruan-Witten理论)并解决了DE情形的广义Witten猜想。2010—2011年，独自构造了形式薛定谔方程的形变理论，对应着紧复流形的Kodaira-Spencer理论。除此之外，在几何分析方向的调和映射问题，非正曲率流形Martin边界的研究和Novikov理论等方面取得了一系列重要成果。现重点研究二维拓扑场理论和镜像对称中的数学结构，包括LG模型、规范线性西格玛模型、开弦的范畴化理论等。多次被邀请访问波恩马普所、普林斯顿大学等国内外众多研究机构，并多次在国际学术会议上做学术报告。从2006年起，参与创办和协助指导北京国际数学研究中心辛几何和数学物理研讨班。范辉军教授负责完成的“奇点量子化理论研究”项目获2016年度国家自然科学奖二等奖。

关于李一男的情况，下面简单介绍几句。于15岁考入华中工学院少年班，于26岁成为华为常务副总裁，于2000年创办港湾网络。于2008年出任百度首席技术官。于2010年加盟中国移动，出任旗下12580的CEO。于2011年以合伙人身份加盟金沙江创投。2015年4月，李一男公布了新的创业项目——智能电动车。百度董事会主席兼CEO李彦宏表示，李一男是中国自主创新科学技术领域的顶尖专家。

# 营造学术大师脱颖而出的软环境

## 一、中华文化并非保守的文化

自从1996年底,经济合作与发展组织(OECD)发表《1996年科学、技术和产业展望》报告首次提出"以知识为基础"的概念以来,知识经济、知识创新、国民经济创新体系、高等教育创新体系等新概念、新事物,使人目不暇接,发人深省。

人们认识到,一个国家、一个民族的综合竞争力,其兴衰存亡,追本溯源,归结于其创新能力以及创新体系的运作。在国家创新体系中,居于核心和关键地位的是高等教育创新体系,而在创新体系的四个功能即知识创新、技术创新、知识传播和知识应用中,最本质的因素是知识创新。国家富强、民族振兴,主要取决于是否拥有大量高素质的创新性人才。

但是在步入21世纪后,许多志士仁人的一个隐忧日益变成公共讨论的焦点:我们在知识创新方面,远远落后于欧美发达国家,不仅在这片土地上没有直接培育出科学方面的诺贝尔奖得主一类大师级的人物,而且频频传来科学综合能力下降的消息。这是与我们在经济上所取得的举世瞩目的辉煌成绩完全不相称的。

诚然,我们的起点较低。在英国产业革命以来的200余年间,中华民族在政治、经济、文化各方面长期处于落后地位了。中国近代产业和新式教育制度的建立不过100余年的历史。但是,比我们更落后的印度、巴基斯坦在科学上不是早就有了诺贝尔奖得主吗?

于是,一个日渐清晰的声音在我们周围响起:中华文化的固有保守性扼杀了我们的创造性。言者确凿有据,使人不得不侧耳倾听。你看,中国的传统教育不就是以继承知识为中心么?不管韩文公的"传道、授业、解惑"也好,孔夫子的"述而不作"也好,唐玄奘的"译而不作"也好,朱熹老夫子的"注而不作"也好。一言以蔽之曰"我注六经"而已!流弊所及,就是我国时至今日,应试教育、灌输式的教学方法还十分流行。

这种说法不能说没有一点道理。可惜只是看到传统文化落后的一面,看到自从秦始皇“焚书坑儒”、汉武帝“独尊儒术”,尤其是宋明理学以后,中国思想界沉闷、保守的趋向,颇有以偏概全之嫌。君不见,春秋战国时期中华文化百家争鸣的繁荣景象,其中蕴含多少非凡的文化科学创造力?1990年,湖北荆州发掘古代楚国的一批竹简,其中的《老子》一书与传世版本颇有不同。我们惊奇地发现其中许多观念,与今日物理学图像,如现代量子场的概念、真空的概念、物质结构的概念、宇宙演化的概念等,有许多不谋而合的地方。汉唐盛世文化所显示的开放、包容,也是罕有其匹的。中华文化在本质上是胸怀博大的,外来的佛教,与固有的道教、儒家和平共存,甚至发展出一种具有中国自身特色的佛家流派——禅宗。除了极个别时期以外,中国历史上没有发生世界史上比比皆是的宗教清洗、屠杀和战争。从英国人李约瑟的《中国科技史》中可以发现,即便在秦汉以后,在封建思想的诸多禁锢下,中国在科学技术上仍有众多发明和创造,很长一段时期内一直是世界上无与伦比的“超级大国”。

正是由于中华文化蕴含的巨大的创造力,创造了辉煌的中华古代文明;正是由于中华文化所蕴含的无限生机,才使之维系五千年的昌明不断,成为世界上唯一连绵不绝的文明。我们的任务是,使中华文明去掉在长期发展中所沉淀的、来不及清除的灰尘和素质,恢复其原有的生机勃勃、充满无限创造力的面貌,吸收一切外来文化的精华,使之发扬光大。

## 二、缔造大师脱颖而出的先进文化氛围

不同层次的高等院校,在高等学校创新体系中各自担负不同的创新角色,被赋予不同性质的创新任务。其主角,或曰中坚,自然是其中的排头兵,即一流的高等学校。什么是“一流”?除了一流的办学物质条件,一流的实验基地而外,更主要的是拥有一流的、生机勃勃的、富于创造力的学术梯队。学术梯队的灵魂是其带头人,尤其是其中的学术大师。大学者,大师之学也。没有牛顿、卡文迪许、汤姆逊、卢瑟福等众星闪烁的大师,何来剑桥大学的盛名?没有吴大猷、钱穆、冯友兰、王竹溪、竺可桢、赵忠尧等硕学鸿儒,何来西南联合大学的盛名?

试看部分著名英美大学截至1993年获诺贝尔奖的情况(见表1),这些诺贝尔奖得主都是政治、经济、文化和科学领域中的杰出学术代表。可以说,没有这些大师,所谓“名牌”、“一流”,无异于痴人说梦。但是,如果不是这些“名

牌”、“一流”的大学，这些大师们会脱颖而出吗？当然，发达的经济，优越的物质条件，是产生大师的重要前提。然而我们深入分析就会发现，关键的因素是这些知名学府确实为大师的产生营造了适宜的文化氛围。

**表 1　英美大学截至 1993 年获诺贝尔奖的情况**

| 校名 | 获诺贝尔奖人数 |
| --- | --- |
| 剑桥大学 | 62 |
| 哈佛大学 | 35 |
| 麻省理工学院 | 15 |
| 康奈尔大学 | 15 |
| 耶鲁大学 | 14 |
| 普林斯顿大学 | 14 |
| 斯坦福大学 | 11 |
| 哥伦比亚大学 | 9 |
| 加州大学伯克莱分校 | 21 |

知识的创新，首先是文化的创新。不管什么类型的大学，只要是“名牌”、“一流”，都会创造出一份独特的文化。这份独特的文化，就是它赖以生存、发展的特色。蔡元培先生于 1916—1929 年担任北京大学校长，使五四运动前后的北京大学，形成兼容百家、民主开放的校风，不仅带来陈独秀、胡适、周氏兄弟、钱玄同、辜鸿铭、李四光等群贤毕至盛极一时的难得局面，而且民主与科学也因之深入中国社会，从而导致五四新文化运动的爆发。

世界航天摇篮，美国加州理工学院原来只是一个小小的专科学校。该校崇尚“智慧”的文化理念，坚持理工科的交叉、融合，坚持人文科学与自然科学的有机结合与协作，目前已迅速发展成为世界著名的综合性大学之一。一大批非凡学者出自该校，如航空大师卡门(钱学森的老师)等。我们一提到斯坦福大学，就必然联想到硅谷。硅谷不仅是信息、网络科学技术的许多新思想、新技术、新发明和新工艺的策源地，更是披荆斩棘、百折不挠的现代创业精神的象征。硅谷是斯坦福大学所创造的学校文化物化的结晶。在这样的文化熏陶下，斯坦福大学才新人辈出、享誉世界。

在一个落后、封闭、保守的文化氛围中，大师们是无法脱颖而出的。大师们进入这样的环境中，智慧之花就会枯萎，创造源泉就会闭塞、消亡。只有在一个面向未来、勇于探索、锐意革新、豁达包容、开放进取、朝气蓬勃的先进文化氛围中,大师才会源源不断地涌现在我们面前。

## 三、营造大师健康成长的软环境

文化氛围当然属于软环境的一个关键要素。但是软环境还有许多其他要素。合理的学科结构与布局也是高层次创造人才得以健康成长的重要条件。试看当今世界一流大学,大多数是文、理、工、管并存的综合大学。哈佛大学于1636年建校时是只有12名学生的神学院,现在已拥有商学院、法学院、医学院、人文学院、神学院、理学院等多个学院,形成学科众多、相互融合的学科体系。麻省理工学院1861年建校时只是拥有6名教师、15名学生的技术学院,如今已发展成为拥有世界一流的工科、理科和人文社会科学的综合大学。这两所大学,在美国最佳大学(工学院)排行榜上,经常雄踞榜首。

由于现代科学技术发展中日益强化的高度专门化的分化与高度集约化的综合两种并存的趋向,尤其是各学科相互交叉、融合的整体化日渐突出,因此任何有重大发明、创造的杰出人才的成长,必须汲取多种学科的养分,必须与友邻学科有机结合和协作。试问,C60材料,从其发现、改进到应用,到底归属于化学还是物理?抑或微电子学?抑或纳米科技?"博而后约"这句中华古训,目前比任何时候,更熠熠生辉!

当然,就学科的配置、布局而言,综合性只是一个指标,并非越多越好。关键还是要根据自己的特色,比例设置适当。哈佛大学没有工学院,麻省理工学院没有医学院等,并不妨碍它们成为世界一流大学。学科配置与布局是一项长期、细致的系统工程。斯坦福大学校长卡斯伯尔说得好:"一所高校……重要的是要结合学校的实际进行合理规划,如果你要发展社会科学学科,就必须建立经济学科;如果你要发展医学院,病理学科是必不可少的;如果要建立人文科学院,那艺术学科是绝不可少的。"

建立和完善一套有利于高质量创新人才健康成长的人才管理与培养模式,自然是头等重要的大事。近年来,频频传来中国内地的科研综合竞争力逐年下降的消息,有识之士颇以为忧。追其根源,与我国人才培养机制不够健全有关。

我们认为,健全、完善人才管理和培养模式的中心课题是,真正发扬学术民主,鼓励大胆探索、锐意进取和勇于创新精神,攀登当代科学技术高峰。为此,我们必须千方百计创造条件,发现、培育科技新星、青年才俊,同时委以重任,促进其迅速成长。为此,我们应建立一套公平合理的科学评价体系,将非学术因素对于人才评价的干扰减少到最低程度,使真正的千里马放开四足。我们应发挥学术带头人的作用,提倡追求真理一往无前的大无畏精神,坚持教学相长、唯善是从,把学校真正办成思想特区,打破一切有碍思想解放、灵智飞翔的条条框框,让“吾爱吾师,吾尤爱真理”的美谈变成习以为常的起码的学术准则。我们应坚持敞开大门,广泛开展国际学术交流,豁达大度,兼收并蓄,汲取世界先进文明成果为我们所用,如此等等。

## 四、走出误区,肩托群星问世

应该强调的是,在人才管理和培养中存在几个误区。必须根本改变人才观中的世俗谬见,否则一切优秀人才非但不会健康成长,反倒大有可能在我们的好心好意照顾下窒息。所谓将欲爱之,实则害之,此之谓也。

误区之一:大师级学术人才是卓然特立的稀世之才,应加以特别呵护照顾。此话貌似有理,其实大谬不然。须知,珠穆朗玛峰只能出现在世界屋脊的青藏高原。你能想象,在西伯利亚平原会突然兀自耸立这样一座奇峰吗?我国五岳,泰山可谓雄也,华山可谓奇也,但是较之珠峰,其高若何?其险若何?大师并非旷世奇才,隐逸居士,可访而得。夫大师者,乃宏大的富于创造性优秀人才队伍中之拔尖者而已。这样一支队伍必须是宏大的,浩浩荡荡的,如青藏高原一样广大,否则大师就无从谈起。众多准大师的人才,彼此争鸣,相互切磋,于是乎方才有大师问世矣!杨振宁、李政道之所以能获诺贝尔奖,其天赋、其良师(泰勒、费米等)固然重要,我们不要忘了其周围尚有许许多多与他们并肩而立的准大师,如吴健雄等等。因此,切忌先选定极少数苗子,加以特别呵护,这样培育大师的做法,是不可取的,也是培育不出大师的。

一言以蔽之,首先建立一支宏大的、朝气蓬勃、富于生机的学术梯队,这是大师问世的前提。爱因斯坦作为现代科学的大师,只有在洛仑兹、闵可夫斯基、格拉斯曼、迈克尔逊、普朗克、玻尔、海森堡等巨人的簇拥下,才会发出如此夺目的光辉。

误区之二:大师既然是大师,必然是真理的化身,而且终其一生都不会有失误。大师只是在其领域中取得重大突破的杰出之士。但是,即令在其研究领域,也不可能总是正确,遑论在其他领域了。把大师偶像化、神圣化既不利于科学的发展,也不合乎实际情况。在量子力学的基础解释上,最新的实验表明,爱因斯坦错了,玻尔是对的。在探索β衰变能量不守恒的问题时,玻尔认为的能量守恒定律失效是错误的,而其学生泡利的中微子假说则经实验证实是正确的。因此,要弘扬民主、平等的学术讨论,必须确定正确的大师观、权威观、人才观。必须实行真理面前,无贵贱,无尊卑,无师徒,无老幼,人人平等,如此则何愁大师不出?

误区之三:将真理绝对化、凝固化,将大师们的发现视为永远不可颠覆的真理。无论在社会科学还是在自然科学方面,历史证明只要这种观念统治人们的思想,创造的源泉必然干涸,任何大师、权威,都只是“时之圣也”。任何真理都是相对的,有条件的,具体的,变化着的。牛顿的经典理论,对于近代科学、近代文明,其功甚伟。但是在高速下,在微观世界,就要修正了,于是乎,才有相对论和量子论的问世。后两者在20世纪,导致科学与文明极大的变革。然而,真理到此止步了吗?没有。物理学向何处去,具体的答案,目前议论纷纷,莫衷一是。但是,在未来的新领域和新的条件下,现有的量子论与相对论还会有新的突破、新的发展,则是可以断言的。科学的魅力正在于它具有无限纵深的美景,所谓“庭院深深深几许?杨柳堆烟,帘幕无重数”。科学具有无穷的摧枯拉朽之力,一切迷信,一切盲从,一切看似不可攀越的高峰,它都可以粉碎,可以超越。因此,真正的科学理论,决不会宣称它垄断了真理,更不会制造新的迷信和愚昧。它会心甘情愿欢迎对它新的锤炼、新的检验,它会欣悦地将鲜艳的花瓣散落在地,化作春泥,培育更为健全的新理论并促进其茁壮成长。

我们的幸福,乃在于真理永远不会穷尽。因此,任何大师都只是在探索真理道路中在局部领域、特定条件、特定时间的先行者,其成就既弥足珍贵,但又是必然要被超越的。“江山代有才人出,各领风骚数百年。”继起者,更多的学术大师的出现是势之必然。

如果走出这些人才观的误区,我们就不会急功近利,将培育大师的工作简单化。以为凭几个伯乐,发现少数刚看出一点苗头者,封以许多桂冠,加以特别呵护,就会出现世界级的学术大师。否!大师的培育是在学科建设中,在浩浩荡荡的高素质的学术大军中,在开放、民主、自由的学术氛围中,通过公平的学术竞争自然涌现的天才焕发、敢于为天下先的强者。大师不是自封或他封的。“桃李不言,下自成蹊”!

科学竞争正如马拉松长跑。焉知开始领先者,就是最终的胜利者?如果我们一开始就指定领先者为长跑队伍领头羊,岂不贻笑大方?爱因斯坦、爱迪生等，并非“少而颖悟”的佼佼者，却都成为举世皆知的伟人！

斯坦福大学前任校长乔丹在 1977 年有一段振聋发聩的名言：“如果说，罗马不是一天建成的，斯坦福大学也不是一个世纪能建成的。它是用我们一代又一代斯坦福人的真诚和努力，一块块砖头、一步一步地、默默地筑起来的。”实际上，这段话指的就是培育大师的艰巨性和长期性。因为一所高等学校的实力就体现在其创新成果的大小与多寡及其学术梯队的创新能力上，这两者都取决于其学术带头人，尤其是其中学术大师的高瞻远瞩和运筹能力。

中国人是聪明的。我们曾经创造辉煌灿烂的古代文明，而且曾经在世界文明史上大多数年代保持领先地位。中华文明巨大的凝聚力与生命力，使之成为世界上唯一不曾中断的连续发展至今的古典文明。21 世纪是中华民族警醒、奋起和振兴的世纪。中国经济腾飞的奇迹令举世震惊。但是，毋庸讳言，距离欧美先进国家，我们的科学、文化还有一定差距。建设世界一流大学，建设学科结构合理、特色鲜明、高素质、富于创新的宏大学术梯队，尤其是营造世界级学术大师健康成长的环境，是中国人的神圣使命。让我们脚踏实地、百折不挠地努力实现民族复兴，欢呼在科学文化星空上即将出现的璀璨夺目的中华新星群！

## 篇后语

这是我在 2000 年“海峡两岸面向 21 世纪科技教育创新研讨会”上的报告，由我执笔，署名张端明、蔡勖。蔡勖教授时任湖北大学校长。论文发表在《海峡两岸面向 21 世纪科技教育创新研讨会论文集》中。会议由现华中科技大学校长周济和台湾大学校长陈维昭发起。记忆中陈维昭未与会，时任台湾大学教务长李嗣涔参加会议。后者从 2005 年开始任台湾大学校长。该研讨会于 2000 年 10 月 22—27 日在华中科技大学举行。来自海峡两岸 70 多所大学的 150 名校长、教授齐聚华中科技大学，共同研讨中国科技教育发展大计。

会议组委会负责人李柱教授一再邀请我参加这个会议，因此，我撰写了这篇论文。我在 10 月 22 日下午做学术报告，当时反应热烈。我以一个普通教授的身份提出营造学术大师脱颖而出的软环境，是建设国际一流大学的关键。我以为我的论点至今仍然有效，软环境的重要因素乃是开放、民主、自由、宽容和锐意进取的文化氛围。一个落后、封闭、保守的文化氛围，足以窒息任何大师的成长。因为这次讨论会有许多台湾同仁参加，我的演讲充分照顾了与会者的可接受性。

实际上，本文以丰富的史实，雄辩地论证了中华文化并非世俗谬见所说的保守文化。恰恰相反，中华文明作为世界上唯一不曾中断的文明，一直生机盎然，富于活力，博大和谐，具有无限的创造精神，为新世纪众多的学术大师脱颖而出提供了丰沃的土壤。学术大师乃是国民创新体系的主角与灵魂，也是创建世界一流大学的关键。经验表明，没有世界级的学术大师，就没有世界一流的大学；反之，世界一流的大学必然是学术大师的摇篮。学术大师的产生除了必要的物质条件外，更重要的是适宜的软环境。合理的学科结构和布局，即文、理、工、管的适当综合和交叉，乃是现代学术大师生存和发展的必要条件，这是当前科学技术发展的新特点所决定的。发扬学术民主，真正实行在真理面前人人平等，鼓励探索；建立一套公正合理的人才评价体系，是健全、完善人才管理和培养模式的中心课题。本文指出在学术大师观中的几个误区，强调学术大师乃是在宏大的、富于创造性的、高素质的学术大军中，经过百家争鸣、自由竞争而涌现出的佼佼者，绝不是可以自封或他封的。应该正确对待学术大师，他们不乏真知灼见，但绝非真理化身，在新的探索中，他们只是普通一兵，也经常犯错误。大师的贡献，弥足珍贵。但他们都只是“时之圣也”，其工作都是可以超越的。任何将大师“偶像化”，将真理“凝固化”的行为，都是十分危险的。学术大师的培育、成长是一个长期的、复杂的系统工程。一切急功近利、“伯乐式”择人的做法，都是不可取的，都无助于真正学术大师的脱颖而出。

# 新世纪的第一只燕子

——2001年度诺贝尔物理学奖述评

## 一、迎接新世纪的物理学春天的第一只燕子

2001年10月9日，瑞典斯德哥尔摩，瑞典皇家科学院发表公报，庄严宣布，将2001年诺贝尔物理学奖授予三位科学家，以表彰他们根据玻色-爱因斯坦理论，发现了一种新的物质形态——“碳金属原子稀薄气体的玻色-爱因斯坦

凝聚(BEC)”。

公报宣称,长期以来,让物质处于可控制状态,一直是科学家面临的挑战。BEC 正是爱因斯坦在 1924 年就预言过,可以控制的梦幻般的奇怪物质。

公报指出,1995 年,美国物理学家科耐尔(E. A. Cornell)和维曼(C. E. Wieman)在只比绝对零度(即 −273.116 ℃)高 1700 亿分之一的超低温下(注意,这在技术上刷新了当时的世界低温纪录),成功地使约 2000 个铷原子形成“玻色-爱因斯坦凝聚”。与此同时,德国人凯特利(W. Ketterle)领导的麻省理工学院研究组用钠原子($^{23}Na$)进行了同样成功的实验,其论文仅仅只比科耐尔和维曼的迟发表 4 个月。他们制造出来的“凝聚物”包含了更多的原子,其数量级高于科耐尔与维曼的 2 个数量级以上,因而对研究“玻色-爱因斯坦理论”更有价值。

公报还颇有诗意地宣称,分享今年诺贝尔物理学奖的三位科学家的成功发现,宛如找到“让原子齐声歌唱”的途径。他们发现的新的物质形态——BEC 是可以控制的,必将给精密测量和纳米科技等领域带来“革命性的变革”。

事实上,有识之士早就注意到,在量子光学、原子与分子物理学以及超低温物理等交叉领域,从 20 世纪 90 年代以来,正在发生戏剧性的变化。

1989 年诺贝尔物理学奖由美国科学家迪迈尔特、保尔和拉姆齐获得。

1997 年诺贝尔物理学奖由美籍华人朱棣文、法国人科昂 · 塔努西和美国人菲利普斯获得。

1998 年诺贝尔物理学奖由美国人拉夫林、崔琦(美籍华人)和施默特获得。

以上获奖的工作,均在上述交叉领域,尤其是朱棣文等的工作,发现利用激光冷却和捕捉、操纵原子的方法,更是实现 BEC 的直接前驱工作。由于前所未有的超低温的获得,人们接二连三地发现许多新现象,简直如“山阴道上,应接不暇”。仅就缘起于高密度介质的所谓电磁感应透明现象,就有以下两例:

1999 年初,L. Hau 及其合作者在 450 nK 的极低温度下,将通过钠原子的 BEC 介质的光脉冲的速度减慢到 17 mps,比真空中的光速减慢近 $2\times10^7$ 倍。

2001 年,终于传来 L. Hau 小组已成功实现将光的速度减慢到零,并且使光在介质中停留了几百微秒,而后重新放出来的消息,如此等等。

所有这一切是否意味着,物理学又像 19 世纪与 20 世纪之交一样,面临着一场更伟大、更壮丽的大发现、大革命呢?我们不会忘记,伦琴发现 X 射线,贝克勒尔、居里夫妇发现放射性元素,汤姆孙发现电子,等等,都是发生在 19 世纪与 20 世纪之交,它们预示着 20 世纪物理学伟大革命来临,为相对论与量子论的诞生奠定了基础。笔者在1997年乐观地预言,朱棣文等的工作就是21世纪物理学的新革命的突破口。笔者更于1999年指出,20世纪末出现的BEC及原子激光,“给本世纪物理学添上浓重而辉煌的一页”。它们像“洪钟大吕的雷鸣,在呼唤着21世纪物理学更辉煌的篇章”。

看来,有关交叉领域捷报频传,备受科学界青睐,绝非偶然。或许2001年的诺贝尔物理学奖,就像春天里的第一只燕子,随之而来的就是物理学百花盛开的无边春色吧。

## 二、何谓玻色-爱因斯坦凝聚(BEC)

BEC是爱因斯坦早在1924—1925年预言的新的物质形态。1924年,印度物理学家玻色任教于达卡大学。他寄给爱因斯坦一篇论文,论文借助纯粹统计物理的方法,完全不涉及经典电动力学,就推导出光子的普朗克分布规律。爱因斯坦立刻领悟到,这是一篇很有分量的论文,迅速将此文推荐到德国《Zeitschrift für physki》上发表。爱因斯坦在自己的工作中,将玻色的方法推广应用于单原子理想气体。今天我们都知道,以$\hbar$为单位,所有自旋为整数的微观粒子,称为玻色子,它们都遵循玻色-爱因斯坦统计,其特征是表现出完全对称性。

爱因斯坦发现,如果粒子数守恒,即使粒子之间完全没有相互作用,玻色子系统在足够低的温度下,也会发生相变,即系统中有的粒子会达到零动量态,这就是所谓玻色-爱因斯坦凝聚(BEC)。玻色并未发现这一点,因为他只讨论了光子。由于光子无静止质量,在系统能量下降时,它们可能消失。

我们注意到,爱因斯坦是在无限大三维体积的条件下预言BEC的。其实,在能量趋近于零时,系统状态的总数目变得极小。因为在温度下降时,没有任何粒子消失,系统中绝大多数粒子只能在其基态积累,从而凝聚到最低能态。在热力学极限下,即粒子数与系统体积都趋于无限大时,就会经历这个相变。

可以形象地说,BEC就像空气中的水蒸气,在温度下降时,会凝结为液滴。但是千万不要忘记,BEC发生在动量空间。在相变温度Tc时,只有少数粒子凝聚,直到绝对温度下0K,才会完全实现BEC。在0K～Tc之间,系统实际上是BEC态的粒子与未发生相变的粒子“共处”在一块儿。

一般来说,我们可以认为,在温度足够低的时候,玻色子系统的每个粒子,其德布罗意波的波长相互交叠,从而使各个粒子的行为趋于一致(瑞典科学院的公报颇富诗意地称之为"原子齐声歌唱"），亦如构成一个"超原子"。

但是，直到1995年以前，真正意义上的BEC对于我们，只能像"梦幻般"的神话，存在于教科书上。人们一直未能观察到这种有趣现象。尽管超流、超导的发现，其中也显露出与BEC有极其密切的关系，但它们毕竟不是BEC。

大体而论，BEC与超流、超导都属于玻色子系统。超流和超导是强关联的玻色子系统的现象，BEC则是理想的无相互作用的玻色子系统的现象。前者早在1906年和1911年就被人们所发现，而人们迟迟无法观察到BEC现象，原因在于BEC现象实现的条件远比超流、超导苛刻。实现BEC，既要求凝聚的玻色子(原子)的德布罗意波彼此重叠，同时又要求玻色子(原子)的内部运动可以忽略。

我们知道，任何微观粒子都同时具有波动性，即一定的德布罗意波，其波长与粒子动量成反比。如果要求玻色子(原子)的德布罗意波交叠，这些原子必然靠得很近，而由此又造成原子内部电子的很强的交换作用。因此，如果要忽略原子内部运动(效应)，最好原子彼此远离，也就是要求考虑稀薄原子气体。此时，要求德布罗意波彼此重叠，只有增大其波长。换言之，必须减少原子的动量，即降低系统的温度。我们必须充分降低温度，从而使原子的德布罗意波长足够长，彼此重叠，进入相同的量子态——凝聚态(一般是能量最低点)。爱因斯坦等的研究表明，发生BEC的条件为：

$\rho$(相密度) $\equiv$ $n$(粒子数密度)$\times$($\lambda_d^3$)$>$21612

其中，$\lambda_d$即粒子的德布罗意波长，21612为一普适的临界数值。

可见，实现BEC的技术及关键是使玻色子(原子)气体的温度降到异常低，这在20世纪90年代朱棣文等发现"光学黏胶冷技术"之前是可望而不可即的。

## 三、BEC的实现

1968年，苏联科学家莱托霍夫提出激光驻波捕获原子的思想，并给出激光陷阱的概念。1975年，斯坦福大学的肖洛、汉斯研究小组与迪迈尔特分别独立提出激光冷却原子的建议。从此，激光控制、冷却原子成为国际物理学界的现实目标。

1978年，美国贝尔实验室的阿什金导出一个原子与激光束共振时的压力公式，并且利用光压梯度实现原子束聚焦。1979年，苏联莫斯科光谱研究所的巴里金、莱托霍夫等首次实现利用激光使钠($^{23}$Na)原子减速。尤其值得大书特书的是，贝尔实验室的美籍华裔科学家朱棣文领导的研究小组首次用激光将钠原子冷却到 240 $\times 10^{-6}$，并将原子在所谓光学黏胶中“囚禁”达 0.15 s，这是划时代的一项技术成果。

大体而论，原子如果吸入与其运动方向相反的光子，就会减速。自发辐射的光子又会携带动量，随机地向各个方向射出，会平均地降低原子运动速度。详细的分析表明，利用多普勒效应，可以做到原子吸收的光子动量总是与原子运动方向相反。

适当地装配好三维激光组态，就会使原子在所有方向上都有减速作用，宛如将原子置于光学黏胶之中，受到黏滞阻力。这种基于“朴素的”多普勒效应的冷却技术，由于自发辐射的反冲作用，实际上冷却所达到的温度有一定限制。

人们又附加很多新的技术措施，诸如偏转梯度冷却机制、磁感应冷却机制、速度选择相干态粒子数捕获机制、拉曼跃迁选择机制等，以进一步提高冷却效应，获取更低的温度，这里不一一介绍。

这里需要特别指出的是 1986 年法国巴黎小组的达里巴德提出，而后为朱棣文及其合作者普里恰德小组所发现的磁陷阱(MOT)法。这种方法吸取了美国国家标准和技术研究所(NIST)的菲利浦斯领导的捷德尔斯堡小组在多普勒冷却的同时，再附加磁场捕获原子的构想，实际上构成有效磁陷阱，可以大范围捕获原子，同时将之“囚禁”起来。MOT 对于未来物理学的发展意义重大。

我们已经知道，朱棣文、柯亨-塔努吉、菲利普斯，因为激光冷却方法及其理论研究中的卓越成就，获得 1997 年度诺贝尔物理学奖。

万事俱备，只欠东风。科学家已掌握强有力获得超低温的技术手段，于是几路大军同时奔向实现 BEC 的战场，很快就传来捷报。

1995 年 6 月 5 日 10:54，美国科罗拉多大学的维曼教授与美国 NIST 的高级学者科耐尔，在科罗拉多大学与 NIST 的联合研究所中的联合天体实验室里，首次观察到约 2000 个铷($^{87}$Rb)原子的玻色-爱因斯坦凝聚，持续时间达 15～20 s，温度约 $117\times10^{-7}$K。这是人类第一次观察到这种奇特的物质形态，可以毫不夸张地说，这无异于打开了科学发现与新技术发展的宝库的大门。

研究方案最早是由维曼制定的。他利用的是 MOT 法对铷原子进行冷却。他选择铷原子的原因是，铷作为重碱金属，只有一个价电子，核的自旋为奇数，两者耦合为具有整数自旋，其超精细结构，可以提供许多具有玻色性质的同位素。首先在 MOT 中,用激光冷却的方法,将室温下气压为 $113\times10^{-9}$ Pa 的原子铷的稀薄气体,冷却到几十微 K,即 $10^{-3}$ K。然后置于一个纯粹磁陷阱中。磁陷阱是一个能约束原子的磁场。维曼、科耐尔利用一个转动势作为陷阱。实际上是用一个较强的球形四极矩,再叠加一个较弱的横向均匀的旋转磁场。它能有效而稳定地维持对铷原子的束缚(囚禁),其作用等效于一个轴对称的三维简谐位势,宛如将原子置于深井之中。然后利用蒸发冷却的方法,有选择地将能量较高(温度较高)的原子从磁陷阱中解脱出来,使之逃逸。维曼、科耐尔实际上是利用射频磁场来完成这种"解脱"——蒸发任务的。在磁陷阱中的铷原子气体的温度就不断迅速下降。应该指出的是,附加特殊磁场是科耐尔的思想。

实验中凝聚是在胡萝卜状玻璃容器内进行的。细细的铷原子球,像樱桃般置于凹处,其直径约 20 $\mu$m,大约为一张纸的 15 分之一厚。尽管范围极小,但毫无疑问是典型的宏观量子现象。分析表明,凝聚中包含的铷原子超过 2000 个。对照中的分析表明,凝聚开始时,铷原子都急剧下降,其温度都趋近于零,而且速度分布极其狭窄,速度为零或者几乎为零的原子数急剧增加。后者的运动方向有明显的趋同性,一切都表现出明显的 BEC 特征。

麻省理工学院克勒普奈尔(D. Kleppner)是有关领域的先驱者之一,他激动地说:"这是一项惊人的发现,简直让我透不过气来!照片显示的实验结果清楚极了,非常令人信服。"牛津大学的伯耐特(K. Burnett)教授赞叹有加:"用'圣杯'这个词来比喻这项发现的奇特和重要性,是极为恰当的。"

科学界的欢呼尚未平息,更为壮观的 BEC 出现了。1995 年 9 月,以凯特利、克勒普奈尔和普里恰德等为中心的 MIT 小组,利用激光和电磁装置冷却和约束钠原子气体,奇迹般地使数以十万计的钠原子呈现玻色-爱因斯坦凝聚。由于凝聚物中包含更多的原子,更便于研究其物理性质。

必须指出,参与凝聚的原子处于相同的自旋态,因而原子自旋的翻转,会抑制 BEC。在磁陷阱中,中心处磁场消失,就会允许自旋态以不可控制的方式变化,即所谓玛约纳拉翻转。科耐尔提出转动磁场装置,使磁陷阱"平均化",致使磁陷阱中心处的磁场不再为零。这种 TOP 技术的发明,对于 BEC 成功产生的作用甚大。至于 MIT 小组则应用强排斥激光束以填塞磁陷阱中心处,这样也可避免玛氏翻转。

截至 2001 年 9 月,全世界已有 36 个实验室成功地在不同原子气(铷原子、钠原子、锂原子、氢原子和亚稳氦原子等)中实现了 BEC,并进行了范围广泛的实验，继续有不少重大进展和重要发现，可谓硕果累累。我国有 4 个小组——中国科学院上海光学精密机械研究所、北京大学、中国科学院武汉物理与数学研究所和山西大学正在积极地进行 BEC 实验的准备工作。

## 四、BEC 物理研究进展

迄今为止，关于 BEC 现象的研究从实验到理论都取得了长足的进步，以至形成了一个新的物理学分支——BEC 物理学。在此，我们不去一一追述有关的不同碱金属气体实现 BEC 的实验细节。我们只想指出，对 BEC 的研究，尤其是对铷原子的捕获和凝聚的研究，目前已有一个极好的理论基础，即所谓格罗斯-皮达耶夫斯基方程。

在实现 BEC 以后，科耐尔、维曼和凯特利又进行大量实验工作，揭示了 BEC 的宏观量子态的许多奇妙的物理性质。实际上，就是铷原子的 BEC 也远非当初爱因斯坦提出的自由粒子的凝聚。首先，粒子被捕获于一个有限区域，其数目有限，而不是一个无限的系统。因此，不可能有一个热力学的单一相变。但是，如果系统有成百万个原子，问题也不大。系统的相变在实验上显示明确信号。其次，即便是稀薄气体，系统也与弱耦合相差甚大。禁闭在势阱中的原子用振动能量子表征。在相应物理系统中，粒子之间的平均相互作用能，其数量级比振动能量子大 1 个数量级。这就意味着，凝聚态的波函数较之在势阱中无相互作用的基态的波函数覆盖面要大得多。但是，如果假定所有凝聚的原子所处的状态由其相互作用与磁阱势自洽地确定，就可以恰当地描述实验情况，甚至可以描述凝聚中有微扰、激发时的动力学演化。这样的理论框架与基于格罗斯-皮达耶夫斯基方程的研究方法完全等价。

在无相互作用的气体中，粒子彼此没有影响，所有原子只能占据相同的单粒子态，类似于光子的热力学分布。至于在势阱中的气体，其相互作用促使粒子发生关联，亦如在激光器中诱导光子的相干性一样。于是，可以预期凝聚体中会产生一种长程关联，并且在其各个部分之间存在相干性，从而引起许多可以观察的物理效应。对于有关效应、现象的观察和研究，科耐尔、维曼和凯特利做出了巨大贡献。

科耐尔与维曼的玻尔德小组在足够低的温度下，用实验证实了在势阱凝聚中理论家所预言的元激发。他们的研究显示了“和应”冷却现象。此现象由两个分开的凝聚体形成，其中一个样品是由冷却所致，另一个样品则是由两部分碰撞能量的迁移凝聚而成，由此得到两个部分交叠的凝聚。

凯特利领导的MIT小组发明了一种基于非共振光的成像法，可以用非破坏方式探测凝聚体，从而直接观察凝聚体中许多随时间演化的动力学现象。凝聚体的相干性仍是BEC物理学最本质的属性，可将凝聚体分为两部分进行研究。1997年，MIT小组首先将钠原子气体用激光冷却法冷却到$10^{-9}$K，实现BEC，然后将凝聚体分为两部分，让它们在重力作用下坠落膨胀后交叠，凯特利观察到两部分交叠呈现干涉条纹。这清楚地表明，即使在分开以后，它们依然保持相位相干性。

1997年1月28日，MIT小组将钠原子的BEC凝聚体以原子滴(约由100万个原子构成)形式无破坏性地从磁陷阱中取出。原子滴因重力下落，并逐步膨胀，形成一条宛如光束般的同步原子束，即所谓原子激射。通常的激光由频率、位相、偏转均相同的光子构成，而原子激射则由量子状态完全相同的原子构成，其干涉性、单色性比通常的激光更好。

凯特利小组还研究凝聚体形成和破坏的动力学、凝聚体的临界速度以及凝聚体中的畴状结构(类似于固体中的磁畴和电畴)。他们最近还观察到JILA小组早先发现的在凝聚体中显示的涡旋结构，甚至观察到100多个涡旋。

总而言之，目前的研究表明，确实发现了典型的BEC现象，观察到凝聚的许多独特和鲜明的表征，实验与理论符合。

目前，已有20多个研究小组成功地在磁陷阱中产生铷原子的BEC。铷原子系统的许多特性已为人们所研究，例如，凝聚体的相干外耦合，利用所谓费西巴赫机制对凝聚态进行操控，利用光学晶格模拟固态效应，由MIT等进行的原子激射的相干放大，美国国家标准技术研究院的菲利浦斯小组观察到类似于非线性光学的原子非线性激射，即在凝聚态中相干波函数的四波混频，等等。

法国巴黎的两个研究小组和布鲁塞尔的一个研究小组分别独立地用亚稳氦原子产生BEC，凝聚体寿命长，且未形成分子。该系统展示出许多令人激动的发现的可能性。利用激光冷却，在JILA的Jin博士和另外一个小组，将费米子气体冷却到量子相关性起主导作用的极低温度下。原子系统取决于核自旋态，同一样品，可以显示玻色性，也可以在自旋态变化时显示费米子的性质。费米子系统固然不会经历BEC，但其低温行为依然有较大研究价值。根据泡利原理，费米子系统按能级排列到极大值，即费米能。由于这一限制，导致某些可能的量子过程的冻结。这也可以解释，为何对费米气体蒸发冷却法无效。

类似于金属超导，费米子气体也可能获得基于粒子配对进入有序空间。

JILA小组利用费什巴赫共振证明，粒子相互作用的正负符号(即吸引、排斥)可以突然变化，导致凝聚体像超星一样猛烈膨胀。费米子原子系统即使在绝对零度下也不会进入能量最低态。美国莱斯大学的胡勒特小组观察到费米子原子受到一种压力。实际上，这就是在白矮星中内部压力的实验室模拟。可见，BEC现象的研究与天体物理的研究有密切联系。

BEC原子系统提供了物理实验的奇特、妙不可言的介质。实验表明，其相关行为可以用作将量子效应扩展到宏观尺度。此时宏观量子现象并不是直接出自BEC，而是将BEC作为介质时出现的。可以预期，这些工作可以应用到许多技术领域。事实上，原子BEC的应用将成为一种实验室里的标准技术。

原子BEC的最直接的应用恐怕就是高精度的测量，朱棣文及其同事早就制成慢速超冷原子干涉仪，可以测量重力加速度，精度达到$3\times10^{-7}$。BEC原子的干涉仪在理论上精度达到$10^{-17}\sim10^{-16}$是没有问题的。从科学上来说，精密测量对于广义相对论、引力量子理论(引力波的检测)的验证具有决定性的意义。由于地球的局部重力变化，有助于探测地球的地质结构，因此重力加速度$g$的测量为探矿(例如寻找含油层)提供准确信息。此时，以原子激射为基础的原子钟，其精度会由目前的$10^{-13}$提高到$10^{-17}\sim10^{-16}$，直接导致GPS定位精度的相应提高，从而对航天、航海等产生较大影响。

相干仪也可以作为传感器。同时由于原子激射(或译作原子激光)的波长只有普通激光的$10^{-2}\sim10^{-1}$，如果能用以BEC为基础的原子激射替代普通激光，作为对微电子学中的芯片进行“光刻”的工具微电子学器件的微型化、芯片的集成度和运算速度都会大大提高。目前64兆位的集成电路的芯片条宽为0.13 μm；1000兆位的特大规模集成电路的芯片条宽会减少到0.11 μm。这时，用普通激光“光刻”已达极限了，因为激光波长的数量级就是0.11 μm左右。换言之，目前的“光印刷术”已达极限。但用原子激射，条宽有可能小到$10^{-3}\sim10^{-2}$ μm，亦即集成度可能提高几十倍！

目前人们已找到几种使BEC中超冷原子被“轻推”释放、集聚成束的方法，这就打开了创造“超微计算元件”的新技术大门，最后会建造出纳米级的单原子器件。

BEC与当前热点领域量子通信有非比寻常的关系。首先两者的研究关键技术都是激光冷却。量子计算、量子计算机必须在超低温环境下进行研究，往往是同一研究小组同时进行两方面的研究工作，例如NIST的诺贝尔奖得主菲利浦斯在BEC、单原子器件等方面都是先驱者。量子通信与BEC的研究难分难解。

BEC的研究刚刚开始，原子激射初试啼声，可连续工作的原子激射器尚待研制。但是，放眼看去，其前景十分诱人。BEC的发现被授予21世纪的第一个诺贝尔物理学奖十分恰当。它似乎是物理学天空中的第一只燕子，预示着又一个物理学春天即将来临。

## 篇后语

本文作为一篇科学综述发表在《物理》杂志2002年第10期。本文实际上是我在20世纪末与21世纪初，将科研的焦点投入到光学研究前沿的见证。一方面，我利用脉冲激光沉积技术制备新材料，同时对于这个技术的机理进行系统全面的研究；另一方面，我对于新世纪光学研究的光明前景怀有极大的期望，我在1997年向校领导周济和朱玉泉提出利用我校在激光领域的研究优势，研制新型激光干涉装置探索引力波，并且得到校领导的支持。但是由于种种原因，这个愿望没有实现，却导致我对激光科学和技术的研究兴趣。尤其是利用脉冲激光沉积技术研制新型功能材料，以及该技术的机理的系统研究达十余年之久。其后的研究导致2011年我的科学专著《脉冲激光沉积动力学原理》在科学院出版基金的资助下正式出版，标志着我们课题组提出并构建成功的脉冲激光沉积动力学的新学科正式诞生。

# 道德经中的"道"、"无"与真空场、暗能量

## 一

20世纪中叶以来，随着现代科技的发展，人们对于客观世界，大至包含大千世界的鸿蒙宇宙，小至毫端微末的微观世界的认识都有了飞跃性进步，各种学科相互交融、相互渗透的综合化和整体化趋向日益加强。这是人类文明史

上的一个重大转变。须知17世纪牛顿经典力学创立以来，就有一股汹涌澎湃的潮流奔腾而来；新学科不断涌现、旧学科不断分化，整个科学领域一片专门化、细分化的景象，宛如粗大的古树不断长出新枝。但是到了20世纪中叶，特别是接近20世纪末叶，潮流倒转了，这迫使400年来人们习惯的思维方式、认识模式发生重大的变化。突然之间人们痛切地感到，长时间以来主宰科学世界的分析、演绎的方法不足以应对面临的复杂纷繁的客观世界。

科学史专家萨顿早在1930年的演讲《东方和西方》中断言："新的启示会来自东方。"一大批哲学家、科学家走向了久已忘却的东方的神秘世界。他们发现在那个世界统治多年的归纳、综合的思维方式，灵感、顿悟的认识模式，原来并非"保守"、"愚昧"、"落后"的同义语，恰恰相反，它们是认识客观世界、发展科学的强大利器，闪烁着智慧的光芒。神秘的东方世界里，老子的道家"提供了最深刻并且最完善的生态智慧"。因此道家思想在世界范围内，尤其是在物理学家中受到了广泛的推崇。在这些"新道家"中有著名的科学史专家萨顿，著名的生物化学家、科学史专家李约瑟，更有一大批鼎鼎有名的物理学家，如汤川秀树、玻尔、奥本海默、盖尔曼等。尤其是高能物理专家F.卡普拉，他在1976年出版专著《物理学之"道"——近代物理学与东方神秘主义》，该专著立刻风靡欧美，影响甚大。该专著精彩地阐述了道家思想与近代科学的关系，可以说是西方"新道家"的奠基之作。

对于老子、道家的认识和评价，在近代的中国思想界几经反复，迄今为止还众说纷纭、莫衷一是。遗憾的是，人们大多从西方哲学的范式出发，进行评价。有的说"老子代表了没落的公社农民"；也有的说"老子代表没落的奴隶主阶级"；有的认为老子"就其思想而言，基本上是唯心主义的"；有的认为"道这一范畴，就其起源和古代形式来说，具有唯物主义内容"；还有的说"唯物主义总是抓住了老子的足，唯心主义总是抓住了老子的头"，等等。

实际上，正如孔子所说的"吾今日见老子，其犹龙邪（'邪'通'耶'）"，其思想体系是如此的深邃、博大、精微，以至于其对事物的本质的把握，不仅超越当时人们认识的水准，而且就其预见性和洞彻性而言，甚至超越了我们现代人的想象。卡普拉写道："早在两千多年前，老子就已经预见到了今天人类文明的状况"。"使人感到惊讶的是，生活在科学文明发展以前某一时代，老子怎么会向近代开始的科学文化提出那样严厉的指控。"本文将以现代科学的事实，说明老子是如何因为他的预见性而被人们误解、责难的。在我们看来，对老子的最大误解就是，《道德经》中的"道"和"无"。

## 二

老子道德经中的“道”、“无”的含义到底如何，奇怪的是，在以往对《道德经》的理解几乎完全不同的许多学者，大体上都给出了大致相同的答案。

侯外庐等说：“道”字在老子书中是义理性的，有一定自然规律性。道这范畴……并不含有物质的实体。“道”字是老子书中的主旨“道”不但在万物之先，而且在象帝之先；不但是万物之宗，而且和万物背向而动。这显然是上帝的别名，也即所谓神秘的力在最初一击。老子书中的“道”或“无”……比不可知的“上帝”没有多出什么内容的。

冯友兰说：道即万物所以生之总原理，道之作用，亦即万物之作用。道为天地万物生之总原理，德为一物生之所原理。

黑格尔说：一切事物的起源就是虚、无，恍惚不定（抽象的普遍），这就是名为“道”或“理”。他又说：一切事物的起源，最后者乃是“无”……他们（道家）否认世界的存在……最高的本质是最抽象的，最无规定的。

上述说法的共同点是，认为“道”或“无”是指万事万物运行的规律、原则，完全是属于精神范畴的概念。诚然这些看法是有道理的。在《道德经》中的“道”有许多地方的确应作如此理解。例如：

“古之善为道者，非以明民，将以愚之”。

“执古之道以御今之有”。

“不出户，知天下；不闚牖，见天道”。

“为学日益，为道日损”。

“物壮则老，是谓不道”。

恩格斯在《自然辩证法》中论述古代希腊的哲学时，说道：它在自己发展的最初阶段便十分自然地把自然现象无限多样性的统一看作是自明的东西。老子《道德经》中“道”的概念具有多义性，当然在这多义中存在关联。实际上在大多数场合，“道”的真正含义是指世界万物的本源。用现在的语言来说，“道”具有不容怀疑的物质属性。这一点李尔重在刚刚问世的新作《〈老子〉研究新篇》中已有领悟。李尔重说：“道”是不可名状的客观存在，它的存在是化生万物的本源。

为什么历来的治道学者都认为“道”不具有物质属性？甚至老子在阐述作为物质的“道”的行为和本性时认为：

“无名天地之始,有名万物之母”。

“复归于无物,是谓无状之状、无物之象。是谓惚恍。迎之不见其首,随之不见其后。执古之道,以御今之有,能知古始,是谓道纪”。

“其在道也,曰馀食赘行。物或恶之,故有道者不处”。

“反者,道之动;弱者,道之用。天下万物生于有,有生于无”。

“道冲而用之或不盈,渊兮似万物之宗……象帝之先”。

“有物混成,先天地生……吾不知其名,字之曰道,强名之曰大。大曰逝,逝曰远,远曰反”。

“道生一,一生二,二生三,三生万物”。

诸如此类,“道”不但不是物质的实体,而且和物质的实体的性质相反,因此“道”的规律性和万物的规律性是不相统一的。

类似的观点不仅统治着中国的哲学界,而且也主宰了西方哲学界。因为大部分哲学工作者只熟悉物质常见的形态,现代物理学称之为实物粒子构成的原子、分子或相应的凝聚态物质。此类物质的特点是看得见、摸得着,可以用仪器直接观察到。就其结构而言,其具有明显的分离性。他们不了解,从19世纪法拉第、麦克斯韦提出电磁场的概念以来,现代科学家早已清楚在自然界还存在着一类连续形态的物质——场,如电磁场、胶子场、中子场、质子场等。他们更不知道在自然界还存在着一种特殊的场——真空场,从现代宇宙学的观点来看,也许此类真空场早在我们观测的宇宙诞生以前就存在了。因此,他们对于“道”的概念的种种误解就十分容易理解了。

下面将依据现代物理学的最新发展,对于《道德经》中的“道”和“无”进行仔细的考察。我们会发现“道”和“无”作为宇宙万物的始源具有无可争议的物质属性,而且“道”和“无”就是真空场,与新近发现的暗能量息息相关。在此,我们不得不惊叹老子的智慧。早在两千多年前,现代科学知识阙如的情况下,老子的自然观居然与现代物理学给出的物理图像不谋而合。我们不由得想起恩格斯的著名论断:最初的朴素的观点,照例要比后来的形而上学的观点正确些。

## 三

20世纪以相对论和量子论为主流的现代物理学迅猛发展,彻底改变了旧的物质观和真空观。按照现代物质结构理论,物质的基本形态分为实物粒子和场。实物粒子的主要特征是分立性。分子由原子构成,原子由电子和原子核构成,原子核由中子和质子构成。类似于中子和质子,参与强相互作用的粒子叫强子,目前发现的强子有四百余种。所有的强子均由夸克构成,目前发现有六种夸克。类似于电子但质量较大的,还有两种粒子:$\mu$ 子和 $\tau$ 子。电子、$\mu$ 子和 $\tau$ 子都有一种对应的伙伴,即电子型中微子、$v_e$、$v_\mu$,这六种粒子统称轻子。夸克和轻子实际上构造了所有的实物粒子,也就是我们所看到的一切,山、水、空气、人、动物、地球以及所有的星系等。

所有的实物粒子均分别对应一种场,例如电子对应电子场等。而场则是一种连续形态的物质,其特征是具有连续性。从表面看来,具有分立性的实物粒子对应具有连续性的场,似乎是难以理解的。实际上这种表面上的矛盾正好反映了微观世界中的特殊规律,即波的二象性。电子和电子场是对立统一的实体,在一些物理条件下,此实体行为表现为分立性;而在另外的一些物理条件下,其行为则可能表现为波动性,即连续性。粒子和场都具有自旋的物理量,自旋取值只可能为 0,1,2…。自旋就是角动量,换言之,就是表示粒子和场转动(涡旋)特征的物理量(当然这里不要过于拘泥转动的经典含义)。可以说,任何场都具有某种涡旋运动的特征。

量子场论告诉我们,在微观世界,物质(粒子或场)的运动不再用决定论(如经典力学)描写,而表现为统计规律。换言之,在微观世界,我们无法准确地指出电子在某一时刻出现在什么地方,只能确定电子在某一时刻出现在空间某一点的概率是多大。这样从传统的或经典的观点来看,物质的运动的确有些古怪,有些“恍恍惚惚”,用老子的话来说就是“是谓无状之状、无物之象。是谓惚恍。迎之不见其首,随之不见其后”。

什么是真空?按照量子场论的观点来看,“真空为系统的最低能量态”,又称基态。有趣的是,由于量子理论中的测不准原理,真空中的能量并不是等于零,而是等于某一个常量。真空不空,真空中充满了无数倏忽产生又倏忽消失的“虚粒子对”,如“虚电子对”就是一个虚的电子加上一个虚的正电子。所谓“虚”是指这些粒子生成的时间非常短暂,受到海森堡测不准关系的限制,因此原则上不可能用任何精密的仪器直接探知它们的存在。但是这些虚粒子对构成的“虚粒子对海洋”是有可能产生可以探测的物理效应的。

如果高能光子的能量足够高,就有可能从真空中打出一对正负电子。也可以说真空中的虚粒子对在一定的外界条件,比如高能光子的打击下,极强的电场和磁场的激发,等等,都可能“实化”——变成可以观测的粒子对,即一个粒子加上一个对应的反粒子。在古希腊时期,“真空”就是“虚空”的意思。上述物理效应不正好就是人们常说的无中生有吗?不正是老子所说的“无”生“有”吗?

在量子场论中真空还有许多可以观测的效应,例如真空极化效应(兰姆能级位移和德勃鲁克散射)和真空磁极化效应。尤其是1997年美国洛斯·阿拉莫斯国家实验室的拉莫里雅斯以极高的精度观察到真空的卡什米尔效应——一种真空中虚粒子能导致真空零点能变化的效应,更是以确凿的事实证明真空确实具有复杂的结构,可以导致许多影响我们观察世界的效应。

总而言之,真空或者说真空场,从现代物理学来说,并非大家通常认为的是空无一物,是虚空;恰恰相反,真空场是作为物质的一种形态——场的一种特殊状态,以及能量最低的状态;真空场所具有的能量,又称真空能、零点能、基态能、背景能等。由于量子效应的原因,真空能并不是经典物理断言的,其数值为零,而是一个非常大的常数。真空具有非常复杂的结构,比如Callan、Gross等建立的$\theta$真空理论、Guth等建立的暴胀宇宙的真空理论等,对其结构和基本特征的科学探索正方兴未艾,其中的奥秘刚刚被揭示。但是现在已有的科学实验已确凿证明,真空场确实具有可观测到的物理效应,尤其是在高能$\gamma$光子碰撞下可以产生电子——正电子对,$\mu$子——正$\mu$子对等物理现象。我们可以判定在真空场中确实充满无数虚粒子对,它们忽而产生、忽而消失,形成所谓虚粒子对云。

大爆炸学说,尤其是在微波背景辐射发现以后,已经成为科学界公认的、具有坚实实验基础的、人们观察宇宙演化的科学理论,其基本出发点就是我们观测的宇宙实际上诞生于137亿年(现在修订为138亿年——编者)前的一次大爆炸。严格地说,大爆炸“前”,宇宙来自何处,这个问题是很难用现在的科学原理加以解释的。但是自从霍金和哈特尔提出所谓量子宇宙学以来,宇宙“从无创生,时间同宇宙同在”的概念和想法已逐渐在科学界生根。奇妙的是,我们现有的所有物理守恒定律与能量守恒定律、角动量守恒定律等,“似乎并未为宇宙从无创生(或者复归于无)造成什么影响”。量子宇宙学,是对大爆炸的起点给予科学解说的具有非凡价值的首次尝试,用巴顿的话来说,“量子宇宙学事业对许多神学家来说似乎并不很有吸引力,因为它试图用科学定律来描述创生过程本身,或是证明在某种意义上它是不可避免的”。一言以蔽之,量子宇宙学告诉我们,我们观测的宇宙,就是通过大爆炸来自真空。

## 四

我们现在考察老子《道德经》中是怎样阐述作为物质性的“道”和“无”的概念,是如何阐述它们的特征的。

老子在《道德经》第二十一章开宗明义地断言“道”的物质性,所谓“道之为物”。然后谈到“道”这种物质的特点是“惟恍惟惚。惚兮恍兮,其中有象;恍兮惚兮,其中有物。窈兮冥兮,其中有精;其精甚真,其中有信。自古及今,其名不去,以阅众甫。吾何以知众甫之状哉?以此”。此处的“有象”可释为出现了形象,“有物”系指出现了有结构或者可以察觉的物体,“有精”指其中活跃着某种能动的精神,即老子所说的“谷神”或“孔德”。

串讲全章,用现在的话来说就是:“道这种物质,说起来只是一团恍恍惚惚的东西。在这恍恍惚惚之中,出现了形象;在这恍恍惚惚之中,又出现了有结构的物体。尽管这种事情是那么深远而不可见,但可以肯定其中活跃着某种能动的精神;这种能动的精神表现得非常真切,它存在的信息可以得到验证。用今天万物的存在可以推论宇宙的开端,我们无法舍去谷神这个名称(即‘精’),否则便不能产生出万物。我凭什么知道万物是如何产生的?就是依据于此。”物质产生于真空,“有”始于“无”。

老子的话,对比我们对于现代真空场的概念的阐述,道与真空场的属性是何等的逼近啊!它们都是连续形态的物质,都是不能用决定论描述的(恍恍惚惚,遵从统计规律);它们都具有极其复杂的结构,尤其它们是有结构的物质(用现代术语讲就是实物粒子构成的普通物质)的起源。

老子在《道德经》第二十五章、第四十章和第四十二章中再次确认宇宙万物始于道,一如现代量子宇宙学所断言的,观测宇宙始于真空。老子说:

“有物混成,先天地生,寂兮寥兮,独立不改,周行而不殆,可以为天下母。吾不知其名,字之曰道,强为之曰大。大曰逝,逝曰远,远曰反”。“道法自然”。

“天下万物生于有,有生于无”。

“道生一,一生二,二生三,三生万物”。

这里,“有物混成”即有东西在混沌中生成。“寂兮寥兮,独立不改”可视为无声无息、无形无象,独立存在而不可分割。“周行”者,旋转运动也。之所以勉强称其为大者,因道无所不至、无所不包;之所以称其为逝者,因道无所不至;之所以称其为反者,因道(真空场)旋转运动,永无休止。至于“有”可以视为实物粒子，天下万物(即普通物质)均由实物粒子所构成。关于“道生一”，如果这里“一”是指无结构的基本粒子或基本场，“二”或“三”则分别表示物质结构的较高层次，那么第四十二章俨然是一幅现代物质结构模式图。

《道德经》第十四章实际上再次描写了道的物质行为：“视之不见名曰夷，听之不闻名曰希，搏之不得名曰微。此三者不可致诘，故混而为一。其上不皦，其下不昧，绳绳不可名，复归于无物，是谓无状之状、无物之象，是谓惚恍。迎之不见其首，随之不见其后。”

疏：无状——无形状；无物——无结构。道是看不见摸不着的，它是混混沌沌没有结构的。道是一种没有结构的、具有连续形态的物质。

最妙的是老子在《道德经》第三十二章和第四章中谈道：

“譬道之在天下，犹川谷之于江海”。

“道冲而用之或不盈，渊兮似万物之宗。挫其锐，解其纷，和其光，同其尘。湛兮似或存，吾不知谁之子，象帝之先”。

历来人们将上述内容解释为对于精神规律的阐述。若把道视为真空场，则似乎显得更加贴切和自然。《道德经》第三十二章中的“江海”即是道，这岂不就是告诉我们，作为真空场的道是处于能量最低的状态吗？海纳百川，实际上就是场的较高的能态都会自发地趋向基态(真空态)的形象化描述。《道德经》第四章就字面意思可以直接释为：无结构物质不仅构成有结构物质，而且还包容它，因此无结构物质是永远用不完的。由于在现代物理学中，能量和质量在某种意思上可以视为同义语。因此用现代物理学的术语来看《道德经》第四章，实际上老子似乎在告诉我们“真空能量无穷大，有结构物质源于真空”这一科学真理。

更加有意思的是《道德经》第四十章中的“反者，道之动；弱者，道之用”。如果将“反者”释为旋转、循环、回归、螺旋形上升，将弱者释为微小、滋养万物而不争、隐而不露，则“反者，道之动”隐含的现代科学含义就是真空场似乎是有旋场，“弱者，道之用”则依然讲的是有生于无。

《道德经》中“道”的含义具有多义性，如前所述，许多地方“道”应作为普遍规律，或者宇宙法则来讲。但是我们应该明白，先哲老子认为，精神世界的普遍规律与物质世界的基本法则是相通的，或者说两者具有一致性。本文不拟在这方面作深入的讨论，只想指出这种多义性，以及老子语言的极端简约，表达形式的古朴和朦胧，造成了对《道德经》所蕴含的丰富、深刻、睿智的自然宇宙观的认识的困难和误解。从本小节的内容来看，老子的自然宇宙观，远远超过了现代许多哲人和科学家，居然与最新的科学发展，主要是与现代宇宙学和物理学所给出的宇宙本源、宇宙创生的基本图像不谋而合。但更使我们惊奇的是，2003 年 2 月 1 日，美国宇航局宣告，威尔金森宇宙微波各向异性探测卫星(WMAP)发现，宇宙中的绝大部分物质是暗能量——很可能就是真空能量。这将使本文中所提出的对于"道"或"无"的解释更为可信，其科学依据更为坚实，从而更增加了我们对先哲老子的仰慕和崇敬。

## 五

2003 年 2 月 1 日，美国科学家公布了威尔金森宇宙微波各向异性探测卫星关于宇宙微波背景在各个方向的分布图，精确展示了宇宙大爆炸后 38 万年时的宇宙物质空间分布。WMAP 的宣告，被视为当年十大科学发现之首，被科学家称为开创了宇宙学研究的新纪元。

自从 1991 年美国宇宙背景探测器(COBE)首次测量到了源自宇宙早期密度扰动的各向异性，直到 WMAP 的新观测资料的公布，宇宙学的研究可以说经历了一个革命性的阶段。COBE 和 WMAP 的观测，为研究宇宙的起源和演化提供了宝贵的观测资料。这些观测结果不仅以前所未有的精度支持和证实了宇宙大爆炸模型，将该理论的主要模型参量确定到优于百分之十的精度，而且还为宇宙极早期的量子场性质提供了重要的观测限制。

首先，观测到宇宙在加速膨胀，独立地测定出宇宙的膨胀速率为 $7.1\times10^{-3}$ 千米/秒·秒差距，推算出宇宙的寿命是 137 亿～138 亿年，有力地证明了宇宙的确是平直的。其次，通过对微波背景辐射角功率谱(精度为 0.2 度)的精密测量，推算出宇宙中存在 4.4％的重子物质、22.6％的暗物质、73％的暗能量。在宇宙中，暗能量成为主导物质，宇宙的演化主要取决于暗能量。暗能量与本文讨论的主题关系甚大。

所谓重子物质，就是我们能直接或者通过仪器观察到的物质，如星系、地球、人等。一般来说，也就是古人认为的实物粒子构成的物质。暗物质无法通过天文仪器直接观察到，但其引力的效应与重子物质是一致的。暗物质是不发光的，一般人认为它是非重子构成的物质。中微子是我们知道的唯一的一种暗物质形式，实际上绝大部分构成暗物质的粒子我们并不知道。在人类已发现的 800 余种亚核粒子中，除中微子外，没有一种能作为暗物质的粒子。暗物质尽管与普通物质有许多的不同，然而其引力效应是完全一致的，它们对于宇宙的演化起到抑制膨胀、导致收缩的效应。

新近发现的暗能量就是一种我们完全陌生的新的物质形态,人们只知道它会产生负压强,导致宇宙加速膨胀。我们已精确测量出宇宙中暗能量的密度,知道暗能量是主宰宇宙演化的主要物质形式。到底暗能量是什么呢?目前,科学家认为真空能就是暗能量的一种形式,因为早就发现真空能会产生一种排斥力(负压强),从而对宇宙的膨胀起到加速作用。当然,用真空能解释暗能量也还有一些问题需要解决。科学家近年还提出一些其他模型,如Quintessence(精髓)、场模型、K-essence 和 Phantom 等模型,来解决暗能量问题。总而言之,在大多数物理学家看来,真空能似乎是暗能量的较为合理的候选者。

综合霍金等的量子宇宙学的观点,我们观测的宇宙不仅来自真空("无中生有"),而且时至今日我们观测宇宙的演化,依然由真空(暗能量)支配着演化的总的趋向:加速膨胀。普通物质、暗物质也来自真空中的一次大爆炸。这里所说的宇宙创生和演化的图景,是现代科学以确凿的观测资料为基础告诉我们的。当然不要误解,以为这幅图景已经很完善、很清晰了。否!图画中还有许多模糊不清的地方,许多尚待仔细辨认的地方。然而图画中的大体轮廓是确凿无误的,就是真空场或者真空在我们宇宙的演化中,确实扮演着总的源头的角色。

如果说以亚里士多德为代表的希腊哲学流派,主要是利用了分析、演绎的方法把握物质的可分性,探求物质结构的本源(实际上是重子物质的本源)和宇宙的真谛,那么以老子为代表的道家则以归纳法为依归,以道为最高范畴,把握物质的连续性,探求物质结构的本源(实际上是联系形态的基元物质——真空场)和宇宙的真谛。应该说是双峰对峙,各有所长。然而,穷本溯源,如上所述,"有生于无",有结构的物质(普通物质,重子物质,实物粒子构成的物质)产生于无结构的真空场(真空或暗能量)。因此就认识的深度和洞察的睿智性而言,道家哲学略胜一筹。

附带说明,本文中将"道"和"无"相提并论,实质上在老子的《道德经》中,"道"和"无"还是有细致的差别的。总体来说,《道德经》中的最高范畴为道。在作为物质属性概念的时候,"道"与"无"两者具有同一性。但是当"无"与"有"作为一对矛盾的时候,"道"则是主宰一切的。用李尔重的话来说:"道之本为始于有,形于无。"

近来在中国哲学界有人提出,"西方哲学有实体主义的传统,而中国哲学则有非实体主义的传统”,并认为,“中国哲学的非实体主义传统对于西方哲学之破除实体主义是很有启发的”。伍雄武先生以老子的“无”作为立论的依据,说:“宇宙、万物的根据和真相是‘无’。也就是说,实体是‘无’。”又说:“以道为万物的根本,并且是超越万物的绝对,用现代的话来说就是以道为实体而且有实体主义的倾向。”这些论断都很正确。但是说:“‘无’这个范畴的提出,表现了古代中国哲学中否定实体思想倾向,或者说,它是一种非实体义的思想倾向。这样说来,‘无’这个范畴中包含着实体主义又否定实体主义,真所谓实体主义思想与非实体主义思想的对立统一!”这就不完全对了。因为作为万物之源的“道”、“无”,正如我们所论述的,是一个完全确实的实体。这是一个完完全全“以实体为存在的真实或真相”。怎么会是非实体主义呢?由于本文没有论及关于“道”和“无”作为普遍规律、支配万物的法则的有关内容,所以对于伍雄武先生的有关论述未加涉及。哲学界的同仁在探讨东方哲学、中国哲学有关自然观和宇宙观的时候,是否可以多关注一下科学的最新发展?往往许多误解都是基于对于现代科学发展的最新成果给许多概念、思想带来的革命性的变化认识不足。

老子以后,庄子坚持了道为宇宙本源的思想。作为一种连续形态的基元物质的“道”或“无”或“玄”,老子的这个理念在中国哲学史上,一直薪火相传,时有发挥。战国时期的宋钘称之为“精气”,荀子称之为“气”,汉朝的王充和唐朝的柳宗元称之为“自然元气”,宋朝的张载和明末的王夫之更是据以建立了著名的自然元气论。如果说希腊哲学开启了现代原子论的先河,我们认为完全有理由说老子的《道德经》是现代场论的先驱。我们常常听到中国文化缺乏现代科学的要素,本文可以说是对这种言论的回答。

在结束本文时,我们想起现代量子论奠基人玻尔的话:“当在我们协调在人生壮剧中既是观众又是演员的身份时,我们必须指向释迦牟尼和老子这样一些思想家已经遇到的那些认识上的问题。”还想起现代著名物理学家温博格的话:“远东传统中哲学思想与量子理论的哲学实质之间有着某种联系。”我们不禁百感交集。卡普拉认为现代物理学家与东方哲学的宇宙观具有相似性。因此,读者完全没有必要奇怪,老子居然能在 2000 多年前就提出类似于真空场的科学思想,居然能展示出类似宇宙大爆炸模型、量子宇宙学,以及关于物质和宇宙的起源、演化的史诗性画面。

# 篇后语

2004年5月12日至15日，在美丽的武汉大学，召开了海峡两岸首届当代道家研讨会。参会代表写的论文，汇编成名为《当代道家》的会议文集，本文发表在文集的第206～214页。发表时署名张端明、李睿、杨叔子。这篇文章经修订后于2005年由湖北人民出版社出版的《当代道家与道教》收录。

我对哲学尤其是中国古典哲学并没有深入研究，只是感兴趣而已。大约是1999年的春节，杨叔子院士出乎意料地到我家拜年。我再三推辞不成，心想恐怕没有什么“好事”。果然杨院士直截了当地邀请我到他所在的研究所演讲关于《道德经》的内容。我再三声明，30多年来我没有摸过《道德经》，甚至家里也没有有关书籍。但杨院士一再诚恳邀请，万般无奈，我只好赶鸭子上架，勉为其难地接受了邀请。大约是开学后的第二周，我以《道德经与现代物理学》为题，在杨院士所在的研究所进行了三四次演讲，总时长为八九个小时。听众有四五十位，有教授、讲师，更多的是博士生。为了准备这次演讲，我硬着头皮钻研了一下《道德经》。多年未曾谋面的“老朋友”，久别重逢，仔细品尝，结合现代科学的发展轨迹，尤其是结合现在物理学发展的最新成果，撰成此文，感慨良多。原来中国的古典哲学高瞻远瞩，大有智慧，别有一番滋味在心头。

此后校内外哲学界的朋友，似乎盯上了我，邀请我参加各种哲学和科学史的学术会议有不少。我因此结识了一些哲学名家，如当代道学大师陈鼓应教授、香港大学的刘笑敢教授等，武汉大学和华中科技大学的哲学界朋友有欧阳康教授、万小龙教授、官哲兵教授、桂起权教授等。更加有趣的是我还有幸一睹当代道教领军人物之一李光富道长和吴诚真道长。

本文以现代物理学、宇宙学观测的最新成果，特别是关于COBE和WMAP的观测结构，围绕着老子《道德经》中的“道”和“无”的概念，条分缕析，指出“道”与“无”具有多义性，即具有物质属性的万物本源和具有精神意识属性的主宰万物的法则。然后根据《道德经》中对于“道”和“无”的有关阐述，进一步指出，在作为万物本源来解释的时候，“道”和“无”是具有涡旋运动的、连续形态的基元物质，类似于现在的场。更具体地说，就是现在的真空场或暗能量。最后指出，老子的《道德经》所蕴含的思想与现代物理学的基本认知具有许多相似性，它包含有许多对现代物理学基本规律的天才预见。

# 武汉科技发展剪影与展望(古代、近代与民国时期)

武汉,襟江带湖,处荆楚腹地,古云梦大泽边缘,乃江汉平原与大别山、幕阜山过渡地带。山川秀美,雨量丰沛。早在六千到八千年前的新石器时代,就有人类在此聚居生息,展现文明的曙光。武汉市黄陂的盘龙城遗址的发现,表明早在 3500 多年前的殷商之际,城市之光即在此出现。这是迄今为止已发现的第二座商代古城。

西周,尤其是东吴以降,以至宋明,武汉逐渐成为繁荣的工商业大都会,荆楚文化的中心。武汉形势重要,东西锁长江咽喉,南北扼交通要冲,自古即为华夏内地重要的交通枢纽,素有“九省通衢”之美誉。

明成化年间(1465—1487 年)汉水改道,汉口遂由汉阳折出,生齿日繁,商贾辐辏,蔚然成镇。至明末清初,汉口一跃而成为全国四大重镇(余为景德、佛山、朱仙)之首。19 世纪中叶,汉口“开埠”,欧风东渐。从晚清到民国,尤其张之洞两次督楚,兴实业,办学校,修铁路。武汉经济实现腾飞之势。对外贸易,汉口更“驾乎津门,直追沪上”,成为全国第二大商埠,国际知名商业贸易都会。武汉三镇,已连成一片。其近代化进程,经济实力,在全国居于前列。

新中国成立后,尤其是改革开放以来,武汉市的经济更是突飞猛进,不断扩大开放,快步走向世界,高新技术产业不断兴起,高科技开发区日渐壮大。武汉市正以崭新面貌,发挥其华中地区特大城市的独特功能。

武汉科学技术的发展,离不开武汉的经济基础;反之,对于武汉经济的发展,科学技术的发展起着越来越重要的作用。同时,科学技术作为人类文明的重要内容,其发展必须依托整个文化的发展。武汉市作为荆楚文化策源地和中心之一,荆楚文化的深厚积累,为其科学技术的发展提供了丰饶土壤。

荆楚文化是中华文明中瑰丽多姿、富于特色的重要组成部分。荆楚文化雄奇浪漫、富有想象力;楚人不畏艰难,筚路蓝缕,勇于开拓,富有创业精神;兼收并蓄、有容乃大,宽容豪放,善于学习;忠君念祖、自尊自强,具有强烈的爱国精神。

荆楚大地，人杰地灵，唯楚有材，才俊辈出，史不绝书，灿若群星。忠贞爱国，长虹贯日，则有屈原、伍子胥、樊哙、王昭君、熊廷弼等；雄才大略，老成谋国，一世之雄，则有楚庄王、刘秀、孙叔敖、陈友谅、张居正等；文采飞扬，窈窕华章，则有宋玉、唐勒、杜审言、杜甫、孟浩然、岑参、张继、宋祁、宋庠、袁宗道、袁宏道、袁中道、谭惺、谭元春等；睿智聪明，多有发明，则有鬻子、老莱子、米芾、陆羽、李时珍、毕昇等。

早在六千到八千年前，人类由蒙昧走向文明的新石器时代，考古证明，大致在屈家岭文化中期，在东湖放鹰台遗址、洪山许家墩遗址等地，就有过着渔耕生活的武汉先民在此繁衍生息。他们已有较发达的农耕技术，会平整土地，引水灌溉，排除积水，甚至还会耕种、除草等生产活动。生产工具为磨光的石器，有斧、锛、铲等。生活用品多为陶器，有鼎、甑、碗、豆、簋、鬲、杯、罐等。此时已出现相当发达的手工业。制陶业的工艺颇为高超，陶纺轮的出现，则反映出纺织业十分发达。人们居住在红烧土的长方形户屋中。

楚人认同炎帝，即传说中的神农氏（又称烈山氏）为其先祖。烈山位于随州市北，至今留存着诸多关于炎帝的传说。传说神农氏为中华民族农业始祖，所谓“神农既诞，九井自穿……汲一井则众水动”，正是兴修水利，灌溉农田的生动写照。神农氏又是传说中的医药之神，神农尝百草的传说反映了中国医学萌芽的事实。考古与古文献、传说互相呼应，武汉先民确实与楚先民出自一根，乃炎黄子孙一脉。

盘龙城是一座距今 3500 多年的商代方国古城，或曰商人南下建立的军事城堡。遗址东南有方形宫城，宫城内有宫殿区，周遭有夯土筑成的城垣，城垣外有宽十余米的城壕。宫殿建筑颇具规模，并且具有尔后我国宫殿建筑布局的最主要特征——前堂（朝会、宴乐用）后寝（寝居）。城外北面为贵族与平民居住区。南面为手工作坊区，一般为酿酒、制陶、冶炼遗址，发掘出土大量精美的商代兵器（戈、矛、钺、斧等）、酒食和礼乐器具（铜圆鼎、分档鬲、双耳簋、平底提梁卣等），造型古朴、纹饰秀丽，表明铜器铸造技术已臻圆熟，可以铸大件，而且能铸出纤细精美的花纹。尤其是，其中有器件是用“分铸法”所铸成，即器身与附件系分别铸造，而后铸结成一体。这是我国最早采用先进的铸造法的铸件。

值得一提的是，汉阳纱帽山出土的青铜尊，形体端丽，以极纤细的云雷纹为底纹，上加饰精美绝伦的夔龙纹和饕餮纹，令人叹为观止。盘龙城还出土了许多雕琢精美的玉器，其中长 94 厘米的玉戈，是目前发现的最长的商代玉戈。

盘龙城发现的精美雕花木椁，外壁阴刻饕餮纹和云雷纹，是我国目前发现的最早木雕工艺品。可以毫不夸张地说，这些铜器、玉器和木器的工艺，超过古希腊，达到当时世界最先进水平。

楚国肇始于鄂西丹阳（今秭归），由不过百里蕞尔小国，迅速扩张，其鼎盛时期"中分天下"、"势丰中国"，成为幅员辽阔的文明古邦。楚国享国八百余年，约与周朝相始终。楚人以惊人毅力与卓越智慧，创造出当时世界一流人类文明，成就了博大精深、灿烂辉煌的楚文化。在科学技术的诸多方面居于世界领先地位。湖北（包括武汉地区）是楚文化的发祥地与中心。楚人富于烛隐洞幽的探索精神，兼有宽容海涵的开放态度，其先祖鬻熊是道家先驱。他所著《鬻子》则为先秦诸子子书之始。在《鬻子》熏陶下，遂有老子《道德经》、庄子《南华经》，创立闪烁智慧光芒的道家学说。

楚文化的瑰宝——《楚辞》不仅是文学史的丰碑，而且在科学史上颇具价值。在屈原的不朽名篇《天问》中，充满对宇宙创生（天地开辟）、人类始源、昼夜循环、日月运行、时序变化、气候演进，以及天体、大地之构造等，即现在宇宙学、天文学、气象学和地学等基本问题的探索和困惑，保存了大量先民们有关创世纪的神话。《天问》反映了中华民族敢于探索、勇于寻真的创造力与想象力，这正是推动科学前进的永不衰竭的动力。

濒临武汉的大冶铜绿山古铜矿遗址，与保存在湖北省博物馆的曾侯乙编钟，就是楚国高度发达的科学技术的铁证。铜绿山古铜矿最主要的生产阶段，是在楚国统治时期（春秋中期到战国）。无论从开采规模（已清理出井巷 400 多处，以及一些冶铜竖炉），还是采掘技术（井深达 40～50 米，采用支架工艺、通风技术、排水技术等）都是当时世界上首屈一指的。战国以后，采掘工具逐渐以铁工具（斧、锄、錾、耙、锤等）代替铜工具。有效采用竖井、斜井、盲井和平巷相结合的开拓方式，逐步解决了深达 50 余米的矿井的支炉、通风、排水、提升和照明等一系列复杂技术问题。冶炼炉结构颇为合理，炼出粗铜含铜量达 93%。估计已炼出 8 万～10 万吨铜。

湖北省随州市曾侯乙墓中出土的各类铜器达 10 余吨。其中双音青铜编钟音质的纯美、铸造工艺的精湛，令人叹为观止，被誉为世界第八大奇迹。实际上，它是精确声学、音律学、冶金技术和精密铸造技术多方面成就的精品，是世界科技史上罕见的"科技活书"。编钟音域宽广、音列充实、音色优美。每件钟都有呈三度音程的三度乐音，可分别击发，互不干扰，亦可同时击发构成悦耳和声。其音域自 C2 至 D7，中心音域内具有十二个半音，可以旋宫转调，演奏七声音阶的乐曲。它宣告了中国古乐只有五音说的谬论的破产。编钟铭文的标音明确,注明钟的悬系位置或敲击部位及其发音名称,它们构成十二个半音称谓体系。钟铭中凡见律名28个、阶名66个,俨然是一部重要的中国古代乐律理论的专著。

编钟及其构件系铜、锡和铅组成的合金,其比例因用途而异,用挥铸、分铸、锡焊、铜焊、铸镶、错金、磨砺等多种工艺制成,工艺精湛,美观优雅,从力学、美学和实际演奏等角度来说,都极为合理。该编钟证明,早在2400多年前,中国就发明了红铜花纹铸镶法,青铜组合浑铸法也提升到新的高度,传统的分铸技术有许多新的突破。楚人发明的失蜡法(或称熔模铸造法)有了进一步的完善。曾侯乙墓中同时出土的一件造型精美、构造繁复的尊盘,就是用失蜡法铸造的无与伦比的国宝。楚人对于多种铸造与焊接技术的综合达到和谐完美的境地。编钟及其附件,证明了中国冶金和青铜铸造技术居于当时世界领先水平。

同时出土的一件衣箱盖上,中书一个大大的"斗"字,周围写有二十八宿的全部名称,且左绘一虎、右绘一龙。这说明当时在天象观察中已形成完整的二十八宿体系,改写了我国的古天文史。由此有助于制定准确历法,便于"建四时"、"移节度",以指导农业生产。

在战国时期,楚国的冶金业、髹漆业和丝织业都已跃居国内乃至世界领先水平。近代出土文物中,无论是髹漆、竹编、木雕等工艺品,还是先进青铜兵器、铁农具、兵器,精美非凡的丝绣衣物、帛书、帛画,大都出自楚墓。我国最早的毛笔和木床,也出自楚地,可见楚人文化品位甚高,颇能引领当时的潮流。

从考古出土的"鄂君启节",即楚王发给鄂君启的水上、陆地行商通行证来看,武汉地区当时已是水上和陆上交通联系网的重要组成部分。楚国的陆运主要靠牛车、马车,商运车队一次使用马、牛可达500匹,货车50辆,或脚夫1000人。水上交通则更为发达,船队一次使用商船可达150艘。楚国交通北通中原,西接巫巴,东联吴越,南逾五岭,十分便捷。楚国的丝绸甚至远销西伯利亚。

秦汉以降,而南北朝,而隋唐宋元明,直至清晚朝,在漫长的中古、近古时期,荆楚科学技术的发展一直不断向前。其中有几个照耀千秋的科学巨匠,不仅在中国的科技史上功业彪炳,而且在世界文明史上占有重要地位。

"茶圣"陆羽(733—804年),字鸿渐,复州竟陵(今湖北天门)人,知识渊博,著述颇丰,以《茶经》一书最为著名。《茶经》是唐代及唐以前有关茶叶科学、技术和文化的系统总结，是中国茶叶生产、茶叶文化发展史上的里程碑，“言茶之源、之具、之造、之器、之煮、之饮、之事、之出、之略、之图尤备”。《茶经》也是世界上第一部茶叶专著。后人有评：“夫茶之著书，自羽始；其用于世，亦自羽始。羽诚有功于茶者也。”此书问世以后，“天下盖知饮茶矣”。

陆羽还善于精鉴水品，他对所经行之处，如巴蜀、长江中下游等地江河泉水的水质分为 20 等，对后世影响甚大。

随着人们对于茶叶研究的深入，世界对于陆羽的卓越的开拓性贡献有了越来越清楚的认识。陆羽不仅是中国的“茶神”、“茶圣”、“茶博士”，同时也是世界文化名人。

活字印刷术的发明家毕昇(约 970—1051 年)，北宋布衣，淮南路蕲州蕲水县(今黄冈市英山县草盘地镇五桂墩村)人。初为杭州印刷工人。据宋沈括《梦溪笔谈》可知，毕昇发明的胶泥活字印刷术简单灵活，便捷易用。活字印刷术的发明，免除了以前摹印、拓印和雕版印刷带来的笨重、费时耗料、存放不便、纠错困难等诸多不便。它是印刷史上伟大的革命，是我国古代四大发明之一。

毕昇的发明，首先传到朝鲜，称为“陶活字”；而后传到日本、越南、菲律宾；15 世纪，活字版传到欧洲；16 世纪，活字印刷术传到非洲、美洲和俄国；19 世纪传入澳洲。从 13 世纪到 19 世纪，经过 600 余年，活字印刷术传遍全世界。活字印刷术，不仅对我国经济、文化发展厥功至伟，而且为世界文明的发展贡献良多。活字印刷术是人类文明史上伟大的科学发明之一。有西方学者认为，活字印刷术的发明人对世界文明的发展的贡献，远大于恺撒、亚历山大、成吉思汗、拿破仑之类豪杰，甚至超过牛顿、爱因斯坦之类伟大科学家。

毕昇的原籍直至 1990 年在英山县发现他的墓碑才被确定的。伟大的发明家毕昇永远活在我们心中，他是中国人民的骄傲，他更是包括武汉人民在内的荆楚人民的骄傲。

世界文化名人李时珍(1518—1593 年)字东璧，蕲州(今蕲春县蕲州镇)人。少即从父习医，表示“身如逆流船，心比铁石坚，望父全儿志，至死不怕难”。壮而成为远近闻名的良医，医术高明，声名远播，医德高洁，驰誉乡梓。33 岁时在楚王朱英𤊨的楚王府(位于武昌)任“奉祠正”。而后朱英𤊨推荐他到北京的皇家太医院任“太医院判”，做御医。不久告归蕲州，一面从医，一面纂修《本草纲目》。从 1552 年到 1578 年，李时珍涉猎群书，参考文献 800 余种、札记数百万言，三易其稿，终于完成百科全书式的巨著《本草纲目》。

为撰写此书,李时珍不仅博采前人有关本草(即中药材)的著述,而且多次离家远行,采访四方,深入民间,采集单方,耗尽平生心血。《本草纲目》全书52卷,16部,190余万字,收罗宏富;药物1892种,比前人增加374种;附方剂11096个,比前人增加4倍;书中还绘制了1126幅图。此书博大精深,"集明代以前药物学之大成",是中国古代医药学、中国医学的百科全书。简而言之,该书集中药学之大成,立本草之新体系,纠前人对本草之偏误,增前人未录之新品种,阐明中药性味之理论。从自然科学(植物)的现代理念来看,《本草纲目》对于植物的形态、特征、生态习性、生长过程、地理分布、栽培工艺、实用价值等均进行了详细考证,并有简明扼要的论述。因此,此书可视为近古以前世界上最完美的植物教科书、辨识植物的指导书,具有极高的学术价值。

《本草纲目》在我国医药界被视为珍贵的经典著作,还先后被译成日文、拉丁文、德文、法文、英文、俄文等文字,传遍全世界,成为国际学术界的重要植物学和医学文献。李时珍是我国古代伟大的药物学家。在20世纪50年代,他还被世界和平理事会评为世界文化名人。

宋明以来,武汉成为全国重要的交通枢纽,繁荣的商业大都会,汉口在明末清初更一跃成为全国四大名镇之首。1858年6月,西方列强强迫清政府签订《天津条约》,规定汉口等8处为通商口岸,汉口遂成为内地最早向外开放地区之一。清政府随后在武昌设立海关,旋即移驻汉口,称"汉黄德道兼监督税务江汉关署",简称江汉关。1861年,汉口正式"开埠"。从此直到清末民初,武汉作为东方的一个近代都会走过其形成期和滥觞期。

开埠以后,欧风东渐,西方文化给处于封建封闭结构的武汉以强烈冲击,洋务运动应运而生。尤其张之洞在清末两次署理湖北事务近18年,1898年更调任湖广总督,大力推广洋务新政,兴实业,练新军,办教育,一举而奠定武汉近代化的基础和基本格局。兹举其荦荦大端者如下。

兴建卢汉(卢沟桥—汉口)铁路。张之洞于1889年上奏提议修建卢汉铁路,1896年正式动工,1905年全线方告竣工,改称京汉铁路。此路通车对武汉近代化功德无量。首先,它改变了武汉在近代中国经济格局中的地位。从前武汉主要是流域性城市,在长江的东西传输中起重要作用。京汉铁路通车,则使武汉在绾毂南北方面显示出巨大威力。其次,它推动了武汉商贸发展,时人评论说"观近年汉口贸易额增加之数,较前几年大一倍,伟然占全国通商口岸之第二位,皆此铁路之力"。再次,它推动了武汉市区建设。该线通车以后,汉口车站、马路、工厂、仓库、商店、码头等,如雨后春笋,勃兴不已。《夏口县志》

曰:“卢汉通轨,形势一年一变,环镇寸地寸金”。最后,它促进了重工业发展。

建立汉阳铁厂与汉冶萍公司。张之洞于1890年5月在武昌设立湖北铁政局,以作建厂准备。1890年8月,在汉阳龟山麓下,汉阳铁厂破土动工。1893年完工,主体工程包括炼铁、锻铁、钢轨等10个分厂。1891—1894年,又建立大冶铁厂,并兴修转运矿石的专用铁路。1897年,铁矿石产量已达3.9万吨,成为铁厂矿石主要来源。汉阳铁厂是当时远东最大的钢铁联合企业,甚得西方舆论好评。

为解决焦煤等问题,该厂而后改为官督民办,承办人为盛宣怀,1908年并入汉冶萍公司。汉冶萍公司由汉阳铁厂、大冶铁厂与萍乡煤矿等三部分构成。

建立湖北枪炮厂(后改名汉阳兵工厂)。1890年3月,张之洞筹建枪炮厂于汉阳大别山北麓。1894年全部建成,全厂分为炮厂、枪厂、炮架厂、炮弹厂和无烟火药厂5个分厂。先后制成37厘米、53厘米、57厘米三种口径的格鲁逊大炮。1907年,该厂年产步枪能力已达1.5万支。1908年改称汉阳兵工厂。

建立湖北纺织官局等近代企业。张之洞于1890年在武昌文昌门外开始兴修湖北纺织官局,1892年正式投产。1894年生产原色布70000匹,斜纹布6000匹,棉纱4000余担,总计开动布机600台。1897年,建成纺纱北厂(南厂外迁),计装纱机4.9万锭,用工1500名,日产10～16支粗纱大包。1894年11月,创办缫丝官局于武昌望山门外,1896年竣工投产,装缫丝机200台,日产丝48公斤。该厂为长江流域当年最大机器缫丝厂。1898年3月,张之洞在武昌平湖门外设立湖北制麻官局,1906年建成开工。共设二厂,有动力690匹马力,女职工480名,日产麻纱300斤、麻纺织品500码。该厂为当时中国设备最先进的制麻工厂。

张之洞还先后创办武昌制草厂(1907年)、白沙洲造纸厂(1907年)、湖北毡呢厂(1908年)、湖北官砖门(1908年)、湖北针钉厂(1908年)等,共计11个近代企业,约占同期全国新兴类似企业的四分之一。

张之洞以军用工业、钢铁工业为先导,轻、重工业并举,民用、军用并举,构建武汉近代工业体系,对于武汉工业基地的形成具有深远影响。在洋务新政的大潮下,武汉地区(大多在汉口、汉阳)的民族资本工业(私营)纷纷出现,如汉口新昶机器厂(1895年)、兴商砖茶厂(1896年)、美盛榨油厂(1896年)、湖北模范大工厂(1896年)、中同机器厂(1897年)、燮昌火柴厂(1897年)、周恒顺机器厂(1900年)、歆生记铁工厂(1901年)、广利玻璃厂(1904年)、华开昌布厂(1904年)、洪顺机器厂(1902年)、祥泰肥皂厂(1903年)、汉口玻璃厂(1904

年)、瑞丰面粉公司(1905年)、求实织造公司(1905年)等。

洋务新政的另一个重要内容就是改革旧式书院,兴办新式学堂。在旧式书院增添天文、地理、格致(物理)、化学、算学、制造等新科学课程。张之洞于1890年创办新式学堂两湖书院,开湖北近代教育之先河,1903年改为两湖文高等学堂。1893年改武昌方言商务学堂为自强学堂。1903年在该校基础上,成立国立武昌高等师范学校,后改名国立武昌大学,即今武汉大学前身。1893年,张之洞在国内首先创办农务学堂,1906年改名湖北高等农业学堂,即今华中农业大学前身。同时兴办的新式学堂还有工业学堂和湖北师范学堂。后者系我国近代教育史上最早建立的师范学校。在两湖文高等学堂原址上,于1904年设立两湖师范学堂。这些学校都设立在武昌。与此同时,张之洞还选派大量湖北青年出国留学,人数在全国位居前列。

随着近代企业与近代教育的发展,近代科技知识也传到江汉大地。于是,现代科技逐渐在武汉发展起来。主要体现在新型军工产品(无烟火药、新式枪炮)的制造,以及炼钢技术和近代地理学的发展上。

1900—1901年,清末著名科学家徐建寅受张之洞委托,成功试制出无烟火药,其威力达到国际先进水平,随后即投入批量生产。这是我国近代兵器工业的盛事,为其发展奠定了基础。汉阳兵工厂以德国先进兵器为样本,仿制成功多种枪炮。最为成功的是汉阳造七九步枪,这种步枪成为闻名全国的"汉阳造",是当时中国军队的主要装备之一。

汉阳铁厂和汉冶萍公司是集采矿、炼铁与炼钢于一体的联合企业。其所购置的钢炉、转炉、平炉、轧铜机与矿山采掘机械等,均为当时最先进设备。生产的各项技术指标,都达到当时世界先进水平。如100吨高炉,容积240立方米,高18.125米,日出铁水6次,成钢90~100吨;又如250吨高炉,容积477.5立方米,高24.45米,日出铁水8次,成钢230~250吨,等等。

清末到民国,湖北近代地理与测绘学(时称舆地学)的发展独秀全国,人才济济。

学者邹世治于1858年在武昌参与编纂《大清一统舆图》,其精度在全国居首。其后,又编制湖北各县的《湖北通志图》。1891年,武昌成立湖北舆图总局,由学者邹代钧总其事。1894年与1902年,该局在派人到湖北各州县实地勘测的基础上,出版《湖北舆地记》24卷和《湖北舆地图》4卷175幅。邹代钧创立武汉舆地学会,这是中国第一个地理学会,也是荆楚第一个民间自然科学学会。当时地图绘制已采用晕滃法表示地貌,其测绘技术在精度上有突破性进展。

杰出历史地理学家、金石家、版本目录家杨守敬(1839—1915 年),宜城人,字惺吾。在两湖、存古学堂任教务长,曾参与纂修《湖北通志》,撰写《水经注疏》等 10 余种历史地理巨作,集我国《水经》研究之大成,绘制《历代沿革舆地险要图》和《历代舆地沿革图》共 72 幅。

民国时期,湖北民族工商业在第一次世界大战期间有较快的发展。而后战乱频繁,湖北经济发展举步维艰。其中,值得称道的是,1936 年粤汉铁路全线 1095 公里通车,以及全省公路网的建设。到 1936 年底,湖北全省公路总长达 4015 公里。教育发展缓慢。最引人注目者,当属国立武汉大学的创建。1928 年,国立武汉大学组建。1929—1947 年,武汉大学珞珈山新校园全部竣工,成为全国著名的风景优美的大学园区。

1937 年,武汉大学设文、法、理、工、农 5 个学院,15 个系,2 个研究所。武汉大学的一些系科在国内学术界享有相当地位。除此而外,华中大学在 20 世纪三四十年代也设有研究机构,但因条件所限,开展研究课题很少,乏善可陈。但总体而言,民国时期,武汉的科技发展相当落后,进步缓慢,不仅缺乏国际先进水平的成果,而且也丧失了清末锐意向上、努力学习西方先进科技的精神和在国内居排头军的地位。

科技各领域中,以地质勘查与农业科技的研究较为突出。1923—1926 年,谢家荣、刘季辰、赵亚、王恒生、李捷、朱森等,分别对湖北部分地区的地质进行勘探调查。1924 年,发表《鄂东南部地层层序》,建立正确的地层系统。翌年又有《鄂东各县煤矿之分布》,提出振兴湖北矿业的建议。1925 年有《湖北西南部地质矿产》,1926 年有《大冶铁矿床》等论文、专著出版。1928 年又对鄂西北进行地质考察,奠定而后深入研究的基础。1936 年,中央研究院地质研究所成功编制湖北地质图与矿产分布图。其中尤其应指出的是,杰出的地质学家李四光在民国时期的卓越贡献。

李四光(1889—1971 年),原名李仲揆,湖北黄冈人。曾赴日、英留学。回国后先后任北京大学地质系教授、系主任,中国地质研究所所长,中国地质学会会长,曾参与领导武汉大学的组建。1924 年,他对长江三峡东段进行详细的地质勘查,发表《长江峡东地质及峡之历史》,详述该地区的地质系统,提出关于震旦期的新见解,纠正外国地质学家的若干错误区分。这项具有国际领先水平的成果,对于建立鄂西地质系统具有重大意义,奠定了我国南方震旦系研究的基础。

新中国成立后，李四光历任地质部部长、中国科学院副院长、古生物研究所所长、中国科协主席、世界科协副主席等职务。他创立地质力学，并据以指出我国的东北平原、华北平原、两湖地区蕴藏着丰富的石油资源，为新中国石油开发做出重大贡献。同时，他对古生物蜓科分类有卓越贡献。他在冰川学方面确定中国数次冰川时期活动证据，特别是奠定了第四纪冰川地质学的基础。

李四光一生跨越民国与新中国两个时期，是我国地质科学的奠基人，对于地质科学各个领域建树颇多，也是20世纪国际地质学大师之一。

民国时期，湖北省成立湖北省农业改作所，对农业技术的试验、研究和推广颇有贡献。该所对稻、麦、棉、玉米、大豆、油菜、黄麻、蔬菜等作物进行比较试验，选育多个优良品种，进行双季稻栽培试验。抗战期间，在鄂西地区进行害虫调查，采集标本524种，鉴定学名236种。有效进行药用植物杀灭害虫(猪虱、地老鼠、稻象、大猿叶虫)的试验，效果颇佳。在育苗造树，推广茶籽良种，以及改良茶苗栽培、制茶技术等方面取得良好效果。

1941年冬，广济籍学者、中央大学森林系教授干铎，在利川发现水杉，轰动国内外。水杉是第四纪冰川浩劫下幸存的古老树种。1944年，该树种由中国学者定名为水杉。这种活化石，因具有优良特性已普遍栽植。目前在武汉及国内许多地区，水杉林随处可见。

民国时期，在自然科学发展相对滞后的情况下，湖北武汉地区的人文科学成绩却颇为傲人。

哲学家熊十力(1885—1968年)，原名继智、升恒、定中，号子真、逸翁，黄冈人。先后任教于武昌文华大学、北京大学、浙江大学等。创立“新唯识论”哲学体系。该体系具有丰富的辩证法思想，影响深远，遍及海内外，号称“熊学”。《大英百科全书》称熊十力与冯友兰为中国当代哲学之杰出人物。他著述宏富，有《新唯识论》、《原儒》、《体用论》、《明心篇》、《儒家名相通释》和《乾坤衍》等书。

语言学家黄侃(1886—1935年)，字季刚，蕲春人。先后在北京大学、武汉大学、中央大学等任教。凡文字学、声韵学、训诂学均造诣极高，尤以古声韵学研究最受人推崇，创造性提出“古声19类，古韵28部”新说，并为众多学者在稽对古书、辨析方言中所证实，已得到广泛认同。他还就反切起源、双生叠韵等音韵学问题，提出许多独创性的见解。黄侃师承章太炎而光大发扬之，后学多称之为章黄学派创始人之一，为清“乾嘉学派”之最后集大成者。

在民国时期，黄冈人王亚南在介绍、研究和宣传马克思主义政治经济学方面有重大贡献。他与郭大力两人，积十年之功，翻译了《资本论》。石首人邓初民在政治学的研究上，发表代表作《政治科学大纲》、《政治学》，初步奠定我国马克思主义政治学的学科体系。他在社会史上亦颇有造诣。湖北籍学者，如汤用彤治哲学史和佛教史，方壮猷治民族史，卢弼治三国史（其名著《三国志集解》集前人研究之大成，多有新观点），三葆田治方志学（所作《方志学发微》是方志学的权威著作），具有突出成绩，知名于世。冯汉骥、黄文弼和李济则在文物、考古上有较高成就，尤其是李济在田野考古、安阳殷墟甲骨文的发掘与研究中贡献突出。

李剑农虽非湖北籍，但民国期间两次执教武汉大学历史系，其巨著《中国经济史稿》、《戊戌以后三十年中国政治史》，资料丰富，考订精审，理论新颖，至今为治中国古代经济史与中国近代史者所必备文献。

## 篇　后　语

这篇文章是我应湖北省科学技术协会的邀请为武昌江滩生态游览区科普文化景观长廊撰写的碑文。2004 年 7 月，我正在美国波士顿我的女儿张敏家度假，突然接到湖北省科普作家协会的 e-mail，请我为即将兴建的武昌江滩生态游览区科普文化景观长廊撰写碑文。旋即，又来一封e-mail进一步说明撰写碑文的要求：

张教授：

您好！武昌区科协就武昌江滩生态游览区科普文化景观长廊之事，发传真给我们，作了一些补充说明。摘要如下：

1. 定位：

反映武汉市科学技术成果（包括自然科学、社会科学、人文科学，重点是自然科学）。

反映的时间跨度为三大板块：过去（古代）、现在（现代）和未来，重点反映科学。明确您为总策划和撰稿人。

2. 邀请的论证专家主要有：杨叔子院士、张勇传院士、赵梓森院士、赵致真、楚文化学者张正明和蔡靖泉等。

顺颂

夏安

湖北省科普作家协会

2004 年 8 月 3 日

返汉以后，2004 年 9 月 2 日，我迅即撰成此文。其间，省科协的领导和准备承担长廊雕塑的湖北美术学院的教授们，多次往返我家，就稿件的内容和长廊的布置交换意见。但是此事由于经费问题一直难以落实，迁延时日许久，最后终于没有搞成。论证会似乎终于没有开成，全稿也始终没有完成。此稿仅为原来计划的古代部分（含近代与民国时期），现代部分和未来部分一直没有动手。但是现在看来，写成的这部分对反映武汉地区科技发展的沿革似乎不无参考价值。此类文章尚不多见。

# 中国纳米科技现状分析与思考

当组成各种材料的颗粒小到纳米尺度（$10^{-9}$米）时，很多材料呈现出奇特而有用的性质。对这些性质的研究和应用被称为纳米科技。纳米科技已在生物、医学、电子、化工、航空航天等诸多领域中取得进展，它涉及的范围是如此广泛，几乎渗透进人们生活的方方面面。

现在只有发达国家和少数发展中国家在研制开发纳米产品，最终的成果将属于少数国家，而没有掌握这一技术的国家和地区，只能购买其他国家的产品和二流技术。因此，纳米科技一方面将会进一步拉大穷国和富国之间的贫富差距，另一方面也为后进国家缩小与发达国家的差距提供了一次难得的机遇。中国对纳米科技的研究，有望打破目前这种经济、政治的格局，使中国能够赶超发达国家，减少技术先进国家对我们的控制，在国际事务上拥有更多的发言权和决策制定权。

## 一、我国纳米科研中存在的问题

对于纳米科技这样一种可能改变整个世界面貌的技术，很多国家纷纷根据自身的国情制定相应的战略规划。中国在纳米科技上也倾注了前所未有的热情，投入了大量的经费以支持纳米科技的研发。但从目前来看，取得的成果并不明显。尽管在某些方面，我们具有国际领先水平，但总体来说，对纳米科技的投入与产出效率远远低于美、日、德等国。从科研成果上看，与纳米研究相关的论文数量很多,但真正有创新意义的则很少;从企业方面看,挂有"纳米"字号的企业有300多家,但很多企业资金被套牢,在生存的边缘苦苦挣扎。在纳米科技的研发中,我们究竟存在什么问题?

**1. 项目的审批、经费的发放存在问题**

中国科学院、科技部和国家自然科学基金委员会是中国对纳米科技经费投入的三个主要渠道。其中,国家自然科学基金委员会是对所有申请者都开放的渠道。虽然它采用了与美国自然科学基金相似的公平评审系统,但参与评审的专业人员较少,经常很难找到足够熟悉这一特定研究领域的评审人员来做可靠评审。

此外,中国在经济活动中仍有着"计划经济情结"。在科研经费的发放上,很多政府官员从个人理解或个人利益出发,不走公平评审的路子,影响经费的发放。事实上,纳米科技是涉及面极广的复杂技术,需要更多专业人员主动探索和独立创造,创新是在更多的不确定性中完成的。面对不确定性,政府官员不比专业人员更具有信息优势和灵活反应的适应性。

正是由于纳米科技的研发经费优化配置机制不够完善,导致科研机构在课题经费的争取上各显其能,一些科研人员夸口自己能在几个月内研制出可批量生产、投入使用的纳米产品。尽管这样的说法有悖于科学规律,却可能申请到大量的研究经费。这种做法导致科研上的"浮夸风",也增加了项目审批、经费发放中实现公平、公正的难度。

**2. 对科研成果的审查存在问题**

当科研经费发放后,对科研机构在纳米的研究上究竟做出了什么成果缺乏有效的审查机制。一般来讲,项目申请人在申请时,就已规划好每年完成多少任务量,每人一年应完成多少篇文章。有多少论文仅仅是在论文作者的业绩上增加了一个数字,有多少成果最终也就是写在结题报告中的成果并没有人对此进行评估。据对国内期刊8年来的统计,与纳米相关的文章数量巨大,作者群广泛,但有80%以上的作者8年内发表相关论文少于3篇,其中多的是无意义或重复的研究,甚至就是某篇英文的汉语翻译,谈不上高质量,离创新则更远。很多科研人员将精力和时间投入到这种平庸、重复的工作中。

给钱,就要在一定时间内出成果。至于成果的有效性,没有人去深究。正是这种科学规划上过于细致的"安排",严重的急功近利思想,使纳米科技研究力量出现了既短缺又浪费的结构性缺陷。这种带有计划经济色彩的做法和科学规律并不一致,而且一旦课题结题,如果没有继续申请到相关经费,这一研究将被束之高阁。由于既没有继续研究又没有投入实际应用,很快就落在别人后面,失去了应有的价值。

**3. 研究成果的转化存在问题**

纳米科技要产生效益就必须走向市场。我国市场经济竞争的主体是企业,但我国国家科技计划的承担主体是科研院所和大学。大部分科技力量游离于企业和市场之外,其技术创新成果市场适应性弱,有的不适应大规模生产,有的成本高难以推广。在每年取得的纳米科技重大成果中,只有二成左右投入实际的生产应用中,而且其中大部分成果的转化是自行联系洽谈。有些科研人员揣着纳米高科技成果,但苦于无钱创业也只能煎熬在失望和梦想之中。技术中介机构和服务体系力量薄弱,尚未真正成为知识创新与技术传播的桥梁。

据估计,一条纳米材料生产线需上千万元资金,如果能占领市场,带来的是高额利润,万一失败,企业由于资金周转困难可能破产。面对如此大的风险,一些企业家宁愿保守求稳而不愿冒险行动,企业"似乎总是在一个更缓慢、更平静、更稳妥的水平上运行"。这种意识也在一定程度上阻碍了企业和科研机构形成面向市场共担风险的利益共同体。因此,完善科技体制改革,在实践中形成科技促进经济增长的创新体系,是使纳米科技得到高效和广泛利用的必要举措。

## 二、公众对纳米科技的误解

实际上,早在20世纪80年代,我国就有了纳米科技的萌芽。但纳米科技形成声势,为大众所知,则是2000年的事情。在2000年,有50家上市公司宣称进入纳米领域。纳米成了一种时髦和时尚,成了放之四海而皆准的真理,它的魅力被媒体哄抬。有的书籍中甚至写道:纳米时代,民族和国家将出现一定程度的萎缩,信仰和人文关怀开始回归,城市逐渐消亡,不同阶层矛盾逐渐弱化,个人价值和生活方式将得到充分的尊重。在这里,纳米技术已经成为解决一切社会问题的灵丹妙药。

但是,随着国际一些科研和环保机构相继宣告纳米产品可能存在一些隐患,国内的一些纳米产品也开始受到质疑。有部分纳米产品被曝光为假冒伪劣产品,有些"纳米"企业由于资金被套牢,举步维艰。甚至出现这样的情况:企业界的纳米产品刚开始宣传,科研界的权威人士就出言否决。纳米的形象一落千丈。科学界陷入沉默，纳米企业陷入困境，消费者疑虑重重。

其实，无论是一开始的鼓吹，还是后来的质疑，大都是因为对纳米科技的不了解，或者是别有所图。至于纳米科技本身的是是非非，我们并没有给予太多的关注。

纳米科技之所以被吹得神乎其神，是由于牵涉到部分人员的利益。无论是科研人员还是企业人员，他们都能从中得到好处。科研人员考虑的是如何让国家拨给科研经费，企业人员则需要费尽心机让消费者掏腰包。

纳米的神话背后自然是巨大的利益在推动，但究其产生的根本土壤，则是人们对高科技的顶礼膜拜。人们为了满足自身的各种欲望而不停地追求技术的现代化，生活成为对物质的无节制的占有，快乐即是物质需求上的满足，而高科技自然成为幸福和命运之所在。纳米科技正好迎合了人们对高科技的渴望，似乎纳米科技发展了，纳米产品诞生了，令人不快的社会问题就消失了，精神文明就会向前迈进一大步。人们的生活在某种程度上已被物化了。纳米科技通过对客观科学世界的探究，不仅成功实现了对自然科学对象的控制，而且转向对日常生活世界的控制。当技术化成为人们追求的生活方式后，纳米科技作为一种新兴的，有广阔发展前景的高科技被媒体鼓吹、被公众景仰也就理所当然了。

但是，由于缺乏专业知识，对于纳米科技是什么，很多人只是一知半解。对于纳米产品的真伪，消费者更是无法判断。在这种情况下，企业对纳米概念不负责任的炒作，假冒伪劣产品的出现，很大程度上损害了公众对纳米的热情。纳米科技尤其纳米产品之所以被质疑，其根本原因就在于公众的知情权受到了伤害。

正如中山大学理工学院的张进修教授所说："任何一项产品融入市场都必须有一个合理合法的程序，纳米产品受冷落，并非纳米产品本身不好，主要原因是目前国内还缺乏一个权威认证机构，无法对现有的纳米产品做出具有法律效力的认证。"权威认证机构的建立，能使消费者在不了解纳米产品的相关技术的情况下了解产品真实的技术含量，从而保障公众的知情权。而现在，由于认证机构跟不上，消费者只能听从媒体的宣传。因此，评估机构和追究机制的匮乏，使媒体和所谓的权威成为公众依赖的对象，而更多事实真相无法抵达消费者。在事关公众切身利益的事件上，公众被排斥在"声音"之外，成为盲目的消费者。

## 三、实现纳米科技的可持续发展

尽管纳米科技被质疑的原因并不是其本身的问题，但这并不意味着纳米科技没有潜在的危险。美国“国家纳米科技计划”支持的5类研究中，有一条就是“对伦理、法律和社会影响的研究以及对劳动大军的教育和培训”。任何一种先进技术在带来社会进步的同时也许会产生一系列意想不到的新问题。防患于未然要比亡羊补牢更有效率、更安全。

目前，在实现纳米科技的可持续发展中需要注意的问题主要有以下几点。

**1. 环境保护问题**

在2003年的美国化学会年会上报告了纳米颗粒对生物可能的危害。例如，让实验大鼠暴露在含有直径为20纳米的“特氟龙”塑料(聚四氟乙烯)颗粒的空气中15分钟，它们大多数在4小时内死亡了，而暴露在含有直径为120纳米的“特氟龙”塑料颗粒的空气中15分钟的照组则安然无恙。另外一种前景广阔的纳米材料——单层纳米管同样可能造成健康问题。美国环保署(EPA)得到了600万美元的经费用于研究纳米材料对环境的影响，以避免少数机构在利益驱动下开发某些纳米材料，在没有进行足够的环境影响评估的情况下就将其商品化。

中国在纳米科技的投入上更多的是关注纳米科技的基础研究和纳米产品的开发，对于纳米产品可能会对环境造成的影响几乎没有考虑，更不用说投入专项资金对此进行研究。

**2. 短期社会问题**

纳米科技能以纳米尺度构建器件，这种器件在生产特性甚至工作原理上都与传统器件有区别。随着纳米科技的发展，将会出现一些新概念产品，出现新的行业，甚至会引起社会各领域都产生质的飞跃和变革。从长远来看，纳米科技的进步会促进经济发展，拓宽就业领域，扩大生产规模，创造就业岗位。但从短期来看，纳米科技将替代原有科技，纳米产品将淘汰传统产品，从而使在这些领域和产业的劳动力减少甚至被取代。

马克思曾指出，在自由竞争的资本主义时期存在严重的机器排挤工人的现象。这一科学论述若舍弃其制度性的一面，则具有普遍性，即高新技术在短期内是和劳动力需求相矛盾的。“新技术、新产品替代旧技术、旧产品所需时间越短，旧劳动力需求量的下降速度越快，被排斥的工人也越多”。随着纳米科技进入市场，旧产品、旧行业逐渐被淘汰，旧的分配制度和生活方式不再适应新的形势，各行各业都受到不同程度的冲击。在这种情况下，如果没有与之相适应的法律、规范和规则的诞生，就会引起社会的无序、道德的失范。如果不能妥善处理被新技术淘汰的劳动力大军，这一本来应给社会带来福利的高科技甚至会演变成一场社会灾难。

**3. 国家安全问题**

正如美国前总统克林顿所说，纳米科技能把国会图书馆的所有信息压缩进一个只有一块方糖大小的器件中。纳米科技导致一个小小的磁盘就能装下所有的国家信息，这将使国家安全问题变得更加棘手，而纳米武器的无穷威力需要人们对国防建设更加关注。

**4. 伦理、道德问题**

当纳米科技与生物基因工程联姻时，人们有理由担心生命权、隐私权被侵犯。利用未来的纳米科技，成功地克隆人也许不再存在技术障碍，这一技术是否会接受伦理和道德的约束也是一个值得人们关心的问题。纳米科技可能引发技术主义的无限扩张和道德文明的逐渐萎缩，导致人文精神和科学精神的双重失落。

## 篇后语

本文发表于《世界科技研究与发展》2005年第1期，本文由我的博士生郑朝丹撰写，实际上是她学习自然辩证法的一篇短文。在撰写的过程中，与我进行了讨论，其基本观点我是同意的。但我不知道她将此文投稿，而且一下投了3个杂志——《世界科技研究与发展》、《华中科技大学学报(社会科学版)》、《中国科技论坛》，事先并没有和我打招呼。这3个杂志很快反馈意见，都表示接收这篇文章。这说明本文的观点是正确的，而且具有一定的学术价值，反映当时我国纳米科技研究中应注意的事项和问题。

但是这样一来，一稿多投的问题掩盖不住了。郑朝丹这一下紧张起来，然后才将事情的原委告诉我。我狠狠地批评了她，但是面对着痛哭流涕的她，只有安慰她。《世界科技研究与发展》杂志已经排版。《华中科技大学学报(社会科学版)》尚未排版，《中国科技论坛》正要排版。我跟《华中科技大学学报(社会科学版)》打招呼，请他们务必撤稿，并检讨了我失察的责任。郑朝丹向《中国科技论坛》做了诚恳的检讨，并请求撤稿，但是该刊编辑告诉她来不及了。

因此，这篇文章实际上在该刊2005年第2期也发表了。发表时还加上了我的另一个博士生的名字。该刊鉴于郑朝丹认错的态度诚恳，鉴于我作为导师也检讨了失察的责任，对此事就没有进一步追究了。

这件事情对我触动很大，我一再用这件事情向我的课题组成员、博士生和硕士生作为反面教材进行学风教育，并且规定所有投稿必须事先经过我的审查，并且签字，否则一律视为无效。

本书收录此文原因有二。一是纳米科技的发展一日千里，在高科技和产业中应用越来越广泛，影响越来越大。纳米科技因其技术含量高、涉及范围广而引起各国的重视。本文确实反映了当时我对中国纳米科技的状况进行了分析与思考，反映了我对纳米科技的研发中存在的问题的解决途径的看法和建议。另一个原因是通过这个事件反映学风问题、师生关系问题。对于今天的研究生教育不无意义。

# 后现代思潮批判论纲

随着科学的进步，尤其是19世纪和20世纪之交的轰轰烈烈的物理学革命，思想界从认识论到方法论受到了极大的震撼，所谓物理学危机由此产生。这场危机的实质就是经典时空观受到极大的冲击，从而带来哲学上的一系列革命性的变化。人们发现，客观实在弱化，主观本体凸现，所谓自由的电子波，一时使人不知如何应对。在量子力学的测量理论中，我们所得到的客观实体的信息，原来是与测量手段分不开的。实质上这正开启了后现代主义萌生和发展的先河。

以爱因斯坦为杰出代表的哲人科学家，包括马赫、彭加勒、奥辛瓦尔德、海森堡、玻姆等早在那一场物理学革命中，明确提出了后来人们归之于后现代思想的若干精髓：探索性的演绎方法、逻辑简单性原则、科学的美学原则、科学概念是思维的自由创造、科学理论是科学家的建构并处于多元竞争等，甚至勾勒出后现代主义的若干细节，科学中的约定论成分、科学理论的暂定性、可变性和非绝对真理的性质等。后现代主义作为一种文化思潮在西方已经流行了半个多世纪，影响所及，涉及哲学、美学和文化，甚至经济、法律、日常生活，乃至国际政治和科学领域,内涵丰富,成分复杂。这一股思潮进入到我国已经有20余年。我们必须谨慎地对待,认真地分析,既不可简单粗暴地“戴帽子”、“打棍子”,像当年对待实用主义和存在主义那样,但是也不能随声附和,无原则盲从、吹捧,就像当年对待科学至上论、现代主义那样。我们尤其不能忘记,将简单的唯心和唯物的二元范式,生硬地、削足适履地嵌套在我国经典哲学(儒家、道家和佛家)的头上,采取虚无主义的“大棒”政策,造成严重后果的教训。后现代主义大师库恩、格里芬、海德格尔等的主要功绩之一在于告诫我们要尊重他人、倾听他人,即在思想交流中、在学术讨论中,应该采取宽容的态度。我们对待后现代主义应作如是观。

后现代主义思潮是科学万能论的反动。近代科学的发展,给人类文明以极大地推动,以至于我们没有看到科学还给人类社会许多负面影响,忘掉了或者没有意识到科学对于人类是双刃剑。人类不仅要认识自然,而且要改造自然,此类狂妄的想法和做法已经使我们付出了惨重的代价,甚至丢失了科学的最重要的精神气质——怀疑和批判,尤其是对于科学本身的自我批判的精神。在这种情况下应运而生的后现代主义思潮,不能不说对于破除科学万能论是一剂清凉药。

也许应该提到后现代主义的兴起至少告诫我们,目前人文科学和自然科学,人文精神和科学技术之间存在的传统的隔阂,已经发展到如何深远的地步。后现代主义完全把它归罪于科学主义的罪过,归罪于科学的“霸气十足”。诚然,科学在当今社会中占据强势地位,其原因应溯源于科学的实证和理性品格,以及科学的副产品技术的无所不在的威力。一言以蔽之,科学的优良理性品格和对人类文明的巨大贡献造成了它的强势。相对之下,社会科学和人文科学则处于弱势。这种情况的形成具有历史的必然性,但绝非一成不变。无论如何,我们都不能通过大张挞伐、无端攻击去消弭和“解构”科学的强势;也不能揠苗助长,硬生生将人文的弱势提升起来。

我以为解决科学与人文两者分离和不对称的地位的唯一途径是,科学家和人文工作者要相互学习、取长补短,要成为引导人们走向科学文化和人文文化的汇流的向导。科学家应该贴近人文,了解人文,更多地把握时代精神、人文脉搏。同时人文工作者更应该学习科学、掌握科学,领会科学方法和科学精神的真谛。从某种意义上来说,后者也许更艰难、更曲折,但也更迫切。否则,怎么可能对科学发展的弊端进行一针见血、恰如其分的批判呢?

但是对于后现代主义不应无原则地吹捧,当后现代主义的大师们按照他们解读文本的方式来对待科学、气势凌人地践踏科学的时候，在20世纪90年代中期，科学界的中坚坚持传统的理性思维的原则，展开了一场自卫反击战，即所谓的科学之战。我建议大家读读纽约州立大学荣誉哲学教授库尔茨在《科学》杂志1995年第2期发表的战斗檄文《反科学思潮的增长》。库尔茨引用了大量事实，指出了海德格尔的追随者，如后现代主义者德里达、福柯、拉康和莱昂塔等人是如何肆无忌惮地攻击和诽谤"在拓展知识领域中起过巨大作用的科学方法"，是如何为"神秘学、超自然现象和伪科学论剧烈增长"推波助澜的。

实质上，正是科学家本身首先意识到科学的局限性。爱因斯坦就对人文科学在道德、理想中的不可替代的教化作用给予了崇高的敬意："改善世界的根本并不在于科学知识，而在于人类的传统和理想。因此我认为，在发展合乎道德的生活方面，孔子、耶稣、佛陀和甘地这样的人对人类做出的巨大贡献是科学无法做到的。你也许明明知道抽烟有害于健康，却仍是一个瘾君子。这同样适用于一切毒害生活的邪恶冲动。我无须强调我对任何追求真理和知识的努力都抱着敬意和赞美之情，但我并不认为，道德和审美价值的缺失可以用纯粹智力的努力加以补偿。"

爱因斯坦作为从伽利略、哥白尼、牛顿到批判学派的科学哲学思想的集大成者，其心态之开放，视野之广阔，论述之精妙，尤其是对于划一性思维方式的批判，以及对多元性思维的景仰，似乎颇有"后现代"的意味。但是，正如既不能把爱因斯坦归类于逻辑经验论者，也不能把他归类于批判理性论者和伪证主义者一样，绝不能将这位伟大的科学家置于后现代主义者的行列。后现代主义者库恩、格里芬之流将科学视为某种范式下的"解谜"活动，判定接受或者拒斥一个理论，不是依赖单纯的证据，其中科学家的心理因素起着重要作用。换言之，科学知识是建构的，不再是对客观现象的描述。尤其是格里芬等人对科学的理解的祛魅和返魅的说法更是如痴人解梦。爱因斯坦则始终坚持现代科学观的合理内核，坚持现代科学的经验基础，坚持现代科学的理性品格，坚持现代科学的客观特征。这一点正好是爱因斯坦与后现代主义者们的分水岭。

为什么必须在关于现代科学观的核心与后现代主义间划清界限？为什么不能给予后现代主义更多的宽容呢？首先，这一场论战是攸关现代科学顺利发展、保卫理性主义的关键之战。试问，现代科学如果丧失其经验基础，丢掉其理性品格，迷失其客观特征，那么还能叫科学吗？难道这不是反启蒙、反理性、反科学的一股逆流吗？无怪乎库尔茨痛心疾首地说道："曾经成功拓展知识领域的科学方法，如今受到来自许多方面的巨大挑战。科学的倡导者们应该觉醒了"，"出现一股强烈的反科学反正统文化思潮"，科学"受到了猛烈的冲击"。这哪里是破除科学万能论，完全是针对科学本身，要把它从根上拔掉。

后现代主义对于种种神秘论、超自然现象、超理性的理论确实表现出无比的宽容和爱护，唯独对现代科学的鞭挞和侮辱是肆无忌惮的。在西方，"与天文学并驾齐驱，存在着向占星术的回归；与心理学相伴随，存在着心灵研究和超心理学的增长。超自然现象肆虐，科幻小说无边。这是太空旅行时代，它包括为外星人所劫持和来自其他星球的不明飞行物。超自然世界观的兴盛，与科学世界观相对抗。伪科学提供的是在大众思维中与真科学相对抗的其他解释，而不是经过检验的因果解释。超自然信仰的剧增，表明极度的反科学态度不是孤立出现的，而是一系列范围更广的态度和信仰的一个组成部分"。

更加令人触目惊心的是，2005 夏天，美国掀起了一股反对达尔文进化论的浪潮。布什总统亲自出面为颇具神秘色彩的"唯灵论"擂鼓助威，要求美国各州的中学课程用"唯灵论"取代"进化论"，至少也要让两者取得同等地位。

我国作为一个处于现代进化过程中的国家，发展和传播科学，尤其是弘扬科学精神和方法是当务之急。近年来封建迷信沉渣泛起，伪科学猖獗一时。例子不胜枚举。邪教如真理教、圣殿教等，固然发达国家也在所难免。但是像我国的某些邪教组织，信徒众多，确属举世罕见。这不正说明我们国家尤其应该注意弘扬科学精神和方法的迫切性和必要性吗？

对于科学本身的反思无疑是必要的。后现代主义提出对于现代科学的批判，也不能说毫无道理。就提醒我们正视科学发展，尤其是反思科学应用中给我们带来的若干危害而言，后现代主义也许不无作用。但是，后现代主义对待科学本身的不严肃的解读，破坏性的甚至毁灭性的批判，达到了非理性的程度，这是我们坚决不能同意的。不管自觉还是不自觉，在后现代主义的大旗下，一股反启蒙、反理性、反科学的潮流正往我们袭来，各种神秘论、超自然、超理性的理论、伪科学甚至赤裸裸的封建迷信的沉渣趁势泛起。我们必须与之战斗！

## 篇后语

2005 年 11 月，华中科技大学副书记欧阳康教授邀请我参加他发起和主持的一个关于“后现代主义思潮”的国际研讨会，主要参加的是美国、英国、爱尔兰、加拿大等国，约有二十几位哲学家，当然还包括我国的一些哲学家。我对于这个思潮略有了解，但是并不赞同。因此，我表示一来不懂哲学，二来对这个思潮颇有微词，所以不愿与会。但是，鉴于会议主持者的再三邀请，而且表示学术讨论会各抒己见，赞同和批判都是正常的事情，何况国外学者对于争论和异议，早已司空见惯。于是我勉为其难地参加了这次会议，并且在这个会议上作了题为《后现代主义思潮批判论纲》的发言。报告所用 ppt 的标题是《后现代思潮批判论纲》。署名为张端明、何敏华和孙凡。后两者分别为我的博士和硕士，ppt 的制作由他们完成。

我的报告引起与会者的强烈反响。我发现与会的外国学者中有出身于物理学家而改行进入哲学领域的。会议结束后，还有人通过 e-mail 希望跟我建立通信联系，但我忙于教学和科研，实在抽不出时间过多地关心哲学问题。行文至此，我要感谢为我翻译的一位刚从美国哈佛大学归来的女学者。不然，我是没有办法就哲学问题同与会的学者沟通和交流的。这篇文章发表在华中科技大学的一个内部刊物上。

在这篇文章中，我指出对于科学本身的反思无疑是必要的。后现代主义提出对现代科学主义的批判，也不能说毫无道理。就提醒我们正视科学发展，尤其是反思科学应用中给我们带来的若干危害而言，后现代主义也许不无作用。但是，后现代主义对待科学本身的不严肃的解读，破坏性的甚至毁灭性的批判，达到了非理性的程度。在后现代主义的大旗下，一股反启蒙、反理性、反科学的潮流正往我们袭来，各种神秘论、超自然、超理性的理论、伪科学甚至赤裸裸的封建迷信的沉渣趁势泛起。我以为本文锋芒所向，在目前是颇有现实意义的。

# 《〈心经〉之物理诠释》序

张天健先生的《〈心经〉之物理诠释》是一本从独特的视角探索《心经》精髓的佛学著作。前不久，拜读过先生的大作《“道”物理学基础》。张天健先生是我国国防科学领域卓有贡献的科学家，古之所谓大儒也，颇得中华文化博大、兼容、圆融之真谛。

所谓《心经》，全称《般若波罗蜜多心经》。全书两百六十字而已，收摄了六百卷的《大般若经》的精华。广而言之，概括如来所说一代时教：无非破除一切众生执见而已。一曰破除凡夫的执有，二曰破除乘的执空，三曰破除菩萨的执边见。一言以蔽之，《心经》是三藏之中枢，众经之关键。故曰，先生以本书为标的探索佛学之真谛，不亦宜乎！

实际上，《心经》的译本自后秦至宋译本凡五种之多：

一、(后秦)鸠摩罗什译，经名《摩诃般若波罗蜜大明咒经》。

二、(唐)玄奘法师译，经名《般若波罗蜜多心经》。

三、(唐)利言尊者译，经名《般若波罗蜜多心经》。

四、(宋)法月译，经名《普遍智藏般若波罗蜜经》。

五、(宋)施护译，经名《佛说圣佛母般若波罗蜜多经》。

先生所诠释的译本系玄奘法师的译本，目前也是最为流行的译本，文字精审，义旨赅确，历来受到高僧大德一致推崇，是曰先生所诠释之底本，不亦恰当乎！

《心经》里的话，有人说是观世音菩萨说的，寻珠和张天健先生采用此说；另一些人则主张是释迦牟尼说的，如贤首国师。但据经文："世尊在灵鹫山中，入甚深光明，宣说正法三摩提。舍利子白观自在菩萨言：若有人欲修学甚深般若法门者，当云何修学？而观自在遂说此经。"此经为观世音菩萨所说，当无疑义。

先生的诠释的独特角度是从科学和物理的角度讨论佛学的要旨，甚至将佛学的修炼提出量化阶梯。其中所谓将《心经》所说"不生不灭，不垢不净，不增不减"的"五蕴皆空"、"诸法空相"定义为物理学中的时间暂停效应；佛家的"天耳通"和"天眼通"就是物理学中的时间倒流现象(通常的术语称为时间反演)；"神足通"就是时空变换效应，"天心通"就是思维传感效应；"天眼明"就是未来预测效应；"宿命通"就是负时间流效应，如此等等。皆是大智慧之奇想，破天荒之高论。不仅在佛学上别开生面，而且给物理学通向佛学大开方便之门。我辈凡夫俗子如见菩提树下，天女散花，目不暇接；如驾祥云，步步莲花，妙香佛国。是焉非焉，硕儒高僧，自然心领神会，妙处不可言喻。

先生研究佛道的视角、方法，为古往今来所罕见。唯有明儒王阳明先生的《格物致知》依稀仿佛。与中国化的佛教嫡传禅宗的顿悟，似有几分相像，但又格局不同。

《〈心经〉之物理诠释》真乃奇书也。吉光灵羽,琳琅满目。儒界同仁,从中可以一窥佛门要旨。释界居士,则可从中领悟佛学之科学化的最新成果。是为序。

## 篇后语

这是我于2010年1月18日为张天健先生的《〈心经〉之物理诠释》写的序言。在序言中,我首先肯定了先生所诠释的译本系玄奘法师的译本,是十分恰当的。同时指出佛学中的"天耳通"、"天眼通"、"神足通"、"天心通"、"天眼明"和"宿命通"等,在现代物理学和科学中,都有类似的效应。换言之,佛学和科学并非完全相互排斥,也许彼此都可以得到一些智慧的借鉴。本文为我唯一的一篇涉及佛学的文章。

# 老子和现代物理学

张天健先生所著《"道"物理学基础》是一本奇书。作者是一位颇具名望的高级工程技术人员,但"胸怀"沟通古今之两极,向现代物理学极限挑战的宏愿!上下追索、探幽觅隐凡二十余载,终成此书。何谓古今两极,道家哲学古之极也,现代物理学今之极也。作者认为,对于现代物理学的进一步发展和新的突破,我国的道家哲学可提供鲜活的科学思想和认识的方法论。

无独有偶,作者的这一真知灼见实际上是与当今的世界思想界潮流相吻合的。科学史专家萨顿早在1930年的演讲中断言:"新的启示会来自东方。"一大批哲学家、科学家走向了久已忘却的东方的神秘世界。他们发现在那个世界统治多年的归纳、综合的思维方式,灵感、顿悟的认识模式,原来并非"保守"、"愚昧"、"落后"的同义语,恰恰相反,它们是认识客观世界、发展科学的强大利器,闪烁着智慧的光芒。神秘的东方世界里,老子的道家"提供了最深刻并且最完善的生态智慧"。因此道家思想在世界范围内,尤其是在物理学家中受到了广泛的推崇。在这些"新道家"中有著名的科学史专家萨顿,著名的生物化学家、科学史专家李约瑟,更有一大批鼎鼎有名的物理学家,如汤川秀树、玻尔、奥本海默、盖尔曼等。尤其是高能物理专家F.卡普拉,他在1976年出版的专著《物理学之“道”——近代物理学与东方神秘主义》,该专著立刻风靡欧美,影响甚大。该专著阐述了道家思想与近代科学的关系,可以说是西方“新道家”的奠基之作。

孔夫子说:“吾今日见老子,其犹龙邪(‘邪’通‘耶’)。”老子的思想体系是如此的深邃、博大、精微,以至于其对事物的本质的把握,不仅超越当时人们认识的水准,而且就其预见性和洞彻性而言,甚至超越了我们现代人的想象。卡普拉写道:“早在两千多年前,老子就已经预见到了今天人类文明的状况”。“使人感到惊讶的是,生活在科学文明发展以前某一时代,老子怎么会向近代开始的科学文化提出那样严厉的指控。”本文将以现代科学的事实,说明老子是如何因为他的预见性而被人们误解、责难的。在我们看来,对老子的最大误解就是,《道德经》中的“道”和“无”。

张先生的大作的一个闪光点就是,他提出在大自然中存在着一种新的特殊的物理场——“无场”,对于生命体则称为“炁场”。相对应的是电场、磁场、电磁场、引力场等已知物理场,即所有场。我以为在《道德经》中的“道”实际上有双重意义,即道为天地万物所以生之总原理(冯友兰)。一切事物的起源就是虚、无、恍惚不定(抽象的普遍),这就是名为“道”或“理”(黑格尔)。这里的“道”和无是指万物运行的规律和原则,但是老子所谓的“道”其实是具有物质属性的。

老子在《道德经》第二十一章中开宗明义地断言“道”的物质性,所谓“道之为物”。然后谈到“道”这种物质的特点是“惟恍惟惚。惚兮恍兮,其中有象;恍兮惚兮,其中有物。窈兮冥兮,其中有精;其精甚真,其中有信。自古及今,其名不去,以阅众甫。吾何以知众甫之状哉?以此”。此处“有象”可释为出现了形象,“有物”系指出现了有结构或者可以察觉的物体,“有精”指其中活跃着某种能动的精神,即老子所说的“谷神”或“孔德”。

串讲全章,用现在的话来说就是:“道这种物质,说起来只是一团恍恍惚惚的东西。在这恍恍惚惚之中,出现了形象;在这恍恍惚惚之中,又出现了有结构的物体。尽管这种事情是那么深远而不可见,但可以肯定其中活跃着某种能动的精神;这种能动的精神表现得非常真切,它存在的信息可以得到验证。用今天万物的存在可以推论宇宙的开端,我们无法舍去谷神这个名称(即‘精’),否则便不能产生出万物。我凭什么知道万物是如何产生的?就是依据于此。”

老子在《道德经》第二十五章、第四十章和第四十二章中再次确认宇宙万物始于道，一如现代量子宇宙学所断言的，观测宇宙始于真空。老子说：

“有物混成，先天地生，寂兮寥兮，独立不改，周行而不殆，可以为天下母。吾不知其名，字之曰道，强为之曰大。大曰逝，逝曰远，远曰反”。“道法自然”。

“天下万物生于有，有生于无”。

“道生一，一生二，二生三，三生万物”。

这里，“有物混成”即有东西在混沌中生成。“寂兮寥兮，独立不改”可视为无声无息、无形无象，独立存在而不可分割。“周行”者，旋转运动也。之所以勉强称其为大者，因道无所不至，无所不包；之所以称其为逝者，因道无所不至；之所以称其为反者，因道（真空场）旋转运动，永无休止。至于“有”可以视为实物粒子，天下万物（即普通物质）均由实物粒子所构成。关于“道生一”，如果这里“一”是指无结构的基本粒子或基本场，“二”或“三”则分别表示物质结构的较高层次，那么第四十二章俨然是一幅现代物质结构模式图。

《道德经》第十四章实际上再次描写了道的物质行为：

“视之不见名曰夷，听之不闻名曰希，搏之不得名曰微。此三者不可致诘，故混而为一。其上不皦，其下不昧，绳绳不可名，复归于无物，是谓无状之状、无物之象，是谓惚恍。迎之不见其首，随之不见其后。”

无状——无形状；无物——无结构。道是看不见摸不着的，它是混混沌沌没有结构的。道是一种没有结构的、具有连续形态的物质。

因此，可不可以说所谓“无场”、“炁场”还有“道场”实际上是三位一体的东西？我以为与现代量子场论中的真空场是颇为相近的。

什么是真空场？量子场论告诉我们，在微观世界，物质（粒子或场）的运动不再用决定论（如经典力学）描写，而表现为统计规律。换言之，在微观世界，我们无法准确地指出电子在某一时刻出现在什么地方，只能确定电子在某一时刻出现在空间某一点的概率是多大。这样从传统的或经典的观点来看，物质的运动的确有些古怪，有些“恍恍惚惚”，用老子的话来说就是“是谓无状之状、无物之象。是谓惚恍。迎之不见其首，随之不见其后”。

什么是真空？按照量子场论的观点来看，“真空为系统的最低能量态”，又称基态。有趣的是，由于量子理论中的测不准原理，真空中的能量并不是等于零，而是等于某一个常量。真空不空，真空中充满了无数倏忽产生又倏忽消失的“虚粒子对”，如“虚电子对”就是一个虚的电子加上一个虚的正电子。所谓“虚”是指这些粒子生成的时间非常短暂，受到海森堡测不准关系的限制，因此原则上不可能用任何紧密的仪器直接探知它们的存在。但是这些虚粒子对构成的“虚粒子对海洋”是有可能产生可以探测的物理效应的。

如果高能光子的能量足够高，就有可能从真空中打出一对正负电子。也可以说真空中的虚粒子对在一定的外界条件，比如高能光子的打击下，极强的电场和磁场的激发，等等，都可能“实化”——变成可以观测的粒子对，即一个粒子加上一个对应的反粒子。在古希腊时期“真空”就是“虚空”的意思。上述物理效应不正好就是人们常说的无中生有吗？不正是老子所说的“无”生“有”吗？

在量子场论中真空还有许多可以观测的效应，例如真空极化效应（兰姆能级位移和德勃鲁克散射）和真空磁极化效应。尤其是 1997 年美国洛斯·阿拉莫斯国家实验室的拉莫里雅斯以极高的精度观察到真空的卡什米尔效应——一种真空中虚粒子能导致真空零点能变化的效应，更是以确凿的事实证明真空确实具有复杂的结构，可以导致许多影响我们观察世界的效应。

总而言之，真空或者说真空场，从现代物理学来说，并非大家通常认为的是空无一物，是虚空；恰恰相反，真空场是作为物质的一种形态——场的一种特殊状态，以及能量最低的状态；真空场所具有的能量，又称真空能、零点能、基态能、背景能等。由于量子效应的原因，真空能并不是经典物理断言的，其数值为零，而是一个非常大的常数。真空具有非常复杂的结构，比如 Callan、Gross 等建立的 $\theta$ 真空理论 Guth 等建立的暴胀宇宙的真空理论等，对其结构和基本特征的科学探索正方兴未艾，其中的奥秘刚刚被揭示。但是现在已有的科学实验已确凿证明，真空场确实具有可观测到的物理效应，尤其是在高能 $\gamma$ 光子碰撞下可以产生电子——正电子对，$\mu$ 子——正 $\mu$ 子对等物理现象。我们可以判定在真空场中确实充满无数虚粒子对，它们忽而产生、忽而消失，形成所谓虚粒子对云。

最妙的是老子在《道德经》第三十二章和第四章中谈道：

“譬道之在天下，犹川谷之于江海”。

“道冲而用之或不盈，渊兮似万物之宗。挫其锐，解其纷，和其光，同其尘。湛兮似或存，吾不知谁之子，象帝之先”。

历来人们将上述内容解释为对于精神规律的阐述。若把道视为真空场，则似乎显得更加贴切和自然。《道德经》第三十二章中的“江海”即是道，这岂不就是告诉我们，作为真空场的道是处于能量最低的状态吗？海纳百川，实际上就是场的较高的能态都会自发地趋向基态（真空态）的形象化描述。《道德经》第四章就字面意思可以直接释为:无结构物质不仅构成有结构物质,而且还包容它,因此无结构物质是永远用不完的。由于在现代物理学中,能量和质量在某种意思上可以视为同义语。因此用现代物理学的术语来看《道德经》第四章,实际上老子似乎在告诉我们“真空能量无穷大,有结构物质源于真空”这一科学真理。

更加有意思的是《道德经》第四十章中的“反者,道之动;弱者,道之用”。如果将“反者”释为旋转、循环、回归、螺旋形上升,将弱者释为微小、滋养万物而不争、隐而不露,则“反者,道之动”隐含的现代科学含义就是真空场似乎是有旋场,“弱者,道之用”则依然讲的是有生于无。

《道德经》中的“道”的含义具有多义性,如前所述,许多地方“道”应作为普遍规律,或者宇宙法则来讲。但是我们应该明白,先哲老子认为,精神世界的普遍规律与物质世界的基本法则是相通的,或者说两者具有一致性。在此只想指出这种多义性,以及老子语言的极端简约,表达形式的古朴和朦胧,造成了对《道德经》所蕴含的丰富、深刻、睿智的自然宇宙观的认识的困难和误解。从本小节的内容来看,老子的自然宇宙观,远远超过了现代许多哲人和科学家,居然与最新的科学发展,主要是与现代宇宙学和物理学所给出的宇宙本源、宇宙创生的基本图像不谋而合。但更使我们惊奇的是,2003 年 2 月 1 日,美国宇航局宣告,威尔金森宇宙微波各向异性探测卫星(WMAP)发现,宇宙中的绝大部分物质是暗能量——很可能就是真空能量。这将使本文中所提出的对于“道”或“无”的解释更为可信,其科学依据更为坚实,从而更增加了我们对先哲老子的仰慕和崇敬。

在此,我不由十分敬佩张先生的天才洞察。张先生经过深入探索后的结论,一方面挑战了现代物理学的许多观念,但是有许多方面确实与现代物理学的最新发展不谋而合。

《“道”物理学基础》另外一个令人钦佩的结论是提出了宇宙排斥定律,并且讨论了负能量制造反引力飞行器的可能。张先生从哲学的角度广征博引,认为宇宙间必然存在排斥作用。张先生的这一论点早在 20 世纪 80 年代就有人提出了,现代物理学尤其是现代宇宙学的观察确实证明宇宙中存在排斥作用。当然这个排斥作用从何产生,张先生的论证和现代物理学的论证方式是不同的,但是殊途同归,结论是一致的。实际上宇宙中广泛存在这种排斥作用,从何而来也是现在物理学的一个难题。其中最自然和最容易被人接受的解释是,真空场会产生排斥。许多人认为这种斥力也许来自占宇宙物质百分之七十五的一种奇怪的、前所未闻的、新的物质形态——暗能量。这是不是张先生所谈的“无场”的特殊形态呢？此中大有奥妙。

我必须指出，张先生对现代物理学的基本原理的批判是十分值得人们深思的，闪烁着哲人的智慧光芒。我不想说，我百分之百地赞成他所有的批判，但是我怀着极大的敬意欣赏和钦佩张先生批判的勇气和锋芒。事实上，没有真正有事实依据的大胆的批判，科学是不能进步的。张先生提到牛顿经典力学和量子力学的许多不完备性，有许多是物理学家赞成的。例如对经典时空观的批判，已成为现代物理学家的普遍共识。至于现代量子力学出现的量子纠缠、信息的隐形传递、量子波包塌缩等新现象的物理图像和原理，更是物理学家面临的难题。尤其是有关效应中的因果律问题，更是令人头疼。然而物理学家变得比较聪明了，并没有为头上的乌云而沮丧，更不会像 20 世纪初的玻尔茨曼蹈海殉道。相反，大家感到兴奋异常，以为问题就是新发展的良好机遇，以为挑战告诉我们，必须寻找新的鲜活的物理思想，探求新的道路。张先生的书，我以为就开辟新的探索道路和新的科学跃进而言，是一股和煦的春风。尽管张先生说挑战现代物理学，我却看到张先生给现代物理学的执着探求和热诚的关爱，难道挑战不就是鞭策吗？挑战不就是启示吗？挑战不就是召唤吗？

感谢张先生给现代物理学送来了我国道家哲学的智慧光芒！

## 篇后语

张天健先生对我国雷达技术的发展颇有贡献，但对物理学情有独钟，尤其热衷于对道学、佛学与物理学之间的关系的探讨。他早年曾与钱学森、杨超、任乃强、张秀熟等前辈来往甚多。他是我的好友张天序先生的长兄，而张天序先生则为我国火箭技术著名专家。总体来说，对于张天健先生在哲学领域的有趣探讨，我认为值得赞许，也是有益的。我认为，哲学的研究对于现代科学的发展有启迪作用。但是，哲学的探讨决不能代替科学的研究，尤其不能代替科学的实证研究。哲学可以指导科学研究，甚至取代科学研究，有关的教训太多了。简而言之，对于像张天健先生一类的民间科学家的所谓科学探讨，用哲学或者宗教的探讨取代科学研究，我是持否定态度的。

这篇序言最早载于张天健先生的《“道”物理学》，后来张天健先生又予以补充，改名为《老子和现代物理学》。在这篇序言中，我强调了东方哲学有可能对现代科学的新发展起到独特的重要作用，委婉地告诉读者，有关具体的科学结论需要经受严格的实证验证。实质上，科学的结论是可以证伪的，可以而且应该经受实证的检验。而宗教哲学则不可能接受证伪和实证的检验的。

# 脉冲激光沉积动力学研究进展

## 一、脉冲激光沉积技术及其进展概况

脉冲激光沉积(PLD)技术是20世纪80年代中期发展起来的一种先进的薄膜制备技术，是伴随着激光技术的发展而发展起来的。20世纪60年代，世界上第一台红宝石激光器诞生，随即人们发现激光束照射固体材料时，有电子、离子和中性原子从固体表面跑出来，并在表面附近形成一个发光的等离子区，其温度在$10^3$～$10^4$ K。如果使这些烧蚀物在衬底上凝结，可以得到薄膜，这就是激光镀膜的概念。

1965年，Smith等人第一次尝试用红宝石激光沉积光学薄膜，但实验结果并不理想。随着激光技术不断进步，人们开始用$CO_2$激光和Nd: Glass激光制备薄膜。但由于激光波长较长，固体被熔蚀后的液态层较深，易产生溅射，使沉积过程中出现较多的微滴，影响薄膜质量。20世纪70年代中期，由于电子Q开关的应用，短脉冲激光应运而生，激光的功率密度达到$10^8$ W/cm$^2$以上。由于脉冲持续时间很短，烧蚀深度变浅，减少了烧蚀物中液体微滴的产生，提高了薄膜的质量，同时也拓宽了被烧蚀材料的可选范围，促使PLD技术取得较大进展。1987年，美国贝尔实验室的D. Dijkkamp等人采用PLD技术(KrF准分子激光器)，首次成功制备出高温超导薄膜$YBa_2Cu_3O_{7-d}$。在这一出色工作的带动下，立即在世界范围内掀起了一个用PLD技术制备高温超导薄膜以及其他种类薄膜的热潮，从而使PLD技术获得迅速发展。

PLD法制备薄膜的典型实验装置，可简化为图1。一束激光通过汇聚透镜聚焦，从窗口进入真空室，照射在靶材上，一般可获得1～10 J/cm$^2$的能量(激光烧蚀靶材过程)；从靶面上溅射出的气态粒子，在真空室或充满特殊气氛的真空室内形成高温高压等离子体羽辉，羽辉沿着垂直于靶材表面的方向迅速膨胀（等离子膨胀过程）；最终在衬底上沉积成膜（薄膜沉积过程）。

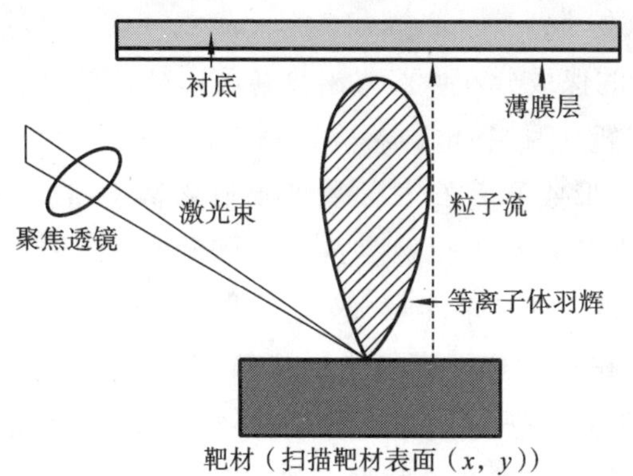


**图 1 PLD 法制备薄膜的典型实验装置**

在表 1 中我们给出在用 PLD 制备薄膜时的一些典型工艺参数，以便读者参考。激光重复频率为 1～100 Hz 时，薄膜的沉积速率大约为 1 Å /pulse（对于 200 mJ /pulse 的激光）。如用 ArF excimer 激光器产生脉冲激光，激光波长为 193 nm，能量密度聚焦到 1.5 J /cm$^2$，其重复频率可在2～20 Hz间变化。如用 $BaTiO_3$ 陶瓷作为靶材，一般靶材和衬底之间的距离固定约为 6 cm。实验开始前沉积舱的压强抽到小于 $10^{-3}$ Pa，保持真空。实验沉积过程中，沉积舱中充入氧气，使氧气气氛压强达到 19 Pa。如选择 MgO(110)作为衬底，衬底温度保持在 720 ℃固定，沉积速率大约为 0.08 Å /pulse。

**表 1 PLD 技术常用激光器及典型工作参数**

| 激光器类型[Ref] | 波长(nm) | 脉冲能量(J) | 重复频率(Hz) | 脉冲宽度(μs) |
|---|---|---|---|---|
| $CO_2$:TEA[4] | 10600 | 7.0 | 10 | 2－3 |
| Nd:YAG[4] | 1064 | 1.0 | 20 | (7－9)×$10^{-3}$ |
| $2^{nd}$ harmonics[4] | 532 | 0.5 | 20 | (5－7)×$10^{-3}$ |
| $3^{rd}$ harmonics[4] | 355 | 0.24 | 20 | (4－6)×$10^{-3}$ |
| XeCl-excimer[5] | 3.8 | 2.3 | 20 | 40×$10^{-3}$ |
| ArF-excimer[5,6] | 193 | 1 | 50 | (1－4)×$10^{-2}$ |
| KrF-excimer[7] | 248 | 1 | 50 | (1－4)×$10^{-2}$ |

目前关于薄膜材料的制备方法一般分为物理方法和化学方法两大类：物理方法包括真空蒸镀法、溅射法、脉冲激光沉积法、分子束外延法等；化学方法

包括凝胶-溶胶法、化学气相沉积法和金属有机化学气相沉积法等[8]。这些方法各有所长,也各有所短。PLD技术由于其独特的优点,受到材料学界的广泛关注。其主要优点如下。

(1) 具有良好的保成分性。对多组分薄膜,易获得期望的化学计量比。高功率脉冲激光照射靶材时,在电声相互作用弛豫时间几十纳秒内,从靶材表面溅射产生气态离子,形成等离子体羽辉,羽辉在距离靶材不远的衬底上沉积成膜。大致可认为,当激光照射靶材时,在靶材表面产生超热层,瞬时温度可达$10^4$ K,靶材内的各种组分几乎同时蒸发,形成激光诱导烧蚀产生的羽辉,其组分的化学计量比与靶材相似。而通常的热蒸发,靶材内的各种组分不是同时蒸发,因而蒸气的组分与靶材内各元素组分不可能完全相同。这一点特别有利于高温超导材料等多组分化合物薄膜的制备。

(2) 沉积速率高、实验周期短。衬底温度要求低,沉积效率高,制备的薄膜覆盖均匀。用准分子激光烧蚀靶材时,烧蚀物的动能在10～100 eV范围内,比一般热蒸发产生的粒子的能量高出一个数量级,这是PLD技术的一个特点。当等离子体中的高能粒子入射到衬底表面的时候,由于动量的交换,可以产生局部加热,促进粒子在表面的扩散,有利于膜层覆盖均匀,并且大大降低了对衬底温度的要求,也增加了沉积速率。

(3) 工艺参数可任意调节,对靶材的种类没有限制。与溅射法相比,PLD技术不要求稳恒持续放电,因而激光过程参数就可以任意调节。PLD技术对于真空度的要求不高。PLD技术适用于多种靶材,能原位沉积多层结构薄膜材料。

(4) 发展潜力巨大,具有极大的兼容性。PLD技术具有极大的兼容性,目前一些新的技术被不断地引入到PLD技术中。例如衬底的加热采用热电偶自控加热,在薄膜沉积中采用旋转扫描技术和离子束辅助沉积技术,在缓冲层的制备上采用冷轧技术,以及在控制温度、气压、膜成分、结构、表面形貌等工艺和材料性能参数中广泛采用多种实时监控技术。这表明PLD技术已逐渐成熟,现在用它制备的薄膜种类已经超过200种。特别是,PLD技术在制备具有多元素和复杂层状结构的各种氧化物薄膜等方面显示出其独特的优越性。

(5) 便于清洁处理,可以制备多种薄膜材料。在同一台设备上可以重复操作,制备多种材料的薄膜,而不致前面的操作给后面的操作留下污染。沉积过程中,激光烧蚀形成的等离子体羽辉在真空室局域化膨胀飞行到达衬底。由于羽辉的方向性很强,因而羽辉中的物质对制备系统的污染很少,便于清洁处理。

近年来,PLD 技术发展的主要趋向是高频化:脉冲激光的宽度由 ns(1 纳秒$=10^{-9}$秒)迈向 ps(1 皮秒$=10^{-12}$秒)和 fs(1 飞秒$=10^{-15}$秒),甚至达到 as(1 阿秒$=10^{-18}$秒)级。高强度化:脉冲激光的功率密度由 $10^4$ W/m$^2$ 猛增到 $10^{13}$ W/m$^2$。值得指出的是,2008 年密歇根大学从"大力神"钛蓝宝石激光器辐射的 30fs 脉冲产生了创纪录的功率密度 $2\times10^{22}$ W/m$^2$。PLD 技术的飞速发展,大幅度地提高了制备薄膜的效率,并使制备的薄膜性能更加优良,均匀度更好,致密性更强。

相较于 PLD 技术的发展,对于其动力学机理的研究显得滞后。自从 20 世纪 90 年代 Singh 等提出 PLD 制备薄膜过程的三个阶段的物理图像和等离子体演化的基本方程以来,在美国、欧洲以及我国的一些研究单位分别针对烧蚀阶段、等离子体演化阶段和沉积阶段的物理过程进行了研究,有的还取得了相当好的成绩。但总体来说,机理的研究远远落后于实验工艺的急剧提高、实验设备的迅速改进。问题是,没有一家研究团队,从整体上系统地研究 PLD 动力学的物理图像,因而没有建立起一个能够描述 PLD 整个动力学过程的基本理论框架。一个奇怪的现象出现了,尽管关于 PLD 技术已经问世了 20 余年,尽管关于其他制备薄膜的技术(如磁控溅射等)机理的专著比比皆是,然而关于 PLD 技术机理的专著在文献正式出版前,国际上居然尚属阙如。

我们课题组近十几年来在利用 PLD 技术制备铁电材料、铁磁材料、巨磁阻材料、光电材料薄膜等方面进行了大量的工作。在实践的基础上不断地改进、总结制备工艺,在文献中对有关工作进行了系统的总结。在这样的背景下,我们深感 PLD 技术的研究严重滞后,在一定程度上阻碍了 PLD 技术的应用和发展。为此,我们对于 PLD 技术的各个工艺阶段的物理图像进行了系统的探索,同时,又从总体上研究了 PLD 动力学的一般原理。下面我们将综合国际学术界的研究成果,首先阐明 PLD 动力学的物理图像,然后重点介绍我们课题组关于 PLD 动力学原理探索的主要结果。

## 二、PLD 制备过程的物理图像

PLD 制备薄膜大体分为三个物理过程:①激光与靶材的相互作用(即靶材表面熔蚀)及等离子体产生;②等离子体的定向局域等温、绝热膨胀;③等离子体在衬底表面沉积成膜。对于上述三个过程相应的物理图像,详细描述如下。

## (一)PLD 技术的物理图像

### 1. 烧蚀过程

将靶材固定在真空室内的衬底上,真空室由机械泵与分子泵将背景真空度抽到小于等于 $1.33\times10^{-5}$ Pa。根据不同的需要,随即通入一定的气氛气体。将衬底固定在气氛室内,并利用加热器、热电偶以及红外探测器对衬底加热,实施实时温度监控,并将衬底温度调到沉积薄膜所需要的合适温度。然后,高功率脉冲激光束经汇聚透镜聚焦,通过石英窗口入射到靶材上。激光束与靶材强烈相互作用,从靶材表面溅射出高温高密气态分子,形成所谓等离子体羽辉。这是第一个物理过程。

### 2. 等离子体膨胀过程

等离子体羽辉在气氛室内,沿着靶材表面法线方向,经过短暂的等温膨胀,继而进行绝热膨胀。随着以后的脉冲激光的周期性重复,不断周期性地形成新的等离子体羽辉,并进行等温、绝热膨胀。这些等离子体羽辉很快(几十纳秒之后)就穿越气氛室到达衬底。这是第二个物理过程。

### 3. 薄膜沉积过程

等离子体到达衬底后,开始薄膜沉积过程。沉积过程首先发生在衬底表面生长核(一般是衬底表面的缺陷)周围,形成所谓孤立的生长岛。随着等离子体不断地沉积,不断地出现新的生长岛,原有的生长岛也会继续增大,一直到这些生长岛并合在一起,联结成完整的膜。在沉积过程中,膜的厚度会累积增大直到所需的厚度。然后关闭激光源,沉积停止。

在 PLD 制备薄膜的工艺过程中,实验参数可分为三类:一类是几何参数或偏轴、靶与衬底的距离等;另一类是激光参数,如激光能量密度、激光波长、脉冲宽度和频率等;还有一类是薄膜生长的工艺参数,如衬底温度 $T_s$、气氛压、沉积速率等。PLD 技术研究的最终目的,实际上就是通过对实验工艺的研究,寻找这三类实验参数的最佳数值和它们之间的最佳匹配,从而实现高效率地制备高性能、质地优良的薄膜。

## (二)烧蚀过程和激光与靶材的相互作用

当脉冲激光照射固体靶材时,激光与靶材之间存在着强烈的相互作用,产生许许多多的物理过程、物理效应。首先，激光能量会被不透明的靶材凝聚态物质吸收，被照射表面下的一个薄层被加热，结果使表面温度升高。与此同时，能量向靶材的内层传导，使被加热层的厚度不断增加。但是，随着热传导深度的增加，温度梯度越来越小，从而导致热传导引起的热输运速度随时间而减弱。换言之，热传导只会渗透到靶材表面层一个很薄的厚度，我们称之为渗透深度。

由于渗透到靶材内部的能量极少，绝大部分的能量都聚集在靶材的表面，这导致表面和表面附近的温度持续上升。如果激光能量密度足够高，对于纳秒脉冲激光器，能量从激发态电子有充分时间通过碰撞传递给晶格使靶材加热，使得靶材整体达到热平衡。其中有部分的粒子热运动不断加剧，具有足够的动能，摆脱周围粒子对它的束缚，从而产生相变：熔化、沸腾、蒸发。从此时开始，表面的温度主要由蒸发机制控制。由于 PLD 技术的脉冲激光功率密度极大，蒸发粒子的温度都很高，以致在这些粒子中有相当多的原子被激发和离化。这些被激发的原子和离子，会吸收激光辐射，直到蒸汽中的粒子几乎全部被离化，导致在靶的表面出现等离子体羽辉。

激光与靶材的强相互作用在靶表面附近形成复杂的层状结构。在脉冲激光作用时，最外层靶材以等离子体状态喷出，实际烧蚀物中还包括众多的原子和分子，以及少量的团簇和微米尺度的流体和固态颗粒物。在靠近靶材表面的等离子体羽辉粒子密度非常高，称为电晕区。电晕区通过逆韧致效应，吸收绝大部分脉冲激光能量，从而屏蔽激光向靶材表面所辐射的能量。在电晕区外面的等离子体，由于粒子密度相对较低，对于激光能量没有吸收效应，称为导热区。在靶材的表层即渗透层存在较激烈的能量输运现象，其中以固相为主，实际上还存在液相和气相物质。这种层状结构在脉冲激光的作用下，随时间不断向靶材的深处推进。

在激光与靶材的相互作用中，除了上述物理过程外，实际上还包含了许多复杂的子物理过程。例如电子激发效应（诱导电子-空穴对产生）、光电效应、原子或团簇发射等等。

应该指出，上面激光与靶材作用的机理，还稍显简化。如果激光能量密度足够高，比如说当激光功率密度达到 $10^{10}$ W/cm$^2$ 时，熔融靶材表面层的粒子的能量猝然提高，在通常的情况下，应该产生沸腾现象。由于没有汽化核，加之熔融过程极其迅猛，熔融层的温度迅速上升，虽然超过了沸点，但是没有沸腾。这就是所谓的超热现象。超热熔融体处于一个亚稳态，就是说，任何一个微小的扰动,比如密度的微小起伏、杂质缺陷的形成等,都会立刻引起剧烈的爆炸性的沸腾,这就是近年 PLD 研究的一个重点方向——相爆炸。

必须强调,上述靶材的烧蚀蒸发,与普通的蒸发并不完全相同。其关键区别在于,烧蚀蒸发在靶材表面形成所谓的 Knudsen 层。在激光辐照下靶表面蒸发时,若蒸发物粒子的密度不够高,它们之间的碰撞可以忽略,那么激光使材料蒸发就与普通蒸发没有什么不同。然而在典型的 PLD 条件下,即激光功率密度大于 $10^9$ W/cm$^2$ 时,激光辐照使靶材蒸发出的粒子的密度可达 $10^{16}$～$10^{27}$ cm$^{-3}$,如此高密度的粒子能够发生可观的相互碰撞,导致蒸发物粒子的速度重新进行调整和分布,使蒸发物的空间分布,由通常的 $\cos\theta$ 形式变为 $\cos^n\theta$ $(n>1)$形式,而且沿靶面法线向外的高度择优分布。

研究表明这些碰撞发生在靶材表面约几个气体分子平均自由程的区域内。该区域中的物理过程是高度非平衡的,称之为 Knudsen 层。Knudsen 层的存在从根本上使激光对靶材的作用蒸发不同于普通蒸发,而是人们常称的所谓烧蚀。

PLD 技术最重要的优点之一就是能保持靶材与薄膜成分一致。高保成分性的最根本的原因,就是因为存在 Knudsen 层。事实上,如果没有这一层,靶材烧蚀产生的各种成分不同的粒子,最后到达衬底的时间会不一致,从而造成靶材与薄膜组分不一致。由于靶材表面附近存在 Knudsen 层,其中粒子的密度极大,碰撞极为频繁剧烈,在很短的时间内,各种不同成分的粒子的速度趋于一致。它们膨胀到达衬底的时间基本相同。烧蚀机制在 PLD 中占主导地位,但通常的蒸发机制也总是同时存在,只不过在不同的条件下烧蚀和通常的蒸发所占的份额有所不同罢了。

现在,我们再对电晕区的逆韧致效应所引起的屏蔽效应稍加说明。在脉冲激光辐照靶材期间,靶表面 1～10 μm 的范围(即电晕区)内将形成高温高密等离子体,其密度可达 $10^{16}$～$10^{21}$ cm$^{-3}$,温度可达 20000 K。电晕区形成后,其中等离子体吸收后续激光的能量,其温度迅速升高。等离子体对激光能量的吸收是通过逆韧致辐射吸收效应实现的。

逆韧致辐射吸收系数 $K_a$ 与等离子体羽辉中的离子密度和温度的关系可表示如下:

$$K_a = \frac{3.69 \times 10^8 Z^3 n_i^2}{T_i^{1/2} v_o^3}\left[1-\exp\left(-\frac{h\nu_o}{k_B T_i}\right)\right] \tag{1}$$

式中:$Z$——平均电荷,C;

$n_i$——离子数密度，$m^{-3}$；

$v_o$——入射光频率，Hz；

$T_i$——离子温度，K。

其中$[1-\exp(-\frac{h\nu_o}{k_B T_i})]$表示受激辐射引起的能量损失。对于氢在 $T_i \approx 10^5$ K 时，$K_a \approx 40\ cm^{-1}$。从公式(1)可以看出，吸收系数随离子密度的平方成正比的增加而增加。换言之，离子密度的稍微增加即可引起对激光的强烈吸收，从而导致激光的能量绝大部分不能辐射到靶材的表面，这种现象称为等离子体屏蔽效应。在脉冲激光作用时，由于屏蔽效应，使激光的能量绝大部分被等离子体吸收，从而导致等离子体的温度剧烈上升，大大增强了等离子体的辐射。

这种高温等离子体，具备极强的辐射能力。固体靶材对这种辐射的吸收率，一般比直接接收激光辐射能量的吸收率要高得多，因而这种辐射会使固态和液态靶表面的温度继续升高。

另外，在等离子体中，除了吸收激光能量之外，还存在散射效应。这种散射效应还使等离子体中的离子获得了很高的能量，提高了它们的活性，有利于获得高质量的薄膜。

激光与靶材作用决定了烧蚀物的组成、产生、速度和空间分布，而这些直接影响和决定着薄膜的成分、结构和性能。PLD 中的几个最重要的特征，如烧蚀物呈现 $\cos^n\theta$ 形式的空间分布，烧蚀物有很高能量的离子和原子，等等，都是激光与靶材相互作用的结果。特别重要的是，严重制约 PLD 发展的大颗粒物问题是由于激光与靶材相互作用导致的。因此，研究激光与靶材相互作用，对于提高薄膜质量，特别是减少乃至完全消除薄膜的颗粒物有重要的意义。

### （三）等离子体膨胀

等离子体膨胀过程是指高能激光脉冲溅射产生的烧蚀物，离化为高温高密的等离子体后，大致经历绝热和等温膨胀两个阶段，从靶材表面输运到衬底的过程。

当受到高强度激光照射时，靶面温度急剧上升。被加热的部分材料会被喷射出来。然后入射的激光和被喷射的材料相互作用，产生由电子、离子、原子、分子以及团簇组成的等离子体。在等离子体膨胀的初期，等离子体的径向尺度比横向尺度要大得多,横向压力梯度远远大于径向压力梯度,因而可以将等离子体膨胀简化为一维情况讨论。但是,随着时间的推移,等离子体的横向尺度可以与径向尺度相比或大于径向尺度时,等离子体的膨胀就不能简化为一维情况,需要拓展到三维情形。等离子体中的粒子在到达衬底前的运动可分为以下两个阶段。

第一阶段为脉冲激光作用时期,等离子体大体上可认为作等温膨胀。在等离子体中,由于电子转移其能量到粒子的过程由电声弛豫时间制约,这一时间在亚皮秒至几十皮秒的量级,因而,在皮秒或飞秒脉冲激光沉积中,在激光与靶材相互作用阶段,电子的温度和离子以及其他粒子的温度是不同的。等离子体中粒子的温度分布将是复杂的,需要一定的时间达到平衡。而在纳秒量级的脉冲激光沉积中,即使初始时电子的温度和离子的温度的差别非常大,系统的平衡仍然很快就可以达到。因而,纳秒脉冲激光沉积中,可以认为等离子体处于局域的热力学平衡,即电子与离子以及其他粒子的温度几乎相同。

等离子体吸收系数和快速的热能向离子动能的转移之间存在一个动态平衡。当热化时间比等离子体膨胀时间要少得多时,可认为等离子体吸收的能量整体上均匀分布,即等离子体中各部分的温度相同。实验结果证实确实如此。

从动力学的角度看,在脉冲激光烧蚀阶段,被蒸发的材料为膨胀的等离子体提供了一个粒子和能量的动力源。能量源使得等离子体的温度保持不变,而粒子源使得等离子体的密度不断变化并维持高压。

第二阶段为脉冲激光作用结束后,由于基本上与外界没有能量的交换,等离子体可认为作绝热膨胀。急剧的绝热膨胀使得等离子体温度迅速下降。

在等离子体膨胀过程中,等离子体的压强和密度分布近似可以用图 2 来描述。在靠近烧蚀表面,即横坐标靠近坐标原点区域,等离子体密度很大;随着距离烧蚀面越远,即横坐标向右推移,密度越低。如果近似取等离子体密度下降到最大值的 1/e 处为等离子体的边缘,则等离子体的边缘速度随时间呈线性增加。数值模拟的结果表明,等离子体羽辉随着时间的推移,由近圆盘逐渐形变成一个拉长的椭球羽辉。在实验过程中,人们确实观察到等离子体羽辉的膨胀存在这样一个外形变化过程,如图 3 所示。

如图 4 所示,图中的圆点为 Singh 等人于 1990 年测量的等离子体温度随时间的变化关系。从图 4 明显可以看出,在脉冲激光作用时间内,等离子体羽辉的温度基本保持不变;而在脉冲激光停止作用后,等离子体羽辉的温度随时

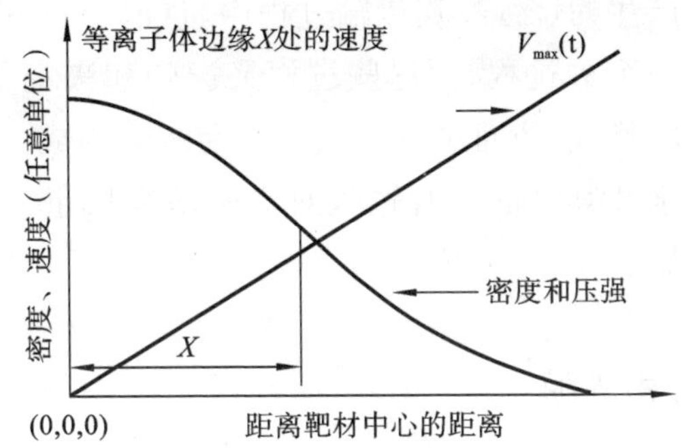


图 2　等离子体速度、密度分布草图

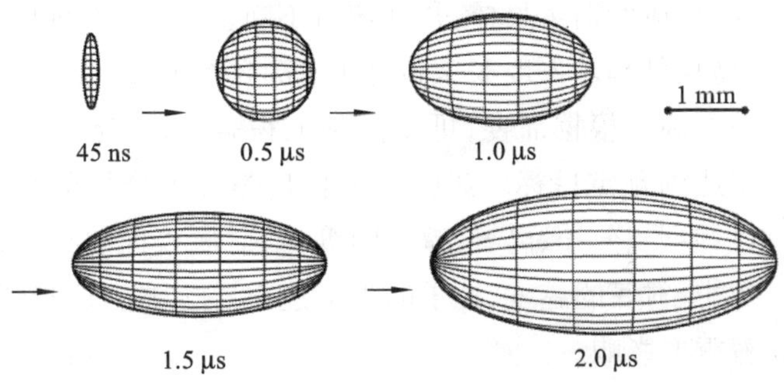


图 3　等离子体羽辉外形随时间的演化

间近似理想气体绝热曲线下降。我们在此强调，尽管等离子体的密度不小，但由于演化是在极高温度下进行的，因此，较粒子的极大动能而言，粒子间的相互作用，除了在碰撞时有影响外，一般可以忽略不计。在以后的描述中，我们就用理想气体模型来描写等离子体的演化。实践证明这种描写是非常成功的。

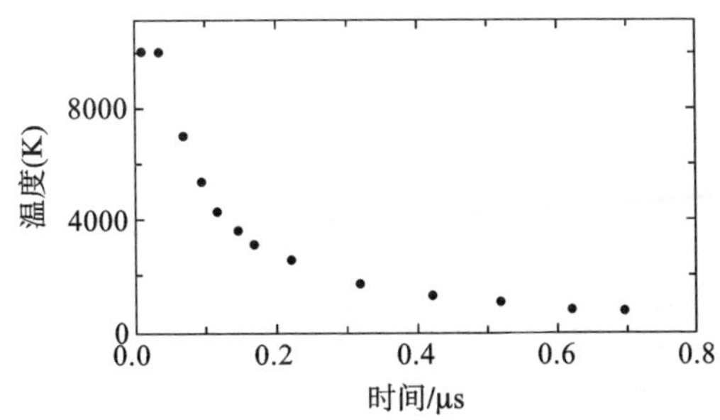


图 4　等离子体膨胀过程中温度随时间演化规律

根据特定需要，在用 PLD 技术制备薄膜时往往有一定压强的气氛存在，因此高能激光溅射产生的烧蚀物在传输过程中将经历诸如碰撞、散射、激发以及气相化学反应等一系列过程，而这些过程又影响和决定了在烧蚀物到达衬底时的状态、数量、动能等，从而最终影响和决定薄膜的成分、结构和性能。研究羽辉传输的动力学和其中的微观过程对提高薄膜质量以及扩展 PLD 的应用范围具有重要意义。

### （四）衬底上沉积成膜

等离子体膨胀到达衬底最终沉积成膜。首先，气相的粒子在衬底上相互集聚在一起，不断形成所谓生长核，并且随着不断沉积，核不断长大，在整个衬底上，形成所谓岛状结构。不断长大的生长岛，会逐渐彼此接触并合，直到形成整体连续的一层膜。根据需要，可以控制沉积条件，一层一层地不断生长，直到薄膜的厚度达到预定目标。薄膜的生长是一个十分复杂的过程，其中包括烧蚀粒子（包括原子、分子、离子、原子团等）与衬底表面的相互作用、各种粒子之间的相互作用、衬底的温度、粒子的入射能量等因素。这些因素都对生长过程的演化有着重要影响。

在研究薄膜的生长演化过程中，表面缺陷的形成、粒子在衬底表面的迁移和扩散、粒子聚集成核的热力学和动力学以及薄膜生长的具体模式等，都是十分重要的研究课题。在薄膜生长过程中，沉积原子的形核和生长初期阶段的性质的研究尤其重要。因为薄膜的生长演化的这一阶段，将直接影响整个薄膜的质量。研究薄膜生长过程的理论方法主要可以分为连续方程理论和数值模拟两类。考虑到薄膜生长实际上是一个随机的动力学过程，因此在研究薄膜生长过程时，Monte-Carlo(MC)方法是应用最广泛的方法。

### （五）PLD 的 Z-L 模型

2001 年，我们探索构建 PLD 动力学的整体理论框架，提出自洽地反映 PLD 技术三个阶段（烧蚀阶段、等离子体演化阶段和沉积阶段）的动力学模型，即所谓 Z-L(Zhang D. M. 和 Li Z. H. )模型。特点是将 PLD 的全部过程作为一个整体进行研究：将前面过程的末态视为后面过程的初始条件，环环相扣。由此模型可以将薄膜的制备质量与输入的工艺条件直接对应起来，便于优化工艺。

对于烧蚀阶段的研究，首先是深入研究纳秒级和皮秒级脉冲激光烧蚀靶材阶段的动力学机理，如图5所示。此阶段的基本物理图像如下：高能脉冲激光照射块状靶材时，靶材吸收激光的能量而部分被融化，从而溅射产生高温高压等离子体。因此高能脉冲激光与块状靶材相互作用后，可以粗略地将对象分为三个区：高温高密等离子体云区、液相区和固相区。

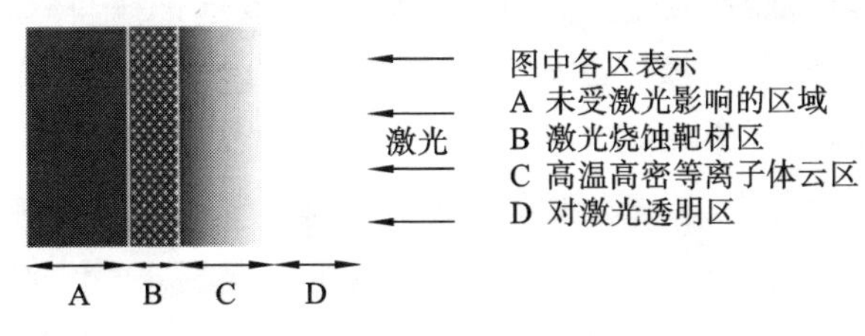


图5　激光烧蚀靶材示意图

(1) 高温高密等离子体云区。在靶材的表面区域覆盖一层高温高密等离子体云。根据其密度的大小，这个区域可以分为两个小区：电晕区和热传导区。98%的激光能量主要是通过逆韧致辐射吸收沉积在电晕区。因电晕区存在温度梯度，被吸收的激光能量通过热传导传输到熔蚀面。热传导区，又叫透明区，它对激光能量的传输几乎没有任何障碍。

(2) 液相区。靶材表面吸收脉冲激光能量而形成熔融层。

(3) 固相区。熔融层下存在固态的靶材区域。该区域的靶材，尽管吸收脉冲激光能量，但能量的强度不足以使固态的靶材熔化，但固态层的温度在激光照射以后有所提升，形成温度分布，越接近熔融层，温度越高。

从本质上来说，脉冲激光对靶材的加热及熔融效应中的热传导，应该构成了一个三维热流问题。但由于脉冲激光持续的时间 $\tau$ 很短，大致在毫秒级，甚至小到纳秒级和皮秒级，热传导在如此短暂的时间内，其宏观扩散距离很小，也就是说，靶材的熔融深度应该非常小。一般来说，脉冲激光的辐照面积的线度在毫米级以上，与之对应的靶材熔融面积的线度也在毫米级以上。因此，垂直于靶材表面方向的熔融深度，比平行于靶表面方向的熔融面积的线度要小几个数量级。在处理相关的热传导问题时，可以把熔融面看作无穷的平面；相关的热传导问题视为脉冲激光的能量沿垂直于靶材表面传输，并且沿该方向热流向靶材的纵深处传导的问题。换言之，我们可以将相关的热传导问题，理想化地简化为一维热流问题。

在此基础上，我们建立了烧蚀阶段的热动力学方程。根据实际工艺过程，对烧蚀阶段进行系统研究,得到液相区的温度分布。对于等离子体的膨胀阶段,我们给出了符合实验观察的各向异性演化规律,特别是我们的模型由工艺初始条件自然地得到了等离子体羽辉外形随时间的演化规律,如图 3 所示。采用蒙特卡洛方法构建了薄膜沉积模型,得到了许多有价值的新结论。如无论激光功率密度多大,沿平行于衬底表面方向($y$ 轴)薄膜的厚度分布都是不均匀的;在 $y$ 轴零点薄膜厚度最大,偏离 $y$ 轴零点越远,薄膜厚度逐渐降低。薄膜厚度分布的这种特点,原因非常清楚。等离子体中的烧蚀粒子是完全随机地被溅射出来,因而其浓度的空间分布,如前所述,应是类高斯分布,即在 $y$ 轴零点等离子体浓度最大,偏离 $y$ 轴零点越远,等离子体浓度逐渐降低。这样浓度分布的等离子体,在衬底上不断沉积,形成的薄膜厚度分布自然也出现了类似的分布情况,等等。对于等离子体演化,我们还提出了冲击波模型,与实验能很好地吻合。比较同时期国外的有关工作,我们的模型在构建物理基础和反映实验事实两个方面都具有优势。

上述工作表明 PLD 动力学完全可以作为一个整体建立相应的自洽的动力学框架,而且可以直接考察工艺参数对制备的薄膜质量影响,改进工艺。但不足的是对各个工艺阶段复杂的物理现象没有全面充分的考虑,因此,有必要进一步地深入探讨各工艺阶段的物理图像,以便更全面、真实地描述相应的物理过程。

## 三、激光烧蚀阶段热动力学的探讨

激光烧蚀靶材是一个物理图像十分复杂的工艺阶段,本质上是激光与靶材的复杂相互作用。其中不但有脉冲激光热源、功率、波长的影响,而且其中牵涉到蒸发弛豫过程,靶材固相和液相相互影响,靶材对于激光吸收率随温度、时间的变化,等离子体屏蔽效应,以及靶材组分等因素的影响。尤其脉冲激光发展到飞秒脉冲激光后,热动力学基本规律有重大变化。主要是靶材的电子亚系统和晶格亚系统在电声弛豫时间之内,实际上具有两个温度,因此必须引入双温方程。在更高的能量下,靶材的电子结构和能带结构都发生变化,对于双温方程又要进行实质性的修正。在有关方面的探索主要分两个方面:纳秒级脉冲激光烧蚀过程探索和飞秒级脉冲激光烧蚀热动力学过程的探索。

## (一)纳秒级脉冲激光烧蚀过程探索

### 1. 建立了激光烧蚀的基本模型和含热源项的模型

首先给出关于激光烧蚀的基本模型框架,以及其中的物理背景。给出了基本热传导方程和相应的边界条件。应该指出,这个模型与国外的同类模型比较,其最重要的特点是,细致地考虑了在烧蚀阶段靶材中固液相共存的事实,导出了在不同物理条件下,如考虑热源项的影响、蒸发项的影响以及靶材吸收系数变化与否的影响等,烧蚀面和固液界面随时间的演化规律。同时,还进一步研究了在烧蚀过程中的不同阶段,如靶材熔熔融前与靶材熔融后,以及熔融后但脉冲激光还在持续与停止以后,靶材温度分布随时间的演化规律。

研究结果表明,在研究烧蚀工艺时,利用简化的矩形波模拟脉冲激光能量输出,得到的理论结果,在脉冲激光开始输出与停止输出的两个时间区段,是不可靠的。为此,必须采用高斯形激光脉冲能量输出,才能得到比较可靠的理论结果。其中许多物理结果为而后进一步优化 PLD 技术中的烧蚀工艺提供了明确的方向。这些理论研究成果,有的是依据我们的实验工作累积的经验,更多的是广泛参照了国内外有关的实验文献和理论进展。

我们的研究表明热源项的影响是不能忽略的。激光对于靶材表面的辐射,导致靶材表面等离子体以及电晕区的形成,会对靶材的热传导过程产生重大影响,因此忽略热源项的影响,对于烧蚀过程的真实物理图像是不可能进行准确的描述的。在我们建立的含热源项的烧蚀模型中,考虑了由于热源项所产生的逆韧致辐射效应和屏蔽效应。在这个模型的框架内,对相应的热传导规律进行了详细的讨论。文献虽然考虑了热源项,得到了解析解的结果,但边界条件与实际相差甚远。有意思的是,我们的模型的边界条件与实际情况极为接近,但得到的结果与文献是基本一致的。这表明:边界条件对于温度分布有影响,但不影响温度分布的总体趋势。

### 2. 建立了含蒸发项和热源项以及靶材吸收率的烧蚀模型

这个模型比上面的模型更接近工艺实际。模型考虑了在烧蚀阶段靶材气化对热传导的影响,在热传导方程中引入蒸发项;同时在研究热源项的影响时,细致考虑脉冲激光烧蚀作用期间和脉冲间歇两阶段的热传导的不同特点;并且在相应的物理图像下,给出了适当的初始条件和边界条件。

在此基础上,我们将所得到的在激光作用持续期间的靶材温度演化规律,讨论了蒸发项对靶材烧蚀特性的影响。进而研究了在激光脉冲结束而仍有蒸发时的热传导方程,给出了整个靶材(包括熔融的液态层和固态层)的温度分布的演化规律,尤其对在演化中呈现的温度分布滞后效应进行了深入细致的探讨。同时,给出了在此时间内固液面的演化规律。结果表明,对于超热液体,在脉冲结束后的一段时间内,熔化过程将继续进行,固液面仍将向靶材的纵深方向移动一段距离。而这一点,是其他文献很少考虑的。但对液相区,在高能脉冲激光作用下,前部分熔化液态将处于超热态,此时液相区应分为超热液态层区和普通熔化区。

在此模型中,我们将系统研究由于靶材吸收特性的变化和屏蔽效应对烧蚀特性的影响。目前,有关物理过程的研究,国内外的文献涉及很少;即使偶尔有所涉及,也是把靶材的吸收率视为常数。我们详细研究了烧蚀阶段,尤其是在靶材熔融前,靶材吸收率的变化对其温度分布的影响,以及靶材熔融后等离子体屏蔽效应对靶材温度分布的影响。结果表明,吸收率随材料表面温度的动态变化行为和等离子体屏蔽效应,对于 PLD 整个工艺过程的研究关系重大。

### (二)飞秒级脉冲激光烧蚀热动力学过程探索

飞秒级脉冲激光的烧蚀特点与纳秒级脉冲激光相比明显不同。对于纳秒级脉冲激光,脉冲持续时间长,在激光与物质相互作用的过程中,物质会在较大范围内吸收激光能量,并由固态变为液态,再变为气态。热效应的存在不仅使加工范围加大,同时使周围产生应力,从而加大了烧蚀边缘的粗糙度和裂痕。飞秒级脉冲激光能够以极快的速度将其全部能量注入很小的作用区域,瞬间高能量密度沉积将使电子的吸收和运动方式发生变化,避免激光线性吸收、能量转移和扩散的影响,从根本上改变了激光与物质相互作用的机制,使飞秒级脉冲激光加工成为具有超高精度、超高空间分辨率和超高广泛性的非热融“冷”处理过程,开创了激光加工的崭新领域。

我们在有关领域的主要工作是双温方程的新的改进方案(包括统一双温方程框架)和飞秒级脉冲激光引起的靶材物态参数与能带结构的变化效应的研究。

#### 1. 双温方程理论的发展

1974 年,苏联学者 S. I. Anisimov 等提出脉冲激光烧蚀金属材料的经典的双温模型(TTM)。考虑到超短脉冲时光子与电子及电子与晶格两种不同的相互作用过程,给出了靶材中电子与晶格两个子系统的温度变化微分方程组,即双温方程:

$$C_e \frac{\partial}{\partial t} T_e = \frac{\partial}{\partial x}\left(K_e \frac{\partial T_e}{\partial x}\right) - g(T_e - T_i) + S(x,t) \tag{2}$$

$$C_i \frac{\partial}{\partial t} T_i = g(T_e - T_i)$$

其中,$T_e$、$T_i$ 为电子的温度和晶格系统的温度。$C_i$、$C_e$ 为离子的比热容和电子的比热容;$K_e$ 是电子热传导率;$S(x,t)$是激光热源项,是激光功率密度;$g$ 是靶材的电声耦合系数。模型的物理背景是在超短脉冲激光辐照靶材时,由光子传递给靶材电子系统的能量,来不及通过电声作用传递给晶格系统,以致靶材中存在两个温度不同的子系统——电子系统和晶格系统,这就是双温方程取名的缘由。

以该模型为基础,1984 年,英国学者 J. G. Fujimoto 用皮秒与飞秒染料激光器辐照铜靶材,进行了确定耦合特征参数 $g$ 的研究。1987 年,美国学者 H. E. Elsayed-Ali 分别利用 150 fs 及 300 fs 的脉冲激光研究热量在铜薄片中的传导,用实验验证了双温方程的合理性。电子与晶格的能量传递需要几十皮秒(电声耦合弛豫时间),并随着激光能量的提高而缩短。

1988 年,加拿大学者 P. B. Corkum 得到了双温模型的解析解,并与铜和钼两种靶材的烧蚀阈值的实验值进行比较。发现当脉宽小于纳秒量级时,双温模型确实可以很好地解释激光烧蚀金属时引起的损伤。1997 年, B. N. Chichkov 等人研究了钛宝石激光器产生的脉宽从 150 fs 至 30 ps 的脉冲激光对金属材料的烧蚀。假设 $\tau_l = C_l / g$ 为晶格受热时间,求解双温方程,得到了两种不同烧蚀率的解析表达式。2002 年,J. K. Chen 等人以双温模型和电子爆破模型为基础,提出了一系列相互关联的瞬时热弹性应变方程,结果表明,超短脉冲激光烧蚀的主要动力来源于热电子爆炸力。同年,俄罗斯学者 M. Nadezhda 等人对液相爆破的短暂液体状态进行了数值模拟,并利用探针对实验过程进行了观测,很好地解释了飞秒激光与材料相互作用过程中液相爆破的产生机理。

2004 年,澳大利亚学者 E. G. Gammally 利用脉宽为 170 fs 的飞秒激光对铜、铝、钢、铅四种金属靶材进行了实验研究,证明了非平衡烧蚀的存在。并指出金属热传导时间比脉宽长很多倍。在脉冲作用时间内,热渗透深度小于表层深度,因此,在激光作用过程中可以忽略电子热传导项,得到新的双温模型,得到的烧蚀阈值理论值与实验值符合得较好。

**2. 改进的双温方程和统一的双温方程**

实验研究发现，当电子的温度高于 4000 K 时，飞秒激光烧蚀中电子-电子碰撞起着非常重要的作用，从而引起相应的热物理参数发生变化，传统的 TTM 方程已经不能合理地描述其相应的热物理机制。我们在研究高能飞秒激光对靶材物性参数的影响时，给出靶材物性参数——电子热容和热导率、吸收系数、吸收率等随靶材温度和激光波长的变化关系，建立了改进的双温方程：

$$C_e T_e \frac{\partial}{\partial t} T_e = k_0 \frac{B T_e}{A T_e^2 + B T_l} \frac{\partial^2}{\partial x^2} T_e - g(T_e - T_l) + S(x,t) \tag{3}$$

$$C_l \frac{\partial}{\partial t} T_l = g(T_e - T_l) \tag{4}$$

其中，$S(x,t)$是热源项。在相应的边界条件和初始条件下，得到了靶材电子和晶格亚系统随时间的演化规律，与实验资料完全一致。

当电子温度高于 10000 K 时，极高的辐射能将导致靶材能带结构和电子态密度(DOS)发生改变，从而引起相应的热物理参数发生变化，进而影响激光烧蚀靶材的规律。我们研究了 DOS 效应对于飞秒激光烧蚀的影响。与文献不同，我们没有利用分子动力学的 VASP 计算电子结构，而是通过与 Ni 和 Au 实验资料拟合 DOS 效应，得到电子热容和电声耦合系数随电子温度变化曲线，得到相应的拟合函数，再代入 TTM 方程，得到新的改进的 TTM 方程，并给出电子热容随电子温度变化曲线。更加令人满意的是，我们的结果有解析表达式，更便于以后利用 TTM 方程。我们研究了靶材的亚系统温度随时间的变化规律、电声弛豫时间随激光能量密度的关系，特别是研究了薄膜的融化阈值问题，讨论了超快融化过程，得到了令人满意的结果。

我们建立了能描述从纳秒到飞秒各脉宽的激光烧蚀过程的非傅立叶统一双温模型：

$$C_e \frac{\partial}{\partial t} T_e = k_e \exp\left[-a \frac{\tau_R}{\tau_L}\right] \frac{\partial^2}{\partial x^2} T_e - g(T_e - T_l) + (1-R)\alpha_b I_0(t) \exp(-\alpha_b x) \tag{5}$$

$$C_l \frac{\partial}{\partial t} T_l = g(T_e - T_l) \tag{6}$$

其中，$(1-R)\alpha_b I_0(t)\exp(-\alpha_b x)$是热源项，$g(T_e - T_l)$是耦合项，$T_e$ 和 $T_l$ 分别是电子温度和晶格温度，$C_e$ 和 $C_l$ 分别是电子和晶格的比热，$k_e$ 是电子的热导

率，$g$ 是电声耦合系数，$R$ 和 $\alpha_b$ 分别是靶材的反射率和吸收系数，$\tau_R$ 为电声耦合弛豫时间，$\tau_L$ 为脉宽。$a$ 是描写靶材特征的待定常数，可以通过与实验的拟合得到。电子的热激发可以影响热物理参数。当 $T_e$ 低于 3000 K 时，电子热激发对热物理参数的影响可以忽略，可以认为 $C_e$ 和 $k_e$ 是与电子温度无关的常数。显然，当 $\tau_R \gg \tau_L$ 时，脉宽远小于弛豫时间，也就是 $\exp(-a\frac{\tau_R}{\tau_L}) \to 0$，对应非平衡烧蚀，统一双温模型转换为简单的双温方程；当 $\tau_R \ll \tau_L$ 时，$\exp(-a\frac{\tau_R}{\tau_L}) \to 1$，则方程简化为经典的一维热传导方程；当 $\tau_R \approx \tau_L$ 时，相当于皮秒级脉冲激光，我们的方程将具有独特的作用，因为传统的双温方程和经典的热传导方程此时都不起作用了。利用统一方程，我们研究了激光烧蚀金属靶材是不同脉宽下的损伤阈值，研究了电子和晶格亚系统的温度随时间和位置的演化，以及蒸发阈值随脉宽的演化，得到的结果与实验数据吻合。

## 四、等离子体膨胀和薄膜沉积阶段动力学研究

### （一）等离子体膨胀阶段的动力学新探索

近来，我们对等离子体膨胀动力学的新探索有两个亮点。一是考虑等离子体动力源和电离效应时等离子体密度和压强的计算，将 1999 年 Chen 等提出的一维动力源模型发展为三维理论。这里的所谓动力源，是指将激光与靶材相互作用，喷射而出的由电子、离子、原子、分子以及团簇组成的等离子体气化产物。二是基于局域能量和动量守恒定律提出新的等离子体演化基本方程。此前文献依据的动力学方程基本上来自整体能量和动量守恒定律，因而我们提出的新方程更加自然、准确地描述等离子体的演化规律。与实验资料对比，确实如此。

根据我们的基本方程，对等离子体的动力学特性分析，得到如下结论：平行于靶材表面方向等离子体的内部速度是自相似的；等离子体的绝热膨胀是自相似的；影响等离子体内部及边缘速度的主要因素有等离子体的温度、粒子的质量以及等离子体的电离度等。与实验完全吻合。但在以前的文献中都是将这些结论作为其理论假设。

我们以新方程给出的绝热阶段和等温阶段的等离子体演化的物理图像，

理论结果与实验可以进行定量比较。对等温阶段和绝热阶段的定量描写取得了新的成就。

(1) 发现此模型比较其他文献的相关研究,在两个阶段所给出的纵向和径向等离子体边界速度要大得多。与实验结果更为吻合。

(2) 电离效应对等离子体纵向和径向的速度演化有重要影响,其效应相当于为等离子体提供了一个新的动态等离子体源。在同样的条件下电离效应会使等离子体的膨胀速度提高许多。

(3) 在激光烧蚀阶段,径向与纵向具有截然不同的等离子体空间数密度分布特征。在垂直于靶材表面方向,由于大的密度梯度与高的不同溅射初速度,导致沿此方向等离子体数密度最大值不在靶材表面而在靶材表面附近的临近区域的分布特点。在平行于靶材表面的径向,由于等离子体的膨胀主要源于大的密度梯度而非大的初始速度,所以等离子体数密度就在靶材表面。靶材表面附近几个平均自由程内的数密度在烧蚀的整个过程中,将近似保持一个常数值。

这些成果不是偶然的,因为我们的理论前提是基于局域能量动量守恒,比起基于整体能量守恒的理论模型,更能严格、真实地反映物理本质。

### (二)薄膜沉积阶段动力学研究

1998 年,Taylor 等人建立了较简单的蒙特卡罗模型,模拟了 PLD 技术与分子束外延(MBE)技术中的薄膜生长模式的变化,并初步探讨了 PLD 薄膜生长过程中的两个主要特征——脉冲式沉积与高能沉积及其对薄膜表面粗糙度的不同影响。但是由于模型简单,他们没有研究粒子入射动能、脉冲强度、脉冲频率等参数对岛密度及薄膜形貌的影响。Kuama 等人同样利用蒙特卡罗方法建立了模型,模拟了薄膜生长初期岛密度在不同基底温度下的变化,并且简单地给出了入射动能不同时薄膜的形貌图,但是他们同样没有涉及能量粒子在基底表面的微观动力学过程、脉冲强度及脉冲频率的影响。另外,最近还有一些研究者主要讨论了 PLD 薄膜生长过程中不同于一般标度理论的特殊的标度行为。

我们提出脉冲动力学蒙特卡罗物理模型。该模型将分子动力学与蒙特卡罗的方法相结合,研究 PLD 工艺中的薄膜沉积动力学图像。成功地实现 PLD 薄膜生长阶段的蒙特卡罗模拟,揭示生长过程的物理图像,研究基底温度和入射粒子动能对于薄膜形貌生长的影响规律,讨论脉冲激光强度和频率对 PLD 薄膜生长的影响,发现一个新的标度定律,并纠正了文献给出的关于激光强度标度定律错误的临界常数。

**1. 薄膜生长阶段的物理图像**

气态粒子到达衬底表面,相互吸附、结合和聚集,不断形成所谓生长核。生长核对于在衬底表面的粒子有较大的吸附力,从而吸引更多周围的粒子,形成大小不同的原子团,我们通常称之为岛。当有新的粒子到达岛附近的时候,这些岛就会捕获它们,使自身不断长大。岛的持续生长会形成岛与岛之间的黏合,当岛的黏合过程继续下去时,原来的多个小岛就会相互连接,构成随机定向的通道,这就是所谓薄膜形成前的迷津结构阶段。在各通道之间是未被占有的衬底空间。在迷津结构形成的初期,这些通道较窄,衬底表面空的位置较多。因此空处可以再吸附新来的粒子,凝结成新的生长岛。生长岛不断涌现,并继续长大,各个通道会逐渐彼此接合,使空洞逐渐被填充,以至形成整体的连续膜。在薄膜生长的各个阶段时,只要恰当地选择薄膜生长的工艺条件,就能生长出均匀连续并符合厚度要求的薄膜。薄膜生长的各个阶段,如图 6 所示,从左到右依次表示为成核、凝聚成小岛、岛间的结合、沟道、带孔洞的连续膜。

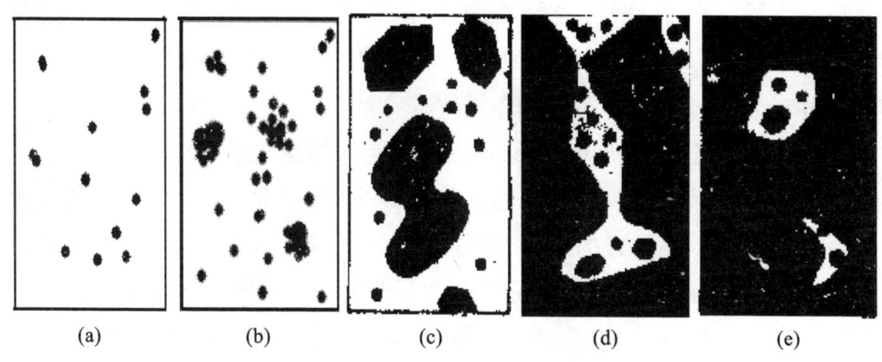


**图 6　薄膜形成各阶段示意图**

一般来说,根据粒子入射流量、入射粒子在衬底表面上的迁移、与其他粒子之间的相互作用、粒子与衬底之间的相互作用以及衬底的温度等因素,薄膜生长有如下三种模式。

(1) 三维岛状生长,Volmer-Weber 型。原子先凝聚成核,进一步吸附入射的原子从而凝聚成岛状,呈现三维生长,如图 7(a)所示。

(2) 二维逐层生长,Frank-Vander Merwe 型。原子一层一层地生长,不会形成较大的三维岛,如图 7(b)所示。

(3) 层岛结合生长,Strarski-Krastanov 型。原子凝聚以及核的生长介于三维岛状生长模式和二维层状生长模式之间,如图 7(c)所示。

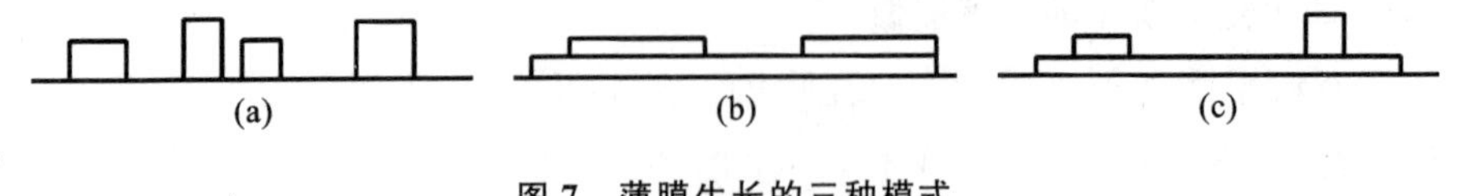


图 7 薄膜生长的三种模式

**2. Pulsed KMC 物理模型**

PLD 薄膜生长过程是以脉冲式模式,其吸附粒子在基底的运动状态,如沉积、扩散、脱附等物理过程。但是 PLD 薄膜生长过程的物理图像特点鲜明。

(1) 高能沉积(Energetic Deposition)。TD、MBE 等技术一般采用热源(如电阻加热)使靶材受热气化,获得蒸发物,最后在基底沉积成膜。这样获得的气态粒子到达基底时动能一般仅有 $10^{-1}\sim10^{0}$ eV。而 PLD 技术中,脉冲激光烧蚀靶材产生的粒子的动能为 $10^{0}\sim10^{3}$ eV 数量级。这样,当高能粒子到达基底表面时,就会产生轰击效应,使吸附粒子获得瞬时的活性,促进其在表面的扩散。另外,如果基底原子被轰击并获得足够的能量,它们将越过势垒离开原晶格位置成为间隙原子或者被溅射,产生一些点缺陷结构。这种缺陷结构将更容易吸引后继粒子,增加凝聚核的密度,加速薄膜层状生长。许多文献表明,PLD 技术与 TD、MBE 技术相比较,粒子的动能在 PLD 薄膜生长过程中对薄膜的微观结构起着重要的影响作用。

(2) 脉冲式沉积(Pulsed Deposition)。受脉冲激光的脉冲效应的影响,激光烧蚀的产物也以脉冲的方式到达基底凝聚成膜,这是表征 PLD 脉冲式生长的最明显的特征。脉冲式的入射,使基底表面获得瞬时的超高的粒子浓度,增加了粒子相遇结合的概率,使表面岛的数量增多,促进薄膜层状生长。对脉冲式薄膜生长而言,脉冲入射强度、脉冲重复频率均是重要的工艺参数。

在构建模型时,包括如下几个物理过程。

(1) 沉积事件。入射粒子随机选择在基底格子上的落点,若格点空则占据,格点不空则重新选择空的格点落下。

(2) 扩散事件。在两个脉冲的间隔时间内,没有新粒子沉积,所有基底表面的单粒子在表面做扩散运动。粒子在扩散过程中若遇到其他的粒子或者已形成的岛,根据其自身的能量状态,有可能黏附到岛上,也有可能继续在基底表面扩散。能量粒子的能量在扩散过程中会不断损失,最终与基底达到温度平衡。

(3) 脱附事件。粒子在基底表面的驻留时间内,粒子有可能将从基底表面脱附,重新回到气态。

模型研究了薄膜温度对工艺形貌的影响。图 8 是我们给出的基底温度对薄膜形貌的影响。图 9 给出了薄膜生长初期,岛密度及平均岛尺寸随基底温度的变化图。图 10 给出了薄膜生长初期,岛的形貌随基底温度的变化图。

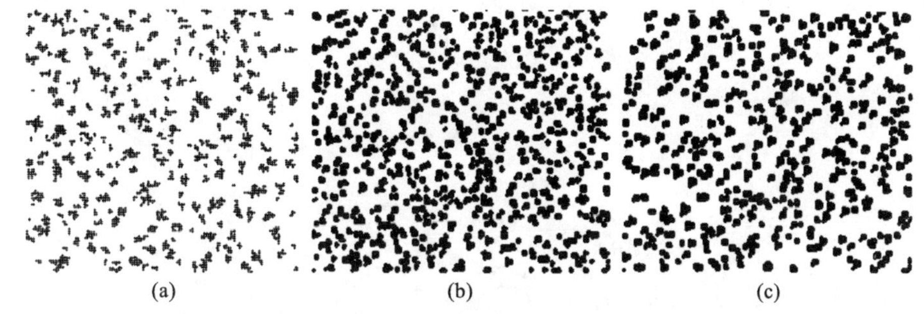


**图 8　单个脉冲入射,不同基底温度下岛的形貌演化图**

其中(a)、(b)、(c)分别表示 $T=600$ K、$T=700$ K、$T=900$ K 时薄膜生长初期岛的形貌图

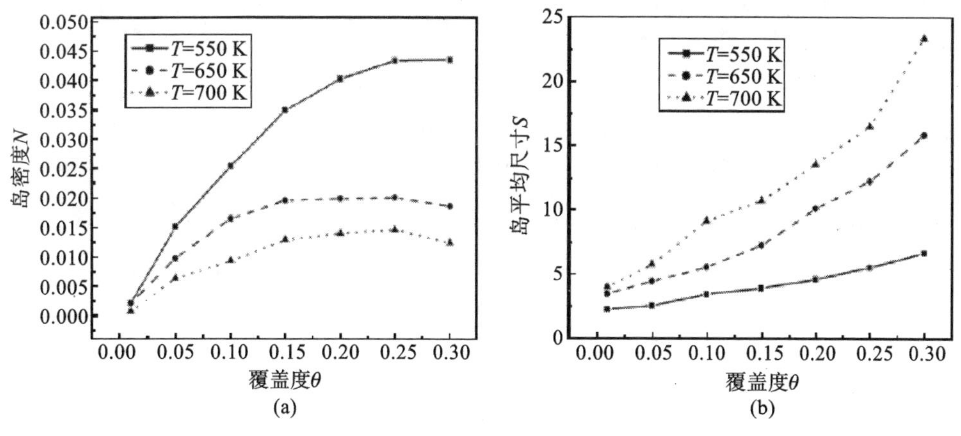


**图 9　薄膜生长初期**

(a)岛密度及(b)平均岛尺寸随基底温度的变化图。其中脉冲频率为 10 Hz,脉冲强度为 0.01

我们发现较低动能入射粒子沉积对薄膜生长的影响显著,并给出了能量粒子沉积的微观动力学过程,得到基底温度与入射动能的影响有相互关联的结果。这些研究结果与工艺参数紧密相关,为制备光滑、致密、均匀的优质薄膜提供了宝贵的信息。最后研究了脉冲强度和脉冲频率对 PLD 薄膜生长的影响,例如,图 11 给出了不同脉冲强度条件下的薄膜形貌图,图 12 给出了不同

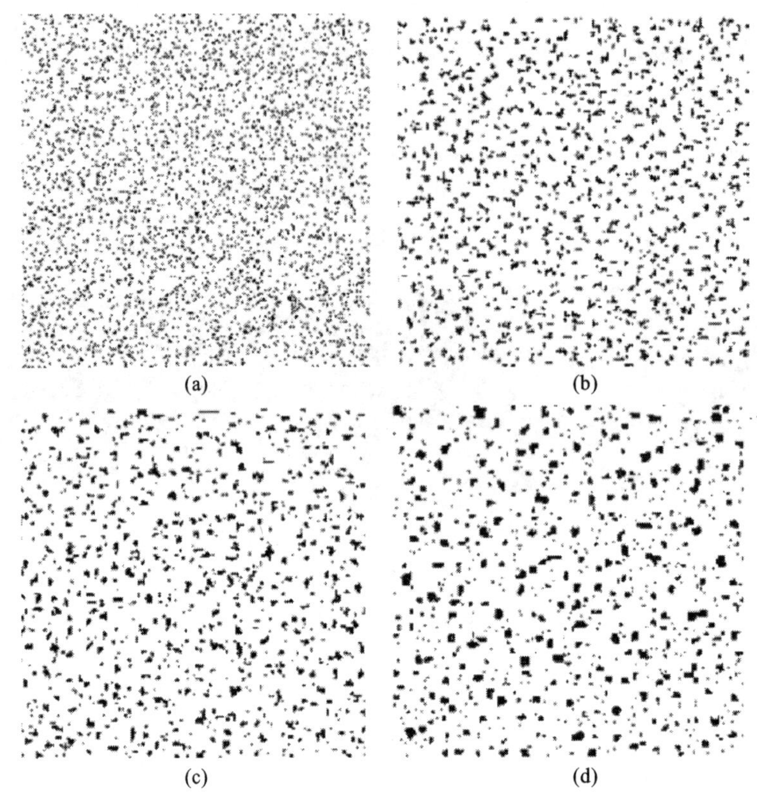

**图 10　薄膜生长初期，岛的形貌随基底温度的变化**

(a) $T=300$ K；(b) $T=500$ K；(c) $T=650$ K；(d) $T=700$ K。这里，覆盖度 $\theta=0.1$ mL，动能 $E_k=10$ eV

脉冲频率条件下的薄膜形貌图，充分表明脉冲强度和脉冲频率对 PLD 薄膜生长有较大的影响。

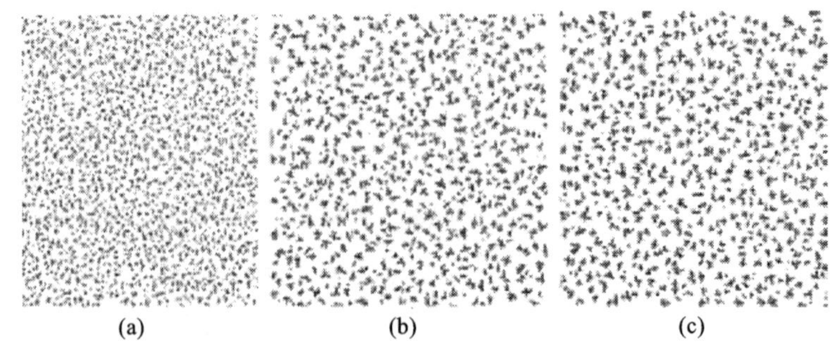

**图 11　不同脉冲强度条件下的薄膜形貌图**

(a)、(b)、(c) 分别表示脉冲强度 $I=0.005$、$I=0.0005$ 和 $I=0.0001$

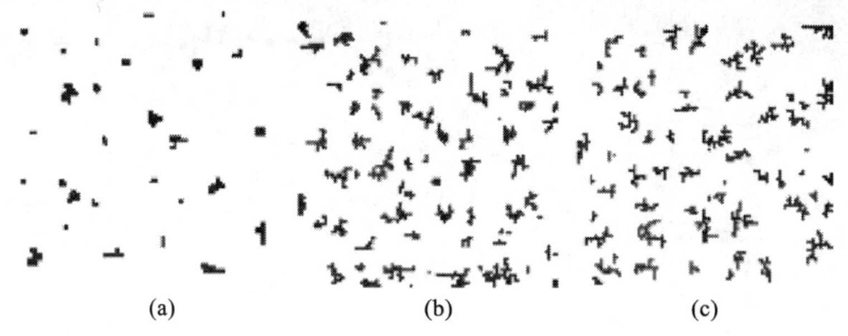

**图 12 不同脉冲频率条件下的薄膜形貌图**

(a)、(b)、(c)分别对应脉冲频率 $f=10$ Hz，$f=100$ Hz 和 $f=1000$ Hz。这里，覆盖度为 0.1 mL

研究表明，文献给出的脉冲强度变化时 PLD 薄膜生长的标度理论中的临界指数有错误。该文献认为在薄膜生长中脉冲强度 $I$ 与薄膜生长中的岛密度 $N$ 以及表面覆盖度 $\theta$ 存在着标度关系。生长过程中的岛密度 $N$ 是脉冲强度 $I$ 和表面覆盖度 $\theta$ 的函数，记作 $N(I,\theta)$。将 $\theta_{max}$ 定义为模拟过程中最大的覆盖度，则有：

$$M(I,\theta)=N(I,\theta)/N(I,\theta_{max})$$

$M(I,\theta)$满足不寻常的对数标度法则：

$$\log M(I,\theta)=(\log I)/G[\log\theta/\log I]$$

进而有：

$$-|\log M(I,\theta)|=|\log I|^{\alpha}/G[|\log\theta|/|\log I|^{\beta}]$$

文献给出 $\alpha=\beta=1/4$。我们的研究表明，正确的结果应该是 $\alpha=\beta=1/3$。文献错误的原因是在其研究中没有考虑粒子的动能。

同时，还发现脉冲频率变化时 PLD 薄膜生长的标度理论，如图 13 所示，该图描述脉冲频率变化时 PLD 薄膜生长的标度行为。定义岛密度$N(f,\theta)$是脉冲频率 $f$ 和覆盖度 $\theta$ 的函数。另定义 $M(f,\theta)=N(f,\theta)/N(f,\theta_{max})$，这里的最大覆盖度为 $\theta_{max}$。此图表明，在脉冲频率变化时，薄膜生长呈现一个新的标度规律。其标度行为大大不同于脉冲强度变化时薄膜生长的标度行为。

总之，在研究 PLD 薄膜生长过程中，发现相应的脉冲强度以及脉冲频率的变化所表现的标度规律，充实和完善了薄膜生长理论，同时也丰富了自组织临界现象的理论。必须指出，研究给出了工艺参数与薄膜生长的直接关联，为制备质地更优良的薄膜提供了宝贵信息。

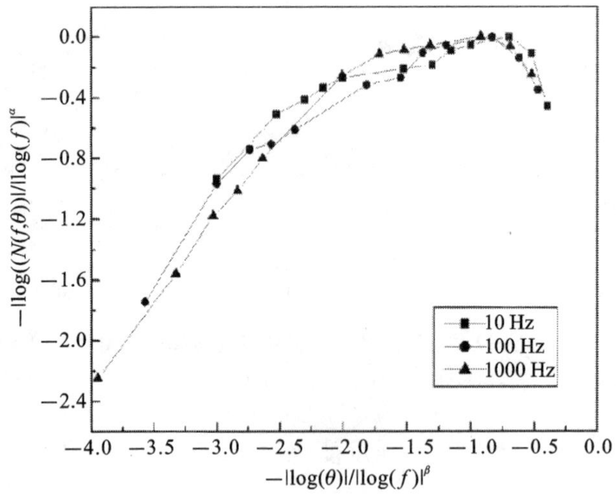


**图 13 脉冲频率变化时 PLD 薄膜生长的标度行为**

$\alpha=\beta=-1/4$

## 五、展望

### (一)飞秒脉冲激光技术的发展

飞秒脉冲激光技术的发展异常迅猛,以至于飞秒脉冲激光沉积技术只是其广泛应用领域中的很小的一部分。20 世纪 90 年代初,随着激光锁模技术和啁啾技术的发展,飞秒脉冲激光烧蚀(PLA)技术得到了迅猛发展。以 Ti:sappire 为代表的新一代飞秒激光器,脉宽最短可至 5 fs,激光中心波长位于近红外波段,当借助脉冲放大技术(CPA)后,单个脉冲能量可从几个纳焦耳放大至几百毫焦耳甚至焦耳量级,此时脉冲的峰值功率可达 GW ($10^9$ W)或 TW ($10^{12}$ W),经过聚焦后的功率密度可以达到 $10^{15}\sim10^{18}$ W/cm$^2$,甚至更高。这种激光能产生极端物理条件,该领域的快速发展在强场物理中开创出了一个全新的前沿分支。为许多前沿科学提供了前所未有的研究条件,如电子加速、质子加速、超短脉冲中子源、超短脉冲 X 射线辐射以及激光聚变快点火等。PLA 尽管属于 PLD 技术中的一个必不可少的环节,但是两种技术之间存在本质的不同。

一个飞秒是千万亿分之一秒($10^{-15}$ 秒),是人眼所能分辨时间极限(0.05

s)的十万亿分之一,比现代的电子采样示波器($10^{-12}$ s)还要快三个量级。正是由于飞秒激光脉冲的宽度极窄,所以它可以在较低的单脉冲能量下得到较高的功率密度。经过放大后的飞秒激光脉冲的峰值功率可以高达 $10^{15}$ W(PW 量级),聚焦光强度可达 $10^{21}$ W/cm$^2$,甚至达创纪录的 $10^{22}$ W/cm$^2$;电场强度可达 $10^{11}$ V/cm,这样的电场强度相当于氢原子束缚其核外电子的库仑电场强度的上百倍。在如此高的电场强度作用下,飞秒激光与物质相互作用的过程中会表现出各种奇特的非线性光学效应,如二次非线性光学效应和高压冲击波效应。增强并加深了我们对光与物质相互作用的理解。当这种脉冲宽度很小、峰值功率极高的激光与物质作用时,能够产生高次谐波;产生近固体密度的等离子体,是一种较好的相干 X 光源;产生中子射线、$10^9$ 高斯的磁场强度和 $10^{21}$ g 的加速度等。而其中许多的极端物理条件是地球上所不存在以及用其他的实验方式也不可能得到的。对我们的实验研究有很大的帮助。

激光作为一种特殊的光源,具有亮度极高,比人工最亮的光源氙灯还要高几百亿倍;单色性好,激光发出的光波长分布范围极窄,因此颜色极纯;能量密度大,能够在短时间内聚集大量的能量;能够定向远距离传输和相干性极好等特点。近年来,超短光脉冲的产生及放大技术迅速发展。现在的脉冲宽度已从飞秒(fs,$10^{-15}$ s)压缩到了阿秒(as,$10^{-18}$ s)量级,光脉冲峰值强度也从太瓦(1 TW=$10^{12}$ W)上升到拍瓦(1 PW=$10^{15}$ W)。

飞秒激光技术的发展目前已达到阿秒级,阿秒激光技术是当前人类在实验室条件下能够获得的最短光脉冲的重要技术手段。经历染料飞秒激光、固体飞秒激光,直到近年来发展起来的光子晶体光纤飞秒激光技术,其应用领域迅速扩展,是当代重要的高科技手段之一。

最早的飞秒脉冲激光是运用碰撞脉冲锁模技术(CPM)在染料激光器中产生的。1981 年,R. L. Fork 等人采用碰撞脉冲锁模技术在环型染料激光器上面产生了脉冲宽度小于 100 fs 的短脉冲,4 年后他们又获得了 27 fs 的短脉冲,后又利用自相位调制技术(SPM)和光栅压缩的原理获得了 6 fs 的短脉冲。1986 年,P. Moulton 等人发展了掺钛蓝宝石($Ti^{+3}$:Sapphire)的固体激光器,开创了固体激光器的时代。1991 年,D. E. Spence 等人利用氩离子激光作为泵浦光源,用 $SF_{14}$ 棱镜对作为色散补偿,首次制造了以掺钛蓝宝石作为增益介质的飞秒自锁模激光器,标志着固体飞秒激光器进入了一个新的发展阶段。

1993 年,M. T. Asaki 等人实现了掺钛蓝宝石自锁模技术的运转,获得了 11 fs 的激光脉冲。1995 年,A. Stingl 等人获得了 8 fs 的激光脉冲。1997 年,

M. Nisoli 等人采用小顶角双石英棱镜取代了布儒斯特角棱镜，并与啁啾棱镜结合，获得了 4.5 fs 的激光脉冲输出。1999 年，H. A. Haus 等人利用低色散棱镜对和一对啁啾镜，在自锁模 Ti:Sapphire 激光器中直接输出脉冲宽度小于两个光学周期的飞秒激光脉冲。同年，T. Beddard 等人直接由激光器中输出了峰值功率达 1 MW、平均功率达1.5 W、重复频率为 110 MHz 的激光脉冲。

随着光子晶体光纤的问世，新一代飞秒激光研究于 2000 年后蓬勃发展起来。光子晶体光纤飞秒激光技术是超短脉冲激光技术继染料飞秒激光技术和固体飞秒激光技术后发展的新阶段，它以低廉的成本，能抗击外部环境影响的封闭式结构，无须烦琐调试的集成化及高功率、高光束质量等突出优势开创了飞秒激光应用普及的新时代，在原子分子状态变化、能量转移、化学动力学、生物信息传递、计量标准及微纳精细加工、太赫兹波、激光受控核聚变、第四代光源等众多基础学科、高新技术、大科学工程中发挥着不可替代的作用。

## (二)飞秒激光与物质相互作用的物理图像

激光烧蚀靶材分区图如图 14 所示。

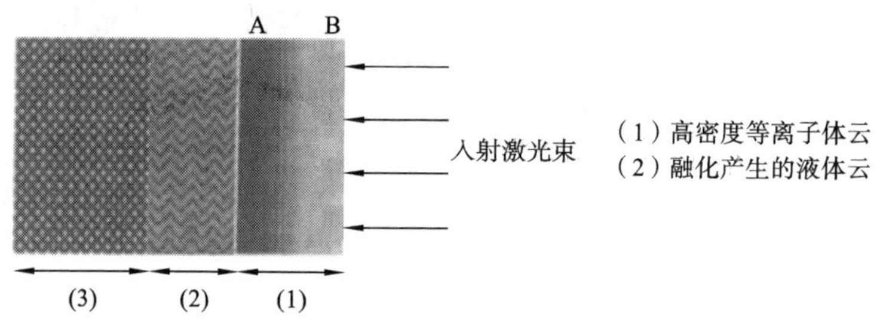


图 14 脉冲烧蚀靶材分区图

图 14 中，激光与靶材的相互作用的热动力学过程应该用双温方程或者修正的双温方程描写。其传导过程的特点是具有高度的非平衡性。

非平衡烧蚀对应于飞秒脉冲激光或者阿秒激光的情况。此时脉冲激光持续的时间极短，靶材的电子系统吸收的激光传递的能量，来不及传递给晶格系统，因此靶材中电子系统和晶格系统的温度不同。在这种情况下，只需考虑电子吸收光子的激发和储能过程，从根本上避免了热扩散造成的影响。吸收的能量由于飞秒脉冲激光较强的趋肤效应，被主要集中在表面几个纳米厚度内。电子的温度在瞬间升高，将材料以高密度、超热、超高压的等离子体状态去除，从而实现材料的非热熔性加工。图 15 清楚地显示了长脉冲激光、脉冲飞秒激光与物质相互作用(烧蚀)的特点。

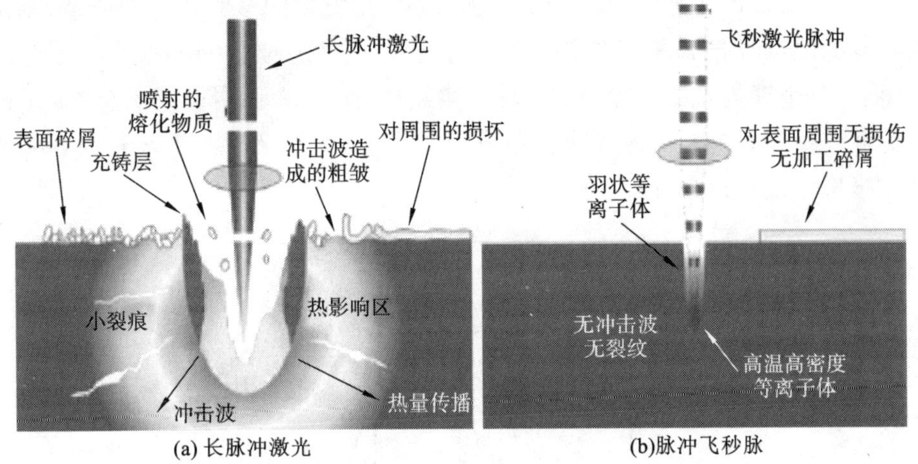

(a) 长脉冲激光　(b)脉冲飞秒脉

**图 15　不同脉冲与物质相互作用的特点**

## (三)飞秒激光与物质相互作用的特征

当激光脉冲持续时间压缩到 fs 时,在这样能量极高的峰值功率密度和极短持续时间下,激光脉冲与物质相互作用时,能够以极快的速度将其全部能量注入很小的作用区域内,瞬间高能量密度的沉积将使电子的吸收和运动方式发生根本性的变化,避免了激光线性吸收、能量转移和热扩散等带来的影响。从而在根本上改变了激光与物质相互作用的机制,使飞秒脉冲激光加工成为具有超高精度、超高空间分辨率和超高广泛性的非热融性“冷”处理过程,开创了激光加工的崭新时代。其主要特点如下。

**1. 加工过程的非热熔性**

由于飞秒激光注入材料的时间极短,能量来不及扩散就能使被加工区域的材料快速达到汽化温度并从材料表面喷出,其脉冲持续时间远小于材料中受激分子、原子、电子等通过移动、转动等形式的能量释放时间,从根本上避免了激光的线性吸收、热扩散的存在和影响,因而加工过程表现为非热熔性,减弱或消除了传统长波激光加工中热效应的存在对非加工区域带来的诸多负面影响,从而提高了加工过程的准确性。这是飞秒加工最重要的特征。

**2. 加工尺寸的亚微米特性**

飞秒激光的能量密度在空间上一般呈现高斯分布，如果调节入射激光束的能量，使得聚焦光斑的中心强度刚好能够满足材料的多光子电离阈值，则加工过程的能量吸收和相互作用会被局限于焦点中心位置处的很小一部分区域，而非整个聚焦光斑所辐照的区域。实际加工区域范围可以小于 0.1 μm，因此脉冲飞秒加工可以突破光束衍射极限的限制，实现尺寸小于波长的亚微米或纳米操作，如图 16 所示。

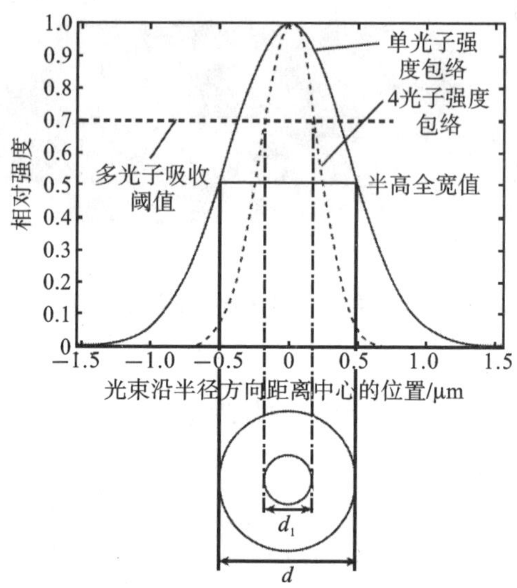


图 16 飞秒激光微加工突破光束衍射极限的限制

**3. 三维空间加工能力**

将聚焦强度位于材料损伤阈值附近的飞秒激光射向透明材料的内部，除了聚焦部分，其他位置较低的光束强度无法满足材料的多光子非线性吸收的要求。光束几乎可以毫无衰减地到达材料内部的聚焦区域。入射激光只有在该点位置才能获得较高的功率密度，使得材料发生多光子吸收和电离，从而实现透明材料内部三维空间上任意部位的超精细加工，使得飞秒激光加工过程具有严格的空间选择和定位能力。

**4. 材料加工的广泛性**

飞秒激光在与材料相互作用过程中，其超高的峰值使得材料只能进行多光子吸收，使得过程高度依赖于激光强度的变化，具有确定的阈值特性。另外，由于多光子吸收程度和电离阈值仅依赖于材料中原子的特性，而与其中的自由电子浓度无关,因此脉冲飞秒激光理论上可以实现对任何材料的精细加工、修复和处理,而与材料的种类和特性无关。

另外,飞秒激光脉冲的持续时间与等离子体膨胀时间相比非常短,因此在等离子体临界密度到达之前,脉冲能量就可以完成其对于材料的定向沉积,从而避免了常见的等离子体屏蔽现象,提高了能量的耦合效率。

### (四)飞秒激光技术的应用

飞秒激光与物质相互作用时表现出许多独特的优势,在许多领域有着更广泛的应用。主要应用如下。

(1) 能够实现对多种材料的微加工:金属具有很强的热传导性能,飞秒激光可以克服传统长波脉冲激光加工时热传导带来的热影响;可以实现对许多难熔和超硬材料的加工;还可以实现对易爆炸产品的报废"冷"处理。

(2) 在微电子领域有着重要的应用:可以实现对光掩膜的修复而不影响衬底硅材料和周围的区域;提高光刻技术的精度和效率;可以大大缩小激光打孔的尺寸,提高电路的链接效率和缩小封装的面积。

(3) 在光通信领域:可以实现亚衍射极限光波导的制作;制作 Bragg 光栅和近红外和可见波段的光子晶体。

(4) 在光存储领域,飞秒激光可以实验在储存介质中 3-D 存储,提高储存效率,实现超高密度的光学存储。

(5) 在医学领域:可以制作心血管支架;改进传统医疗方式,进行无痛和无损伤治疗,如在牙齿的修补过程中,可以避免对周围组织的热损伤;实现对 DNA 的修复,等等。

### (五)用飞秒激光诱导金属表面周期性结构

飞秒激光与靶材的相互作用往往表现出不同的非线性效应,如多光子效应、雪崩电离、隧道电离和自聚焦等。我们对飞秒激光诱导金属表面周期性结构的技术和机理进行了初步探索。关于飞秒激光诱导材料表面周期性结构的现有理论模型很多,如表面散射波模型、库仑爆炸模型、光子共振吸收模型、玻色子凝聚模型等。我们根据有关飞秒激光诱导金属表面周期性结构的实验中的能量阈值现象提出了能量累积效应模型,不仅能解释采用飞秒激光在金属靶材诱导出的表面周期性结构随激光能量密度以及脉冲数变化而演化的规律，而且能解释文献在介电陶瓷靶材、半导体靶材以及其他金属靶材等表面激光诱导的表面周期结构。并且提出了超短强激光诱导表面大面积规整纳米光栅周期结构的技术方案。初步实验表明，确实能实现高密度纳米周期结构的大面积化。2008 年底，上海光机所徐至展院士组采用 800 nm 波长、125 fs 的脉冲激光多束扫描法在氧化锌单晶表面诱导出了规整、大面积的自组织纳米光栅结构。2009 年，哈佛大学 Eric Mazur 领域的研究组，采用 800 nm 飞秒激光在透明的二氧化硅单晶体上诱导出了周期为 40 nm 宽、500 nm 深的光栅结构。

## 篇 后 语

这篇综述涉及专业内容较多，涵盖了 21 世纪初，我们课题组提出并构建的“脉冲激光沉积动力学”新学科的基本科学背景和主要内容。收录于此，希望能反映我们是如何构建一个新学科的。这篇综述发表在《物理》2012 年第 3 期。这个研究方向，大致始于 1998 年。这门新的学科得到了国际学术界的认可，并且受到了广泛的关注。截至 2018 年，国际科学和工程中的计算方法学术会议连续 5 年邀请我在大会报告有关工作，并且支持我在会议中组织一个研讨会，由我指定研讨会的标题，给出研讨会简介和张贴宣传内容。连续 5 年邀请我，足见会议的诚意。

# 《进化教育论》序言

党的十八大工作报告再一次将教育作为民生与社会建设的首要任务。报告明确提出，“要坚持教育优先发展”。当前，我国教育界如同全国人民一样，正全面贯彻落实党的十八大精神，高举中国特色社会主义伟大旗帜，并且密切结合教育实际，全面贯彻党的教育方针，坚定走中国特色社会主义教育道路，坚持用科学发展观统领我国教育事业改革与发展全局，求真务实、真抓实干，全面实施素质教育，着力提高教育质量，办好人民满意的教育。我国教育工作者一直在坚持不懈地努力，取得了多方面的丰硕成果。现在摆在大家案头的新书——《进化教育论》，就是在教育改革与发展实践中，取得的教育理论的一项宝贵成果。

作者涂宏斌,从事职业教育和民办教育30余年,目前是武汉商贸职业学院党委书记、校长,兼任中国自然辩证法学会理事、科学方法论委员会秘书长、科学逻辑委员会常委。在长期的办学实践中,积累了丰富的教育经验。加之,作者在本科和研究生的学习阶段中,奠定了比较坚实的自然科学和哲学的理论基础。其研究生学位论文就与"进化认识论"有关。在此基础上,他结合多年教育、教学、管理工作实践,提出了"进化教育论"的理念。言之有理,持之有据,行之有效,有新意,有体系,有实践,有成果,形成一套相对完整的教育思想。我向广大有志于参与建立中国特色社会主义教育理论体系的教育工作者热忱推荐本书。

全书内容丰富,但其精神内核可概括为两个基本原理:自主成长和环境选择。加上一个原则:杂交优势。作者认为,教育活动实质上是学习主体身处教育环境系统中的一种成长活动,从而必须营造宽松、民主、自由的教育环境,才能够造就创新人才;好的环境是学生自主健康成长的平台,作者有创意地提出"自然—人本—理性—人文"的四维空间的进化育人环境。所谓杂交优势原则,按作者的本意,就是多维育人空间的整合和优化。作者认为,育人空间的多元杂交会使受教育者具有更好的环境适应能力和更广泛的包容性。在这样的理念指导下,武汉商贸职业学院近年来在办学方面取得了不俗的成绩。

创新来自继承。在我看来,进化教育论有许多带有浓厚自然科学色彩的名词和概念,这种跨学科的继承与拓展是值得肯定与鼓励的;而且正如本书所详细论证的,其精神与古今中外的教育理论(包括以孔子为代表的古代儒家教育思想,以卢梭为代表的西方近代教育思想和以赫尔巴特、杜威和凯洛夫为代表的现代教育思想)大有相通之处。例如,本书中的"泡菜坛子理论"就是进化教育论的通俗说法。实际上,"泡菜坛子理论"是华中科技大学涂又光教授在继承、概括并提炼、升华中华民族优秀教育传统并充分汲取国外先进教育思想的基础上提出来的。

创新需要沉淀和磨砺。本书敢于将许多自然科学的新发现和新成果应用到教育领域,甚至将这些自然科学的原理作为梳理传统教育理论的利器,因此,本书有许多提法使人耳目一新。但这是否允当,我以为,首先要进一步接受时间和实践的检验。作者提出的体系是否严谨、科学,也需要教育工作者进一步探讨和研究。如果说,本书还有什么不足之处的话,我以为是教育实践的结果谈得少了。

一言以蔽之曰，金无足赤，人无完人，书无完书，瑕不掩瑜。本书是一本值得我国教育工作者借鉴的好书，我热忱地向大家推荐。当然，如同作者所希望的那样，希望读者能对本书不足之处批评指正。

是为序。

## 篇 后 语

这篇序言写于 2012 年 11 月 20 日，是为我的博士生涂宏斌的著作进化教育论所作的序言。序言署名为杨叔子，杨叔子教授是中国科学院院士、教育部高等学校文化素质教育指导委员会主任，曾任华中科技大学校长，名气很大。同时他又与我同为涂宏斌的博士生导师。用他的名义写序自然有助于书籍的推广和销售。当然，序言在发表前征求了杨叔子教授的意见。涂宏斌原来是学习物理的，最先的想法是攻读物理学博士。根据他的实际情况后来将方向改为攻读教育学博士，并于 2015 年 5 月以良好的成绩，顺利通过博士生答辩。在其最后的毕业论文中，对该书的基本内容进行了重大修改。主要添加了论证教育系统是一个自组织的复杂系统，同时对于论文的章节结构作了不少的调整和修改。

# 《老子和爱因斯坦》序言

张天健先生是一位勤勉多产的作家。曾几何时，我为张先生的大作《老子和现代物理学》写过序言，现在一部新的著作《老子和爱因斯坦》又摆在我的面前了。按张先生自己的说法，这部新著与《老子和现代物理学》是姊妹篇，它是后者的道家哲学注解。

本书的可贵之处在于从一个物理学爱好者的角度，提供了大量关于爱因斯坦相对论研究的有趣史实。例如，大爆炸宇宙论发展的大致脉络；爱因斯坦的隐函数理论和作者所说的“幽灵场”；EPR 佯谬与量子论的完备性问题以及贝尔不等式；特别是量子理论的非局域性的讨论，我认为无论对物理学的爱好者还是自然哲学的爱好者来说都有一定的阅读价值。

我认为,从哲学的高度探讨现代科学,尤其是从道家哲学角度探讨物理学的最新发展,是现代自然哲学最有光彩的篇章。道家哲学是我国古代文明对于世界文明的伟大贡献。张天健先生探索老子哲学对现代物理学有所启示,我在《老子和现代物理学》的序言中已经详细论及。我觉得张先生的天才预测——宇宙中应该有斥力存在,是颇为精彩的论述。当然,类似的说法康德说过,黑格尔说过,马赫也说过。张先生的预测是从老子的论述中找到根据的。实际上,在现代科学诞生以前,我们的先贤缺乏实证研究的必要手段,对于自然界存在的种种疑难问题往往是借助预测来解决的。古希腊人提出原子论就是这种天才预测的光辉范例。马克思和恩格斯多次提到过这种天才预测在古代自然科学探索中起到的良好作用。在张天健先生的新著《老子和爱因斯坦》中再一次提出自然界存在斥力的预测。

但是,哲学不等于自然科学。哲学是从宏观的角度整体观察宇宙、人生,一般来说,所得到的规律和结论都是定性的。这些成果有时对于自然科学的发展会起到良好的推动作用,例如,马赫哲学对于爱因斯坦的狭义相对论和广义相对论的建立就起到过类似的作用。而现代自然科学,特别是现代物理学首先是实证科学,精密科学,就是说,其发展完全依赖于精密的实证考察。因此,哲学的研究决不能代替自然科学的研究。当然,也有少数情况下理论预测先于实验观察。例如,广义相对论就是爱因斯坦基于伟大的理论创造,而后在实验观察中,尤其是近年来在天体物理的精密观察中(例如,爱因斯坦环和许多新近的天体物理发现)加以证实的。即令在这种情况下,广义相对论给出的理论预测也是极其精确的定量结果,否则无从谈起利用精密的观测加以证实。

那么,斥力存在吗?现在天体物理和宇宙学的研究确实证实在宇宙中存在斥力。从天文学的精密测量中,特别是在哈勃天文望远镜发射以后,更精密、更丰富的观察资料表明,自然界存在一种迥然不同于我们普通物质(由分子、原子、原子核所构成)的新物质形态——暗能量。它们之间存在一种负压力(即张先生所说的斥力)。这里,我要强调斥力存在的证实确实表明张先生的讨论具有某种先见性。

我作为一个物理学家还要强调的是,物理学的理论体系,尤其是经典物理学就其逻辑系统来说是严密的、严谨的、自洽的。因此,从学科的内在逻辑性来说,没有什么不完备性,更不要说居然有七大不完备性之多。在此,我不想详细论证,只举一个例子,在该书第16页逻辑问题1中便是冤枉了牛顿。地球绕日运动,姑且假定其速率不变,从惯性系统来说也不是一个平衡状态,而是一个加速运动。这个加速运动不改变速率大小，只改变速率方向，人们称相应的加速度为向心加速度。因此，地球绕日运动完全不需要引入一个莫须有的斥力。那么，有时人们往往提到一个离心力似乎就是斥力，这是怎么回事呢？离心力实际上是在以地球为参考系的所谓非惯性系统中，人们为了形象地说明问题而引入的一种(对惯性系统来说)虚构的力。现代物理学的观察告诉我们，我们周围的普通物质只存在引力，不存在斥力。所谓斥力只在宇宙中某些地方存在的暗能量中存在。

也许有人提出疑问，经典物理学既然如此完备，那么是如何迈向相对论和量子论的？关键的一步是现实的实证研究发现，在接近光速的高速情况下或在尺度为原子、分子的微观世界中，经典物理的基本前提应该有所修正。迈克尔逊的实验告诉我们，光速在真空中是不变的，是任何其他物质的传播速度不能超越的。这就导致了在高速世界中，时间和空间不是绝对独立的，要求经典物理的基本假定之一——绝对的时间和空间做必要的修改。普朗克的实验和电子衍射的实验告诉我们，在微观世界中运动的物体呈现波动性。其运动规律再也不能完全用决定论的观点描述，而代之以波动力学的规律。换言之，物理学发展的根本动力是实证研究的视野不断扩大，观察和测量手段不断精密和可靠。其间，物理学家的理论探讨和智慧创造是不可或缺的重要因素。

也许，我还应该提到物理学的发展也遇到一些重大的、关键的理论问题，似乎哲学家在这样一些领域会有更大的用武之地。例如，作为现代物理学的两大支柱，量子论和广义相对论彼此是不相容的。这就是迄今为止一个逻辑严整的、自洽的量子引力理论没有建立起来的原因。在量子理论的基础上，局域性、因果性和非局域性问题，以及与之相连的量子纠缠问题的真谛都是物理学家聚焦的内容。

正如我在《老子和现代物理学》序言中所说，张先生在新著中也闪烁着哲人的智慧光芒。从老子哲学对现代物理学的基本原理和基本结论采取批判的态度，探索新的道路。这对于启迪我们科学探索的思路，寻找新的物理思想是一件有意义的工作。但是，我现在要强调，哲学的讨论有时固然能够为自然科学的研究提供新的角度和新的思想，但绝不能代替科学的实证研究，这是我阅读张先生的新著以后新的感想。

# 篇后语

本文定稿于2015年6月23日。我为张天健先生的大作写过几篇序言。大抵是从哲学和思辨的角度赞许了他的若干思想的闪光。但是,张先生的兴趣似乎越来越涉及物理科学的具体研究领域,甚至毫无根据、武断地否定经过时间证明的许多科学结论和科学成果。因此,在这篇文章里我强调了哲学的讨论有时固然能够为自然科学的研究提供新的角度和新的思想,但绝不能代替科学的实证研究,这是我阅读张先生的新著以后的新感想。

张先生似乎对这篇序言颇有微词,但科学毕竟是科学。“吾爱吾师,吾尤爱真理”难道这不正是古典哲学的优秀传统吗?哲学是智慧学,但绝不是神学、玄学。不知道张先生的大作《老子和爱因斯坦》在重庆出版社出版了没有。

# 第二篇　书香魅影

在此收录了我撰写(或翻译)的著作的前言后记 23 篇,还有一篇是报刊上对我的科普著作的评论。在这些前言后记中可以看到我撰写这些著作的背景和写作的情况。我的科学著作在国内出版的有《脉冲激光沉积动力学原理》、《应用群论》、《21 世纪物理学》、《世纪之交的物理学》、《高等量子理论》(译著)、《应用群论导引》、《物理发现启思录》、《脉冲激光沉积动力学与玻璃基薄膜》等。我的科普著作有《大宇宙与小宇宙》、《大宇宙奇旅》、《小宇宙探微》、《精神文明知识宝库》、《极微世界探极微》、《科技王国的宙斯——特理学与高新技术》、《宇宙创世纪史诗》、《神秘失踪的中微子》《小宇宙与大宇宙》等。在国外出版的科学著作均为合作产品,最重要的是在 Elsevier 出版的《Comprehensive Materials Processing》和在美国新星出版社及德国科学出版社出版的关于激光研究和纳米科技研究的专著,我都撰写了其中一章或一篇关于我们研究的综述文章。

关于科学著作的前言、后记,我没有收录《脉冲激光沉积动力学与玻璃基薄膜》和《应用群论导引》的相关内容,原因是这两本书我都重新补充和全面改写了,出版了《脉冲激光沉积动力学原理》和《应用群论》,其基本科学内容完全被后两者所涵盖。在这里需要说明的是《脉冲激光沉积动力学与玻璃基薄膜》被收录进长江科学技术文库,该文库获得了湖北省政府图书奖;《应用群论导引》被收录为华中科技大学研究生教学用书,发行十余年一再印刷,效果很好。这里要说明的是长江科学技术文库的总序由我草拟,已收录在本书萍踪碎影部分。该文库的策划人为我与湖北科学技术出版社副社长李慎谦。

关于科普著作的前言、后记,没有收录《大宇宙与小宇宙》一书的后记,这本书的基本内容以后经过一再改写充实,一直发展到最近出版的《小宇宙与大宇宙》。这里我只摘录该书的后记一段:

本书的缘起应追溯到 1984 年北京"纪念杨-Mills 理论三十周年"学术会

议。会上,《高能物理》编辑部徐胜兰女士极力怂恿我写一点介绍现代宇宙论前沿的文章。以后陆陆续续在《高能物理》杂志上发表了七八篇连载文章。没想到反响不错,在1987年全国高能物理学会理事会会议纪要中,提到读者对这些文章甚是欢迎……我重新改写这些文章,充实新的内容……写成本书。

这里收录的前言、后记生动地反映了我的学术生涯的重要部分,也许可以作为治学者的参考。

关于我的科普作品在全国的报刊评论甚多,例如《科技日报》、《科学时报》和《科技文摘》等,但是我以为比较中肯的评论要属杨建邺教授的《优秀科普作品何处有——从张端明教授的科普作品说起》(载于2001年4月11日的《湖北日报》),因此也收录于此。

# 《大宇宙与小宇宙》后记

20 世纪的人类文明日新月异，一日千里。许多科学家认为，就目前达到的科学认识水平来看，我们的自然界的图景可以用四个模型作为标志，这四个模型为：

(1) 物理学的 SU(3)⊗SU(2)⊗U(1)模型；

(2) 生物学的双螺旋模型；

(3) 地质学的板块模型；

(4) 天文学的大爆炸模型。

这四个模型在各自的学科领域中都称为标准模型。它们正好分别对应着人类亘古以来孜孜探索的以下基本问题：物质的基元，生命的起源，地球的演化，以及宇宙的创造。

近 20 年来，一种新的信念在科学界日渐增强：原始物质的追求和宇宙创生的探索可能是一回事。第一个模型与第四个模型的各种综合方案应运而生，爆炸宇宙论就是这些方案中最绚丽的一朵奇葩。20 年前谁想得到，我们透过小宇宙的疑云怪物，竟找到通往大宇宙的玄宫秘殿的捷径呢？

大体来说，本书就是介绍的两个模型综合的现状。用术语来说，就是粒子宇宙学，亦即粒子物理与宇宙学的交叉。

我事先无论如何也想不到，这本小册子的写作如此艰辛，前前后后居然花了 7 年时间。诚然，要把浩如烟海的原始文献中高度抽象的数学公式，还原为生动、直观的自然图像，迥非易事。

本书的缘起应追溯到 1984 年北京“纪念杨-Mills 理论三十周年”学术会议。会上，《高能物理》编辑部徐胜兰女士极力怂恿我写一点关于介绍现代宇宙论前沿的文章。以后陆陆续续在《高能物理》杂志上发表了七八篇连载文章。没想到反响不错，在 1987 年全国高能物理学会理事会会议纪要中，提到读者对这些文章甚是欢迎。但我检查这些文章却极度不安。由于它们是我在科研、教学之余断续“挤”出来的，自然体例很难保持一致，挂一漏万，在所难免，尤其是缺乏必要背景说明。在学术界先进同仁的鼓励下，特别是由于湖北教育出版社的热忱支持，我重新改写这些文章，充实新的内容，篇幅增加到原来的 4 倍，写成本书。

在与我的多次通信中，南京大学陆埮教授对本书内容提出许多中肯的建设性修改意见，并提供他在国际学术刊物上发表的多篇论文给我参考。在此，对他以及所有帮助、支持本书的学术界同仁，我致以诚挚的谢意。

限于篇幅，本书未涉及超弦理论。介绍这些饶有兴趣的进展，必然涉及更多的准备知识。我深信，本书内容包括粒子宇宙是 20 世纪 80 年代的主要理论成果。

作者学识有限，本书谬误纰漏之处一定不少，我甚盼广大读者不吝赐教。

为了避免误解，本书谈到的“宇宙”、“大宇宙”，如无特别说明，系指“观测宇宙”，与哲学上的宇宙并非同义词。

## 篇 后 语

《大宇宙与小宇宙》是我撰写的第一本科普读物，其中原委在这篇后记中已经谈得很清楚了。全书篇幅约 8 万字，系根据我在《高能物理》杂志上发表的两个系列连载，充实完善并系统化而成，原连载不到 3 万字。此后记写于 1990 年 9 月 15 日，华中科技大学当时还叫华中理工大学。有关内容，粒子物理和宇宙学(包括天体物理)在其后的近 30 年中有了长足的发展，建立了暴胀宇宙的标准模型和粒子物理的标准模型。根据科学研究的进展，我对这本书的内容不断改写充实，撰写并出版了《极微世界探极微》、《小宇宙探微》、《宇宙创世纪史诗》、《大宇宙奇旅》、《神秘失踪的中微子》，直到 2018 年，湖北科学技术出版社出版了近 50 万字的《小宇宙与大宇宙》，面貌已经焕然一新。

# 《21 世纪物理学》前言

《21 世纪物理学》现在问世了。物理学在 20 世纪经历了革命性的飞跃发展，在 21 世纪又继续保持了迅猛发展的态势，可谓波澜壮阔，风光无限。要用 40 万字的短短篇幅，全面系统描绘物理学的壮丽画面，当然是不可能的。因此本书撰写首要的问题就是选材，本书选材的宗旨是瞄准前沿、抓住重点、立足基础。全书分为上、下两编。上编是《20世纪物理学俯瞰》，简明扼要地阐述当代物理学的各个分支——粒子物理学、原子物理学与核物理、分子物理学、等离子物理学、凝聚态物理学和光物理学发展的基本内容和态势。在上编内容的基础上，本书主要篇幅放在下编，叙述21世纪物理学前沿，包括物质探源的新进展、凝聚态物理与材料科学、复杂系统与复杂网络、光学与激光技术及21世纪物理学发展态势。内容重点的选择，当然全凭作者的学术判断，主要参考美国科学院在20世纪90年代出版的一套高水准的《迈向90年代的物理学》和中国物理学会编撰的《物理学学科发展报告》。判断重点的原则是对学科本身发展的重要性程度，或者应用前景的广阔性。

本书的定位是向所有具有中学及以上文化水准干部、学生、工农兵介绍物理学科的精华，尤其是物理学在新世纪发展的基本态势和最新成果。由于物理学涉及面极其广泛，往往熟悉学科的某一分支的人，对于其他领域也不甚了然，因此即使对于物理学比较熟悉的硕士生、博士生，甚至包括有关教师和科学工作者，本书也应该是十分有价值的参考书。本书的撰写体例大致与美国的《今日物理》、《科学》和我国的《科学》、《物理》相仿。质言之，本书在学术上要求很高，力求准确，简明，反映各个学科的发展态势，包括最新的研究成果。本书的撰写从酝酿到最后成稿前后有10余年，其中部分章节内容曾经在华中师范大学、华中科技大学作为大学物理的附录或补充读物，反响不错。

本书的重要任务是向全民(具有中学及以上文化水准的人)普及物理学前沿进展，弘扬科学精神，因此，要求内容抓住要害，抓住基本的科学图像，抓住应用的广阔前景，尽可能地要言不烦、明白易懂。全书的材料整理工作十分浩繁，包括图片的收集，主要由何敏华博士完成，最后共同定稿。

简言之，100多年来的物理学的基本框架量子论和相对论并未改变，21世纪的物理学以越来越丰富的新现象、越来越坚实的实验基础在不断地充实量子论和相对论(尤其是广义相对论)的内容和科学基础。物理学作为一门大学科其发展的迅猛态势一直在持续，表现为越来越多的分支学科从物理学的主流派生出来，越来越广阔的应用领域成为物理学的用武之地；同时物理学与其他基础科学的综合交叉的趋势自20世纪下半叶以来愈加明显。我们必须强调，现代物理学不断遇到新问题、不断发现新现象，这些是原来的物理学无法解释的，这就是所谓标准模型以外的新物理。现代物理学遇到的最大问题就是广义相对论与量子论不相容，一个公认的弯曲时空的量子场论至今没有建立起来;所有包含弯曲时空的量子场论的新理论探索,例如超弦论、圈量子引力理论等,都缺乏实验根据。本书紧紧围绕现代物理学这个基本格局进行了内容充实、富于说服力的阐述。

# 《21世纪物理学》后记

本书从基本完稿到付梓,已经半年有余。其间从科学的角度来说,有两件事不得不提到。一件是吵吵嚷嚷达大半年的所谓中微子超光速事件,以喜剧形式结束;另一件事是希格斯粒子的寻找有了大体着落,但科学结论大概还要等到2012年年底了。

第一件事情的起因是,2011年9月23日,欧洲核子研究中心(CERN)宣布,由法国里昂大学的安东尼奥·埃雷迪塔托和瑞士伯尔尼大学的达里奥·奥蒂耶罗领导的"奥普拉"(OPERA)研究团队在实验中发现中微子传递速度超过光速,轰动一时。他们测量中微子从欧洲核子研究中心到"奥普拉"所在的意大利中部的大萨索山的传输(距离为730千米),发现中微子到达大萨索山时,会领先光子20米率先越过"终点线"。换句话说,中微子的运动速度比光速快了0.0025%,或者说,中微子每秒钟跑的距离比光多7495米。对于物理学家来说,这是一件"不可思议"的事情,动摇了爱因斯坦在1905年提出的狭义相对论。正如本书所阐明的,狭义相对论是现代物理学大厦基础中的基础,光速是整个宇宙中的速度上限,不可能有物体的运动速度超过光速。大部分物理学家采取质疑的态度,但研究者则确信他们的发现。"我们对研究成果很有信心。我们花了几个月时间,反复检验数据和设备,都没有发现任何错误。"安东尼奥·埃雷迪塔托当时说。无足为怪,在发布这项"发现"专业研讨会的欧洲核子中心的网络视频(CERN)吸引了超过12万人观看,而平时CERN的视频只能引来几百人。

就在人们仍旧深深感到怀疑之时,2011年11月,"奥普拉"团队再次公布了他们新的测量结果。据说在两个月的时间里他们尝试修正可能存在误差的地方,结果依然如故:中微子还是超光速。这再次让该实验成为大热话题。

富于戏剧性的是,同样位于意大利的大萨索山的一个叫作"伊卡洛斯"

(ICARUS)的项目在2011年10月和11月间探测到了来自欧洲核子研究中心的中微子,而且精度更高。诺贝尔物理学奖获得者、该项目发言人卡罗·鲁比亚说:“我们的结果与爱因斯坦如果活着会给出的结果是一致的。”在他们的实验中,中微子的速度与光速接近,但并没有超过光速。新的测量对这件事起了一锤定音的作用。

2012年3月末,历时半年之久的中微子超光速事件接近尾声。作为尾声的一个标志性事件是,“奥普拉”(OPERA)研究团队的两名领导人引咎辞职。这件事以喜剧结尾,标志着现代物理学的基石是十分牢固的。

另外一件事是上帝粒子——“希格斯粒子”的寻找,有了大致的结论:该粒子有99%以上的可能性是存在的。2011年12月13日,欧洲核子中心大型强子对撞机上的两个探测器研究组——ATLAS和CMS宣布了2011年的数据分析结果,他们获得较强的希格斯粒子的证据:这个粒子的质量为125GeV左右。ATLAS以99.9%的置信度看到了希格斯粒子的踪影。但是,物理学家宣布一个发现、实验的置信度必须至少是99.99994%,也就是说,发现是虚幻的可能只有不到千万分之六。为什么是这个离奇的数字?因为根据统计学,这个数字相当于物理学家得到的信号超过所有可能的误差的5倍。CMS看到希格斯粒子踪影的置信度稍低些,大约有99%的置信度,同样,在粒子物理学中这是一个不可信任的置信度。但CMS和ATLAS一样,在不同的地方看到了希格斯粒子的踪影,这是为什么多数粒子物理学家相信他们看到了希格斯粒子,而且相信他们将在今年确凿无疑地俘获希格斯粒子。绝大部分物理学家确信,希格斯粒子是存在的。换言之,标准模型在当前看来,经受了一次严格的检验。

在本书的写作中,两位作者有良好的合作关系。具体的撰写和材料采集由何敏华博士担任,全书的总纲和结构安排由张端明教授负责,最后全书定稿由两人合作裁定。总之,全书的工作量大部分落在何敏华博士的肩上。在本书的编辑、校对过程中,责任编辑胡西艳表现出极大的敬业精神,本书在初稿中的许多疏失,都由她一一订正,对于这位青年才俊,作者表示诚挚的谢意!本书的顺利出版如果没有家人的全力支持是不可想象的,在此作者向彭芳明老师、魏晓云老师、牟靖文先生等致以最衷心的谢意!

## 篇 后 语

《21世纪物理学》由湖北教育出版社于2012年6月出版。前言和后记均定稿于2012年4月。全书13章,1个附录,共约44.5万字。在作者署名中还有我的学生何敏华,因为在本书的写作过程中,她承担资料收集和打印、排版任务。

该书以四十余万字的篇幅全面系统地描绘了物理学的壮丽图画,实际上是对物理学发展的各个重要分支近20年的重要进展的综述。上篇基本上取材于作者编著的《科技革命的弄潮儿——世纪之交的物理学》(湖北教育出版社1999年6月出版,全书近20万字)。后者属该出版社"进入21世纪的科学技术丛书",读者可参阅该书的前言、后记。至于下篇则由作者完全新撰。下编的内容为综述21世纪以来物理学的各重要分支的最新进展。在撰写本书时,为求上下篇体例一致,不重复、不遗漏,对上篇等内容进行了适当的修正和改写。这样,上下篇就成为浑然一体的著作。

# 《应用群论》前言

在数学和抽象代数中,群论主要研究群的代数结构。群在抽象代数中具有基本的重要地位,许多代数结构,包括环、域和模等可以看作是在群的基础上添加新的运算和公理而形成的。群的概念在数学的许多分支都有出现,而且群论的研究方法也对抽象代数的其他分支有重要影响。在本书中,我们更加关心群论在科学和技术中的广泛应用。尤其是在自然科学如物理、化学和生物的研究中,群论已成为必不可少的强有力的数学工具。近年来,群论在工程领域,如密码学、自动控制、流体力学等也有越来越广泛的应用。

群论的发明者是天才数学家伽罗瓦,他不到21岁就去世了。他提出的所谓伽罗瓦理论,却给数学留下了不朽的业绩:一个是群,一个是域。伽罗瓦用群论方法证明了五次或五次以上的代数方程不能通过初等代数方法求得方程的精确解。伽罗瓦的方法是,把一个五次方程与一个群对应起来。这个群如果是可解群,那么方程就可根式解;反之,如果群不可解,那方程就不可根式解。这样,方程可否根式解的问题就转化为判定方程的群是否可解群的问题。

对于物理学家、化学家等科学家和工程技术人员来说,群论进入他们的眼帘还是20世纪50年代以后。客观世界普遍存在各种各样的对称性,包括直观的几何对称性和不那么直观的内秉对称性，描述、反映和研究对称性的数学武器是什么？20 世纪以来，数学家和科学家逐渐发现这个利器就是群论。伴随的就是群论从其诞生至今，就存在一个由纯粹数域扩展到其他自然科学领域的有趣现象。在 1890—1891 年，费德洛夫和熊夫利牛刀初试，用群论方法系统解决了晶体结构分类问题，证明了具有周期性排列的空间点阵总共有 7 大类 230 种，使人大开眼界。

1893 年，挪威科学家李和谢弗尔斯将群论与微分方程结合起来，使有限群的概念扩展到无限群、连续群，导致现代李群的建立。20 世纪，传统群论与现代拓扑学、流形的概念相结合，形成拓扑群的新理论。就在群论不断发展、不断现代化的过程中，我们看到许多群论大师，如嘉当、维格勒、拉卡等，同时又是物理大师。群论迅速在光谱学、角动量理论、原子核谱、量子力学等物理学领域得到广泛应用。20 世纪伟大的数学家之一魏尔的《对称》的发表具有重要意义。

应该承认，群论直到 20 世纪 50 年代，对于大多数科学家还是过于抽象、不太切合实际的时髦新玩意。1951 年，著名物理学家、诺贝尔奖获得者萨拉姆，在普林斯顿聆听拉卡关于李群的讲演时，瞠目不知所云。他觉得这些复杂理论过于艰深，自己大概是难以学会的，似乎也无十分必要去弄懂它。

20 世纪 50 年代末到 60 年代中期，在基本粒子研究中，理论（所谓“8 重道”方法）、夸克模型(其理论框架就是群)等的巨大成功，造成群论向物理学的一次“普及”热潮。耐人寻味的是，1963 年，萨拉姆居然作了关于李群的报告，谆谆告诫听众，一定要及早地学好群论这一优美的理论，切勿重犯他的错误。短短 10 余年，潮流所及，影响之烈，从中可以窥见一斑。时至今日，群论的应用领域不仅遍及物理学各个领域，而且扩展到化学、生物、材料科学、流体力学、机械、电工学、自动控制、信息科学等。从 20 世纪 50 年代末开始，群论课已逐渐成为物理专业、化学专业、材料科学有关专业等研究生的必修课。

本书第一作者自 20 世纪 80 年代，利用群论和同伦理论研究有序介质的缺陷，以及粒子物理中的大统一理论；同时主讲物理专业的研究生群论课，前后 20 余年，深感这门学科的特殊性。作为一门数学课，其跨度极大，涉及的数学领域极广。正如英国数学家莱德曼所说，群论的初等部分，应该能为有钻研精神的中学生所接受。但就其大多数内容，涉及分析、流形、拓扑、集合、近代代数等领域，要真正“彻底”、“严格”地搞清楚，即令对于萨拉姆这样的大科学家，也颇费周章。就群论的应用来说，必须将应用领域中的关键因素与群论中的数学元素合理结合起来，这就更需要学术素养和科学的领悟能力了。

关于群论的专著（包括高等研究生教材）一直有两个系统的版本流传于世：一个是纯数学领域的研究工作和“学院式”的教本；另一个是以群论为工具的应用研究成果和应用为目的的教材。本书是集笔者20余年教学经验和科研心得编撰而成的。本书属于专著性质，主要包括笔者利用群论研究凝聚态物质和粒子物理大统一理论的成果，同时本书也可作为物理专业、化学专业和一切需要群论的工程技术专业的研究生和相关人员的教材。本书的科学体系具有相对的完整性和自洽性，本书的前8章由浅入深，结合应用实例，抓住本质，全面地介绍了群和李代数的基本知识，尤其是表示理论的核心内容。不难看出，就学习群论而言，本书自然属于以实用为目的的系统教科书。这个系统教科书的共同特点是，不过于追求数学理论的完备与严格，避免使用读者不太熟悉的抽象、艰深的数学概念和工具；尽可能从大家较为熟悉的具体事例出发，阐述有关概念；尽可能多地列举应用实例，以帮助读者在群论与应用之间搭起一架桥；语言尽可能浅近、令人易于接受。

笔者曾有本群论讲义在华中科技大学印行。2001年由华中科技大学出版社正式出版，读者反映不错，印刷两次，很快就销售完了。此次对原书进行了全面充实与修订，完全重写了有关章节，订正了发现的错误，增加了新的内容：群论的最新发展、超李群和超李代数及部分习题答案。因此，本书尽管与以前的讲义有关，但基本上是一本完全的新书。本书第二作者李小刚是从事多年数学研究和教学的资深老师，第三作者何敏华博士系物理专业出身，目前从事数学第一线教学及研究。他们的参与使得本书的科学性和可读性有了进一步的提高。就分工而言，本书的工作绝大部分落在他们两人的肩上。其中，第1章到至6章的写作由李小刚负责，其余由何敏华担任。第一作者负责全书内容的裁定，最后审阅了全书的内容和文字。

本书取名《应用群论》的缘由，并非牺牲群论本身的系统性，去蜻蜓点水式地介绍群论在各领域的实例，而是在充分保证理论系统性的前提下，在教材内容的可接受性与应用的方法论两方面下了功夫。本书的显著特点是，不仅引入概念，阐述理论内容，附有大量例题，便于读者领悟群论概念的科学含义及深厚应用背景，同时在所有习题中，凡是需要提示的地方，尽量给予详尽提示。在作这些提示的时候，我想起朗道、栗夫希兹的那套著名的多卷本《理论物理教程》，人们从书中的“提示”获得多大教益啊！因此我希望这些提示会帮助读者掌握本书要旨，便于阅读与自学。本书附录中的习题答案，实际上对于读者的学习,尤其是自学提供了极大的便利。

本书的应用实例,以物理科学居多,但是也旁及了化学、材料科学和工程技术诸方面。作为应用的导引,本书着眼于方法论的阐述,希望读者从中收到举一反三之效。群论的应用范围太广,每个领域的应用都可写一本专著,因此本书的介绍只能算作"桥梁"。细心的读者会发现,在篇幅允许的情况下,我们尽可能介绍有关领域的最新发展,但是过于专业化的内容也避免涉及。本书第 9 章和第 10 章基本上属于阅读参考材料,其中许多部分属于作者的科研成果。

华中科技大学李智华副教授长期从事物理学的科研工作,并且在群论的教学中成绩卓著。她为本书的校对付出了很多精力,她也为本书的习题解答做出了重要贡献。

作者要感谢家人彭芳明女士、郭晖女士、牟靖文先生等,没有他们的鼎力相助,本书是无法完成的。作者还要对大力支持本书出版的科学出版社的谭耀文同志表示感谢。

# 《应用群论》后记

历经 3 个寒暑,在科学出版社的大力支持下,本书即将出版。正如在前言所说,群论作为数学的重要部分,在近 200 年间有极大的发展。但群论属于高等代数、流形和泛函的交叉学科,对于非数学专业的科学工作者和研究生、博士生是过于抽象、艰深了。何况即令对于通晓群论的数学工作者,将其应用到科学技术中也是有困难的。因此,面临群论在科学技术中得到广泛应用的今天,如何让科学工作者掌握群论工具以应用到工程技术和基础科学中,是一个具有极大科学意义的课题和工作。本书就是为满足这个迫切需要而撰写的一本学术著作。它既是一本反映群论最新发展的严谨的科学专著,又适用于需要利用群论作为工具的所有科技工作者,也可作为硕士生和博士生的教材。

一般群论书籍对群流形的整体性质的研究,未予涉及或者语焉不详。本书专辟一章李群的整体性质与同伦群,不但强化了本书作为群论专著的科学完整性，而且反映了近年来群论在该领域的发展，可供读者作为研究有序介质的缺陷（包括宇宙大范围结构，如泡沫黑洞）的强大理论工具。本书简要介绍了李群和李代数的最新发展，特别是超李群和超李代数。

本书作为一本学术著作，全面系统阐述了群论的基本内容、基本概念，包括群论基础、群表示论基础以及有限群和李群、李代数的全部内容，构成完整的科学体系，因而也可以作为各个专业研究生的群论教科书。有关内容系据作者三十余年的教学经验编撰而成。教学效果良好，本书所附习题绝大部分均有答案和详细提示，因此也适用于自学。本书大致可以分三部分：第一部分是第 1 章至第 7 章，可以作为需要少学时专业使用；第二部分是第 8 章至第 10 章，可以作为多学时专业进一步学习群论使用；第三部分是第 11 章，可以作为扩展视野的阅读材料。

《应用群论》作为一本专著和教科书，广泛涉及物理专业、材料科学专业、化学专业、机械工程专业等。既可作为有关专业的科技工作者的参考书，又可作为相关专业研究生的教学用书。

本书语言简洁，逻辑层次清晰，可读性较强。

## 篇　后　语

《应用群论》的前言定稿于 2013 年 1 月，后记定稿于 2013 年 5 月，是为科学出版社 2013 年 10 月出版的我的专著《应用群论》而作。这本专著是在我所撰写的华中科技大学出版社出版的《应用群论导引》基础上充实、修正而成的。全书约 51 万字，11 章。《应用群论导引》一书属于华中科技大学研究生用书。该书于 2001 年 1 月出版，2003 年 7 月第二次印刷，其中也有我写的自序，兹从略。关于《应用群论》的特点，在本书的前言中已经说得很清楚。作为一本高级科学专著，这本书受到读者的欢迎，这是很难得的。关于本书的出版背景，在后记中已说得很清楚了。

本书的基本内容和结构反映了现代应用群论应有的逻辑系统。其中，第 9 章深刻地阐述了李群流形的整体拓扑结构。在应用中，广泛涉及有关内容。而对于纯粹李群的研究，如果只着重于李群的局域结构的研究，而不告诉读者李群流形的整体拓扑结构的描述，无论如何是不完整的。

2017 年诺贝尔物理学奖颁发给了 3 位英国物理学家，以表彰他们对于拓扑绝缘体的研究。其成果主要为 20 世纪 80 年代和 21 世纪以来的研究工作，而其数学基础，本书的内容完全足以胜任。实际上，我与少年班大学生何洪波在20世纪80年代关于超流相结构的拓扑研究，与我在21世纪和博士生杨凤霞、徐洁关于拓扑绝缘体材料的研究几乎是平行进行的。由于我本人缺乏高瞻远瞩以及实验条件所限，我们的工作没有达到应有的高度。但我深深体会到理论素养，尤其是现代数学理论素养对于物理学家极为重要。

# 《大宇宙奇旅》后记

本书从2011年11月基本定稿以来，已经过去7个月了。其间从科学的角度来说，宇宙学没有大的轰动发现。但是宇宙学的观察不断传来新的有趣发现：暗能量的存在又有更多的观测支持；发现宇宙中生命诞生可能是普遍的现象，等等。

美国太空网报道，科学家最近利用美国宇航局星系进化探测器(GALEX)和澳大利亚英澳望远镜对20万颗星系(包括70亿年前的古老星系)为期5年的勘测结果表明，它们彼此之间持续快速膨胀的速度，强烈支持这种撕裂宇宙的神秘力量来自暗能量。这次观察是利用两种不同方法独立检测暗能量。

一种方法是依据星系进化探测器绘制遥远宇宙最大的三维星系图，以帮助测定明亮年轻的星系，研究星系之间的距离规律；另一种方法是利用英澳望远镜的观测资料，研究成对星系的速度信息。星系群的引力吸引着新星系，暗能量却拖曳将其分离，因此，科学家可以根据星系的运行规律测定暗能量的排斥力。美国宇航局华盛顿总部天体物理学部主管乔恩-莫尔斯说："这次使用完整的独立方法，星系进化探测器所获得的数据将使我们更加坚定暗能量存在的信心。"

最近美国宇航局艾姆斯研究中心(NASA Ames Research Center)的一个外空生物科研小组声称："最近利用美国宇航局斯皮策太空望远镜的观测结果显示，天文学家在我们所居住的银河系内，发现到处有一种复杂有机物'多环芳烃'(PAHs)存在的证据。但是这项发现一开始只得到天文学家的重视，并没有引起对外空生物进行研究的天体生物学家们的兴趣。因为对于生物学而言，普通的多环芳烃物质存在并不能说明什么实质问题。但是，我们的研究小组在最近的一项分析结果中惊喜地发现，宇宙中看到的这些多环芳烃物质，其分子结构中含有‘氮’元素的成分，这一意外发现使我们的研究发生了戏剧性改变。”这个结果表明，一类在生物生命化学中起至关重要作用的化合物，在广袤的宇宙空间中广泛而且大量地存在着。实际上，该小组的研究还使用了欧洲宇航局太空红外天文观测卫星的观测数据。在美国宇航局艾姆斯研究中心的实验室中，研究人员对这类特殊的多环芳烃，利用红外光谱化学鉴定技术对其分子结构和化学成分进行了全面分析，找到其中氮元素存在的证据。同时，科学家利用计算机技术对这些宇宙中普遍存在的含氮多环芳烃进行了红外射线光谱模拟分析。斯皮策太空望远镜的观测表明，宇宙中一些即将死亡的恒星天体周围，环绕其外的众多星际物质中，都大量蕴藏着这种特殊的含氮多环芳烃成分。在浩瀚的宇宙星空中，即使在死亡来临的时候，同时也孕育着新生命开始的火种。

在本书的写作中，两位作者有良好的合作关系。具体的撰写和材料采集由何敏华博士担任，全书的总纲和结构安排由张端明教授负责，最后全书定稿由两人合作裁定。总之，全书的工作量大部分落在何敏华博士的肩上。在本书的编辑、校对过程中，责任编辑彭永东知识渊博，目光锐利，表现出极大的敬业精神，本书在初稿中的许多疏漏和不足，都由他一一指正。尤其值得感谢的是，正是由于他的鼓励和支持，我们才敢于承担本书的选题。同时，本书的体例、结构等方面，也得到他的帮助。最后，作者要诚挚地感谢家人。本书的顺利出版如果没有家人的全力支持是不可想象的，在此作者向彭芳明老师、魏晓云老师、张彤先生、牟靖文先生等致以衷心的谢意！

## 篇后语

这篇后记写于2012年5月。《大宇宙奇旅》由湖北教育出版社于2013年2月出版，全书约15万字，作者署名张端明、何敏华。关于两个作者的分工：由我负责全书的体例、选材、章节安排以及具体的文字撰写，而何敏华博士的任务则是文字打印、网络材料的选取。实际上署名合著的我的所有著作，都是如此。这本书属于该社的科普著作丛书“科学，那些不可思议的事”。丛书共七本，我写了两本：除了这一本，还有另外一本《小宇宙探微》。该书实际上是关于现代宇宙学的通俗描写，将我在《大宇宙和小宇宙》中的有关部分，根据十余年来大爆炸学说的发展和天文观察的最新进展，第一次重新改写，焕然一新，无异于一部新的著作。

# 《小宇宙探微》后记

本书从基本定稿到付梓，已经半年有余。其间从科学的角度来说，有一件事不得不提到，就是吵吵嚷嚷达大半年的所谓中微子超光速事件，荡漾的微波终于风平浪静，以喜剧形式结束。

在本书的最后一节，我们已经知道，2011 年 9 月 23 日，欧洲核子研究中心(CERN)宣布，由法国里昂大学的安东尼奥·埃雷迪塔托和瑞士伯尔尼大学的达里奥·奥蒂耶罗领导的“奥普拉”(OPERA)研究团队在实验中发现中微子传递速度超过光速，轰动一时。他们测量中微子从欧洲核子研究中心到“奥普拉”所在的意大利中部的大萨索山的传输(距离为 730 千米)，发现中微子到达大萨索山时，会领先光子 20 米率先越过“终点线”。换句话说，中微子的运动速度比光速快了 0.0025%，或者说，中微子每秒钟跑的距离比光多 7495 米。对于物理学家来说，这是一件“不可思议”的事情，动摇了爱因斯坦在 1905 年提出的狭义相对论。狭义相对论是现代物理学大厦基础中的基础，在宇宙中不可能有物体的运动速度超过光速。尽管大部分物理学家对于所谓发现采取质疑的态度，但“奥普拉”研究团队则确信他们的发现，声称：“我们对研究成果很有信心。我们花了几个月时间，反复检验数据和设备，都没有发现任何错误。”富于戏剧性的是，在发布这项“发现”专业研讨会的欧洲核子中心的网络视频(CERN)吸引了超过 12 万人观看，而平时 CERN 的视频只能引来几百人。2011 年 11 月，“奥普拉”团队再次确认了他们的测量结果。据说在两个月的时间里他们考虑了一切可能存在误差的地方，结果依然如故：中微子还是超光速。

同样位于意大利的大萨索山的一个叫作“伊卡洛斯”(ICARUS)的项目在 2011 年 10 月和 11 月间，探测到了来自欧洲核子研究中心的中微子，而且精度更高。诺贝尔物理学奖获得者、该项目发言人卡罗·鲁比亚宣布，他们进行的精度更高的探测来自欧洲核子研究中心的中微子速度实验，其结果中微子的速度与光速接近，但并没有超过光速。新的测量对这件事起了一锤定音的作用。

2012 年 3 月末，历时半年之久的中微子超光速事件接近尾声。作为尾声的一个标志性事件是，“奥普拉”(OPERA)研究团队的两名领导人引咎辞职。这件事以喜剧结尾，标志着现代物理学的基石是十分牢固的。

也许应该提到，上帝粒子——“希格斯粒子”的寻找，目前有了大致的结论：该粒子有 99%以上的可能性是存在的。2011 年 12 月 13 日，欧洲核子中心大型强子对撞机上的两个探测器研究组——ATLAS 和 CMS 宣布了 2011 年的数据分析结果，他们获得较强的希格斯粒子的证据：这个粒子的质量为 125GeV 左右。当然这还不是最后的定论。

在本书的写作中，两位作者有良好的合作关系。具体的撰写和材料采集由何敏华博士担任，全书的总纲和结构安排由张端明教授负责，最后全书定稿由两人合作裁定。总之，全书的工作量大部分落在何敏华博士的肩上。在本书的编辑、校对过程中，责任编辑彭永东知识渊博，目光锐利，表现出极大的敬业精神，本书在初稿中的许多疏漏和不足，都由他一一指正。尤其值得感谢的是，正是由于他的鼓励和支持，我们才敢于承担本书的选题。同时，本书的体例、结构等方面，也得到他的帮助。最后，作者要诚挚地感谢家人。本书的顺利出版如果没有家人的全力支持是不可想象的，在此作者向彭芳明老师、魏晓云老师、张彤先生、牟靖文先生等致以衷心的谢意！

## 篇后语

本书属湖北教育出版社科普丛书“科学，那些不可思议的事”中的一本。出版于 2012 年 2 月，全书约 16.5 万字。关于作者及其分工，与《大宇宙奇旅》相同。

本书实际上是关于现代高能物理学的通俗描写，将我在《大宇宙与小宇宙》中的有关部分，根据十年来基本粒子学说的发展和实验资料观察的最新进展，尤其是在《极微世界探极微》的基础上进行改写和充实，焕然一新，无异于一部新的著作。

# 《科技革命的弄潮儿——世纪之交的物理学》前言

费时 4 载,整整 1000 多个日日夜夜,终于完成了这本不到 20 万字的小册子,如释重负,似乎可以长长吁一口气了。但是,一种深深的遗憾哽塞在心头,总觉许多应写的东西舍去了。即如光物理一章,按分配篇幅已是不少,但是原拟写的激光光谱学、强场激光物理、新型激光器的机制等,都割舍而去。最大的遗憾是原拟写的非线性物理一章,全部删去了。原因有三点。第一,非线性物理内容极其庞杂,远非一章所能讲清。冯端先生的大著《凝聚态物理新论》第六章非线性现象,累累 8 万余言,尚且还有许多非线性物理内容没有包括进去。第二,非线性物理与非线性数学、其他非线性学科,乃至复杂系统的研究,联系甚为紧密。或许在丛书中再出一本《复杂系统与非线性科学》才为恰当。俟诸他日,再勉为其难,写成此书,抑或敬请高明,玉成其事。第三,由于丛书体例所限,如果勉强敷衍写成,势必篇幅过大,效果不佳。

但是,如果没有分形、混沌、量子混沌,没有魔梯、自组织临界性、非平衡态流体的形成和演化等,还能算一本完整的 20 世纪物理学的巡礼么?这当然是一个遗憾。人言电影艺术是遗憾的艺术,实际上,写书何尝不是常有遗憾呢?

# 《科技革命的弄潮儿——世纪之交的物理学》后记

在本书付印之际,作者刚刚参加美国 1998 年物理学和物理教师协会的联合年会归来,根据会上得到的信息,作者编撰《1997 年物理学前沿一览》一文,作为附录,以飨读者。

本书在写作过程中,承蒙湖北教育出版社理科室朱主任、尹兰女士大力支持,并提出许多宝贵意见,在此深表感谢。湖北省教委科技办公室主任施天山同志在成书的过程中，对于本书的体例、材料选择、文字加工等提出了颇有见地的建议，并参加本书绪论及部分章节的编写工作。我的夫人彭芳明与我的研究生王晓东在资料、插图及校对中，帮助甚多，一并致谢。

## 篇后语

我撰写的《科技革命的弄潮儿——世纪之交的物理学》为湖北教育出版社出版的“进入 21 世纪的科学技术丛书”中的一本。该丛书主编为于光远。这是我试图从整体的角度考察物理学的全貌的最早尝试。该丛书总共有两辑，第一辑有 10 本，第二辑有 5 本。本书的后记写于 1998 年 8 月 20 日。

湖北教育出版社为筹备此丛书的写作是经过精心筹划、颇费周章的。实际上，1996 年 7 月该社便在神农架召开参加本丛书写作的专家教授的筹备会议。该丛书的作者一般档次不低，因此，丛书的整体质量尚属上乘。

本书的基本内容后来在《21 世纪物理学》中大体予以采用。在本书的前言、后记写到的遗憾，在《21 世纪物理学》中都进行了弥补，例如非线性物理问题等。

# 《精神文明知识宝库》科技博览摘要

科学是一种在历史上起推动作用的、革命的力量。——恩格斯

科学技术是生产力，而且是第一生产力。——邓小平

科学正在影响当代的社会变革，而且也受到这些变革的影响。——贝尔纳

科学技术作为“最高意义上的革命力量”，推动社会生产力快速发展。我们面临的新科技革命，其范围之广泛、内容之丰富、发展之迅猛、影响之深刻，更是以往的科技革命所无法比拟的。归根到底，它加剧了资本主义基本矛盾的激化，有利于社会主义事业的发展，促进了我国社会主义精神文明的建设。

现代科学技术已形成了一个多层次的、不断扩大的、综合的整体。本篇以新科技革命为三大主角——信息、材料和生物工程为重点，全面介绍能源、

空间、遥感、激光与光纤、海洋开发、交通运输现代化、农业现代化诸领域多彩多姿革命性的进展。取材务求新颖，选题力求典型，叙述力求简明、通俗、准确。

为了描述新科技革命的背景，在世界科技的竞争和发展一章里，有选择地介绍各国高科技开发园区、发展计划以及主要国际科研合作机构，并对 20 世纪 80 年代诺贝尔奖颁奖情况进行简要分析，以显示当代自然科学发展的动向。

本篇自然不可能包括现代科学技术的全部内容，我们希望读者能在琳琅满目的科技大观园中，启迪飞翔的灵智，奔向未来。

## 篇 后 语

科技博览这部分约 11 万字，是我参与的《精神文明知识宝库》中的第八篇，由我撰写。这里采录的是该书科技博览部分的内容引言。该书主要属人文知识范畴，于 1992 年 2 月由中国广播电视出版社出版。该书的主编为湖北省社会科学院的荣开明教授、湖北教育学院的罗雄辉教授和我的好朋友汪昌仑。全书 180 万字，分基础理论、国情国策、爱国奉献、思想道德、廉政建设、民主法制、民族文化、科技博览、国际知识、社会预测、现代生活、理想成材以及两个附录。我也被他们署名为副主编，实际上主要负责科技博览这部分。参加撰写的还有王海生和葛国勤，都是我的学生。王海生历任华中理工大学物理系总支书记、华中科技大学工会主席。葛国勤则为华中科技大学物理学院教授、博士生导师。

# 《高等量子理论》译者前言

高等量子理论是现代物理学理论中的一个重要领域，介绍这一领域的专著在国外虽已为数不少，但在国内尚属阙如。罗曼的《高等量子理论》一书是这方面的名著。其特点是取材翔实、物理概念清楚、叙述精当、循序渐进、选材充足。书中除介绍高等量子理论的基本内容——公理化系统，相对论性量子力学、对称性等以外，对散射理论进行了极其详尽的分析。因此，本书不仅可以作为有关专业的研究生教材，而且是对相对论性量子场论、粒子物理理论、原子核理论以及凝聚态理论等领域感兴趣的物理工作者的有益的参考书。

近年来，量子理论的迅速发展，例如规范场理论、量子色动力学、弱点统一理论等的勃兴和广泛应用等，使得本书个别论述稍显陈旧。但是这无碍于本书作为一本优秀的教科书和有价值参考书的地位。实际上，这些新方向的介绍并不属于一般高等量子理论书籍的任务。有兴趣的读者，不妨参阅有关文献。

原书附录篇幅过于庞大，我们已删去。好在附录中绝大部分内容对于国内读者并不生疏，且在有关书籍中不难查到，因此删去影响并不大。

全书翻译工作分工如下：雷式祖译序言、第一章(除第八节)、第六章，曹力译第二章及第一章第八节，邹婉珍译第四章第四、五节，其余部分由张端明译。

本书校对工作十分繁杂，在此谨向中国科技大学的阮图南、马千秉同志致谢。

由于译者水平有限，疏误一定不少，敬请读者不吝赐教。

# 《高等量子理论》作者序

谁热恋实践而无科学指导，就像一个水手坐上没有舵和指南针的船，他将迷失方向。——L.达·芬奇

尽管量子理论的优秀教科书和专著已有很多，我仍认为再写一本量子理论的教科书以满足理论物理研究生的需要是完全必要的。近十年来，我在欧洲、英国、美国讲授中级量子力学和高等量子理论的过程中，对于写这样一本书的迫切性有所认识，我认为，哪怕它并不十分完善，但仍然便于引导学生从基础量子力学(一般学生已有的知识)系统地、循序渐进地了解量子理论的现代研究方法和概念，同时，我们还单独用一定篇幅来概括一般量子力学教科书中的基本概念和方法。

在说明了我们的目的之后，我感到对于本书所采用的名字需作一些解释。“高等”这个含糊不清的形容词确实是很难定义的。这里并不意味着我们的论述是“高级”的，也不是说当学生读完全书后就会成为一个具有高深知识的学

者。我所要说的意思是，这是一本所谓量子理论的高等学位教程，它将为学生以后研究真正高深的专门理论——相对论性量子场论、基本粒子理论或多体问题打下基础。

另外，本书题目之所以采用量子理论而不采用量子力学，目的在于强调书中所处理的问题的普遍性，它不仅包括类似于力学系统那样的量子体系，而且包括微观世界的任何系统。由于很多原因虽然省略了相对论性量子场论，但对于量子场问题仍给予了特别的注重。本书包括相对性量子力学的基础（第二章和附录三），因为我认为在这个学习阶段初步熟悉未量子化的克莱因-戈登方程和狄拉克方程是完全必要和可能的。

鉴于已有详细的目录，就不必再介绍本书的内容了。每章末还有一个简单的摘要，以使读者将所学习的知识系统化。

由于高等量子理论数据所包括的内容各个学校之间差异极大，因此，对所讨论的材料的选取并不是唯一的。由于类似的原因，本书亦包括一些较初级教程中所涉及的论题。因为某些熟悉和粗浅的论题用更严格和系统的方法处理对学生是大有益处的。

显然，用一年时间是不可能教完本书的，因此将本书作为教材有两种使用方法：一些学校有整整两年时间来安排中级和高等量子理论的教学，它们可以平行上课或将专门的、高深的论题安排后一些。我们希望有这样课程设置的学校不断增加，而大多数大学只有一年时间安排此课程的学习，那么，教师可根据自已的爱好来选择专题，这里可以有多种选择方法。最后，有一些章节，如色散关系基础（第三章 3-4、3-5c 节；第四章 4-4e、4-4f 节）、有关多体问题（第四章 4-6 节）等，可以在上完高等量子理论的一般理论后，作为专题课程学习。

人们常说，不使用就不能完全理解，甚至有时还听说“在使用中学习”，当然这是对的。但就我看来，这就把一个复杂的学习过程过分地简化了。在进入一个新大陆时，我们必须先全面熟悉其他区域，绘一张地图，在开发这个区域之前，先了解它有什么资源。同样，我感到很多有志于科学研究的年轻人，他们对所研究的领域没有系统的了解，对基本概念和方法没有充分领会就过早地进入了应用。物理学不像农业、卫生管道工程或其他工程技术，它不只是一种专业性的活动，过去，人们常把物理学称作“自然哲学”。它是人们渴望了解我们所居住的世界，不断地探索、钻研的人类思想奇迹的成果。在本书中，我将努力表达物理学的这一特点。现在年轻学生往往为繁多的枝节问题迷失方向，我感到这对他们的进步实际上是有害的。经验证明，大多数学生很想了解什么叫作理论体系，而且只有当他们掌握理论体系后，才能独立工作，才能成为理论体系研究和应用方面的主人。

理论体系和研究应用之间有一座桥，这座桥就是各种难易程度不同的习题。由于这个原因，每章末我们都附上很多习题，这些习题是教材绝不可少的基本组成部分，若时间允许，我们鼓励学生尽可能地多做这些习题。这些习题都是直截了当的，全都不超越本书的范围，解这些习题不必读其他参考书。有时，这些习题包括本书的一些细节、论题的延伸及一些新定理或新方法。

最后说明一下参考文献，这些参考文献是不齐全的，若将最重要的量子理论文献写出将会自成一卷。因此，我限制自己，每章末只给出很短的文献目录，包括流行的教科书、专著及评论，以便读者补充原有知识和进一步阅读。在一些情况下，为简洁起见略去了一些证明和讨论，在参考文献中我们将引入附注说明。

若本书的一些部分能帮助读者解决理解上的困难和扩大他们的视野，那么我们的目的就算达到了。我欢迎任何评论、纠正错误甚至包括印刷错误。

感谢我的同事和学生帮助澄清了一些观点。感谢美国空军科学研究所给予我写本书的长时间的支持和准予减少我的研究工作。还特别要感谢我的妻子柯杜娜在我写书期间对我的理解和支持。

P. 罗曼

1964 年 5 月于麻省，波士顿

# 篇　后　语

本书是华中工学院与中国科技大学近代物理系合作的成果，全书约 70 万字。具体策划人为我和阮图南教授。原计划除本书的翻译外，还准备重译博格列波夫的《量子场论导引》，以解决改革开放初期物理专业研究生教材严重匮乏的状况。后者在 20 世纪 60 年代已由中国科学院理论物理所董明德翻译并由中国科学出版社出版。中国科技大学的同志认为翻译错误较多，应该重译。但后来遭到董先生的严重反对，此事作罢。高等量子力学当时国内没有教材。具体操作时，我负责全书的翻译，而由中国科技大学的阮图南、马千乘等校对。最后本书的附录群论部分应出版社建议删掉了，这是很可惜的事情。全书翻译，我大概完成了百分之八十以上(其中包括本书的作者序)，曹力、雷式祖和邹婉珍完成了其余部分。本书的翻译从动议到出版费时有6年之多。其中原因之一是我在1981到1982年之间大病一场,几乎丧命;另一个原因是出版社的原责任编辑孙加可赴美留学换人,最后换成龙纯曼老师。龙老师担负了大部分的责任编辑工作。本书一出版即被评为优秀科技图书,反响很好。应该说在20世纪80年代中后期直到90年代初期,本书在全国高等学校和科研机关的研究生培养工作中起到了良好的作用,功不可没。

当时我们与中国科技大学近代物理系合作极为密切,阮图南、汪克林等教授多次来我校授课讲学,直到1987年。

# 《极微世界探极微》后记

湖北科学技术出版社李慎谦副总编辑,热情洋溢,视野开阔,思想活跃,在以往著述出版中我们有过亲密愉快的合作。本书的写作,1年以来,怂恿之,鼓励之,催促之,创意之,校审之,遂使我从极其繁忙的教学科研中,拨冗抽暇,终于草成此书。当此书出版之际,对李君谨表谢忱。湖北科学技术出版社赵守富社长、刘健飞副总编辑,通人雅士也,对本书写作亦多为关心。王梅女士,妙手丹青,精心插图,为本书生色不少。在此并致谢意。在写作过程中,研究生陈中军帮忙不少。没有贤内助彭芳明的支持,本书也难以在如此短的时间成书。

科普著作不乏传世佳作。但平心而论,真正令人满意者不多。所以然者何?大多数作品非拘泥科学性,类同科学论文,则流于肤浅,甚至每每有失真之叹。是书也,作者力求抓住科学本身发展脉络,在动态中描述近50年粒子物理的繁花硕果。力求做到勘奇而不失其真,探真而务求其趣。简言之,信,科学内容准确;达,文字流畅酣达;雅,风雅可乐。最后做得如何?质之高明贤达,不吝赐教为幸!

本书的主要篇幅用于介绍极微世界探胜。平心而论,20世纪的粒子物理学,作为带头大科学,内容博瞻、丰富自不待言,因此读者在其中会发现许多引人入胜的绝妙风光,会找到许多智慧思想的灵泉活水,会领略到发人遐思的顿悟通识,是断乎可以期待的。这倒并非作者自诩,这门科学本身委实太有趣、太生动了。

正如山水之旅不免劳顿一样,阅读本书也有可能需要费力之处。有的名词,或许乍见显得生僻。敬请读者耐心地与它们打交道,俟以时日,便会陶醉在这些绝妙的概念、思想所散布的淡淡幽香中,亦如异国佳人,会使你断魂失魄呢!

近20年来,一种新的信念在科学界日渐增强:始原物质的追求和宇宙创生的探索,可能是一回事。粒子物理的标准模型与大爆炸标准模型的各种综合方案应运而生,所谓宇宙弦、暴胀宇宙论就是这些方案中最绚丽的一朵奇葩。极微世界的疑云怪雾与大千世界的玄宫秘殿原来存在许多天然联系,本书专辟最后一章集中阐明其中千丝万缕的天然关系。由于宇宙学的内容极其丰富,我们只着手于物质的始原的探索,选取材料挂一漏万,在所难免。难以自由展开,潇洒写去。敬请谅解。

## 篇后语

本文为《极微世界探极微》第一版、第一次印刷的后记。该书出版于2000年3月。同年12月第二次印刷,累计印数7000册,该书被纳入当代青年科普文库,文库由中国出版工作者协会和科技委员会地方工作部整合、全国27家地方出版社策划、编辑出版。本书被湖北省政府评为省科学技术进步奖三等奖、省优秀科普作品一等奖。本书的繁体字版权由台湾地区的锦绣出版社购得,连续印刷三次,销售一空。本书第二次印刷时后记略做修改,就不予收录了。

在这个后记中,我简明扼要地阐述了对于科普著作的写作标准,批评了坊间两类科普书籍的弊端。全书20余万字,将我在《大宇宙与小宇宙》中有关部分根据高能物理科学的最新进展进行了完全的改写,篇幅扩大了近5倍,读者反映极其热烈。

# 《科技王国的宙斯——物理学与高新技术》后记

本书发稿之际(1997年10月),从遥远的北国——瑞典传来意料之外的喜讯。美国斯坦福大学的美籍华裔教授朱棣文、法国人克洛德·科昂-塔努吉和美国人威廉·菲利普斯荣获1997年度诺贝尔物理学奖。瑞典皇家科学院的新闻公报宣称,给他们颁奖的原因是,表彰他们发现用激光冷却和捕捉原子的方法。

公报还说,朱棣文在1985年首先发明了该方法。后两人进一步论证和发展了朱棣文的方法,使冷却温度进一步降低,甚至使温度降到了$1.8\times10^{-7}$K,并从一维(光学黏胶)发展到多维(光学黏胶)。

公报认为,他们的工作成果,使得对单个原子及其内部结构进行精确的研究成为可能,大大拓展了人们对辐射与物质之间相互关系的认识。特别是他们开创了一条新的道路,使人们对低温状态下气体的量子物理特性加深了理解。

公报进一步指出,他们的新方法将有广泛的应用,有助于制造出精确的原子钟,应用于太空导航、精确定位等领域;有助于设计出更精密的原子干涉仪,从而更精确测量万有引力;用以制造原子激光束,从而将来可以用原子激光制造非常微小的电子元件。

回顾本书在第五章结束处所说的,"有关园丁(激光冷却领域的研究者)会有更多的人获此殊荣(诺贝尔奖)。难道他们当之有愧吗?"笔者甚为欣慰。这倒不仅仅是因为个人的预见得到证实,更主要的是,这一殊荣表明,20世纪的物理学革命高歌猛进到80年代以后,似乎沉寂下来。而今,在21世纪到来之际,确确实实又得到新的动力,获得新的发展势头。这预示着,21世纪物理学的新革命必将更加波澜壮阔,影响更加深远。朱棣文们的工作就是这场新的革命的突破口,亦如19世纪末期,汤姆生爵士发现电子、居里夫人和贝克勒耳发现放射性和镭元素一样。

在此略缀几句,以飨读者。克洛德·科昂-塔努吉生于1933年(其父母在阿尔及尔),法国人,现任法国公学与高等师范大学教授。威廉·菲利普斯1948年生于美国宾夕法尼亚州,1976年获麻省理工学院物理学博士,现在美国国家标准和技术研究所任职,他与其同事麦特卡夫主要利用磁学的方法,即用磁场减缓原子运动并捕捉原子。

朱棣文,1948年生于美国密苏里州圣路易斯。朱棣文1976年获加州大学伯克利分校物理学博士,其后留校两年从事博士后研究工作;1978年进入美国贝尔实验室,1983年任该实验室量子电子学研究部主任;1987年应聘为斯坦福大学物理学教授,并自1990年起担任系主任;系公认的国际量子光学权威;

1993年曾因发明激光冷却和捕捉技术获得费萨尔国王国际科学奖。朱棣文在获奖后宣称,他发明的方法在目前的应用,只不过是冰山一角而已。

饶有兴味的是,朱棣文等获奖的消息传出后,俄国人啧有怨言。曾为苏联莱托克夫小组成员的米弗拉迪米尔·诺圭内对报界发表讲话:“我们得到了同样的结果。”他说,他们的结果用俄文公开发表是在1986年,次年用英文在美国发表。“朱棣文等的实验装置模式来自他们的研究工作。”颇有一些俄罗斯科学家抱怨诺贝尔奖评选委员会有意偏袒西方人,贬低俄罗斯人。

诺贝尔奖委员会主席本格特·纳格尔当即反驳,对瑞典通讯社说:“我们知道俄罗斯人的工作,但其水平没有获奖者那么高。”

平心而论,俄罗斯人在此领域确实做出了相当出色的工作,尤其是在理论方面。但是比较朱棣文等的开创性工作、出色的实验技术、可靠的非同凡响的实验结果,俄罗斯人确实稍逊一筹。无论如何,这段逸事真实反映了国际科学竞争的激烈态势。也许还应提到,我国科学工作者,上海光机所王育竹等在该领域均做出很好的工作。

为方便读者查阅资料,本书在与物理学有关学者姓名首次出现时,尽量给出英文或俄文原名。

本书付印之际,中国科学院院士杨叔子在百忙之中慷慨赐序。硕学鸿儒,真知灼见,为本书增色良多。

全书校对工作,异常复杂,爱女张琳在寒假伏案几日,贡献不小。

又及,1997年末传来消息,英国科学家在破获德国密码的所谓“超级机密”工作中,早在1943年就已先于美国人创造出世界上第一台计算机。科学史要改写了。读者在阅读有关内容时,请注意这个说明。

# 《科技王国的宙斯——物理学与高新技术(修订版)》前言

本书于1998年出版以后,受到读者好评,并且多次得到有关方面的奖励。承蒙湖北省科协和湖北科学技术出版社的关照,此次得以修订出版。在修订版中,本书进行了重大的修正和充实。文字和插图几乎增加到原书的一半以上，实际上，无异于重新撰写一本新书。补充和修正主要针对两个方面：一是根据十几年来科学技术的进步，物理学的发展，有重点、有代表性地充实了十几年来科技发展的内容；二是原书一个重要缺点是图片少而模糊，此次修订增加了近百余幅图片，无疑将大大增加本书的可读性和趣味性。

作者在 20 世纪末发起撰写基础科学与高新技术丛书，动机在于为提升民族的创新能力略尽绵薄之力。中华民族具有优良的文化传统，但无可否认的是自古以来颇有重技术轻科学的倾向。20 世纪 90 年代以来，学术界浮躁之风盛行。急用先学，学以致用，类似的貌似正确的言论颇为流行。甚至有人公然宣扬基础不重要，至少无须过分强调，误人子弟的错误思潮甚嚣尘上。他们不知道技术的创新和突破正在于基础研究的飞跃。所谓自主创新、跨越式进步来自何处？本书归根到底就是回答这个问题，用确凿的、生动的、丰富的科学史向读者阐明科学是技术创新永不枯竭的源泉。

著名的李约瑟问题：中国为何至今没有获得诺贝尔科学奖？钱学森临终发出的著名的钱学森之问："解放后学术界出现的学术大师为何这么少？"这两个问题本质上是密切相连的。科学技术必须走向国民经济的主战场，必须为祖国的腾飞贡献自己的力量，关键在于创新。渐进性的、累积性的从技术到技术的创新固然是必要的，但是就我国的现状而言，最缺乏的是源头创新、自主创新。为此，必须脚踏实地，搞好基础科学的研究。厚积薄发，水到渠成，这就是本书或者说本丛书出版的宗旨。作者以为中学生在打基础的时候务必注重基础。如果本书的出版能够有助于我们的各级干部尤其是科学技术领域的领导干部，摆正科学和技术的关系、基础和应用的关系、技术和产业的关系，则作者幸甚！

张端明教授和何敏华博士共同完成本书的撰写工作。尤其是何敏华博士在资料的收集、遴选、剪裁和整理工作上，不辞劳苦，功莫大焉。

湖北科学技术出版社社长刘建飞、副社长李慎谦一向热心科普事业，对于本书的出版和编辑十分热心，精益求精，作者在此表示无限感激之情。

# 《科技王国的宙斯——物理学与高新技术（修订版）》后记

本书第一版出版于 1998 年 5 月，责任编辑为李慎谦。鉴于出版后影响甚好，深受广大读者的欢迎，故湖北省教育厅和湖北科学技术出版社决定出版修订版。

在修订版中，作者进行了全面系统的修订。修订版的责任编辑为严冰。修订版充实的主要内容是反映十几年来物理学和高新技术的最新发展，进一步说明物理学的重大突破在引领高新技术的飞速发展，引领高新技术产业集群的迅速壮大，使基础研究是高新技术发展突破和革命的主要源泉的主题更为突出。修订版的第二个特点是增加了大量生动有趣、富有说服力的插图，图文并茂，相得益彰，改变了原书较为单调的不足。因而，修订版既保留了原书深入浅出、主题鲜明、文字流利、时代感强的诸多优点，同时及时地补充了科学技术最新发展的事例，其质量较原版有大幅提高。何敏华博士在修订版中起到了关键性的作用，对于材料的遴选、文字的写作、结构的安排，尤其是如何充分利用网上资源，一直忠于职守，竭尽全力。本书的顺利修订成功，与两位作者的紧密合作密不可分。

必须指出，为扩大本书影响，普及物理和高新技术知识。从本书出版以来，作者奔走全国乃至湖北各地，远及广西、广东、云南、上海和重庆，就本书相关内容，凡百余所学校、机构，开展讲学、讲座近 200 场。这些学校和机构主要有北京中科院理论物理所、华中理论物理中心、华中科技大学、武汉大学、华中师范大学、湖北大学、中南民族大学、武汉科技大学、武汉纺织大学、武汉工程大学、江汉大学、长江大学、三峡大学、湖北第二师范学院、湖北民族学院、咸宁学院、襄樊学院、武汉商贸职业学院、上海师范大学、广西工学院、云南师范大学、华中师范大学汉口分院、华中科技大学武昌分校、武汉中学、武汉一中、武汉科技馆、建始高中等，授众 2 万人次以上。

在华中科技大学，从 2000 年开始，以物理学与高新技术为名，举办讲座或作为物理系选修课、学风教育课，累计 50 余次，受益者达 4 万人次。有的学生将本书作为“现代物理概论”、“自然辩证法”课程的主要教学参考书。

此次修订虽曰旧调重弹，实际上备尝艰辛。其中最为困难的是如何选择最有代表性的材料，以充实原书，保证修订版能反应科学和技术的最新发展，当然这也包括删掉个别过时的材料。同时还需要保证全书的风格一致、体例一致，这就煞费脑筋。好在时代给我们提供了便利，这就是丰富的网上资源。湖北科技出版社的领导和严冰编辑，作风果断，态度认真，与我们的合作十分融洽良好，因此，本书的修订成功不能不归功于此。

在本书的修订过程中，家人大力支持，彭芳明女士、张彤先生、魏晓云女士以及牟靖文先生功莫大焉。尤其要指出的是武汉商贸学院涂宏斌校长、赵晶晶女士对于我的生活和工作一直很关心，曹小艳女士在本书的写作中也出了大力，在此一并致谢。

# 篇后语

本书的第一版出版于1998年5月，由湖北科学技术出版社出版，全书约13万字，出版后获得湖北省科普作品一等奖。20世纪90年代中期，湖北省科普作家协会选举我为副理事长。鉴于当时社会上重技术、轻科学及重应用、轻基础研究的不良倾向，我在协会中提出建议，编辑出版一套基础科学与高新技术丛书，以救时弊，得到了协会的大力支持。尤其是湖北省科学技术协会副会长、湖北省科普作家协会理事长栗陶生和湖北省科学技术协会秘书长、湖北省科普作家协会副理事长向进青，不仅全力支持，而且负责解决了经费问题。协会决定由我先撰写《物理学与高新技术》一书，作为样板在协会的内部刊物中刊出。本书的初稿完成于1997年10月，正式命名为《科技王国的宙斯——物理学与高新技术》。

丛书最后出版10册：《科坛无冕之王——数学与高新技术》、《科技王国的宙斯——物理学与高新技术》、《现代炼金炉里的花团锦簇——化学与高新技术》、《绚丽多彩的宇宙——天文学与高新技术》、《蔚蓝色的行星——地学与高新技术》、《生物圈里的隐身人——微生物学与高新技术》、《伊甸园的众生——动、植物学与高新技术》、《魅力无限的田野——农学与高新技术》、《现代医苑蓓蕾——医学与高新技术》、《兵器世家的骄子——兵器科学与高新技术》。

丛书的总序由当时的湖北省委宣传部部长王重农撰写。关于本书，中国科学院院士、湖北省顾问咨询委员会主任、湖北省科学委员会主任、华中理工大学学术委员会主任杨叔子专门撰写了序言，赞扬说："作者张端明同志是华中理工大学物理系教授，致力于理论物理、凝聚态物理前沿研究多年，视野开阔，思维活跃，造诣颇深。"又说作者"在我国传统文化上有所造诣，文句流畅，旁征博引，深入浅出，生动有趣，引人入胜。因此，本书堪称一本科学性、思想性、趣味性俱佳的上乘科普读物"。

值得指出的是，正如我在原版的后记中指出的，在写作的过程中我觉察到光学科学或者光子学在世纪之交中迎来了跨越式的发展，标志就是美籍华裔科学家朱棣文等在1997年发现用激光冷却和捕捉原子的方法而获得诺贝尔物理学奖。这种觉察导致了我的科研关注点转移到激光研究，最终导致我在21世纪初完成构建了一门新的光学分支——脉冲激光沉积动力学。我的科学研究和科学普及工作并不是孤立进行的，往往是两者互相关联、互相促进。我的经验是如果处理得当，我们的科学家是应该而且可能做一些科学普及工作的。

2011年下半年，湖北省科学技术出版社副社长李慎谦恳切拜托我，鉴于本书出版后反响极好，希望我修订重新出版，作为湖北省扶持落后地区的一本科普读物，赠送给贫困学生。背景是当时湖北省有一笔扶贫款项。在我的学生何敏华的帮助下，基于原版出版之后科学和技术的发展，对本书进行了充实和更新。岂知后来出版社告知我款项不足，希望我减少篇幅，而后就干脆告诉我款项没有了。因此修订版出版量很小，而且完全背离了当初的扶贫初衷。

本书原版的后记写于1997年10月26日，前言则为杨叔子院士所赐。修订版的后记写于2011年12月3日。

# 优秀科普何处有

——从张端明教授的科普作品说起

国人谈到国内科学普及作品，常常是嗤之以鼻，瞧不起的居多。欧美各国由于种种原因，他们有数量比较大的优秀科普作品，这是毋庸置疑的，从近几年翻译的国外科普作品来看，好的确实不少，为我国科普事业的发展带来很好的影响。但是也有相当一批“科普作品”实在不敢恭维，与国内同类科普著作相比差之远矣；甚至有一些属于粗制滥造，但在国内一时或一直被视为“优秀科普作品”，大造舆论、大力炒作，让人不免觉得有些寒心。

我下面想就华中科技大学物理系张端明教授写的3本科普作品，看看国内科普作品有着什么样的水平。张端明教授是搞理论物理研究的，还是一位博士生导师。最不一般的是，他不像许多正在做研究的博士生导师那样，认为写科普作品是什么“掉底子”的事，相反地，他认为进行科普作品的创作是一项极有价值的事业。几年来，他在闲暇之余其乐融融地写出了3本完全可以称得上优秀的科普作品。这3本作品是《大宇宙与小宇宙》（湖北教育出版社，

1992 年版)、《科技王国的宙斯——物理学与高新技术》(湖北科学技术出版社,1998 年版) 和《极微世界探极微》(湖北科学技术出版社,2000 年版)。

《大宇宙与小宇宙》一书以早期宇宙的演化为线索,追本溯源,寻幽探微,旁征博引,生动地勾勒出"宇宙创世纪"的壮丽画卷,展现了现代粒子宇宙学的最新研究成果。如果这本书仅仅是立意新颖,内容翔实,深入浅出地为读者提供了大量现代宇宙学、天体物理和粒子物理的最新背景材料和研究动态,那这种书国内并不少见,但是张端明教授以他独有、丰富的中国古文学知识,将美不胜收的中国古诗词融入最新、最深奥难懂的现代物理学、宇宙学研究内容之中,其贴切、美妙和准确不仅仅能够让你领略现代物理学、宇宙学的真谛,而且完全可以说是一种极大的美学享受。这可是国外科普作品永远无法与中国科普作品相比较的。这本书一开篇就用楚国大诗人屈原那震撼千古的诗句,向茫茫宇宙发出"天问":"遂古之初,谁传道之? 上下未形,何由考之? ……"正如作者所说:"这些铿锵有力的诗句,至今仍激励着我们探求宇宙起源的强烈的欲望。"讲到现代让人眼花缭乱的基本粒子世界时,作者用"庭院深深深几许……帘幕无重数"这句极为形象的诗句来描述,让人不得不为之感叹! 谈到离地球最近的星体月亮时,作者用"嫦娥应悔偷灵药,碧海青天夜夜心"作为标题,立即使人想到"皎洁的月色,婆娑的桂树,玲珑的广寒宫,娇柔的玉兔……"

形象而贴切的语言永远是科普作品中最重要的手段。没有生动形象的科普语言,科普作品一定不会成功。张端明教授虽说是理论物理学教授,但是他的古文功底使他在写科普作品借用古诗词时游刃有余,真乃信手拈来、左右逢源。在《大宇宙与小宇宙》一书中谈到大爆炸,用"千钧霹雳开新宇",谈"微博背景辐射的发现",用"此曲只应天上有,人间能得几回闻";谈到平坦性问题与中微子静质量,用"念天地之悠悠,独怆然而涕下";谈到标准模型中磁单极子问题,用"上穷碧落下黄泉,两处茫茫皆不见"; 谈到宇宙学的未来,用"风休住,篷舟吹取三山去",在《科技王国的宙斯——物理学与高新技术》一书中第七章的标题是"不尽长江滚滚来",下面的四个标题分别是:"山雨欲来风满楼"、"化作春泥更护花"、"万绿丛中一点红"和"东风夜放花千树"。

这些奇妙无比的形象化类比,正如作者在《极微世界探极微》的后记中所说:"读者在其中会发现许多引人入胜的绝妙风光,会找到许多智慧思想的灵泉活水,会领略到发人遐思的顿悟通识,是断乎可以期待的。"

科普作品的创作,有点像翻译外国文学作品一样,要讲究"信、达、雅" 科普作品要将充满科学术语、科学公式的大自然之声，翻译成生动、贴切、美妙又不失原意的通俗语言，让没有足够科学知识的一般读者也能够理解，这就必须满足“信、达、雅”的要求，否则不是读者看不懂或不愿意看，就是看完以后得出的是一种对于科学的错误的理解。因此，科普创作的难度绝不会小于翻译外国文学作品的难度。这点张端明教授可能早就深刻理会到了。在《极微世界探极微》的后记中，他写道：“科普著作不乏传世佳作。但平心而论，真正令人满意者不多。所以然者何？大多数作品非拘泥科学性，类同科学论文，则流于肤浅，甚至每每有失真之叹。是书也，作者力求抓住科学本身发展脉络，在动态中描述近 50 年粒子物理的繁花硕果。力求做到勘奇而不失其真，探真而务求其趣。简言之，信，科学内容准确；达，文字流畅酣达；雅，风雅可乐。”

科普作品创作的兴旺发达，是我国人民科学素质提高的重要保证，也是我国科学技术事业发达的重要象征之一。所以，我们希望张端明教授写出更多、更好的科普作品。也希望我国能有更多这样的科学家和科普作家出现，能为广大读者写出更多优秀的科普作品。

## 篇后语

本文发表于 2001 年 4 月 11 日的《湖北日报》，由华中科技大学物理系教授杨建邺撰写。杨先生为我国著名科学史专家，尤其以研究诺贝尔科学奖闻名于世，著作等身，有《杨振宁传》、《霍金传奇：病魔成就的人生》、《费曼传》、《光怪陆离的物质世界：诺贝尔奖和基本粒子》、《霍金传——时间简史背后的故事》、《从杨政宁到屠呦呦：科学天空里的华人巨星》、《爱因斯坦全传》、《科学大师的失误》、《居里夫人传》、《物理学之美》、《物理学家与战争》、《窥探上帝的秘密——量子史话》、《亚原子粒子的发现》、《夸克与美洲豹：简单性和复杂性的奇遇》、《大自然的基本力——规范场的故事》、《原子舞者：费米传》、《莎士比亚》、《牛顿和贝多芬：不同的创造模式》等。

将此文收录于此，充分表现了世纪之交，我所撰写的科普著作确实在社会上产生了良好的反响。杨建邺教授作为科学史专家和物理工作者，对我的作品的评价还是比较中肯的。

# 《脉冲激光沉积动力学原理》前言

脉冲激光沉积(PLD)技术是伴随着激光技术的问世而发展起来的制备薄膜的新型技术。PLD动力学原理是关于PLD技术机理的科学。本书系统、全面地总结了我的课题组自20世纪90年代中期以来在制备各种电子功能材料薄膜,例如高温超导薄膜、特种铁电和铁磁功能材料薄膜,尤其是非线性光电功能材料钽铌酸钾(KTN)薄膜中,出于优化工艺的动机,对PLD技术的机理进行探讨的一系列理论工作。本书广泛汲取了国际同行有关研究的最新成果,对于PLD技术的动力学原理进行了深入、严谨的探讨。据我所知,这是国际上第一本关于PLD动力学原理研究的专著。

PLD技术,是目前广泛应用的一种先进的制备薄膜的新型技术。1965年,Smith等人第一次尝试用红宝石激光沉积光学薄膜,结果并不理想。其后,人们开始用$CO_2$激光和Nd:Glass激光制备薄膜,但由于激光波长较长,靶材上被烧蚀产生的融液层较深,易产生溅射,因而沉积过程中出现较多的微滴,影响薄膜的质量。到20世纪70年代中期,由于电子Q开关的应用,短脉冲激光应运而生,使PLD技术取得较大进展。这种激光的功率密度达到并超过$10^8 W/cm^2$。脉冲持续时间很短,使烧蚀的深度变浅,降低了烧蚀物中液体微滴的产生,提高了薄膜的质量,同时也拓宽了被烧蚀材料的可选范围。

1987年,美国贝尔实验室的D. Dijkkamp等人首次采用PLD技术,利用KrF准分子激光器,成功地制备出高温超导薄膜$YBa_2Cu_3O_{7-d}$。在这一出色工作的带动下,立即在世界范围内掀起了利用PLD技术制备高温超导及其他材料的薄膜的热潮,PLD技术获得迅速发展,并且在短短数年之内就发展成最好的制备薄膜的方法之一。

PLD技术近年来受到广泛关注,其主要优点有:①易获得期望化学计量比的多组分薄膜,即具有良好的保成分性;②沉积速率高,实验周期短,衬底温度要求低,制备的薄膜均匀;③工艺参数可任意调节,对靶材的种类没有限制;④发展潜力巨大,具有极大的兼容性;⑤便于清洁处理,可以制备多种薄膜材料。

近年来,PLD技术发展的主要趋向是高频化,脉冲激光的宽度由ns(1纳秒$=10^{-9}$秒)迈向 ps(1 皮秒$=10^{-12}$秒)和 fs(1 飞秒$=10^{-15}$秒),甚至达到 as(1 阿秒$=10^{-18}$秒)级;高强度化,脉冲激光的功率密度由 $10^4$ W/m$^2$ 猛增到 $10^{13}$ W/m$^2$。值得指出的是,2008 年密歇根大学从"大力神"钛蓝宝石激光器辐射的 30fs 脉冲产生了创纪录的功率密度 $2\times10^{22}$ W/m$^2$。PLD 技术的飞速发展,大幅提高了制备薄膜的效率,并使制备的薄膜性能更加优良,均匀度更好,致密性更强。

相对 PLD 技术的发展,对于其动力学机理的研究显得滞后。自从 20 世纪 90 年代,Singh 等提出 PLD 制备薄膜过程的三个阶段的物理图像和等离子体演化的基本方程以来,在美国、欧洲以及我国的一些研究单位分别针对烧蚀阶段、等离子体演化阶段和沉积阶段的物理过程进行了研究,有的还取得了相当好的成绩。但总体来说,机理的研究远远落后于实验工艺的急剧提高和实验设备的迅速改进。问题是,没有一家研究团队,从整体上系统地研究 PLD 动力学的物理图像,因而没有建立起一个能够描述 PLD 整个动力学过程的基本理论框架。一个奇怪的现象出现了,尽管 PLD 技术已经问世了 20 余年,尽管其他制备薄膜的技术(如磁控溅射等)相关机理的专著比比皆是,然而关于 PLD 技术机理的专著国际上至今尚属阙如。

本书的结构如下。

前两章,简要介绍功能薄膜材料及其常用的制备技术,以及薄膜材料的常见表征手段。选材不求完备,但与本书内容密切相关。例如,关于薄膜材料的非线性光学性能的测试,介绍的方法就是我们在表征 KTN 薄膜中所用到的。

第 3 章,介绍作者在世纪之交所提出的自洽地反映 PLD 技术三个阶段的动力学模型,即 Z-L 模型。特点是将 PLD 的全部过程作为一个整体进行研究,前面过程的结尾状态视为后面过程的初始条件,环环相扣。从此模型,可以将薄膜的制备质量与输入的工艺条件对应起来,便于优化工艺。

第 4 至 6 章讨论的是烧蚀阶段的研究结果。详尽地阐述了作者对于纳秒级和皮秒级脉冲激光烧蚀靶材阶段的动力学机理,不断深入研究的成果。这些成果主要是关于烧蚀阶段的深入系统研究,包括固液相界面动态规律;热源项、蒸发项和吸收率的动态变化的影响,关于等离子体屏蔽效应对于靶材烧蚀的影响,尤其是脉冲激光到达皮秒级时,普通的傅立叶传导定律不再适用,而非傅立叶传导规律居于支配地位。关于多组分高温超导靶材的烧蚀研究是具有特色的,其中平均离化能概念的提出使得理论结果更加能反映实验结果。

第 7、8 章涉及的是等离子体演化阶段的物理图像和演化规律的研究:建立了可以反映整个演化阶段(近程、中程和远程)的基本方程,等离子体椭球体形成的物理机理和图像;讨论了工艺参数与沉积薄膜特性的关系。尤其重要的是,我们提出了基于局域能量和动量守恒定律的新的等离子体演化基本方程,更加自然、准确地描述了等离子体的演化规律,对于绝热阶段和等温阶段的等离子体演化的物理图像、理论结果与实验可以进行定量比较。

第 9 章阐述的是关于薄膜沉积生长的研究成果。我们提出了 Pulsed KMC 物理模型,第一次成功实现了 PLD 薄膜生长阶段的蒙特卡罗模拟,揭示了生长过程的物理图像,研究了基底温度和入射粒子动能对于薄膜形貌生长的影响规律,讨论了脉冲激光强度和频率对 PLD 薄膜生长的影响,发现了两个相关的标度定律。

第 10 至第 13 章是关于飞秒脉冲激光研究的若干成果及相关领域的国际研究进展。第 10 章介绍了相爆炸,这是飞秒激光出现以后发现的一种独特的现象。第 11 章详尽地阐述了我们关于飞秒激光与靶材相互作用的研究成果,主要是在电子温度高于 4000K,必须计及靶材中电子与电子之间的碰撞,我们提出一种修正双温方程;在电子温度高于 10000K 以上,必须计及靶材的能带结构和电子态密度的变化,我们提出一种新的双温方程。在这些修正模型中,物性参数都会发生变化。我们还提出了一种能统一描写从纳秒级到飞秒级的所谓统一双温模型。第 12 章介绍了我们提出的能量累积效应模型,可以比较圆满地描述飞秒激光所诱导的靶材表面的周期性结构现象。第 13 章在此模型的基础上,提出了一种制备大面积规整纳米光栅的新的技术方案,以及我们进行的初步实验工作。当然,第 13 章更多的内容是介绍飞秒脉冲激光在微加工和生物化学中的应用。

关于附录,其中附录 A、B、C 均为正文的必要补充。附录 D 篇幅稍长,介绍了我们关于 KTN 材料的制备和表征方面的研究成果,这些实验工作正是驱使我们研究 PLD 动力学机理的动力,同时它们也受惠于机理的研究。我们以为,实验工作与理论探讨协调进行,相互配合,比翼双飞,是现代科学研究的特色所在。这个附录反映了我们理论研究的背景。

必须说明,飞秒脉冲激光的应用远远超出了 PLD 技术,其中的机理研究当然并不完全属于 PLD 动力学原理。我们选材的基本原则是至少应该与脉冲激光烧蚀(PLA)相关。

我所指导的课题组,参加与本书相关实验和理论工作的有李智华博士、杨凤霞博士后、钟志成博士、关莉博士、李莉博士、房然然博士、徐洁博士、谭新玉博士、魏念博士、王世敏博士、吴云翼博士、杨斌博士、何敏华博士、陈志远博士、郑克玉博士、李小刚副教授，以及马卫东硕士、王晓东硕士、陈中军硕士、刘素玲硕士、刘高斌硕士、刘丹硕士、侯思普硕士、严文生硕士、韩祥云硕士、胡德志硕士，等等。

本书内容涉及作者的约 150 篇论文，均发表在国际和国内的权威学术刊物上：Phys. Rev., J. Appl. Phys., America Ceramic Bulletin, Appl. Sur. Sci., Phys. Lett., Ferroeletronic, Sol-Gel tech, J. Euro. Phys., Sur. Sci. Techn., Physica A, Physica B, Phys. Stat. Sol.，以及《中国科学》，《科学通报》，Chin. Phys. Lett.，《物理学报》，Commu. in Theore. Phys.，等等。

本书的出版首先应该感谢国家自然科学基金会和中国科学院。没有国家自然科学基金会的多项基金的资助，作者课题组的科研工作就不会顺利进行，本书的出版也将是不可想象的；没有中国科学院出版基金的支持，本书的顺利出版是不可能的。科学出版社慧眼识珠，对于本书的出版予以大力支持，在组稿、编辑以及校审中，精益求精，其敬业精神令我十分感动。李锋主任，数理分社编辑孟积兴，都对本书的问世鼎力相助。本书的责任编辑刘凤娟同志更是多次鼓励、时时关心、字斟句酌、务求精当，令人感佩。

# 《脉冲激光沉积动力学原理》后记

本书的校样稿，经过认真校对和复核，终于在 2010 年 11 月 7 日基本完成。值此正式出版前夕，觉得有几句话不得不说。

本书是我的课题组在材料科学领域研究的工作结晶，是国际上第一本全面系统讨论脉冲激光沉积动力学的专著。本书的主要内容是我们的理论研究成果。但是我们的理论研究是出于优化工艺研究的动机，具有浓厚的实验背景。换言之，没有我们的实验工作，上述理论成果也是无从取得的。本书所包含的所有理论和实验工作，正如我在前言已经说过的，是我的博士生和硕士生辛勤劳动的果实。因此，从某种意义上来说，他们都是本书的作者。但作者的署名，不能遍及所有人，谨此说明。

本书根据我们的研究成果，围绕脉冲激光沉积动力学的各个阶段、各个方面，进行了逻辑严整、结构紧密的阐述，构成了自洽的、完整的科学体系，标志着脉冲激光沉积动力学作为一个学科已经成熟，已经于襁褓中站立起来，迈向科学的殿堂。这门学科尚有许多有待完善充实和深入探索的地方。待以时日，随着国际同仁继续耕耘、浇水施肥，脉冲激光沉积动力学这棵茁壮的幼苗，必将健壮成长，结出更丰硕的果实。

我深深感到，科研工作的预测性和坚持性十分重要。许多科研论文汇聚起来，只能算是论文集，绝不是科学专著。针对脉冲激光沉积技术的机理研究滞后，至今国际上没有一本相关专著的现状，我的课题组二十多年前在此领域起步的时候，我从宏观上分析了脉冲激光沉积技术中的各个物理过程，各个过程之间的内在关联，分析了技术发展对于机理研究的客观需要，确定构建脉冲激光沉积动力学的大厦的目标，制订相应的长期科研计划。在当时人们认为的冷门领域开始了我们的工作。不怕寂寞，不计名利，师生共同努力，一面实践，一面理论探索，一步一个脚印，没有惊人之举、一个问题一个问题地解决，不急不躁，持之以恒，二十余年如一日，涓涓细流，终于汇成了晶莹的清泉。屈指算来，在相关领域内，在国际和国内的学术刊物上已发表论文近 200 篇。

在此基础上，前后三年，深入发掘学科内在的逻辑关联，精心把握学科的宏观科学体系，我与我的学生和朋友——李智华、钟志成、李小刚和关丽共同努力，终于完成本书的写作。全书 13 章，4 个附录，约 50 万字，完全由我定稿。

在我们写作的过程中，李智华博士主要草拟了第 11、12 和 13 章的初稿，同时本书第 3 章和第 7 章的内容部分来自她的科研工作；钟志成博士主要草拟了第 1 章和第 2 章，以及附录 D 的初稿，许多实验工作是他完成的；李小刚副教授帮助我完成了第 4 至 8 章及第 10 章的初稿，全书的数学计算的校审；关丽博士草拟了第 9 章的初稿，并且第 7 章和第 9 章的内容多来自她博士期间的工作。我要特别致谢的是何敏华博士。在本书的写作过程中，无论是材料的准备，还是稿件的校对，她都不厌其烦，默默工作，她是真正的无名英雄。

脉冲激光沉积技术是伴随着激光技术的问世而发展起来的制备薄膜的新型先进制备技术。脉冲激光沉积动力学原理是关于脉冲激光沉积技术机理的科学。本书是国际上第一本全面阐述脉冲激光沉积动力学原理的科学专著，具有很强的科学性和系统性。因此，本书对于从事材料科学和凝聚态物理研究的广大科学工作者，包括相关领域的博士生和硕士生来说，是一本关于脉冲激光沉积技术机理的教科书和科学专著。

本书的内容均来自我们出于优化工艺的动机，对脉冲激光沉积动力学原理的深入、严谨的探讨，因而本书具有毋庸置疑的实用性。同时，本书对脉冲激光沉积动力学在超高能和超短频的极端条件下的最新发展进行了科学阐述。本书不仅对于相关领域的科学研究工作者，对于从事具体材料制备的实验工作者和技术人员，而且对于越来越多的从事飞秒激光技术的研究和应用的科技工作者，都是一本难得的参考书。

## 篇 后 语

《脉冲激光沉积动力学原理》的前言写于2010年8月8日，后记写于2010年11月8日早晨。该书是我晚年一本相当重要的科学专著。有关内容和撰写的情况，详见前言和后记。该书出版以后，我们构建的脉冲激光沉积动力学这门新学科才真正受到国际学术界的重视，世界著名的科学出版社如Elsevier，美国的新星和德国科学出版社都邀请我们介绍有关工作。尤其是Elsevier出版的材料科学百科全书《Comprehensive Materials Processing》邀请我们撰写了整整一章，以介绍我们的工作，标志着国际学术界对我们的工作的正式认可。我们得到的经验是，如果对于项目研究是系统的、全面的，建议最好用科研专著的形式向学术界推介。

# 《宇宙创世纪史诗》前言

本书将带领亲爱的读者遨游九天，浏览灿烂星空，目的在于探索我们生活的宇宙是如何创生和演化的，我们将为读者揭开宇宙创世纪史诗的大幕，开始绝妙的智慧之旅。一路上会领略无数引人入胜的迷人风光，感受人类智慧的灵泉活水，处处陶醉在科学奇葩的淡淡幽香中，时时沐浴在人类探索宇宙所表现的无所畏惧、百折不挠的大无畏精神的光辉中。一路上，正如山水之旅不免劳顿一样，我们有时也需要费力，付出艰辛，却获得了无限的愉悦和幸福。我们的旅行是哲人的智慧之旅，是勇士的探索之旅。一路上，雅典娜女神在鸣奏着交响乐，引导我们向前，鼓励我们攀登。

宇宙的创生，物质的始源，自古以来都是人类始终不渝探求的对象。前者的探索导致现代宇宙学的诞生，后者的追求引领现代粒子物理学（高能物理学）的问世。两者的探索从来都是紧密相关的，相互交叉、相互融合，最后导致一门粒子宇宙学科的诞生。本书讨论的范围大致限于这门学科。为了知识的完整性，稍微涉及了星系和恒星的演化学。本书需要粒子物理（小宇宙）的必要知识，在有关的章节中也给予了必要的介绍。

第一作者长时间从事理论物理研究，于20世纪80年代在报刊上就陆续发表过有关的科普文章。1985年以后，在中国高能物理学会主办的《高能物理》（现改名为《现代物理知识》）杂志上发表的系列科普连载有《亚夸克世界漫记》、《大宇宙和小宇宙》等，反响很不错，高能物理学会年会曾专门予以表彰。20世纪90年代初，经充实补充以后，在湖北教育出版社以《大宇宙与小宇宙》书名出版，近年来该社经过修订再次出版此书。

有关内容在21世纪初，湖北科技出版社出版过《极微世界探极微》，两次印刷，繁体字版曾由台湾地区一家出版社出版。这些科普著作曾多次获奖，有国家科学技术进步奖、国家级和省部级科普著作一等奖等。总之，承蒙读者厚爱，这些工作起到了普及知识、传扬科学家的优秀品质和精神的效果。

此次承蒙河北科学技术出版社的眷顾和该社领导的关爱，尤其是理科部胡占杰主任的大力支持，参与“青少年前沿探索”丛书的撰写，本书才得以顺利出版。得到了曹小艳女士和刘经熙先生的大力合作，根据最新的科学资料重新创作。因此，呈现在大家面前的是一本资料丰富、能反映当前科学进展，同时又趣味横生、深入浅出、图文并茂的科普小册子。刘经熙先生作为特级物理教师，非常熟悉中学生的趣味爱好和基础，为本书的通俗化和可接受性的提高做了大量工作。

曹小艳女士作为武汉大学的文科高才生，知识面广，熟悉网络，在本书的撰写过程中与第一作者配合默契，有着良好的合作关系。尤其是在利用现代化的信息工具查阅最新科学资料、搜罗各种珍稀图片方面表现出极大的积极性和创造性。这本书能达到现在这样老少咸宜、摇曳多姿的样子，离不开曹小艳女士的兰心蕙质、辛勤劳动。因此，本书可以说是三位作者精诚合作的结晶。

宇宙学尤其是早期宇宙学，是社会大众都有所闻，但又确实是难以理解的。原因在于它是现代理论物理（包括广义相对论和粒子物理理论）和天文观察相结合的综合科学，需要许多的物理概念作为基础。科普工作者的任务是力求抓住学科的本质内容，尽可能做到由浅入深、由现象到本质，利用生动活泼的表达形式和通俗流利的语言，将科学知识形象地表达出来。这本书做得怎么样，只有读者才是最好的裁判。

本书适用于具有中学及以上水平的广大读者，尤其是求知欲旺盛、希望步入科学殿堂的中学生和大学生。李政道说过，温伯格的《最初三分钟》教育了整整一代科学工作者。作者希望一切对宇宙创生感兴趣的人们，尤其是科学工作者和教育工作者试试阅读本书。我们以为，本书会激发读者探寻宇宙创生奥秘的求知欲，也许会给你增添一双在星空遨游的智慧翅膀！

# 《宇宙创世纪史诗》后记

本书描写的是宇宙创生的科学故事，实际上就是所谓的极早期宇宙学的内容。由于有关内容牵扯的知识面较广，如必要的粒子物理标准模型的基础知识，必要的天文学的基础知识，适当的星系演化学说的初步知识，因此，本书要做一个比较全面的早期宇宙学说的轮廓介绍，牵扯面非常广。且不说千头万绪，至少也算得上头绪纷繁。这是本书写作的第一个难点。

本书写作的第二个难点在于早期宇宙学的发展极快，而且最近以来早期宇宙学说的发展有加速之势。不算现代宇宙学诞生以前，人类关于宇宙创生的种种传说和理论推测，即以爱因斯坦的广义相对论诞生以后，现代宇宙学演化方程成功建立，伽莫夫大爆炸学说原始模型的提出，暴胀宇宙论诞生，以及各种修正版的暴胀宇宙理论，联翩问世，内容日新月异，要给初学者一个鲜明、简洁而通俗的叙述，就是一件十分困难的事。本书章节条目较多，原因就在于此。希望读者在阅读时特别注意章节之间的衔接和逻辑关系。正如作者说过的，山水之旅赏心悦目，但如果没有往返跋涉的劳碌之苦，恐怕其中悠长的韵味人们是难以体味的。个中甘苦爱好旅游的人都会知道。

早期宇宙学的加快发展是以世纪之交前后天文观察手段急速的现代化和高科技化为基础的。哈勃天文望远镜升空以后，各种空间望远镜如连珠炮一样在地球的近空星驰电掣，人类在短短不到 20 年的时间内所获得的天文观测资料超过有史以来人类获得的相关资料的许多倍。在这样丰饶的观测资料的基础上，难怪极早期宇宙学说有了飞快地发展。发展越快，陈旧的内容淘汰越多,新的结论和新的观点不断涌现。所幸者尽管暴胀宇宙理论日新月异,但其基本内容、基本观点依然未变。读者在阅读本书时首先要弄清楚这些基本未变的内容,其次应该了解有些新内容出现的原因是什么。一般来说,无非新的观察结论导致这些新内容的出现,或者理论逻辑性要求陈旧的内容应该舍弃。读者当然会明白本书何以花了相当大的篇幅介绍现代天文手段的发展。

本书的写作承蒙河北科学技术出版社领导的关爱和支持,尤其是胡占杰主任亲自策划,在本书写作的选题、选材、布局、篇章结构以及语言表达方面,指导之,鼓励之,参与之,为本书的成功写作提供了关键的作用。本书的写作离不开作者单位同仁和家人的支持,他们是武汉商贸学院的涂宏斌院长、赵晶晶女士,武汉工程大学的何敏华博士,华中科技大学的彭芳明女士,ARROW SEED 公司的张晓军先生及徐莉女士。

## 篇 后 语

本书于 2015 年 7 月由河北科学技术出版社正式出版,前言、后记分别写于 2014 年 8 月和 2013 年 5 月。实际上在正式出版的时候,出版社将后记并入正文,标题换作尾声。河北科学技术出版社与我素昧平生,是仰慕我的作品,盛情邀请我撰写了两本科普著作《宇宙创世纪史诗》和《神秘失踪的中微子》。本书在《大宇宙奇旅》的基础上进行了全面的充实和改写,是以科普的形式,对大爆炸宇宙论的全面介绍,其中还包含若干哲学思考。2018 年,《宇宙创世纪史诗》被河北省评选为最受欢迎的图书之一(总共评了十本)。2019 年伊始,河北科学技术出版社重印了这两本书。

# 《神秘失踪的中微子》前言

有一种极微粒子,这种粒子不带电。它们之间没任何作用,既无强相互作用,也无电磁引力,因此,通常的仪器对它根本无法检测。但它有一个极其独特的本领:中微子不论穿越地球还是太阳等简直就像旷野行军,如入无人之境,没有任何阻碍。人们估算,中微子穿过1000亿个地球,才可能跟其中的原子核碰撞一次。即令宇宙全部由实心铅所构成,它们从宇宙的这一头进去,从另一头出来,至多不过有5%的机会被“挡住”。无怪乎人们赐予它们一个佳号:幽灵粒子。

后来该粒子取名为“中微子”(neutrino),意大利语原义为小的中性粒子,以有别于中子(neutron),后者原义为大的中性粒子。据说中微子的称呼,是费米接受蓬蒂科尔沃的建议后正式提出的。原来,中微子的存在是泡利为了解决衰变中有“能量丢失”的问题,提出的一种可能存在的假设粒子,这些看不见的粒子带走了这些丢失的能量。当时许多人不相信泡利的理论,他们说,这真有点像找不到丢了的钱就干脆另造账目一样!因此,中微子的名字第一次为人们所提到,就是在一次激烈的学术争论中,它的身世不同凡响。

这里还有一个问题:为什么当时的科学家未能察觉中微子的存在?实际上这个问题与其后20年科学家的苦苦追寻中微子不见踪迹是一脉相承的。原因是中微子只通过弱相互作用与物质耦合,它们与遇到的电子或原子核相互作用极其微弱。要捕捉一个中微子异常艰难。它们不带电,因此不能用探测带电粒子的方法,记录其径迹。它们与物质的相互作用太微弱,人们估算,中微子穿过一千亿个地球,才可能跟其中的原子核碰撞一次。这就是为什么人们叫它幽灵粒子的原因。

# 《神秘失踪的中微子》后记

本书承河北科学技术出版社之邀,于2012年开始写作,凡易稿三次,历经两个寒暑,方才告成。写作之艰难是原来所未料及的。中微子作为基本粒子的一种,知道的人也很多。但奇怪的是在学术专著和科普读物中都难以找到相关论述,因此,作者在写作时参考和借鉴的作品就只有靠学术著作有关部分以及为数少见的科普文章,这是困难之一。困难之二是中微子的古怪性质和难以捉摸的现象,如果不借助于专业术语,或者说读者如果没有最基本的量子理论的素养确实难以弄清楚。困难之三是中微子物理尽管诞生于20世纪30年代,但是80余年的发展却从未停顿,目前依然是高能物理最有生气的前沿。

换言之,如果不对有关前沿给予充分的描写和介绍,本书的写作就没有多大意义了。

可以告慰读者的是,在本书付梓之际,作者呈现给大家的是颇具特色的一本科普读物。本书在把握科学性和准确性的前提下,深入浅出地将艰深抽象的科学内容用通俗生动的语言表达出来,希望凡具有中学物理知识的读者阅读本书,应该是没有大的困难了。所有对于粒子物理,尤其是中微子物理感兴趣的读者,包括非粒子物理专业的所有科技工作者,有志于献身基础研究的大中学生都可以在本书找到自己感兴趣的东西。本书尽管是一本科普著作,但基本上涵盖了中微子物理的主要科学内容,具有较强的科学性和系统性。作者从事科学研究多年,热爱科普著作的写作。本书是费力较多、用功极深的一本书,在语言的表达和插图的选取上尽量照顾到青少年读者的特点。关于中微子物理的前沿,本书力求在篇幅允许的情况下予以全面介绍。本书在素材的选择上都是用今天的科学高度作为准尺加以取舍。

在本书的写作过程中,河北科学技术出版社领导和胡占杰主任给予了大力支持和多方关怀。尤其是胡占杰主任,在选稿、定题、素材剪裁、结构审定等方面都倾注了大量心血。作者在此表示真挚的谢意。本书的写作没有家人的支持也是不可能顺利完成的,在此对家人彭芳明女士、牟靖文先生深表感谢。

## 篇 后 语

本书的出版背景在《宇宙创世纪史诗》的导读中已经说清楚了。我为这两本书付出了大量的心血。在《神秘失踪的中微子》中我第一次对于中微子物理以科普的形式进行了全面的描述。关于中微子,国内有关科学和科普的著作不是很多,因此必须梳理大量的外文文献。我觉得本书还是颇有阅读价值的,不仅对于中微子物理从其发端直到最新的发展进行了比较生动和深入的介绍,而且对于弱相互作用理论的发展也做了富于启发性的描写。可惜的是由于河北科学技术出版社突然资金短缺,尽管这两本书出版了,但出版量很少,在市场上难以买到。

幸运的是在2018年初夏,该出版社克服了资金困难,准备将这两本书在2019年重新出版发行,我已对内容稍做充实修订。目前已向市场正式发行。

# 《物理发现启思录》后记

本书历经一年多的艰辛劳动，洋洋洒洒约一百万字，终于完稿即将付梓。首先，我要感谢华中科技大学前校长、教育部第一至三届高等学校文化素质教育指导委员会主任委员杨叔子院士。没有他极力倡导将人文素质教育与科学精神的传扬紧密结合，没有他对于出版事业的关心和对华中科技大学出版社的信任，没有他对于本书作者的学识和素养的高度信任和极力推荐，本书是不可能问世的。华中科技大学出版社是我非常景仰和尊重的出版社。1986 年，我所翻译的《高等量子理论》作为改革开放后最早出版的研究生教材之一，就是该社出版的，并且被载入《中国优秀科技图书要览》。其后，2001 年，我所撰写的研究生教材《应用群论导引》在该社出版以后也广受欢迎。难能可贵的是，这本销路较窄的学术著作，居然还一再印刷。现在《物理发现启思录》一书的出版，没有华中科技大学出版社阮海洪社长、总编辑姜新祺和人文社科分社副社长周晓方等的盛情邀请、热诚鼓励、真挚关心、细致照顾，我以 76 岁的高龄，是不敢接受这个艰巨任务的。即使接受了，也是难以如此顺利高效完成的。本书的写作体例，颇有创新，但是这个创意的来源是周晓方女士。

出版社原副总编辑包以健先生是我的老朋友，他以 80 余岁的高龄，兢兢业业、一丝不苟地完成了浩大繁重的编辑工作，指出了原稿中的许多疏误，甚至提供了最新的信息材料供我参考。由于彼此配合默契、相互尊重，合作十分愉快。因而使得本书的最后文本不仅避免了许多不应有的疏漏和错误，而且改善了语句的流畅性和语义的畅通。我尤其要感谢的是，华中科技大学物理学院的杜欣怡同学。她不仅担负了本书绝大部分的打印、输入和电子版的排版任务，而且在本书的材料收集和选择，本书插图的修饰(甚至个别插图的绘制)等工作中，不畏劳苦、成效卓著。我最后要提到的是该出版社编辑杨玲博士，在出版社与作者之间的协调方面起到了特殊的、不可替代的作用，对于本书的出版功不可没。

本书的写作宗旨在绪论中已详细论及。简言之，通过最新的物理学领域的突破和发现，普及其中蕴含的科学精神和科学方法，进而从中提取更深层次的人文领悟和启示，从而使读者在丰富科学知识的同时，提升自身的科学精神和人文素质。因此在材料的选取上，突出材料的科学性、前沿性和时效性。21世纪以来，物理学与整个自然科学领域一样，发展态势有不断加快之势，特别是我国物理学的发展极为迅猛，大有一日千里之势。本书写作时间不算长，但由于不断有新的重大发现出现，其间已几易其稿，仍然不能完全反映最新的事态发展。希望读者能够谅解，毕竟专著不能像报纸、电台、电视和杂志一样易于及时反映现实。

为减少遗憾，在此我们提及2016年的诺贝尔物理学奖和国际物理学科领域在本书中未涉及的几个重大进展，以供读者参考。

2016年诺贝尔物理学奖授予华盛顿大学教授大卫·J.索利斯、普林斯顿大学教授F.邓肯·M.霍尔丹和布朗大学教授J.迈克尔·科斯特利兹，以表彰他们在拓扑材料的拓扑相变和拓扑相研究领域做出的重要理论发现。3位获奖者为大家打开了一扇新世界的大门。在过去的10年中，这个领域发展迅速，拓扑材料极有可能成为下一代全新的电子和超导材料，也可以应用于未来的量子计算机领域。

也许应该说明，本书作者利用华中科技大学新建的国家工程中心——脉冲强磁场工程中心的平台，对拓扑绝缘体材料进行了前瞻性的理论和实验研究。本书作者是国际上较早进入该领域的学者之一，与其博士生杨凤霞(后为博士后)在2003年就成功研制出一种拓扑绝缘体材料，在初步对其性质进行了表征以后，结果随即在国际刊物上发表。其后进一步测量出该材料具有特异的正磁阻效应，在高达60特斯拉的强磁场下，依然保持线性规律不变。这个发现是当时国际上该领域较好的结果之一。上述工作于2006年发表在《Journal of Applied Phyiscs》上。2014年，我们发表了进一步的测试结果。与此同时，本书作者与其博士生徐洁合作，利用两维杨-米尔斯场成功地构建了这种材料的物理模型。模拟表明，这种材料不仅应该具有奇异的正磁阻效应，而且应具有奇异的纵向霍尔效应。这个物理模型表明这种材料的拓扑性质应该是同伦群Z2所描述的。这项工作于2008年12月发表在《Journal of Applied Phyiscs》上。可惜的是，由于本书作者当时正面临退休，其博士生毕业，而且自己身体不好、行动不便，加之强磁场中心新建，测试设备尚不够稳定，以致耽误了大好时间，没有将理论和实验的结果综合在一起，及时作为“重磅炸弹”发表。

至于我国物理学在2016年的重大进展，正文中未提到或需要补充的，我觉得应有如下几项。

## 一、天宫二号和神舟十一号载人飞行任务圆满成功

2016 年 9 月 15 日,天宫二号空间实验室成功发射并进入预定轨道。10 月 17 日,神舟十一号载人飞船成功发射,并于 19 日凌晨与天宫二号成功对接,航天员景海鹏、陈冬进入天宫二号空间实验室,开展了为期 30 天的科学实验。天宫二号是中国第一个真正意义上的空间实验室,第一次实现航天员中期驻留,并成功开展了 50 余项空间科学实验与应用实验。天宫二号与神舟十一号载人飞行是最接近未来中国空间站要求的一次载人飞行,也标志着中国具备了开展较大规模空间应用的基础条件。这是中国发射的第一个真正意义上的空间实验室。

## 二、我国可控核聚变出现巨大进展

据香港地区《南华早报》2016 年 12 月 8 日报道,我国合肥等离子体研究院在其研制的 EAST(先进超导托卡马克实验装置)中让电离气体稳定燃烧了两次,聚变实验持续了 100 多秒,其中被极强电磁场屏蔽的一个环形室中的等离子体被控制于一种高效稳定态 H mode(高约束模式)。这是一次具有里程碑意义的事件,它增强了人类利用核聚变能的信心。这将有助于加快政府批准建设世界第一座核聚变电站——中国聚变工程试验堆(CFETR)的速度,中国在合肥启动强流氘氚聚变中子源(HINEG),目标是用核聚变技术生成世界最强的中子束。拟建的 CFETR 将在 2030 年投入运转,最初的发电量为 200 兆瓦,在随后 10 年把发电量提升至 1000 兆瓦左右,超过大亚湾所有商业裂变反应堆的发电量。

## 三、科学家发现距离地球最近的宜居行星

2016 年 8 月 25 日,英国伦敦玛丽王后大学的科学家吉列姆・安格拉达-埃斯契德在《自然》杂志上宣布,他利用欧洲南方天文台(ESO)的望远镜,以及其他天文观测设施,找到了一颗围绕比邻星运行的宜居行星,它是人类已发现的 3500 颗系外行星中最接近地球的一颗。比邻星是距离太阳系最近的恒星(一颗红矮星),仅有 4.2 光年的距离。这颗行星被命名为比邻星 b,是 1995 年

以来发现的3500颗系外行星中最接近地球的一颗。而且,科学家认为比邻星b的表面温度允许水以液态的形式存在,温和的红矮星也可能给这颗行星营造一个适合生命繁衍生息的环境。

## 四、量子计算机首次成功模拟高能物理实验

2016年6月,奥地利物理学家在《自然》杂志上宣称,他们利用4个"量子比特"组成的量子计算机,实现了第一个高能物理实验的完整模拟。

此次实验,在真空电磁场中,4个离子排成一行,每个离子编码为1个量子比特,组成了一台"菜鸟"量子计算机。研究人员用激光束操控离子的自旋,诱导离子执行逻辑运算。经过100多步计算后,科学家们对量子电动力学的一个预言成功地进行了证实:高能γ光子的能量转化成物质,产生一个电子和其反粒子(一个正电子)。模拟结果让人兴奋。

在本书付梓前夕,我国科技战线传来振奋人心的喜讯,我国首创、世界首条量子保密通信干线——京沪干线已于2017年9月4日通过总技术验收,这意味着世界第一条量子保密通信骨干线路已具备开通条件。实际上,这是量子通信科学首次进入人类应用技术领域,标志着我国在量子技术的实用化和产业化方面继续走在世界前列。

作为世界首条量子保密通信干线,京沪干线于2016年全线贯通,全长2000多公里,从北京出发,经过济南、合肥,到达上海,全线覆盖4省3市。在本书正文中已经谈到,2016年8月,以"墨子号"命名的全球首颗量子科学实验卫星成功发射。截至2017年8月10日,"墨子号"圆满完成了三大科学实验任务:量子纠缠分发、量子密钥分发、量子隐形传态,从而开启了全球化量子通信、空间量子物理学和量子引力实验检验的大门,为中国在国际上抢占了量子科技创新制高点,成为国际同行的标杆,实现了从"跟踪者"到"领跑者"的角色转变。

京沪干线北京接入点实现与"墨子号"量子科学实验卫星兴隆地面站的连接,全线密钥率大于5kbps,已形成星地一体的广域量子通信网络雏形,大大扩展了京沪干线的应用能力。在不久的将来,京沪干线将真正作为一条实用化和商用化的量子通信骨干网络向金融、电力、广电、政务等各行业开放,为广大用户提供量子层面的安全服务,从而大力推动以量子创新技术驱动新兴产业和市场发展的战略需求。

本书涉猎范围极广,领域极多,尽管作者在理论物理和凝聚态物理领域从事多年科研工作和教学实践,对本书的内容反复核对材料的可靠性和真实性,编审者又反复斟酌,但恐怕谬误之处在所难免,切望各位读者不吝赐教。作者诚挚希望读者在阅读、学习本书的过程中,多提宝贵意见,尤其是建设性的修改意见,以便在本书再版时进一步修改提高。

## 篇 后 语

此后记写于 2017 年 9 月 17 日,系应华中科技大学出版社邀请而撰写。该书的特点是比较全面地介绍了物理学在高能物理、宇宙学以及凝聚态物理领域的主要最新进展,结合人文素质的培养和科学精神的弘扬,作为一种新型的科学普及样式,希望能给予读者若干自学的启示、创新的启示。该书出版于 2018 年 5 月,引起了很好的反响。2018 年 5 月 3 日,华中科技大学宣传部、关心下一代工作委员会、校团委等单位组织纪念五四运动 99 周年暨名师学子面对面活动,邀请我以"创新引领发展的第一动力"为题做报告,与学子分享了我的感受和体验,会后向提问的学生赠送该书。

# 《小宇宙与大宇宙》后记

本书从开始写作到现在,前前后后,反反复复,大概有 34 年之久。其间由杂志的连载,到集腋成裘,汇成一本薄薄的约 10 万字的小册子,一直到 2017 年 3 月终于以系统的、丰满的面貌,再次呈现在读者面前。

本书的缘起应追溯到 1984 年北京"纪念杨-Mills 理论三十周年"学术会议。会上,《高能物理》编辑部徐胜兰女士极力怂恿我写一点介绍现代宇宙论前沿的文章。以后便陆陆续续在《高能物理》杂志上发表了七八篇连载文章。没想到反响不错,在 1987 年全国高能物理学会理事会纪要中,提到读者对这些文章甚为欢迎,同时提到受欢迎的还有卞毓麟等几位大家的科普文章。学术界先进、同仁多方鼓励,希望成书。在湖北教育出版社的热忱支持下,我重新改写充实了原来的连载,于 1990 年草成约 10 万字 17 节的《大宇宙与小宇宙》一书,由该社于1992年1月正式出版。这是我写作科普著作的第一次尝试。

其后,受河北科学技术出版社、湖北教育出版社和华中科技大学出版社的盛情邀请,我陆陆续续出版了不少科普著作和科普文章。21世纪初,我的科普作品几乎成了获奖的专业户。除了我的文章《梦幻般的新物质形态——玻色-爱因斯坦凝聚体(BEC)》在2003年获得全国科普最高奖——第五届全国优秀科普作品一等奖(该奖项次年被纳入国家科学奖系列)以外,我的科普著作《极微世界探极微》和《科学王国的宙斯——物理学与高新技术》也在2002年获得了湖北省科普作品一等奖。

这次出版的新书的书名《小宇宙与大宇宙》与30多年前的旧名相似。当然,内容完全焕然一新,将原书扩充了4倍,大致涵盖了这30多年来高能粒子物理和宇宙学的重要进展。这30多年是高能粒子物理和宇宙学高速发展的时期,新的观测手段、新的发现、新的规律、新的理论层出不穷,原书内容不免有许多过时甚至谬误之处。经过修订改写,全书图文并茂,文字沿袭我一贯追求的生动流畅、俏丽多姿的风格,力求让读者在领略科学前沿引人入胜的内容的同时,能够享受优美的具有中华民族风格的文化大餐。

本人已年逾古稀,毕生从事物理前沿研究和物理教学工作,发表研究论文300余篇,科学专著在国内外出版社出版10余本,承担科研项目和荣获国家科研、教学和出版的奖励有几十项(国家级、省部级的都有)。但在百忙之余,我从未放弃科普工作。我以为科普工作正如国家领导人所多次强调的,是关乎民族振兴、国家富强的千秋大业,是国民教育,尤其是青少年教育重要的一环。我国科普工作尽管有长足的进步和发展,但是在整个科学和教学事业中,科普工作是相对落后的。轻视科普工作、以为科普工作微不足道者还颇有市场。真正有水平、有价值的优秀科普工作并不多见,真正有科学成就的科学家撰写科普著作的热情并不太高,与欧美发达国家相比,差距很大。对比想想,爱因斯坦、海森堡、薛定谔、泡利、杨振宁、李政道等世界级科学家是何等热心科普工作。我热切希望我国有更多优秀的科学家投入到火热的科普工作中去,有更多脍炙人口的科普作品问世。我希望本书能为即将出现的我国科普事业繁荣景象添上一砖一瓦。

在本书的编辑、校对过程中,知识渊博、眼光锐利的责任编辑彭永东博士表现出极大的敬业精神,本书在初稿中的许多疏失和不足,都由他一一指正。尤其值得感谢的是,正是由于他的鼓励和支持,我才敢于承担本书的选题。同时本书的体例、结构方面,也得益于他建设性的意见。全书写作过程中,材料的收集和文稿录入工作主要落在何敏华博士的肩上，而新材料的选取和剪裁，则要感谢博士生费寝和硕士生成乐笑的协助。本书的出版，首先要感谢龚云贵教授和钟志成教授的鼎力支持。另外，关丽博士、邹明清博士、杨凤霞博士后、李智华教授对于本书的选材、内容安排以及材料的校正等方面给予了具体的意见，对他们的大力帮助，同样表示诚挚的谢意。最后，我要特别感谢我的家人，本书的顺利出版如果没有他们的全力支持是不可想象的。在此向彭芳明老师、魏晓云老师、张彤先生、牟靖文先生等致以衷心的谢意！

## 篇后语

这篇后记写于2017年3月，该书出版于2018年3月，全书约32万字。该书实际上是将《小宇宙探微》和《大宇宙奇旅》两本书合并在一起，完整地介绍了现代粒子宇宙学的图景。在写作该书时，针对六七年间科学的发展，改写了有关内容，并且补充了有关的衔接内容。本书和《小宇宙探微》、《大宇宙奇旅》的责任编辑都是彭永东主任，并且被收进湖北科学技术出版社的“中国科普大奖图书典藏书系”。该典藏书系囊括新中国成立以来，著名科普、科幻作家经典获奖作品，展现科学之真、善、美，传播知识、激发兴趣、启迪智慧。出版以后，反应极为热烈。

2018年11月30日，湖北省楚香图书节和中南图书交易会开幕，特别邀请我作为嘉宾参加，并且邀请我在开幕式上做题为《从断臂的维纳斯谈起》的报告。会后我签名售书，场面极为热烈。

# 第三篇　杏林弦歌

我自幼钟情理工，但也雅好文史，在中学阶段曾经创作过不少散文和诗歌。我进入高中，时值大跃进和人民公社的高潮，母校武汉市一中实行军事化管理体制。全校是民兵营建制，下设有宣教科，科长为语文老师彭义智，下面有6个科员都是学生，我是其中一个。科员都是选自各班的语文尖子、文艺尖子和绘画尖子。全校的宣传活动都由宣教科主持，例如大型壁画、集会的宣传布置、文艺演出和展览会的筹划等。彭义智老师后升任校长，而后担任过武汉市教育局局长、武汉市教育协会理事长，写过不少诗，有诗人的雅号。科员中有后来成为著名美术家的徐公度(后任武汉美术家协会副主席)，有擅长笔墨的胡楚生(后任外经贸部欧洲司司长、办公厅主任和中国对外贸易中心主任等)，等等。宣教科将学校同学中优秀诗文编辑为《丰收集》，好像出了三集。我的诗歌和散文入选了好几篇。

还要特别提到的是我当时所在的604班，人才济济，尤其涌现出很多作家、艺术家，以至于1959年假期全校师生都参加汉丹铁路修建的义务劳动，唯独我们班留下来筹办武汉市中学生"三丰收"成绩展览会，从资料整理、展览图片安排到展览词写作和讲解，一直由我们班的同学完成。我是这个展览会的主要写手之一。我班涌现出来的杰出文艺人才有武汉市艺术创作研究中心国家一级编剧、著名剧作家、武汉戏剧家协会主席赵瑞泰，其话剧《春夏秋冬》获国家"五个一工程"奖，话剧《母亲》获第十届文华新剧目奖，《宋庆龄和她的姐妹们》获中国电视"金鹰奖"；有湖北电影制片厂总编辑余焱祖，系北京大学王力先生之高足；还有广东艺术研究所所长谭永年，其曾从事戏剧表演、导演工作，现从事美术评论、美术研究，以及参与组织、指导广东省的美术创作，是广东省艺术信息数据库主要研制者之一，获文化部1998年度科技进步二等奖。记得由我和赵瑞泰创作的《一中畅想曲》诗剧，演出时大获成功，赵瑞泰还是此剧的主演。

20 世纪 60 年代前,我一直有记日记的习惯。参加工作以后常常还写一点新体诗歌。但是在 60 年代之后,由于一些原因,我将所有的日记和写作的原稿付之一炬。

改革开放以来,欣逢盛世,尽管工作很忙,但时时有抑制不住要放声歌唱的冲动,加上朋友们的催促和鼓励,留下一些古典诗词,记录我的生活的一鳞半爪。我对古典诗词的韵律不甚了然。经过逐渐学习,逐渐体悟,所有诗词一律按平水古韵订正。所辑录的诗歌约有百首。此外还附表兄成善继遗诗 3 首。

# 马 公 赞

马公声名振江城，管领春风育群英。鹤影瘦姿人共仰，飘逸潇洒玉山倾。
金声玉振传薪火，大爱润物悄无声。甘泉涓涓沃桃李，巧借金针度后生。
呕心沥血多风雨，星移斗转七十春。故园春色花似海，凤凰展翅九霄鸣。
从来三楚多雄杰，愧我无成负师恩。长愿先生身常健，祝我母校日日新。

【注解】

[1]2013 年 1 月 16 日赴母校武汉一中，参加马以驯先生教学艺术研讨会有感。

[2]本诗刊于《瑜珈诗苑——孟夏诗会 2014 年 6 月》。

[3]马以驯，江苏南京人，1951 年毕业于武汉大学数学系。历任武汉市第一中学数学教师、校长，中国教育国际交流协会理事。特级教师，注重培养学生举一反三的能力，激发学生解题兴趣。

# 贺张良皋教授九十华诞

桂魄清秋贺张翁，童颜鹤发不凋松。
霜欺雪压琼姿洗，行雨日曛真卧龙。

【注解】

[1]张公良皋，我国著名建筑大师也，业界享有盛誉。学富五车，文采风流；诗词歌赋，云霞满纸。雅好考古、红学，多发前人之所未见。尤富传奇者，以耄耋之年传道讲学，行程数万里，盖学术界之胜事也。

[2]本诗写于 2012 年，发表在《瑜珈诗苑——孟夏诗会 2014 年 6 月》，订正于 2018 年 5 月 25 日。

[3]大思想家顾炎武《又酬傅处士次韵二首 · 其二》有云："苍龙日暮还行

雨，老树春深更著花。”此处傅处士指明清之际的思想家傅山。

# 贺华科大六十周年华诞两首

## 其　一

虎步龙行六十春，喻家山麓绿成荫。大鹏不是池中蛙，欲上九天试初吟。

## 其　二

喻苑风光四象新，桃红柳绿喜迎人。寿逢甲子频浮白，更上层楼捧桂轮。

【注解】

[1]这两首诗曾刊于《瑜园诗选(五)》，定稿于 2018 年 5 月 25 日。

# 绝顶青松

青松独立耸千尺，雪压霜欺洗鹤姿。高卧曾经寒雨急，云霄浪拍自由诗。

【注解】

[1]独立人格与学术自由属清华大学原校训之核心部分。余意绝顶青松正是此风骨之象征也。

[2]本诗曾刊于《瑜园诗选(五)》，定稿于 2018 年 5 月 25 日。

## 篇　后　语

在《光明日报》2017 年 6 月 11 日第 12 版上发表的《李达：一个真正的马克

思主义者》中指出：学术自由的本质在于学术，即追求和捍卫真理的自由……独立人格对学者非常重要，这不仅是道德而且是学术品格。……李达同志在白色恐怖下，孜孜于马克思主义研究，才是真正具有学术自由精神和独立不倚人格的铮铮学者。

# 未名湖上月

崇楼峻阁何昂扬，冠盖杏坛飏紫裳。无奈未名湖上月，学堂错认是明堂。

【注解】

[1]中央一再指出，教育之行政化与衙门化乃当前教育领域中之最大弊端。此弊端一日不除，则教育改革一日不能成功。温家宝同志曾多次直言，目前"教育确实存在许多问题"，他表示，教育行政化的倾向需要改变，最好大学不要设立行政级别，力争实现教育家办学。

[2]本诗曾刊于《瑜园诗选（五）》，订正于 2018 年 5 月 25 日。

[3]"杏坛"指教育界。

[4]"明堂"指古代帝王宣明政教的地方，此处指行政部门。

# 石城怀古二首

## 其　一

宋玉堂前古木荫，莫愁细雨欲销魂。佳人何必怨迟暮，露滴芙蓉添泪痕。

## 其 二

心随宋玉步轻尘，似锦繁花几度新。何必佳人怨迟暮，依依杨柳不胜春。

【注解】

[1]石城者，钟祥市之谓也。钟祥石城地名由来已久，可追溯到三国时期。最早记载石城的古籍是北魏郦道元的《水经注》。这两首诗都曾刊于《瑜园诗选（五）》。初稿写于 2010 年，订正于 2018 年 5 月 28 日。

[2]宋玉（约前 298—约前 222 年），战国末期楚国辞赋家。流传作品有《九辩》、《风赋》、《高唐赋》、《登徒子好色赋》、《神女赋》等。宋玉堂指宋玉故宅。民国《钟祥县志・古迹》载："宋玉在兰台之左相传郡学宫即其遗址，宋玉宅门前还有宋玉井，保存完好。"《文选・宋玉〈风赋〉序》："楚襄王游于兰台之宫，宋玉、景差侍。"李周翰注："兰台 ，台名。"

## 书 香

老夫聊发少年狂，蝉噪声中拙笔忙。事业名山浑忘却，平生爱好是书香。

【注解】

[1]去岁以来，已有多本专著和科普著作问世，尤其是《国际材料科学百科全书》约稿请我撰文，甚为欣喜。

[2]本诗作于 2012 年，曾刊于《瑜园诗选（五）》。订正于 2018 年 5 月 28 日。

## 红楼・辛亥百周年

白云千载楚风雄，铁血精神化彩虹。黄鹤归来观胜景，红楼屹立百花丛。

【注解】

[1]本诗曾刊于《瑜园诗选(五)》。订正于2018年6月1日。

# 南山"一棵树"

瑰伟雄奇南山松,绝岑孤矗入天穹。故人归来换甲子,少年转作白头翁。
桑梓城郭混不识,鳞次栉比广厦丛。泉水何处淙淙涌,车如流水马无踪。
声声汽笛蛙声歇,唯尔枝叶郁葱葱!云霞不解故人意,轻展霓裳意态浓。
山城遥望如画里,滚滚长江自向东。春风有意柔情弄,别后何日再相逢。

【注解】

[1]"一棵树",山名也。位于重庆南山,左邻真武山,右傍老君洞,皆风景名胜也。儿时蜗居是山麓,饮流泉,话桑麻,犹历历在目。阔别六十余年,重返故里,百感交集,欣然命笔。

[2]本诗作于2012年,曾刊于《瑜园诗选(五)》。

# 校庆五十周年感怀

雄风御宇五旬秋,煌熠黉宫起野畴。翘首江东差可拟,领军诸夏再加油。
江东自古多才俊,瑜苑而今饶凤俦!高挂云帆涛啸急,飞舟直上弄潮头。

【注解】

[1]本诗作于2003年,曾刊于《瑜园诗选(四)》。订正于2018年5月28日。

[2]长江在芜湖、南京间作西南南、东北北流向,隋唐以前,是南北往来主要渡口的所在,习惯上称自此以下的长江南岸地区为江东。李清照《夏日绝句》云:"至今思项羽,不肯过江东。"杜牧《题乌江亭》云:"江东子弟多才俊,卷土重来未可知。"

# 赠友人永年

晴光袅袅清明临，白絮江天蝶舞裀。岭外云横君去远，湖边月照鹤归邻。香茶有味浓如酒，衰鬓无情浑似银。话到新丰少年事，松涛如诉夜归人。

【注解】

[1]谭君永年，阔别四十七载矣！湖畔蜗居，夜话沧桑，感慨良深，因有是律。

[2]本诗曾刊于《瑜园诗选(四)》。订正于2018年5月28日。

[3]“新丰少年事”指唐名臣马武少年时的故事。

附谭永年和词：

## 赞四班情意

几杯散淡清酒，一席零星话题。纷纷周末来相聚，三镇武汉取齐。　　阵势流觞曲水，气氛竹林席地。风雨无阻常相继，五十多年不息。

劫难一代经历，翻去半个世纪。唯有同窗这份情意，未曾须臾遭过遗弃。商贾嘈杂解释，纷乱纠葛人际。别处更谁能看见，我辈四班这等景气。

# 奠　郭　公

肠断江南奈何天，佳城忍见草连连。何期泪洒清明雨，摇落春华作纸钱。

【注解】

[1]郭公培道，慷慨磊落，侠胆钢肠，盖古之仁人义士也。为武汉绿化，呕心沥血，鞠躬尽瘁，功莫大焉。契交莫逆，凡五十载，岂意天公嫉物，英年早逝，

痛何如哉！因有是绝，祭奠我公。

[2]本诗作于2006年，曾刊于《瑜园诗选(四)》。订正于2018年5月28日。

# 培道君十周年忌

君赴瑶台十载春，纷纷雨雪欲销魂。可怜梅瘦解人意，岁岁年年送浅樽。

【注解】

[1]本诗初稿写于2016年1月12日，订正于2018年5月28日。

# 菩萨蛮·重游恩施

凤凰山下清秋节，帘栊影动红楼月。桂魄转金波，秋江情自多。　　蹉跎情万结，漫道心如铁。锦绣着清江，三巴看艳阳。

【注解】

[1]2007年中秋，应邀偕内子赴恩施讲学，夜宿凤凰山红楼。43年前曾有恩施之行，巴山楚水凄凉地，换了人间。

[2]本诗曾刊于《瑜园诗选(四)》，订正于2018年5月28日。此次讲学系应湖北民族学院所邀，其间还到利川市政府和建始一中做报告。

# 鹧鸪天·师生团聚

急管繁弦醉玉盅，如烟往事说萍踪。离情还系南湖月，幽梦长闻暮雨钟。巴山雨，鹏港风，人生难得几相逢。劝君更尽樽前酒，艳李夭桃意态浓。

【注解】

[1]1999 年元旦，故人燕集，师生团聚，于时阔别三十年矣！

[2]本诗曾刊于《瑜园诗选(三)》，订正于 2018 年 5 月 28 日。

# 临江仙·丽江古城

绿水逶迤城郭绕，琼浆玉液溶溶。云环烟锁雾重重。玉龙皓魄，磅礴入苍穹。深巷翠楼吹玉笛，珠帘十里熏风。夕阳几抹“木王宫”。春归何处？古国纳西中。

【注解】

[1]2000 年夏，偕内子游丽江古城。

[2]本诗曾刊于《瑜园诗选(三)》，订正于 2018 年 5 月 28 日。

[3]“木王宫”指纳西族木土司王府——木府，位于丽江古城之内。木土司在明清时期效忠中原王朝，汉化程度很深。此次赴丽江系参加在昆明举行的全国量子力学研讨会。

# 浣溪沙·瑜伽诗社琴台燕集

妙手咸归为写真，裁镂云锦是精神。高山流水说佳人。荷芰不堪风雨骤，灵均忧世只为民。一池明月半池春。

【注解】

[1]本诗曾刊于《瑜园诗选(三)》，订正于2018年5月28日。

[2]“高山流水”出自《伯牙鼓琴》：“伯牙善鼓琴，钟子期善听。伯牙鼓琴，志在高山。钟子期曰：‘善哉！峨峨兮若泰山！’志在流水，钟子期曰：‘善哉，洋洋兮若江河！’”后以“高山流水”为知音相赏或知音难遇之典，或比喻乐典高妙。诗社燕集时间为2003年春天。

[3]“灵均”指屈原。《楚辞·离骚》：“名余曰正则兮，字余曰灵均。”

# 登楚天台寄赠友人

瑜苑山连楚王台，台高千仞画图开。烟笼明镜田田碧，莺舞长堤曲曲徊。翠柳章华风有恨，苍松屈子雨含哀。古来三楚多奇士，如海松涛浮大怀！

【注解】

[1]本诗初稿写于2000年，曾刊于《瑜园诗选(二》，订正于2018年5月28日。友人为中国科学院物理研究所朋友。诗中楚王台实指楚天台，该台是东湖磨山楚文化游览区内的标志性建筑，可与江南三大名楼媲美。屹立于磨山第二主峰，仿古章华台形制而建。下面为楚天台照片。修正稿载于华中科技大学瑜珈诗社的《瑜珈诗苑——孟夏诗会(庆祝改革开放四十周年)》。

[2]“章华”指章华台，楚离宫名。《后汉书》卷八十下《文苑传·边让传》：“楚灵王……遂作章华之台……举国营之，数年乃成。设长夜之淫宴，作北里之新声。”

# 鹊　桥　仙

风敲翠竹，梅开媚眼，乍展春云仙侣。柳丝金缕万千条，莺莺燕燕谁家女？仙槎银海，云帆青幂，怎染就相思路？春来冬去暮朝朝，泪眼暗把蓝桥顾。

【注解】

[1]本诗初稿写于1996年，曾刊于《瑜园诗选(二)》，最早为1968年友人何大同、刘雅玲伉俪所作。原稿无存，现凭记忆，并于2018年6月1日据平水古韵订正，并将题目定为《鹊桥仙(拟闺情)》，载于华中科技大学瑜珈诗社的《瑜珈诗苑——孟夏诗会(庆祝改革开放四十周年)》。

[2]“仙槎”，神话中能来往于海上和天河之间的竹木筏。典出晋张华《博物志》。“银海”指银色的海洋，即银河。

[3]此处用典指唐裴航在蓝桥遇仙女云英的故事。蓝桥今在陕西省蓝田县西南蓝溪之上。

# 临　江　仙

桂魄秋影黄昏后，灯红急管繁弦。歌儿唱彻月儿圆。醴波玉液里，醉袖倚危栏。三十年来浑如梦，亭亭婀娜芳兰。人间旖旎凤和鸾？芙蓉翡翠帐，玉枕客槎船。

【注解】

[1]本诗初稿写于1997年，为何氏夫妻的女儿新婚而作。本诗曾刊于《瑜园诗选(二)》。2018年6月1日据平水古韵订正，题目定为《临江仙(贺友人爱女新婚)》。修正稿载于华中科技大学瑜珈诗社的《瑜珈诗苑——孟夏诗会(庆祝改革开放四十周年)》。

[2]指升天所乘之槎。晋张华《博物志》载：有人乘筏游天河遇牛女。

# 望富士山感怀

独立琼楼伫望久，冰绡富士縠衫飏。分明京阪唐风在，漫道招提汉韵留。壮士泪飞缘旧恨，英雄眉蹙为新忧。何当共挽银河水，洗尽东瀛万里愁。

【注解】

[1]乙未初夏，余偕内子赴扶桑小憩，西元 2015 年 5 月 7 日夜宿富士山麓温泉旅店，独立伫望富士山久之，浮想联翩，吟有此篇。

[2]诗中“招提”指日本奈良招提寺。本诗初稿于 2015 年，曾刊于《瑜珈诗苑——纪念抗日战争暨世界反法西斯战争胜利 70 周年诗词吟诵会》，订正于 2018 年 5 月 25 日。

# 秋　　意

## 其　　一

金风来楚末，南去雁声多。白发搔更短，无声叶自过。

## 其　　二

金风援笔墨，君子意如何。红叶现郊野，秋声写我歌。

【注解】

[1]2014 年 12 月 21 日，赋秋意二首。

[2]本诗曾刊于《瑜珈诗苑——仲冬诗会》，初稿写于 2015 年 6 月，订正于 2018 年 5 月 28 日。

# 江上龙舟

——端阳感怀

榴花乍吐雨粼粼，万舸竞驰吊屈平。《哀郢》城廛存古墓，《国殇》壮士殆牺牲。

汗青何啻尽成土，湘沅至今留恨声。虎豹之秦今岂在？遏云江上《大风》生！

【注解】

[1]本诗刊于《瑜珈诗苑——仲夏诗会》，订正于 2018 年 5 月 28 日。

[2]《哀郢》、《国殇》皆屈原的诗作。所谓"哀郢"，即哀悼楚国郢都被秦国攻陷，楚怀王受辱于秦，百姓流离失所之事。《国殇》为追悼楚国阵亡士卒的挽诗。

[3]《大风》者汉高祖刘邦之大风歌也："大风起兮云飞扬，威加海内兮归故乡，安得猛士兮守四方！"此处引申为楚文化之谓也。

# 示孙辈

春光潋滟鸟声稠，喻苑枇杷灿如油。老圃护花缘有意，雏凰引吭为无忧。文章典范千秋计，家国情怀万里愁。破浪乘风终有日，遨游银汉摘牵牛。

【注解】

[1]欣闻三孙辈名列全美数学竞赛前茅，波士顿地区第一、二名，适逢老夫获教育部关心下一代先进工作者。盖君子之泽，三世而不斩欤？因有是律示儿孙辈勉之。

[2]本诗刊于《瑜珈诗苑——仲夏诗会》，初稿写于 2016 年 5 月 22 日，订正于 2018 年 5 月 28 日。

[3]曹丕《典论》："盖文章经国之大业，不朽之盛事。"此处引申为文教、科学事业。

# 悼 刘 君

暗雨敲窗夜难眠，此时闻叟赴黄泉。钢花瀚海送归鸟，皎月天山醉雪莲。浩气探珠荆和魄，凛然高赋老潜仙。山枫应解人间恨，摇落纷纷舞满天。

【注解】

[1]本诗初稿写于2016年11月，订正于2018年5月28日。

[2]吾友刘瑞祥1965年大学毕业后，在酒泉钢厂工作13年。其间，与时在新疆的刘玉华女士喜结良缘。

[3]刘君板凳坐穿30年，成功研发具有当时世界领先水平的铸造模拟分析系统——华铸CAE软件，用功之勤奋，遭遇之曲折颇有楚人卞和探宝、献宝的况味。

[4]刘君业余雅好吟韵，曾有诗集《宽欣对夕阳》和《无边望眼放秋江》正式出版，诗风恬适旷达，往往有五柳先生陶渊明的韵味。“老潜仙”指陶渊明。

# 长征80周年赞

震古烁今伟业，顶天立地英雄。六万里路征尘，八十年间殊功。浩气贯长虹，塞上风云去矣。热血洒中华，神州处处春浓。绚燦中国梦，而今迈步从容。

【注解】

[1]诗歌为纪念红军长征八十周年而作。曾载入《瑜珈诗集》。

[2]最新研究表明，红军三大主力长征之总征程约有六万里。

# 壮 哉 华 工

长江之滨 喻家山中 美轮美奂 壮哉华工 湖光潋滟 山水空蒙 春兰秋菊 郁郁葱葱 四十五载 享誉寰中 团结求实 吾人所宗 严谨创新 是曰校风 四项原则 长留心中 欧风美雨 择善而从 书声琅琅 琴声琮琮 莘莘学子 暮鼓晨钟 如沐春雨 如坐春风 诲人不倦 皓首老翁 哺育英才 其乐融融 青年才俊 气势若虹 科学技术 敢攀高峰 纵情四海 翱翔九重 大江南北 处处留踪 白山黑水 傲啸霜浓 硕果累累 李白桃红 人才摇篮 教育先锋 春华秋实 三楚雄风 伟哉华工 江城鸾凤 浴海朝阳 着露芙蓉 前程似锦 翠柏苍松 已登绝顶 更上穹窿

【注解】

[1]此文定稿于1998年国庆。

# 江城子两首

## 其一 闻杨得胜烈士遗孀丹桂事感怀

潇湘饮恨浪汹汹，哭英雄，贯长虹。沧海横流，慷慨搏苍龙。人世痴情谁与共？丹心在，桂香浓。断肠一曲泣鸳梦，更清风，幕帘朦。思念犹存，泽国水乡中。一瓣心香祈壮士，和泪眼，断归鸿。

## 其二 抗洪即事

昆仑底事落大荒？地黄黄，水苍苍。奇杰人间，请万丈缨长。收拾山河城郭固，平巨澜，伏狂浪！中流砥柱战威扬，撼荆江，振潇湘。黑水白山，处处凯歌昂。动地惊天降水怪，红旗舞，醉飞觞！

【注解】

[1]1998年长江流域洪水泛滥。在抗洪斗争中涌现许多可歌可泣的英雄人物和感人事迹。我受瑜珈诗社领导李白超先生之邀，第一次参加华中科技大学瑜珈诗社的活动，吟成《江城子》两首。这大概是我保留下来较早的诗作之一了。这两首诗还获得了弘扬"抗洪精神征文"的奖项，并且在1998年11月25日的颁奖大会上作为表演节目朗诵。初稿写于1998年国庆，订正于2018年5月28日，载于华中科技大学瑜珈诗社的《瑜珈诗苑——孟夏诗会(庆祝改革开放四十周年)》。

[2]张元干《贺新郎·送胡邦衡待制赴新州》云："底事昆仑倾砥柱，九地黄流乱注?"江南俗语，问何物曰底物，何事曰底事。昆仑山是中国神话中极为重要的神山，中国的许多神话传说都和昆仑山有关。《共工怒触不周山》："昔者，共工与颛顼争为帝，怒而触不周之山，天柱折，地维绝。天倾西北，故日月星辰移焉；地不满东南，故水潦尘埃归焉。"

## 贺敏儿四十生日

锦绣华年四十秋，和谐琴瑟凤凰俦。弄风吟月八千里，情满青山水更流。

【注解】

[1]长女张敏四十，夫婿蔡永耀年亦相当。七绝一首，聊以为贺。

[2]本诗初稿于2013年11月写于波士顿，订正于2018年5月28日。

## 感　　怀

人世谁过百，何怀千岁忧？奔腾春汛急，烂漫暮烟收。崎峭关山险，蜿蜒岫影游。坐看暝霭外，晨曜遍神州。

【注解】

[1]本诗初稿于2017年7月20日，写于波士顿，刊于《瑜珈诗苑——仲冬诗会》，订正于2018年5月28日。

# 神 仙 游

## 其 一

旧雨凋零甚，知音唯剑叟？感君珍重意，遂我汗漫游。
风软拂烟水，云轻弄梦舟。庄生今若在，蝶舞认归鸥。

## 其 二

故友凋零甚，新诗不敢愁。感君云鹤意，遂我谪仙游。
远树添苍滴，清澜戏影柔。何如邀五柳，一醉共嘲酬？

【注解】

[1]受余友王齐剑之邀，小憩麻省Goshen深山其平湖别墅数日。王君乃纽约大学教授，以七十余高龄伴余轻舟荡漾，畅游平湖，平生快事也。盖余不良于行动久矣！

[2]本诗曾刊于《瑜珈诗苑——仲冬诗会》。初稿写于2017年8月3日，订正于2018年5月28日。

[3]意为世外之游。形容漫游之远。典出《淮南子·道应训》："吾与汗漫期于九垓之外，吾不可以久驻。"高诱注："汗漫，不可知之也。九垓，九天之外。"

[4]庄周梦蝶，典出《庄子·齐物论》："昔者庄周梦为胡蝶，栩栩然胡蝶也。自喻适志与！不知周也。俄然觉，则蘧蘧然周也。不知周之梦为胡蝶与？胡蝶之梦为周与？周与胡蝶则必有分矣。此之谓物化。"庄子运用浪漫的想象力和美妙的文笔，通过对梦中变化为蝴蝶和梦醒后蝴蝶复化为自己

的事件的描述与探讨，提出了人不可能确切地区分真实与虚幻和生死物化的观点。

[5]李白是位受道教思想影响颇浓的诗人。司马承祯赞其“有仙风道骨”，贺知章称之为谪仙人。在李白的诗集中，游仙步虚之篇、轻举飞升之词及赠答酬唱羽士仙翁的作品所在多见。

[6]东晋诗人陶渊明住所边有五棵柳树，所以自号“五柳先生”。他在自传《五柳先生传》说：“先生不知何许人也，亦不详其姓字，宅边有五柳树，因以为号焉。”

# 附和诗两首

## 和　诗　一

高麓平湖天地悠，心潮逐水谪仙游。内逢伉俪相濡沫，外有金兰同泛舟。淡泊功名闲看竹，埋头书卷懒登楼。陶潜不识微信事，科技诗文互探求。

## 和　诗　二

逍遥汗漫游，融景去千愁。潮涌诗情发，舟行水浪幽。云摇闪陶令，蝶舞现庄周。把酒酹涛雪，群贤乱散筹。

【注解】

[1]李小刚为张老师的神仙游及照片，用同韵作七言一首。

[2]李小刚教授为武汉工程大学理学院院长，后改任先进制造和先进材料学院院长。和诗写于2017年7月26日。此处按平水古韵将和诗稍加订正。

[3]张老师神仙之游，意犹未尽，连发佳作。凑兴不揣浅陋，和诗一首。

[4]此处按平水古韵将和诗稍加订正。

# 贺中国共产党第十九次全国代表大会胜利召开

京邑盛装金菊节，洪钟大吕响天阕。敢教玉凤昆仑栖，缘有金龙瑶圃歇。万里神州着锦屏，千秋华夏展新页。西山枫叶红于花，习习迎风歌不绝。

【注解】

[1]本诗曾刊于《瑜珈诗苑——仲冬诗会》。初稿写于2017年10月18日，订正于2018年5月28日。中国共产党第十九次全国代表大会于2017年10月18日至24日在北京召开，正值金秋时节。

# 哭白超翁周年祭

漫步词林七十年，谁教冥路作诗仙？瑶池乍现洪钟韵，瑜苑真无大吕篇。烈火曾经浩然气，初心不改事如烟。娇樱又放他乡泪，瓣瓣飞英哭俊贤。

【注解】

[1]白超翁，其姓李，瑜珈诗社创始人，诗人、战士，古道热肠，文采风流。不幸于去岁清明节前驾返道山。余衰年流连古典诗词，盖翁鼓励奖掖也。

[2]本诗作于2018年5月17日。载于华中科技大学瑜珈诗社的《瑜珈诗苑——孟夏诗会(庆祝改革开放四十周年)》。李白超，1926年生于安徽凤台。曾先后担任《长江日报》、《人民日报》记者、编辑，华中科技大学出版社副总编；华中师范大学新闻学院兼职教授，瑜珈诗社创始人。

# 改革开放四十年感怀

改革长征四十年，中华旧貌换新篇。蛟龙腾击双琼阙，鸾凤翱翔九重天。
五岭三湘金绣美，江南塞北玮瑰妍。春风沉醉人休醉，烽火南疆未熄烟。

【注解】

[1]写于2018年6月8号，并于2018年6月9日在校国际学术活动中心一号楼211会议室，庆祝改革开放四十周年诗词朗诵会上朗诵。载于华中科技大学瑜珈诗社的《瑜珈诗苑——孟夏诗会(庆祝改革开放四十周年)》。

# 王府雅集

咸安雅集七贤俊，王氏高楼胜竹林。樽酌不闻思旧赋，坐中常有大风吟。
杨翁檀板梨园雪，剑叟歌行蓬岛音。最是鲈莼佳酿美，几巡好酒月西沉。

【注解】

[1]本诗创作于2018年6月18日。

[2]吾友王奇建府邸坐落于咸安坊前。4月12日，7位老友雅集王府：奇建及夫人张洁、杨明忠教授及夫人陈宏薇(曾任华中师范大学校领导)、李雨青女士(前武汉市旅游局副局长)和我们夫妻。奇建兄有佳作庆贺。

[3]竹林七贤指的是三国魏正始年间(240—249年)，嵇康、阮籍、山涛、向秀、刘伶、王戎及阮咸七人。因常在当时的山阳县(今修武一带)竹林之下，喝酒、纵歌，肆意酣畅，世谓七贤，后与地名竹林合称。

[4]《思旧赋》是七贤之一的向秀创作的一篇赋。此赋怀念老友嵇康，抚今追昔，忧从中来，痛惜之情，溢于言表，格调比较低沉。

[5]《大风歌》是汉高祖刘邦创作的一首诗歌。刘邦平黥布还，过沛县，邀集故人饮酒。酒酣时刘邦击筑，高唱这首《大风歌》。

[6]杨翁即杨明忠教授，1966年7月毕业于华中工学院动力机械专业，后

在武汉理工大学机电工程学院任院长，教授、博导。席间杨翁演唱京剧数阕，轻歌曼舞，余音袅袅。梨园指唐玄宗梨园的典故，即戏剧界。

[7]蓬岛即蓬莱岛，为古代传说仙人居住的地方。

[8]典出《世说新语》："张季鹰辟齐王东曹掾，在洛见秋风起，因思吴中菰菜羹、鲈鱼脍，曰：'人生贵得适意尔，何能羁宦数千里以要名爵！'遂命驾便归。"后因以"鲈莼"表示思乡之情，或表示归隐之志。

# 赠　杨　翁

杨老才华更绝伦，轻歌曼舞满堂芬。分明菊苑娇娆态，哪知杏坛旧广文。

甘露雍容乔相国，昭关白首伍将军。何期江左蟾宫客，袅袅余音半入云。

【注解】

[1]本诗创作于 2018 年 6 月 18 日，端午节也。

[2]菊苑指戏剧界，杏坛指教育界。唐天宝九年设广文馆，设博士、助教等职，主持国学。明清时因称教官为"广文"，亦作"广文先生"。此处广文指教育工作者。

[3]京剧《甘露寺》为一出折子戏，故事说的是刘备按诸葛亮的安排，将计就计，到东吴招亲，吴国太在甘露寺相亲，将孙尚香许配给刘备。刘备过江之后，吴国太设宴在甘露寺面相刘备，旁有孙权和贾化暗中作梗，幸得国老乔玄从中周旋，为刘备说好话，使得吴国太将孙尚香许配给刘备。本出戏的高潮部分在于乔玄的大段唱功。

[4]京剧《文昭关》，又名《一夜须白》，讲述的是伍子胥（名员，字子胥，春秋末期吴国大夫、军事家）的故事。

[5]蟾宫即广寒宫，是中国神话中嫦娥居住的宫殿。蟾宫折桂常指科举高中状元，此处指杨老学术造诣高深，出人头地。江左即江东。

# 赠　内

沙鸥陌路莫相猜，枝上鸳鸯风雨来。独立终嫌池水浅，雁行始觉紫霄开。
茶粗缘尔有清气，酒淡累浓无宝杯。赢得儿孙家法在，贫寒夫妇自悠哉。

【注解】

[1]本诗创作于2018年6月18日。此诗为我赠送给我的妻子彭芳明女士。吾妻兰心蕙质，勤劳朴实，一生劳苦，受我之累，衷心歉然。纸短情长，此诗不足以表达万一。

[2]海内外有四个外孙和一个孙子，均全面发展，好好读书，时有好讯传来。前不久大外孙以初中二年级十四岁的孩子，获得全美数学比赛奖项，并且以一千五百分的优异成绩通过美国大学升学考试(满分为一千六百分)。

# 秋兴两首

## 其　一

几行归雁衔愁去，漠漠嫩寒风雨来。最是人间好时节，桂香郁郁月徘徊。

## 其　二

几行归雁衔愁去，丹桂黄花次第开。清露洗尘无尽树，删繁就简现楼台。

【注解】

[1]本诗写于2018年10月19日。2018年12月15日，在瑜珈诗苑仲冬诗会朗诵并载于该诗会诗集第104页。

[2]“黄花”指菊花。《礼记·月令》：“季秋之月……鞠有黄华。”陆德明释文：“鞠，本又作菊。”

# 冬　兴

朝来寒雨晚来钟，金菊悠然醉晓枫。无尽山河英杰曲，有情岁月玮瑰梦。

曲偎蜀水玲珑月，梦绕巫山窈窕峰。白发依稀三百丈，痴心独爱小青葱。

【注解】

[1]2018 年小雪作。

[2]余幼时在重庆长大，后多次往返于巴山蜀水之间。

[3]“峰”按平水古韵应为“冬韵”，本诗为“东韵”，此处韵脚放宽，依中华新韵。

[4]2018 年 11 月 13—15 日，教育部直属高校关工委第二协作组在我校开会，与会的有北京大学、天津大学、吉林大学、西南大学、中国政法大学、北京外国语大学、华北电力大学、中国石油大学、河海大学、上海财经大学、厦门大学和华中科技大学等 15 所高校。在大会的交流材料中有我写的“老骥伏枥，志在关心下一代”和我校关工委“‘名师学子面对面’品牌活动实践探索”，介绍了我于 2018 年 5 月 3 日晚在全校做主题报告《创新是引领发展的第一动力》的有关情况。此处的“小青葱”指我们的青年一代。

# 赠　叶　公

叶公飒飒气凌云，好义忠诚古道存。凛凛寒风访蓬荜，连连妙语落芳樽。

眉山借得坡仙韵，楚水巧还居士魂。至此峨眉娇媚月，江城波冷漾无痕。

【注解】

[1]叶升平君，华中科技大学材料学院教授，我校工会副主席。古道热肠，热心公益。从四川眉山归来，参加苏东坡纪念活动。叶公巧夺天工，设计铸成苏东坡座像一座。

[2]本诗写于2018年10月20日。2018年12月15日，在瑜珈诗苑仲冬诗会朗诵并载于该诗会诗集第103页。

[3]叶公设计的座像依据的是眉山东坡纪念馆保存的宋代画像。

# 赠小雪

颇觉年来乾宇小，独怜树下婷婷草。阳光难进露依稀，舒展自如凌霜早。

【注解】

[1]本诗作于2018年小雪。刘小雪为我校教育科学研究院研究生，曾代表该院对我进行访谈，近来对我诗作有所帮助。2018年12月15日，在瑜珈诗苑仲冬诗会朗诵并载于该诗会诗集第102页。

# 感怀

世事纷纷乱如麻，太平洋上疾雷加。乾坤正待经纶手，大道终须伏怪枷。
不信东风唤不醒，且看春色遍天涯。清平世界终相见，阮籍何由长自嗟。

【注解】

[1]本诗作于2018年小雪。2018年12月15日，在瑜珈诗苑仲冬诗会朗诵并载于该诗会诗集第103页。

[2]阮籍(210—263年)，三国时期魏国诗人，字嗣宗，陈留尉氏(今河南开封)人。竹林七贤之一。曾登广武城，观楚汉古战场，慨叹："时无英雄，使竖子成名!"

# 喻园银杏道初冬偶成

名园堪画如堆锦,银杏排排景色新。日照芳林金错玉,风吟落叶幻耶真?
不须蓬岛仙山客,愿作人间寻梦人。更是清光沉永夜,痴翁明月两逡巡。

【注解】

[1]写于2018年11月28日,在瑜珈诗苑仲冬诗会朗诵并载于该诗会诗集第104页。

# 贺大同、雅玲伉俪金婚

瑞雪纷纷银世界,真金装点好婚姻。峡波原接沧浪水,神女当年红线人。
泛水爱河三万里,高烧红烛百年春。寒梅数点浮樽白,郁郁芳香旧雨亲。

【注解】

[1]所谓金婚也。本诗写于2019年1月22日。

[2]五十年前大同、雅玲之婚姻,由雅玲一句唐诗:"曾经沧海难为水,除却巫山不是云"而定情。

[3]浮樽白即喝酒。

[4]"旧雨"作为老友的代称。典出《全唐文》卷三百六十《杜甫二·秋述》。"常时车马之客,旧,雨来;今,雨不来。"意思是过去宾客遇雨也来,而今遇雨却不来了。

# 鹊 桥 仙

## 春 愁

青芜湖畔，亭亭杨柳，片片樱花繁茂。春深日暮恰如洋，惆怅可怜还依旧。

熏风娇软，雨丝梦断，欲别芳春萧叟。年年岁岁断肠时，春愁唱晚残照牖！

【注解】

[1]这首诗写于 2019 年 3 月 26 日。伤春亦自伤矣，繁华不再，青春已逝，故有此作。时逢家有微澜，无力振持也。

# 悼念姑叔老人千古

胸藏经世书千卷，少逐旌旗未获春。半纪风帆烟雨过，缁尘不染百年身。

【注解】

[1]先严张文翥于 1995 年 12 月 27 日仙逝。表兄成善继先生作悼诗三首。成善继为祖母成氏的侄儿，家世贫寒，在艰苦的抗日战争中流浪大后方，以优异成绩考入大学。后历任武汉铁路局总调度，武汉铁道学院以及武汉铁路专科学校教师等职。以 90 高龄去世。晚年来往密切。本诗写于 1995 年 12 月 29 日。

# 一九九五年十二月三十一日两位老人合墓奉安武昌九峰陵园

弥留难割疮痍通，无告行前遗泪痕。此去蓬山偕圣母，十洲仙路共晨昏。

# 七　七　祭

黉宫院内弦歌舞，师役心劳引凤雏。净化明河奇儿志，神州振奋万象苏。

【注解】

[1]此诗初稿写于1996年2月10日。表兄于1996年3月28日重作，题目为《春祭》。实际上已成独立的两首诗。诗中明弟指我。两位老人合墓奉安指父亲张文翥奉安时与1983年先期去世的母亲姚象娥合墓。

# 春　　祭

黉宫院内弦歌舞，师役心劳引凤雏。净化明河奇儿志，习求五道作痴愚。
倾心物理孚民愿，不屑浮名读父书。今日提壶谁共饮，山花挥泪祭灵庐。

【注解】

[1]最后一句原用“洒泪”，后改为“挥泪”。本诗作于1996年3月底，与《七七祭(虞韵)》稍有重叠。实际上九峰陵园应为石门峰陵园。

# 封城三章

## 其一 封城

自古封城御强寇，城封今日疫传忧。肆凶华夏京兼汉，殷鉴京华惊两眸。
断腕当机高士策，聚歼丑类自雄谋。甘棠遗爱垂千古，执政临机莫淹留。

【注解】

[1]指 2003 年北京 SARS 疫情，王岐山同志当机立断，壮士断腕，迅速平息北京疫情。

[2]召公姓姬名奭，是周武王的弟弟，因他的采邑在召（今陕西岐山县西南），故称召公，亦称邵公。周召分陕后，《史记》记载："召公之治西方，甚得兆民和。召公巡行乡邑，有棠树，决狱政事其下，自侯伯至庶人各得其所，无失职者。召公卒，而民人思召公之政，怀棠树不敢伐，哥咏之，作《甘棠》之诗。"

## 其二 乙亥除夕即景

桃符万户人依旧，躲进山楼度几秋。三楚霜寒冷千嶂，江城道路少车流。
银屏闪烁温馨传，妻稚低头微信收。是夕驰援天使到，封城父老不言愁。

## 其三 庚子元旦所见

蕞尔病虫沐冠猴，祸延荆鄂害神州。寻常巷陌少行客，康广街桥小铁流。
八面风云奔武汉，四方英杰同归舟。何当玉宇澄清日，江汉英雄壮志酬！

# 渔家傲·孤城

步范仲淹《秋思》原韵,奉和胡一帆教授。

江夏除夕风景异,瘟神袭来孤城闭。路断人端楼影魅。真无泪,镇日难消相思系。

浊酒只为春讯弭,银屏更添凄凉意。雾霭沉沉霜满地。人不寐,何当勒石江滩尾!

【注解】

[1]相思者、亲情、友情及同志情也。

[2]勒石即树表功石碑,亦燕然勒功意也。武汉市防汛胜利即在江滩高树丰碑。

# 鸟儿嘲对

喻园黄鹂啼未休,柳长不见杖藜叟。莫嗟辜负车风约,为避瘴虫懒下楼!

【注解】

[1]庚子年元月十日急就章,后一日定稿,时疫情方炽也!

# 哭李文亮

自古艰难唯一死,壮怀但恋旧征衣。横冤岂改初心志,堕泪碑前雨雪霏!

【注解】

[1]急就于李文亮抢救无效,庚子年正月十四凌晨。

[2]壮怀,指李文亮去世前博文写道,祈望病愈重返抗疫前线,奋战到底。

[3]征衣,指抗疫所穿医用防护服。

[4]文亮君东北人氏,其妻襄阳人氏。按国人常例,平时小夫妻回襄阳居多。堕泪碑乃襄阳人为纪念西晋名将羊祜所建立的纪念碑。羊祜生前博施仁政,宽待百姓。羊祜去世后,襄阳人常拜谒此碑而泪下不止,故有是名。

# 春　祭

寄赠许洁如先生

昨夜文星落,衷肠似刀削。余知难了心,不负莱茵约!

【注解】

[1]昨惊悉余一中同窗好友熊敏学先生噩耗,赋此七绝悼念在此疫情中凋零的新知旧侣。

[2]敏学兄与许洁如先生伉俪,乃贺绿汀大师之高足,均系我国杰出音乐家。许洁如先生系华中师范大学艺术专业创始人。

[3]敏学兄创作之交响乐近来在全国巡演多次。中德双方协议今春在莱茵河畔举办敏学兄之专场交响乐音乐会。敏学兄抱病经年,曾言决不负莱茵之约,带着氧气瓶去也行。

# 庚子春雪

寄赠张丽荣、杨爱民伉俪并华农诸生

探春恨不走天涯,电闪今宵送秀华。片片雪飞窗外舞,江城树树见梨花。

【注解】

[1]写于庚子年正月二十,时学生张丽荣见赠韩文公《春雪》:“新年都未有芳华,二月初惊见草芽。白雪却嫌春色晚,故穿庭树作飞花。”时风雷大作,豪雪纷纷,有感而作。

[2]树树见梨花,暗用唐代大诗人岑参诗句,形容塞外大雪,“忽如一夜春风来,千树万树梨花开”,犹言树树春色。

# 春 月

**寄赠王齐建教授**

皎月冰轮辨雪踪,清光一样秀庐同。刁蛮酒令君何忍,一首新诗酒一盅。

【注解】

[1]写于庚子年正月二十二,大雪初霁,皎月如钩,远雪未消。大疫方殷,江城封城二十多日矣。赋此寄赠所怀远人兼以自乐也。

[2]与齐建君结缘于保罗幼儿园,相交莫逆垂七十余年。五十三年前,七八月之交,同游庐山。每至金乌西沉,玉兔东升,把酒临风,以诗佐兴。余不善诗,信口胡歌。犹记当年二句:“一腔热血石花雨,几声铁笛黄鹤楼。”

[3]秀庐者庐山也。民间有庐山天下秀的说法。

# 庚子上元节组诗之十

## 春刺之二(未定稿)

惶惶何为者?祸首误中华!三山松含泪,二江水无哗。已负初心志,何颜面国家。追名何大胆,养患饲虎大。逐利忘父老,遗患启兽枷!岂乃少见识,常见话夸夸。南山钟神秀,幽兰醉晚霞。忠奸同冰炭,板荡识奸邪。昨夜颁严令,决战吾江夏。抗疫班师日,青史自区划。

白铁铸佞臣,青石勒英侠。年年江滩上,丑像跪碑下。悠悠十歌终,窗外现春花。乾坤有正气,天佑我中华!

【注解】

[1]未定稿于庚子年正月十八。余雅好文史,奈不通音韵,平生少有诗作。

封城以来，感慨良多，有骨鲠在喉，不吐不快之势。借助微机软件，居然作诗词十余首。余曾誓定，诗词不超过五十首，岂非爽约毁信乎？姑且将所有围城诗算作一首吧。

[2]新近抗疫斗争颇有起色，士气大振，虽疫情方殷，但指挥得宜，前途一片光明。然疫情猖獗至此，虽云天灾，实有人祸，前此祸首，一则庸官，即春刺一之所指。再则所有犯有渎职罪之官员、学者，此类人为害尤其深重。到底是哪些人，静候中央调查组之结论。春刺二者，所指就是这些人。唯追责结果，无渎职罪者则此诗作废。故称未定稿。

[3]二江即二水，指长江和汉水。

[4]饲虎，形象指祸首在个人私欲驱使下，欺上瞒下，丧失防疫最佳时机，致使新冠肺炎疫情暴发，祸延中华。坚信疫后追责，不会放过这些祸首。

[5]南山和幽兰指以钟南山院士、李兰娟院士、张继先主任和李文亮大夫为代表，以白衣天使为主体的全国广大抗疫的军民，坚守隔离的荆楚父老。

[6]取东汉将军窦宪大破匈奴，在漠北勒石纪功的典故。作者建议在疫情解除后，在武汉江滩建设抗疫胜利纪念碑。

# 致张端明教授

张端明教授一脸幸福
与夫人在夜幕里依伴
身后的流光溢彩
恰是您生命绽放的灿烂
您用睿智的光芒
照亮物理学一维空间
治学严谨，成果累累
博学多才，著作盈满
您用园丁的辛勤
把祖国的栋才浇灌
满天下桃李

都铭记您的奉献
在无数的聚会里
扬洒着对您的崇敬
在欢声笑语里
闪耀着您一生的成绩斐然
今天不是教师节
看了您发来的照片
我确认为您天天在此节日中
回味着教师生涯的五彩斑斓

【注解】

[1]徐启智作于2019年4月25日晨。

# 悼念段院士

噩耗传来,段正澄院士走了。他先走了,先于我校的几位院士。他不是年龄最大的,也不是体弱多病的。是冠状病毒,夺走了段院士的性命。

他是位好老师,严格要求,深受学子尊重。他帮助过很多年轻人,他们成长的路上总有段院士的身影。他支持合作者成长为院士,在多次被催促后他才申请成为院士。他有多项创新贡献,发明的段氏伽马刀,精准高效,使多少危重病人起死回生。

他走了,都在哀悼,诸多往事回忆越发使人心疼。是日,寒意袭来,阵阵冷风。窗外,漫天大雪,一片朦胧。

【注解】

[1]张勇传先生诗作。

# 庚子春情

## 七律寄赠王公并远人

围城方一日，禅偈指迷川。道统京房术，韵宗杨太玄。

食茶应少缺，妻息属真贤。思接建康水，梦圆匡庐巅！

【注解】

[1]写于庚子年正月二十五。

[2]京房为西汉之大儒，亦为西汉之易学大师。

[3]杨雄为东汉文学家、政治家、经学家，为东汉学术之集大成者。著作颇丰，《太玄经》是其作品之一。

## 七律寄昌备兄及远人

归雁帘栊飞箭急，叼来春色不胜收。含情翠柳乍迎客，自在白云骑鹤愁。

陌上梨花还带雪，园中流燕竟啁啾。元龙高卧中宵立，王粲伤心赋郡楼！

【注解】

[1]写于庚子年正月十八，时疫情未解，天气晴和，而抗疫之总决战打响，曙光在前矣！

[2]白云骑鹤，寓意悲悼疫情封城期间去世的父老。

[3]元龙者，三国名臣陈登之字也。元龙高卧的典故见《三国志》。

[4]王粲，字仲宣，东汉著名诗人，流落荆州，想念家乡，著有《登楼赋》以寄乡愁。襄阳至今犹存仲宣楼以纪念王粲。

# 庚子上元节组诗之十

## 春　令

两水乍交兵，元戎颁告令。雷霆万钧火，歼丑务干净！

【注解】

[1]2020 年 2 月 10 日凌晨，武汉市新冠肺炎疫情防控指挥部下达通告，封闭各小区，禁止自由出入。这是防疫工作的关键措施。

[2]元戎者，新冠肺炎疫情防控指挥部也。自中央调查组来汉，老市长陈一新重返江城，调整班子，气象焕然一新，人气大振。

[3]丑者，新冠肺炎病毒也。

# 春刺之一

## 寄赠所有在疼情中失职诸君

试看楚城中，冠簪疫虎疯。君虽无恶意，谁纵彼牢笼！

【注解】

[1]我们许多职司者，心存善良，然无科学精神，缺乏胆略，迟迟不敢下封城令，丧失防疫最佳时机，致使灾情蔓延。教训不可忘记。

# 春 誓

## 寄赠郭斌书记以壮行色

荆楚雄风在，追歼尔疫虫。霸王军背水，决胜楚城中！

【注解】

[1]郭斌乃武汉龙泉街道党委书记兼街道办事处主任，我挚友郭培道之长子。郭斌在此次江城抗疫斗争中，身先士卒，科学决策，表现卓异。其街道抗疫事迹多获表彰，《人民日报》曾专稿予以详细报道。

[2]项羽率领楚军，背水一战，以少胜多，大破秦军主力，威震天下，奠定灭秦大业。

# 庚子上元节杂咏之五

## 春 望

楼中老汉不言愁，坚守原来元老谋。偶尔品茶闲作草，新来盘算疫过筹。

白云意逐碧霄上，黄鹤心共竞自由。春色叩门传急讯，城开藜杖下层楼。

【注解】

[1]顷下迭传南湖故人李运模教授、学生李树基笛手凶讯，仿宋杨万里江湖体愤作。

# 庚子上元节即事

街衢静静鸟声幽，江城灯火明如昼。天上月圆何所之，樽前元子还依旧。
三山决腾霹雳惊，二水围歼军旅茂。细论时髦民俗谣，楼台坚守亦鏖斗。

【注解】

[1]三山即雷神山、火神山和钟南山。二水即汉水和长江。

[2]鏖斗即抗疫斗争。

# 上元节诗论

浪学诗词双十载，围城一日见机锋。情迷深处开诗眼，意至通途启韵宗。
苦恨艰难杜诗圣，风霜顿挫稼轩农。江山不幸诗家幸，诗到沧桑欲化龙！

【注解】

[1]杜诗圣，杜甫也。稼轩农，辛弃疾也。

[2]江山不幸诗家幸，承袭清代著名文学家、史学家赵翼的名句："国家不幸诗家幸，赋到沧桑句便工。"

# 庚子封城组诗

## 春　问

惯得梦魂无度检，城封岂禁思翩跹？新来灾异随方现，枉有飞弹几万千？

新冠病魔何丑类,波翁扁鹊久参天?同生共命地球苑,四海哪时春色妍?

【注解】

[1]新近全球灾异频繁,新冠肺炎,流行性感冒,山火,飓风,蝗灾,南北极和珠峰冰雪消融,温室效应加剧……甚以为怀,赋此律就教方家。时大疫颇有缓解迹象,而弛禁尤严也。写于庚子年正月十九。

[2]波翁和扁鹊分别为西方与中国之医圣。波翁为古希腊人希波克拉底。

# 壮　行

## 赠张凯(为突击队呐喊助威)

恨不伴君去,疼哉老病身。江城多侠烈,义气重千钧。

决胜军号响,围歼尔瘟神。行将春色烂,勒石纪功新!

【注解】

[1]写于庚子年正月二十八,时疫情仍炽,然曙光初现。

# 遥寄张洁君

绮句吟絮未宜夸,巾帼张卿胜谢家。

大智乞还菩萨水,活生顽石吐芳华。

【注解】

[1]典故一,谢道韫吟絮。《世说新语》记载:"俄而雪骤,公(谢安)欣然曰:'白雪纷纷何所似?'兄子胡儿曰:'撒盐空中差可拟。'兄女曰:'未若柳絮因风起。'"

[2]典故二,近代姑苏四张也。

[3]典故三,南海净瓶菩提水。

[4]典故四,生公说法,顽石点头。晋《莲社高贤传·道生法师》:“师被摈,南还,入虎丘山,聚石为徒。讲《涅盘经》,至阐提处,则说有佛性,且曰:‘如我所说,契佛心否?’群石皆为点头,旬日学众云集。”

# 刺　梅

小寒已觉月光冷,不堪大寒雪纷纷。梅影庭前足可恨,一枝独放却占春。

# 秋　兴

枫叶红如火,菊香总袭人。秋光无限好,何事苦吟春?

# 钟南山

至情医者钟南山,白首出征精气抖。两克瘟神建伟功,仁者治国方信有。

【注解】

[1]写于封城第三天,2020年1月25日。

[2]古贤有医者医人,上医医国。

# 无题之一

诗界时兴尧舜颂,风生水起赛乾隆。可怜铁马冰河客,柳老沈园泣晚风。

# 无题之二

诗潮如涌院家翁,追电驱光气势虹。却笑茅茨少陵老,无端兴起哭秋风。

# 无题之三

从来情至裂心肝,屈子行吟草泽间。一曲国殇传千古,浩歌四塞动江山。

【注解】

[1]无题三章写于 2020 年 1 月 18 日至 20 日,正跨庚子阴历年。

# 摸鱼儿

## 春探(观梅园实景录像有感)

倩银屏,观赏梅园,能消几许愁苦?探春何怕春回早?名苑春光无数!君且住,依旧是绯红片片烟笼雾,婷婷不语。算宿友虬梅,盘旋苍翠,心碎无人顾。

亭台间，顿失喧声笑语，芳华岂有人妒。花团锦簇芜城赋，多事姜夔何诉？

莺燕舞，君不见江城荆楚俱疫土，封城最苦。日暮倚危楼，春雷似在，黄鹤两江处。

【注解】

[1]写于庚子年正月二十五，疫情仍未缓解，但病倒旧例日渐减少。气温达二十几摄氏度，高于常年甚多。

[2]朋友发来梅园实录视频，阅后有此作，总算没有完全辜负庚子年的大好春光。

[3]姜夔，南宋词人，作品多凄苦战乱之作，尤以抒写扬州战乱后的芜城著名。但武汉之封城完全不同，虽城内少人烟，并非无人，而是避疫在家中。疫情以后，定当繁荣如故。

# 春　云

百转千迴大渎流，奔流到海不回头。不辞西北群山绕，一路东南狮子游。

闻道新妆无数填，几曾稍改素心猷。春云乍展添江色，萧艾江城芬馥留！

【注解】

[1]写于 2020 年 3 月 12 日。近日关于武汉中心医院急诊科主任艾芬的故事传遍江城。发哨与删帖，反反复复。今日省委机关报《湖北日报》头版报道艾芬抗疫的感人事迹，似乎尘埃落定。感慨万端，因有是律。

# 春　笑

## 再赠张凯

君乃吉祥鸟，报春花朵俏！何当归尽时，山舞翠湖笑！

【注解】

[1]写于2020年3月17日晨。张凯君近来每每清晨报喜,今晨告之,昨日武汉新增确诊病例仅一人,大喜过望。赋此绝赠之!

# 春　叹

## 再赠一帆教授

喻苑樱花烂如云,迎风含笑奈无人。年年人面花相映,佳丽哀怜寂寞春。

【注解】

[1]写于2020年3月17日晨,胡一帆教授发出喻园樱花照多张,时武汉新增确诊病例渐归于零,而庭院之禁尚未解除也!

# 破　晓

破晓封城时节,杏花春雨闲休。方舱十四已裁收,芳泽千载成就。

东土朝阳浴海,西边疫气弥愁。世情难料水漂流,残照西风嗖嗖。

【注解】

[1]抗疫曙光在望,除湖北省外,全国新增确诊数归于零,湖北一省之中,武汉疫情最重,但新增确诊数已达到个位数几天了。解除疫情指日可待,故谓破晓。本词写于2020年3月15日。改定于3月16日,齐建兄及聂瑛女士帮助甚多。

[2]西方世界疫情暴发。表明我们抗疫大方向未错,尽管初期有过迷茫。西方,原来幸灾乐祸者正陷入极大困境。普天之下,皆为兄弟,大家应互相关怀。

# 春　　喜

## 三赠张凯

大快人心事，双归武汉零！樱花喻园俏，迎客自婷婷！

【注解】

[1]写于2020年3月18日，适逢张凯告之，武汉疫情昨天双清零，即无新增确诊和疑似病例。自此抗疫斗争进入新阶段，争取复工、复学，恢复城市正常生活。张凯同志乃报喜吉祥鸟也。

# 春　　分

## 赠周国全教授、胡一帆教授

谁将彩霓虹，撒向校园中。枝蔓绯云挂，色迷浓淡融。

春分佳节日，韶舞好东风。何必惜春叹？当惊造化工！

【注解】

[1]写于庚子年春分，武汉市疫情双归零已两日。天气晴和，鸟语熙风，观赏武汉大学周国全教授、我校（华中科技大学）胡一帆教授发来武汉大学和我校校园樱花照片，欣然命笔。虽尚不能亲自赏其风韵，兴奋之情何有区别？

# 春　兴

## 寄赠远人

为惜芳华此苑中，去年今日怨春匆。压城疫气连三月，破晓名园簇锦蓬。
玉蕊有情桃李雨，娇花含泪杏樱风。人生行乐须乘兴，错失韶光悔已穷。

【注解】

[1]本诗写于2020年3月22日晨，时疫情大解，家禁之解指日可待。喻园中时晴时雨，春深似海。去年此时，赏景之余，惋惜春天易逝，赋春怨词一首。如今想来实属糊涂，夫光阴者百代之过客，何不抓住当前，惜取分阴，及时以行乐哉？

# 春　雨

## 寄赠东风

疾雷闪电滂沱雨，曙色晴光连晓雾。缤乱落樱溪水喧，菜花四野黄金路。
青松经雨南山幽，芍药浴风东苑露。三月疫灾人未垂，春风有力好持护。

【注解】

[1]写于2020年3月28日清晨。昨夜风雨大作，今晨雨霁天晴。时江城疫情初解。

[2]唐代李商隐有诗，“东风无力百花残”。诗中反其意而用心，盖指一切为抗疫胜利有贡献者，尤其是医务工作者，同时包括照料我的家人——妻子和儿子儿媳。

# 红　　尘

## 回赠赵维义教授

无头蝇撞君诙语，野马脱缰书伴身。行到水穷云尽处，喻园平卧忆红尘。

【注解】

[1]写于2020年3月29日。赵维义教授赠诗有“无头蝇撞，脱缰野马”等隽语，想见余年轻时性情刚烈、毫无城府的书生意气。赋此绝以回赠。盖赵教授伉俪皆为北京大学物理系才俊，与余同龄。诗中“水穷云尽”，源于唐代王维名句“行到水穷处，坐看云起时”的典故。

# 春之浩歌

## 赠方舱战士并怀远人

令下封城街陌静，害人疫瘴苦寒春。方舱浩气千秋业，扬子悲歌万劫新。

方见中华焕生意，那堪四海苦灾民？幸灾乐祸非仁者，共济同舟大爱真！

【注解】

[1]写于2020年3月31日凌晨，时武汉封城令已解，街陌渐复正常，复工大半，且交通渐次恢复，但小区尚待解除封闭也。

[2]方舱医院为武汉人民在抗疫斗争中之伟大创造，为缓解医疗资源缺乏，贡献良多。近日欧美也普遍建造各具特色的方航医院。在方舱医院与武汉人民同生共死的全国各地医务工作人员，相继撤回，送别场面感天动地，没

齿难忘。诗中扬子者，扬子江之谓也，即长江。

[3]诗圣杜甫诗云："减米散同舟，路难思共济。"武汉疫情深重之时，多承各国人民的支持帮助。现疫情方退，而疮痍待复的中国人民则以更大力度支援世界人民的抗疫斗争。

# 瑶　瑟　梦

## 再赠赵公

瑶瑟生涯原是梦，先生五柳未须嗟。试看环宇四洋内，何处哀声无噪鸦？

【注解】

[1]写于2020年4月1日晨。时赵维义教授对农民工工资未如承诺领取，颇为义愤。余赠此诗以慰之。

[2]退休人员已如世外神仙，所谓瑶瑟生涯。五柳先生者陶渊明也。

# 公　　祭

## 献给抗疫斗争中的烈士及疫情中所有不幸罹难者

歌舞升平起祸飚，疫灾肆虐恨何消。英雄决胜两山怒，壮士魂归骑鹤招。
唤得浩歌春似海，仰瞻忠魄泪如潮。大江吟吟千秋水，铁笛声声万重霄。

【注解】

[1]写于庚子年清明，国家决定于此日祭奠抗疫斗争中的十四位烈士(第一批)和众多在疫情中罹难的同胞。时武汉疫情缓解，正逐步恢复交通、复工

和复市。然境外疫情如火如荼，严防疫期再次爆发是重要课题。此次疫情起于庚子年阳历年与阴历年之间。江城父老正兴高采烈欢度春节，大型庆祝活动接二连三，宣布封城完全没有思想准备。

[2]两山者，龟蛇两山也，也可指雷神山与火神山。骑鹤招，有驾鹤西去的含意，黄鹤上阵为烈士送行。

# 诉 衷 情

## 寄赠敏、涛、琳及诸孙兼怀远人

云天万里海波愁，忧思何处留？波城梦断儿辈，疫祸遍全球。

情不舍，水东流，两添愁。人生难料，身在关山，心在马州。

【注解】

[1]写于 2020 年 4 月 5 日晚，时武汉疫情缓解，而海外儿孙所居波士顿疫情渐趋高峰，忧思难解，赋此词以寄情。

[2]关山即华中科技大学所在处，余居喻园，在校园中。马州乃马萨诸塞州之简称。

# 牡 丹 照

## 奉和唐超群教授，步次原韵

魏紫姚红聚洛阳，古都装点好春光。疫尘迷乱凭谁照，摇曳生姿百艳王。

【注解】

[1]写于 2020 年 4 月 9 日上午，时唐超群教授有七绝赏牡丹照发表，因步

原韵奉和。

[2]魏紫姚红均为牡丹名贵品种，其有趣典故兹不详具。

# 小　团　圆

## 寄赠魏新利教授及海外儿孙

风雨转晴寒食后，驱车子媳接孙球。慈云呵护三春暖，雏燕离巢中土游。
驻马城前同声笑，武胜关外百花幽。眉峰方解乡关虑，却又春愁天尽头。

【注解】

[1]写于2020年4月12日，寒食过后第五天。小孙君翔，小名球球。封城前去郑州外公家探亲，封城以后不克迎接。

[2]启封令甫发，约定4月12日外公送球球，由郑州出发，儿子儿媳由武汉出发，在驻马店会合，接回小孙。当日各回郑州和武汉。

[3]小孙在郑州三月多承外公魏新利教授，外婆与舅舅舅妈照顾，而且督促做作业，所谓慈云呵护指此。三春暖，源于唐诗"谁言寸草心，报得三春晖"。中土者，中原也，即河南。

[4]国内疫情稍缓，海外疫情方炽。故春愁仍难以消去，家国情怀耿耿于胸也。

# 谷雨赠赵维义教授

谷雨甫过日初长，新来旧梦渐平常。诗情不敢乱云卷，幽韵当随野雁傍。
蝴蝶人生浑噩梦，濠鱼悲乐为何忙。春光坐看天涯尽，风雨海天正苍茫。

【注解】

[1]写于庚子年谷雨。余老病枯坐，难消镇日孤寂也！

[2]蝴蝶梦、濠鱼乐之典故，均出庄子。前者为庄生梦蝶的故事。后者为

庄子与惠施在濠上观鱼，庄子讲水中游鱼何乐也，惠施反驳：子非鱼，安知鱼之乐。庄子又诘问：子非余，安知余不知鱼之乐也。

# 春　望

## 赠李、林伉俪

梁园虽好底须归，杜宇声声双泪垂。情系关山春媚景，意悬喻园夜凝眉。
枇杷欲熟风前舞，荷芰初生水雪姿。水暖平湖待卿返，夕霞饮露话怀思。

【注解】

[1]与夫人彭芳明合作于四月二十三日，阅林书记诗有感。以此诗赠李校长、林书记伉俪。两人思乡情切，游子离愁已极。

[2]梁园乃汉梁孝王所筑名园。历来有梁园虽好不如归去的典故。杜鹃啼血不如归的故事，更是尽人皆知，乃古蜀国国王杜宇的故事。杜宇死后化为杜鹃鸟思念故乡，啼叫至于流血。

[3]去年初夏，我们两对夫妇，加上蔡昴教授、周卓薇教授夫妇，张华民教授、易丽莎教授两夫妇在东湖落雁岛景区赏荷，乐而忘返。余有荷花吟诗纪胜也。甚盼李校长、林书记伉俪今年初夏再有落雁之游，共话阔别万里，疫情中彼此之关念。

# 春　梦

## 寄赠华农诸生韩晓、李之清、熊新惠

烟雨苍茫四十春，新来旧梦甚频频。诗书传世韩公子，玉树临风李府珍。

绝俗寒门生卉草，清胜老凤露纯真。何当翔集萧翁圃，桃李门墙话旧尘。

【注解】

[1]本诗写于4月25日傍晚。订正于4月27日清晨。

[2]四十余年前所教诸生均已事业有成、家庭幸福。韩晓乃德国医学博士，南京医科大学二级教授，江苏省人类功能基因组学重点实验室主任。李之清乃湖北省中医院主任医师，三级教授，武汉抗疫英杰。熊新惠乃西安某科技公司总监，创业维艰，终成大器。

[3]李商隐有诗云，“雏凤清于老凤声”，意即幼凤的鸣唱更胜于老凤。

[4]萧翁圃，意谓种花老园丁的花圃上，指白发苍苍的老师的寒舍。门墙桃李，此处指同门弟子。

# 枇　杷

## 步和林书记原韵

梦醒方知非故土，家国情怀，离恨千千缕。弄玉天涯乐几许，春光骀荡新冠误。

龟山杜宇开无数，杨柳依依，翠绕归时路。双燕何须多踌伫，枇杷熟醉香如故。

【注解】

[1]与夫人彭芳明合作于2020年5月2日晨，应和林书记蝶恋花词也。寄赠李校长、林书记伉俪。

[2]弄玉者，秦穆公之女也，典出《列仙传》。大意为弄玉与其夫萧史鸣萧弄瑟、双双飞天的故事。此夫妻为古代美满配偶之典范。新冠者，新冠病毒也。

# 杜陵野老行

## 敬和茶港诗社鄢良斌先生原词

将门英风，诗书门第，银河孤星。叹初衷耿耿，致君尧舜，敦淳风俗，事竟何成？

岁月蹉跎，连天烽火，谁料飘萍伴此生？漫留得，万古诗千首，绝圣诗城。

草堂愁望西京，哭秋叶，孤舟故土情。笔头生民泪，何时广厦，天涯寒士，乐命安宁？

健笔如椽，胸襟屈子，诗经风流公一名。典型在，是云霄羽翼，四海同倾！

【注解】

[1]写于2020年5月16日，订正于次日凌晨。余六十年前曾试填《沁园春》（述怀），当时响应郭老号召，未定稿连同日记付之一炬。记得中有"喜今朝，天空复海阔凭我遨游"，云云。今值太平盛世，终得填完《沁园春》词，不觉莞尔一笑。杜陵野老者，杜甫自谓也。

[2]将门、诗书，杜甫之十三世祖杜预为西晋名将，祖父杜审言则为初唐著名诗人。

[3]杜甫有诗，"致君尧舜上，再使风俗淳"。

[4]杜甫在成都和白帝城之居所均称草堂。西京者长安也。

[5]杜甫名诗《茅屋为秋风所破歌》云："安得广厦千万间，大庇天下寒士俱欢颜。"

[6]胸襟屈子，杜甫赞美、同情屈原之诗甚多，如"应共冤魂语，投诗赠汨罗"，等等。

[7]杜甫有诗云："诸葛大名垂宇宙，宗臣遗像肃清高。三分割据纡筹策，万古云霄一羽毛。"

# 赠兆久君并继安兄

昨日闻君染病支，潺潺细雨若含悲。汨罗清操潇湘水，斑竹灵犀凤鸟姿。
深谊一坛陈年酒，鸳鸯两对雪残眉。可怜残翼鹰飞倦，唯伴浓香寄小诗。

【注解】

[1]与夫人彭芳明合作于2020年5月21日凌晨。霍继安、贺兆久夫妇与我们相知相交垂六十余年，莫逆于心，情逾手足。昨闻兆久君，其伉偶染小病，但痛苦异常。夜不能寐，吟成是律以寄远在北京的霍、贺伉俪。

[2]兆久君，湖南衡阳人氏，天资聪颖，性情耿直，伉俪情深。封城闻张端明重病，不远千里，专程来汉探视我们。他们夫妇为我国电力事业奋斗一生。霍继安先后在华中电力管理局和中国电网担任主要领导，廉洁奉公，有口皆碑，颇有屈原爱国情怀、斑竹爱民遗意。兆久为华科大校友，继安则为芳明表兄、端明同学（武汉市七中、二十八中及一中的同学，华科大校友）。

# 八十初度自寿

八十初遘，岁月风霜茂。花落花开萧发叟，难得清平乐寿。
桃李灼灼瀛洲，烟波浩荡东流。新近爱听童咏，天真无事无愁。

【注解】

[1]写于2020年5月30日，订稿于翌日凌晨。时余公历七十九岁生日。按中国旧俗，所谓八十大寿也。

[2]桃李者余所培养之诸生也。

[3]童咏即余诸孙辈之咏唱，或背诵也。人生初态，无邪无愁，浑然一片天籁之音！

# 寄赠张秀梅同志

昨夜星辰昨夜风，如烟往事去无踪。秀梅凝露移瑶圃，彩凤凌云入九重。异域山川香如故，一天风月影偏浓。百年多病人无寐，一夕风雷雨打松。

【注解】

[1]与夫人彭芳明合作于2020年6月18日凌晨，夜晚风雨大作，北风凄厉。

[2]以本诗赠物理学院张秀梅书记。我校物理学专业草创之初，张书记夙兴夜寐，奋不顾身，在朱九思老校长领导下，专业建设和研究生培养，走入正轨，功莫大焉！1986年，教育部，调蔡克勇、张秀梅夫妇进京。诗中瑶圃、九重皆指首都北京。张、蔡伉俪进京以后，皆在教育部任要职，为我国教育事业，尤其是高教领域政策制定、科研工作的开展奋斗终生，成绩卓异。蔡克勇教授不幸已于数年前尽瘁于战斗第一线。其儿女双双事业有成。

# 渔家傲·悼屈原

## 敬和茶港诗社王清锋先生

天意从来高难懂，凭公一问破朦胧，万古景仰兰芷供。峨冠耸，《哀郢》悲歌《离骚》颂。

千载汨罗涛汹涌，诗魂忠魄成丹凤，虎豹之秦还如梦。桨飞弄，龙舟竞发神州同。

【注解】

[1]写于2020年6月19日凌晨，已近端午节。端午节者，余农历生日也。

[2]前两句，暗用典《天问》。兰芷，屈原诗中爱用美人、香草、兰芷等。

[3]凤，楚之图腾也。

# 端 午 禅 意

满天风雨满天愁，山色迷濛禅意稠。湖空粼粼舟不系，岸平处处浪轻柔。
闲人远近兰房在，芙柳低昂莲座幽。郁郁粽香端午临，千帆过尽雁鸬浮！

【注解】

[1]写于2020年6月21日。承兆德学兄指点迷津，因有是律！

# 庚子端午节读史

谁言青史如儿戏，坑灰未冷秦权坠，云遏楚谣燎野起。苛政脆，万世传承泡梦里！

唱罢沉沙家国泪，屈原浩气参天地，楚甸三家亡秦际。民心系，大风一曲山河醉！

【注解】

[1]写于庚子年端午节，明典暗故较多，兹不赘述。

# 南 湖 红 船

日出韶山，南陈北李，南湖红船。望长城内外，生灵涂炭。大江南北，内战何残。

壮士忠魂，振兴华夏，砥柱昆仑何忍颠。为圆梦，血泪妆大地，气壮河山。

山清水碧潺潺，赖红帆，人间全改观。见芙蓉国里，莺歌燕舞，农家院落，翠柳含烟。

四海飘零，五洲震荡，安睹神州真如山。夕阳下，但俏歌春色，不忘先贤。

【注解】

[1]写于 2020 年 6 月 27 日，时近七一。

## 读聂瑛女士《小暑闻雷声感怀》

满城梅雨飐飕吼，新冠未净又送愁。巷陌寻常走小舸，雾绡溢漫锁高楼。

闻知川水荆门涌，怪道共工触不周。一瓣心香祈国泰，荷塘亭盖似颌头！

【注解】

[1]写于 2020 年 7 月 6 日，时暴雨连天，川洪欲下，读聂瑛女士七绝颇有所感。共工触不周山，而天倾东南的典故，为人所共知。

## 赠鹰台诗社社长向进青学长

相惜相交三十年，峥嵘岁月尽云烟。江城科苑经纶手，华厦兴教秉节坚。

锦绣巴山多俊杰，雄风黄鹤任盘旋。春风如沐承教诲，大雅放鹰诗胜仙！

【注解】

[1]写于 2020 年 7 月 9 日。

## 次韵赠和张端明教授

深谊尤珍耄耋年，春风正拂柳含烟。琳琅科普芳菲劲，壮丽诗词磊落坚。

科学攻坚赢巨奖，卫星定位凯回旋。缤纷更创书香富，一世崔嵬美若仙。

【注解】

[1]向进青写于2020年7月12日晨。感赠七律，和诗相谢。向进青原为湖北省科协负责人，现为湖北省鹰台诗社社长、湖北省诗词协会负责人之一。

# 感　怀

## 寄赠茶港诗社社长周国全教授

苍龙何有情，日暮耕云雨。古树春深更着花，听雨残荷处。

室雅莺啼语，衰病随诗绪。常伴吾身有务观，家国泪，京瓜渡。

【注解】

[1]写于2020年7月13日。务观者，诗翁陆游也，其字务观。

# 第四篇　萍踪碎影

这一部分收集的文章大多是应有关单位的约请，我所撰写的关于生平的若干回忆片段。有我的中学母校武汉一中的生活回忆，有我的第一个工作单位华中农业大学片段生活的回忆，有我调往华中科技大学前后的回忆，有我在华中科技大学主持少年班工作的回忆，有我参加国际学术交流的片段回忆，特别是有我在退休前夕科研和教学工作的回忆，以及我退休后十余年精彩生活的回忆。由于这些回忆不是系统的，因此难免有挂一漏万的遗憾。但是在这些萍踪碎影中，人们确实可以看到我近80年间生活和工作的剪影，我的奋斗和挫折，我的幸福和愉悦，我的追求和探索，我的兴趣和归属。也许可以视为一个终身在科学和教育战线奋斗的老人的夕阳之歌。

还有一部分材料是报刊对我的工作和生活的报道，特别是近几年的报道。当然，这些报道赞扬得多，正面评价得多。我深有自知之明。深知我的缺点和毛病很多，绝非完人。我服膺鲁迅先生的名言，鄙视完美的苍蝇，绝不嘲笑遍体鳞伤的战士，热烈地主张所是，热烈地抨击所非。说话直来直去，时至桑榆，不会委婉。这里的文字，绝对浸透着真实。其中的伤痕和缺点，希望读者引以为戒。而所有的亮色和光明，则应该归功于我们多彩多姿、波澜壮阔的时代，归功于一路走来对我多有关怀和指点的领导和朋友，归功于殷勤照顾我的家人。

# 片片春云

——高中生活回忆

1957 年 7 月，我考取武汉一中。当时一中的名气在武汉市十分响亮，在湖北省也是首屈一指的。当时报考人数接近 3000 人，录取的学生大约只有 400 人，录取比例约为 1/7，当我在录取榜上看到自己名字，而且名列前茅，十分高兴，充满神秘感和年轻人的憧憬迈向武汉一中的大门。一中当时又称一男中，因为全校 24 个高中班，全部都是男同学(我在一中的三年期间，没有看到一个女生)。以至于当我们演出活报剧和诗剧《一中畅想曲》时，不得不向武汉七中和我们的邻居 19 女中借女生扮演剧中的女性人物。

回想起来，我的高中阶段，正当全国政治运动频繁，极为动荡的时代。我们进校首当其冲的就是整风运动、反右派斗争，接着就是人民公社、大办钢铁、反右倾，然后就是经济困难时期。高二的时候，在我们班上揪出一个“反革命集团”，三个同学锒铛入狱。在我们年级的另外一个班的团支部宣传委员被戴上右派学生的帽子。他与实验中学一个名叫陈柏华的学生是武汉市仅有的两个中学生右派。我们在大办钢铁、拔白旗插红旗运动中都耗费了极大精力。所有这些经历实际上在全国都具有共性，无足为怪。引人深思的是，在这动荡不安的高中阶段，我们班的同学都能够奋发学习，为在而后的 50 年春秋的工作、研究打下了坚实的知识基础。总体来说，都能思想健康、情绪饱满，迈向新的生活。其中原因是什么呢？

## 一、优良的校风、高素质的教师群体

一中当时的校长是卢世璋，朝气勃勃，热情洋溢，与学生、教师的关系水乳交融。她获得了多种荣誉称号，是中共第八届全国代表大会的代表。我记得有一次在大会报告中，她谈起我国未来的远景，高度发达的物质生活，人们到底选择明朝的服饰还是唐朝的服饰，会踌躇不定，引起大家哄堂大笑。当时学校的管理极有利于学生的全面发展，武汉一中不仅学习成绩在全市乃至全省名列前茅,而且各种体育赛事、文艺演出都是头角峥嵘。完全没有当下中学生以考试为中心的可悲局面。

在学习上,一批高素质的教师受到学生的景仰。课堂的质量很高。当时上课的情景,尽管已隔 50 多年了,但还是历历在目。譬如:数学老师马以驯、江仁俊、冷峻华的教学都是各有特色,循循善诱。马以驯老师名满江城,一代名师,温文尔雅,深得学生喜爱。江仁俊老师才华横溢、精彩纷呈,听课就如艺术享受。可惜的是,江老师英年早逝。我们高一的主讲老师是冷峻华老师,真是人如其姓,要言不烦,惜字如金,冷面书生。我们班同学现在还清楚记得他一连提问十几个同学,连续打了十几个 1 分(当时采用的是 5 分制记录成绩)。就是因为他讲课的严谨和严格,我们数学的基本概念和基本技能的训练十分到位,为我们而后的高等数学的学习奠定了十分坚实的基础。好老师很多,教语文的饶藕林、项维汉、胡海运、盛代时、王业玮等都是十分难得的人才。饶藕林、项维汉的古典文学,王业玮的散文写作,都是极一时人物之选。教外语的吴连枝、牟重华、栗伯兰、金鑫,教化学的杨菊英、韩锡九、吴福姑,教政治的郑静、杨福来,教生物的胡春亭,教物理的金运翰,等等,都是非常优秀的教师,各有其长。我进大学半年,俄语就获得免修,这应该感谢吴连枝、栗伯兰等老师。

在这里特别提到王业玮老师,他是我的红安先贤,但是满口襄阳口音。不善言谈,但是文采飞扬。在抗日战争后似乎到过台湾地区当老师,在当时的报纸杂志上发表散文多篇。新中国成立后在《长江日报》担任过编辑,后到武汉一中教语文。我们离校后,他当过教导主任。在 20 世纪 80 年代,他将他的散文汇编成集,正式出版。我看过他的文章,确实写得不错。他特别喜欢近代外国文学,尤其是苏俄文学。我们和他的交往比较多,一直延续到 20 世纪 60 年代末。他是在 21 世纪初逝世的。我是他生前见到的最后一个人。他去世的时候在武汉第二医院住院,我赶到医院探视他的时候,他已处于弥留阶段,身旁无人。

## 二、全面发展,重视个性,深得素质教育之真谛

素质教育是近年提出的口号,20 世纪五六十年代学校的教育方针是德、智、体全面发展,两者在本质上是一回事。当时,课堂教学质量很高,课外作业并不太多。我不记得有什么老师在课外抓我们补课,但是有许多同学都能根据自己的兴趣主动地进行学习。在这种宽松的学习条件下,我阅读了大量课

外书籍:中外经典文学名著、苏联和我国当代名著、中外历史地理著作等。围绕课堂学习,我认真地钻研上海数学分会、上海物理分会所编辑的两套关于中学数学和物理的丛书,以及日本长泽龟之助著的几何词典、代数词典等,大大加深和扩充了课堂知识。我衷心感谢武汉一中能够给予我们这样宽松、优良的学习环境。后来同学们在聚会时,倾诉毕业后的发展,一个共同的感受是:一中没孬种,大家在彼此的工作中,都表现很好。

学校十分重视学生的个性发展。我们是全年级第四班,成绩好,更奇特的是艺术人才济济。在二、三年级的时候,我们班简直成为一个特殊的文艺演出队。1959 年全市"三好学生"三丰收展览会就是由我们班撰写的解说词,并且承担了大部分的讲解任务。我们班还自编自导自演诗剧《一中畅想曲》,一时成为美谈。诗剧的主演赵瑞泰后来从事艺术创作活动,担任过中国戏剧家协会副理事长协会主席,有许多作品发表;诗剧的音乐创作者熊敏学,更是音乐奇才,后来毕业于上海音乐学院,担任过湖北歌剧团团长;我们的宣传委员余焱祖,后来毕业于北京大学中文系,担任过湖北电影制片厂总编辑;其中的演员谭永年后来在空军政治部文工团工作多年,转业后到广东文化厅担任领导工作;演员白祖柏后来是上海交大船舶系高才生,他在上海交大文工团担任过领导工作,并且参加包括话剧在内的很多演出活动。在这种氛围中形成的友谊,凝聚力特别强,我们有十几个一中的同学(包括团支部书记郭树平、班长余焱祖等)自 1960 年毕业后年年相聚,五十年如一日坚持至今。

在大办钢铁时,学校编制改为民兵营,设置了宣教科。宣教科的科长就是后来担任武汉教育局局长多年的彭义智老师,有六个科员,我现在记得的有三个:我自己、三班徐公度和五班胡楚生。宣教科任务很重,当然会影响学习,但是现在看来对于我们的锻炼不可小估。徐公度多才多艺,绘画功底深厚,当时大礼堂的大幅壁画,他都是主绘人员。后来进入北京美术学院深造,现在是武汉市美术界的知名画家。胡楚生是笔杆子,他后来担任过外贸部的发言人。班上和宣教科的文字工作我参与较多,如壁报、诗剧的创作、解说词等。我记得有一次全校的庆功大会的对联就是我草拟的,"大办钢铁喜跳丰收舞,教育革命盛开跃进花"。尽管其后从事的是物理教育和研究,但是我觉得有关的人文训练对于我的工作帮助很大。

## 三、别有洞天,藏书量丰富的中学罕见图书馆

一中是 1930 年建立的老校,经过 30 余年的充实,拥有一个藏书量丰富的

中学罕见图书馆，不仅藏有新中国成立后出版的中外古今的文史数理图书，而且有相当数量的新中国成立前出版的书刊。图书馆的负责人周丽英女士，满族人，为人爽朗热情。图书馆的工作人员还有因病临时在那里工作的付永昌先生，和因被划为右派而下放的政治教师车立瑜老师。付先生最后就读于华中师范大学中文系，退休时是江汉区人大常委会副主任。图书馆人手不够，招收少量学生协助工作，因而，我们与周丽英女士接触频繁。我们十分热情主动地参与图书的借阅和整理工作。每到协助工作时间，我们都非常兴奋。近水楼台先得月，这就给我们一个很好的机会与中外名著接触。新中国成立后出版的中外名著固然可以饱览，有些市面上没有的珍贵图书我们也有机会阅读到。

例如，现在称为《三个火枪手》（大仲马著），当时图书馆藏有新中国成立前的译本《侠隐记》；类似的书籍还有司汤达尔的《卡尔玛宫闱秘史》、朱东润的《张居正大传》等。当时市面上都买不到，我们当时都爱不释手地轮流借阅。当然，这些书籍现在很好找到。在当时比较封闭的环境中，图书馆是我们通向世界先进文化的难得窗口。

周丽英女士后来调到市二中，我们和她的关系一直保持到20世纪60年代以后。她的先生周浩如先生是日本人，日文名字叫佐藤博，十分有教养，中文基础深厚并且热爱中国，后回到日本在池田大学当教授。现在他们夫妻二人都已仙逝了。

2007年同班同学谭永年，阔别47年重逢，夜话沧桑，感慨良多，我寄赠了一首七律：

## 赠　友　人

晴光袅袅近清明，白絮江天蝶舞纷。
岭外云横君去远，湖边月照鹤归临。
香茗有意浓如酒，衰鬓无情浑似银。
话到新丰少年事，松涛阵阵夜沉沉。

日月如梭，如今正值母校建立80周年之际，往事如烟，片片春云，谨祝母校：云帆高挂涛声急，飞舟直上弄潮头。

## 篇 后 语

本文写于2011年6月15日，为我的中学母校武汉一中建立80周年而作。武汉一中创建于1931年。2011年10月3日，母校召开80华诞庆祝大会，我作为杰出校友应邀参加了庆祝大会。特邀同行的还有我校的李培根院士、李德群教授（于2015年评为院士）、张天序教授，以及我们同年级的王少阶教授（时任湖北省副省长）和同班的作家赵瑞泰（时任中国戏剧家协会副理事长）。20世纪30年代毕业的老校友、老革命去得不少，其中特别有名的是老红军、著名作家和诗人曾卓。2001年，武汉一中在原校址召开过70华诞庆祝大会，我也应邀出席过，但是没有留下什么文字。这篇文章发表在《武汉一中80周年华诞纪念文集》第25页。从教育学的角度来说，武汉一中的办学经验，尤其是1966年以前17年的办学经验，我觉得有许多地方是值得借鉴和发扬的。当时武汉一中在湖北省的中学教育中首屈一指，培养了许多社会主义建设的人才。可谓是人才济济，荆楚翘首，并且多才多艺、全面发展。华中科技大学的许多先贤均来自武汉一中，如长期担任我校党委书记的李德焕、副书记冯向东等。

# 《道钉集》后记

帘外，绵绵春雨，无边无际，散发着淡淡的春愁，自在飘落的飞花，悠悠扬扬，轻柔如恍恍惚惚的绮梦一般。我仿佛回到了那史无前例的狂热而荒唐的岁月。

1970年2月，人们的狂热略略降温，终于领悟到学校还是要办的。79个纯洁的少男少女们在狮子山下，南湖岸边，组成两个排：三连六排和七排，分别由我与王君齐建担任“孩子王”。一年后两个排合并，由王君任班主任。王君，江南才子也，一身而二任焉，既教英语，复授语文，我则教工业基础知识。

两年的岁月，不过730天，但是，这79个少男少女，在岫云晓雾之中、翠竹苍松之畔，面对一湖红霞、半山明月，踏着当时生活的奇异步伐，演奏了一阙令人难忘的人生奏鸣曲。也许琅琅书声少了一些，却颇具金戈铁马般的虎虎生气，也许没有花前月下的窃窃私语，却处处洋溢着大风歌的激越刚劲。谁能忘记炼油炉的熊熊大火？赵李桥前高亢的号子？纵横交错的地道中的日日夜夜？操练中的朝朝暮暮？今天看来，其中确实包含着几许遗憾，几许扭曲，然而谁又能否认，其中跳荡着青春心灵的歌唱。1972年3月，王君的“76个道钉”的绝唱是这首奏鸣曲的最强音，至今还铭刻在每个人的心中。

春华秋实，朝花夕拾，一晃26年过去了。昔日的76株幼苗，如今都已壮硕成林了，现在这道风景线中有人类灵魂的工程师，有奋发有为的企业家，有辛勤工作的科技工作者，有国家干部，有平实的工人……然而，难能可贵的是，历经岁月洗刷以后，能亲爱如故，真诚如故。尤其是王君远隔重洋，功成名就，一颗拳拳火热的心依然如故。于是一本雅致、华美的纪念册赫然映于眼帘，其中燃烧着青春的火焰，响彻着友谊的赞歌。

欣慰庆贺之余，不禁缕缕春愁伴随绵绵春风油然而生。往事如烟，人生苦短，岁月无情，已是四分之一个世纪以前的事了……

## 篇后语

本文写于1998年3月27日，于喻家山下春雨中。这是我为华中农业大学附属中学70级三连六排和七排的同学毕业26周年纪念文集写的序言。这届同学入学时有79人，毕业时有76人，这就是76枚道钉的来由。我在这个班担任过班主任一年，承担过工业基础知识教学一年。40多年过去了，我跟这个班的许多同学仍保持密切联系。

我于1964年7月进入该校工作，于1978年7月离开该校，整整14年，留下了我最宝贵的青春记忆。我在大学毕业时，身体非常差，得过肝炎，肝功能不正常，甚至住过近半年的医院，体重只有90斤左右。但到了山清水秀的狮子山下，副食品供应比较优厚的农学院，居然身体很快恢复。我要感恩上天对我的眷顾，感恩农学院的老师和同学们。

# 刘丹先生行述

刘丹先生者，谱名文郁，字荫先，号刘丹，湖北汉阳人。诗人、教育家和社会活动家，兼语言大师。1965 年大学毕业后，长期供职于华中农业大学附属完全中学，杏坛岁月垂 50 年矣。

先生独步南湖诗坛，笔耕不辍，著作颇丰，有《刘丹诗歌选集》、《刘丹诗歌续集》问世，载有新旧体诗歌 1500 余首。先生诗词多次获全国诗歌大赛各种奖项，并被授予"感动中国杰出文化传承人"等荣誉称号。先生诗词之精妙，余友齐建兄之诗集序言《一代诗癖 千载独唱》论述深刻，毋庸赘言。但有数言，如鲠在喉，颇有一吐为快之慨。

中华文化五千年，诗教传统源远流长。《尚书·尧典》云"诗言志"，《左传》云"诗以言志"，《毛诗序》云"诗者，志之所之也。在心为志，发言为诗。情动于中而形于言，言之不足故嗟叹之，嗟叹之不足故永歌之，永歌之不足，不知手之舞之，足之蹈之也"。先哲所言，概述了诗歌之宣达心志、政治功用及教化功能，余意应升华至整个文学领域之价值追求。刘丹先生既为一代诗癖，按圣人教导之余绪，而成为教育家、社会活动家，岂非顺理成章之事么？先生讲话声若洪钟，慷慨激昂，妙语连珠，抑扬顿挫，声情并茂，语言大师之风采俨然，岂非受诗教之余泽所赐么？是以诗歌之教化功能如洞烛然。盖刘丹先生者，狮子山下之侯宝林也。

刘丹先生之诗歌有一显著特点，吾兄齐建之大作中似未谈及。先生诗歌创作致力于新旧诗体之结合，为旧体诗注入了丰富新诗元素，晓畅易达，张元幹所谓"表里澄澈"，极具时代之烙印，其老少咸宜，唐人元和体似之而又过之。《旧唐书·元稹传》有云，元稹"与太原白居易友善。工为诗，善状咏风态物色，当时言诗者，称元、白焉。自衣冠士子，至闾阎下俚，悉传讽之，号为'元和体'"。元稹《白氏长庆集序》云："予始与乐天同校秘书，前后多以诗章相赠答。会予谴掾江陵，乐天犹在翰林，寄予百韵律诗及杂体，前后数十章。是后各佐江、通，复相酬寄。巴、蜀、江、楚间洎长安中少年，递相仿效，竞作新词，自谓为'元和诗'。"

余论及于此，有深意焉。中华传统诗体自清末黄遵宪"诗界革命"以来，诗坛几番风雨，诗风几经变幻，其日渐衰微之势为有识者所共睹。刻下中华诗词似乎热闹非凡，实际难掩其衰颓之本来面貌。诚然，官方文坛旧诗已不入评论家之法眼久矣。试举一例，《文艺报》2016 年 5 月 25 日第 2 版李少君《当代诗歌四十年》数千言，未涉及传统诗体。此绝非孤例，几十年来，耳濡目染，习以为然也。刘丹先生创作之努力，可否为旧体诗坛注一强心针？

余更有深论，中国之诗坛全貌亦不胜乐观矣。即如新诗，二三十年代之胜概，闻一多、戴望舒、徐志摩、卞之琳、艾青、何其芳等，风靡青年、傲啸校园的盛况，早已不复存在。八十年代以后，尚有余光中、郑愁予、席慕蓉等，雄踞诗坛。迩来，天赋诗教，草根发声，呼声入云，但其势头渐渐大不如前。所以然者何？扣人心扉之绝唱罕见。诗歌之生命何在？“诗缘情”（陆机《文赋》）！文学之生命在于真实，在于真情实感。

恩格斯有云“愤怒出诗人”，欧阳修云“穷而后工”，杜工部云“文章憎命达，魑魅喜人过”。从来绝妙好词出自坎坷之命运、真实之灵魂。君不见 2014 年底舆论吵吵嚷嚷，捧出湖北残疾女诗人余秀华，在诗坛寂寞之当下，其诗集居然须臾销售一空，大有洛阳纸贵之势。余秀华系湖北钟祥人，而同为荆楚老乡聂绀弩（湖北京山人）则为近年旧体诗之典范，其血泪交迸诗句，共 589 首，乃其人生最真实写照。

聂绀弩少年从军，1925 年毕业于黄埔军校二期，后入莫斯科中山大学，系周恩来学生，乃邓小平、伍修权、蒋经国、康泽同窗。曾与毛泽东彻夜谈诗论文，又曾为陈毅、张茜的婚姻牵线做媒。他系鲁迅逝世时八名抬棺者之一。为老共产党员，杰出文学家、诗人，夏衍称其是继承鲁迅的衣钵、杂文写得最好的一个。以高小毕业的文化程度，任香港《文汇报》总主笔。而擅长旧体诗的胡乔木如此评价聂绀弩旧体诗：“它是中国诗坛的一株奇花，它的特色也许是过去、现在、将来的诗史上独一无二的。”然而，在诗人八十四年之人生道路中，却经历过十年坐牢，十年病废，或异国逃亡，或绝塞流放。其间甚至被判无期徒刑。出狱后聂绀弩，老态龙钟，形如槁木，但此老叟决不颓唐悲观，依然乐观诙谐。八十年代，《聂绀弩旧体诗全编注解集评》、《聂绀弩旧体诗全编》、《聂绀弩杂文集》等相继出版。其行文恣肆，用笔酣畅，喜怒哀乐，发乎至情，出乎至性，反复驳难，淋漓尽致，雄辩中时显俏皮。一时好评如潮，其粉丝遍及中华大地。试看：

黄永玉：聂绀弩“已经成为一部情感的老书”。

黄苗子：在诗当中，我是聂绀弩的崇拜者……“其歌也有思，其哭也有怀”，所以他写得一手好诗。

李慎之：我从来没有见过这样寓悲愤于旷达，寄忧伤于诙谐的诗，以为自有诗人以来所未有，赞叹之余，称之为“绝世奇诗”。

李锐：聂绀弩是至高人，诗骨灵风众妙门。独守良知存火气，自由自在最精神。

王蒙：中文圈子中聂的旧体诗是一座奇峰。从伟大中华历史来看，这样的诗篇也属空前绝后。屈原的《离骚》当然绮丽繁华，忧愤沉郁，但没有聂的芜杂中的真挚，俚俗中的古雅，纷纷世相的真切刻骨，荒唐经历的难信堪惊。他老先生是无事不可入诗，无词不可入诗，无日不可入诗，无情——愤怒、无奈、叹息、感激、惭愧、戏耍、沉痛、悲怆、惊讶、坚忍、豪兴、大方——不可以入诗。他的诗如怪石，如荆棘，如黑云，如利刃，如泄洪，如哭号，如骷髅造型，如古树参天，如碾压，如旋风，如断了线的风筝，不知将冲破几重灵霄宝殿。

程千帆：聂诗"艰心出涩语，滑稽亦自伟"。是"诗国里的教外别传"，是"敢于将人参肉桂、牛溲马勃一锅煮，初读使人感到滑稽，再读使人感到辛酸，三读使人感到振奋"。

施蛰存：在运用现代名词，新事物，或俗字琐事这方面，追上了梁启超、黄公度的足迹，不过他用得更活，更浑成。《三草》是近几年来读到的最出色的旧体诗。

钟敬文：聂诗乃是"异端"诗的高峰。古怪而美妙，是我国千年传统诗歌的一颗天外彗星。

吴祖光：聂绀弩是"思想家、革命家、诗人、文学家、红学家、书法家"。

冯亦代：聂绀弩是"文坛继鲁迅、茅盾之后的一位学贯古今的大师"，"他的旧体诗开创了以时代精神贯入诗意的前路"。

舒芜：聂诗被公认为当代极创新之能事的旧体诗的高峰。聂诗是在旧体诗之内最大限度地突破旧体诗者。

端木蕻良：诗律限制不了他，如果说，把杂文的性质纳入诗里来表现出来，应该说正是绀弩的风格。从他的诗里，也可以感到他的一些生活状况，从诗句的苍劲气概里，也感到他生命的刚强。

廖沫沙：翻读之间，不觉爱不释卷……我说他的诗很工整，是指他写作的绝大部分是平仄格律十分严整的律体诗，很少是较自由的绝句；我说他的诗很幽默，是指他的意境开拓，情意诙谐，有如他的杂文。

张友鸾：有人说他的诗打油气重；殊不知他经过苦练，认为没有不可以吟咏的题材，没有不可以运用的词语……读他的诗，可以忘倦，可以破涕，简直出神入化，上追坡公，打油云乎哉！

何满子：他的旧体诗的确是既保持着传统格律诗的矩度风韵又是突破了前人窠臼独辟蹊径的绝唱——不是一般的创新，有如历史上某个新起的流派在命意、声调、遣字用句上取径不同而少有差异，那总的说只是小修补；聂绀弩创造出了一种，我以为，自"五四"出现新体诗以来尚未出现过的中国新诗。

邵燕祥:聂诗的贡献,就在于旷士情怀,造化为师,不是俯首矮檐,而是排闼出入,激昂潇洒,触处成诗,语语创新。这样的诗,只此一家,唯斯人能作斯语。聂诗,好就好在为旧体诗开辟了新天地。举凡当代人事,风物情思,尽是未经人道者。造语奇崛高古,韵味盎然。

周而复:数叶迎风尚有声,聂诗在诗史上,将占有一个特殊的位置。

罗孚:聂诗是奇诗。聂曾经先赞胡风狱中的诗“奇诗何止三千首,定不随君到九泉”,实际上他的诗比胡风的诗更奇……为绝顶之作,为空前绝后的奇花。其独见赏于众,也可以反映出这是最后的旧体诗了。我认为,这些诗,是现代的变风变雅。

钱理群:聂绀弩与同时代诗人的试验证明,“打油诗”的形式,既自由,随便,为个人的创造留下了比较大的空间,又便于表达相互矛盾,纠缠的复杂情感、心绪,具有相当大的心理感情容量。

章诒和:聂绀弩种种特立独行的做派和一贯到底的反叛精神,使得自己的大半辈子在批判、撤职、监督、察看、戴帽、劳改、关押、冤屈、丧亲、疾病中度过。人生成败若以幸福快乐为标准去衡量,他是彻底的败者。

既有聂绀弩之奇迹,又有聂绀弩之标杆,诗歌之前行便有旗帜和目标。若诗坛多有如此好诗好词,无论旧体诗,新体诗,何愁无读者?何愁无销路?行文至此,不禁为刘丹先生在诗坛创新的努力,于旧体诗中注入新诗的元素和时代的印记而欣慰。异曲同工,吾辈不是在聂绀弩先生的酣畅淋漓的吟诵中看到了类似的努力么?

刘丹先生系脚踏实地之教育家。他从事语文教学研究多年,曾评为湖北省中学语文特级教师,学校首届名师,退休前后被聘为高校兼职教授,担任大学语文等教学十余年。曾两度担任学校第一副校长、校长,廉洁奉公,励精图治,开拓进取,为学校教育事业之发展殚精竭虑。

至为难得,作为诗人的刘丹先生,1986 年以后,一跃而为社会活动家。由此可见,先生人情练达,世事洞明,深得孔夫子之真传也!君不见高才如李太白,行路坎坷,以致杜工部叹息:“世人皆欲杀,吾意独怜才。”君不见风流俊逸如孟浩然,仕途不畅,以致李太白惋惜:“红颜弃轩冕,白首卧松云。”诚然,刘丹先生“好风凭借力,送我上青云”,固然有自身之宏才大略,顺应盛世潮流使然。

1986 年 2 月,刘丹先生加入中国民主促进会。次年奉命组建民进华中农业大学支部委员会,任第一至五届支部主任。并当选为民进湖北省第一、二、三届委员会委员、常委,任民进湖北省教育工作委员会副主任、主任。政协湖北省第六、七、八届委员会委员，任教科文委员会委员。任职期间，积极参政议政，深入基层，考察社会，足迹踏遍大江南北，上传社情民意，为省委省政府建言献策。晚年任诗词楹联学会理事，参加中华诗影书画家写作联盟、湖北省老教授协会。

刘丹先生之夫人郭金凤女士，丰神靓装，银发如霜，盖努尔哈赤之后裔也。每至月照倩窗，先生伉俪共剪红烛，裁云雕月，评章诗句，此乐何极！就余所知，金凤女士为先生诗文集之最后审定人，相知相惜，莫逆于心，盖神仙伴侣也！

先生故籍汉阳，乃人文荟萃之地。先贤如陈昌浩、张执一，固不待言。即如刘丹先生诗集之作序人齐建兄，题词之书写人昌仑兄，皆为先生之乡贤。余校张公良皋教授亦汉阳人也，为我国著名建筑大师，业界享有盛誉。学富五车，文采风流；诗词歌赋，云霞满纸。雅好考古、红学，多发前人之所未见。尤富传奇者，九十许老人以耄耋之年传道讲学，行程数万里，足迹遍及北美、南美、澳大利亚和欧罗巴，更遑论国内之大江南北、长城内外。盖学术界之盛事也。齐建兄系美国纽约大学教授，学贯中西，慷慨磊落，胸中自有奇气，古典诗词气势宏伟，每每有韩吏部、李长吉沉雄瑰奇之韵味，使人爱不释手。昌仑兄雄才盖世，诗词书画无所不通，无所不精，余有两语相赠：味昌仑之诗，诗中有画；阅昌仑之画，画中有诗。汉阳人才何其之盛也。古云：惟楚有才。有明一代，荆楚便有竟陵诗派和公安学派，驰骋文坛，竞放异彩。余有一言，望刘丹先生记取。先生既为诗人、社会活动家，何不将汉阳乡贤集合，以促成汉阳诗派问世，岂非千秋之功德，万古之盛事乎？

## 篇后语

这篇刘丹先生的生平和诗歌创作的简述，成稿于2016年6月1日。刘丹先生在华中农业大学附属中学与我同事13年。这篇行述是他出具素材，由我敷衍成章，准备放在他的诗集中。2018年5月，《刘丹诗歌选集续编》由中国文化发展出版社正式出版。这篇文章更名为《刘丹先生诗歌评介》，文字略有删节，实际上作为这本书的序言。这里收录的是原稿，原汁原味地保留了我对于诗歌和文学的基本主张，即“文章合为时而著，歌诗合为事而作”，文学应该贴近现实生活，文学就是人学。

这篇文章，我相当重视，因为它实际上是我唯一的一篇对当代诗坛的评述。作为文坛门外汉，文艺的爱好者，我一直很关心我国文化事业的发展，特别是当代诗歌的发展。但是一直没有机会发表我的看法。在此我借对于刘丹先生诗歌的评述，发表了我的个人见解，供学界同仁参考。简言之，当此高扬文化自信、张扬国学的大好时机，我以为中国诗歌的发展道路应该是社会主义的现实主义，应该紧贴生活，应该与时代同呼吸、共命运。同时在这篇评述里，也闪现了我在华中农业大学附属中学14年的生活场景。

对评述中谈到的余秀华稍加介绍。她于1976年生于湖北省钟祥市石牌镇横店村。余秀华出生时因事故造成脑瘫，使其行动不便，说话口齿不清。高中毕业后，余秀华赋闲在家。1998年，余秀华写下了第一首诗《印痕》；2014年11月，《诗刊》发表其诗作；2015年1月，广西师范大学出版社为其出版诗集《月光落在左手上》；2015年2月，湖南文艺出版社为其出版诗集《摇摇晃晃的人间》。2015年1月28日，余秀华当选湖北省钟祥市作家协会副主席。2016年5月15日，余秀华的第三本诗集《我们爱过又忘记》在北京首发。2016年11月1日，在湘阴县举行的第三届"农民文学奖"颁奖典礼上，余秀华获得了"农民文学奖"特别奖，并获得了10万元奖金和极高赞扬。余秀华已写了2000多首诗，主题多关于爱情、亲情、生活感悟，以及她的残疾和无法摆脱的封闭村子。2017年1月18日，首届网红春晚暨"金蜘蛛奖"颁奖盛典举行，余秀华凭借诗集《摇摇晃晃的人间》走红网络，成为20世纪90年代以来唯一一个诗集销量超过10万册的现象级"网红女诗人"，因而获得网红春晚"金蜘蛛奖"年度网红诗人提名。

# 我记忆中的物理学院

## 一、华中工学院在学科建设中的远见卓识

华中工学院在1966年以前属于六大工学院之一。这六大工学院是北京工学院、东北工学院、华南工学院、南京工学院、大连工学院和华中工学院。平心而论，与其他几所工学院相比，华中工学院无论是师资还是设备都较薄弱。

经过特殊时期的折腾，办学条件更差了。当时，以朱九思老院长为首的校党委不畏艰难，审时度势，在学校的学科建设上表现出了极大的远见卓识，使学校在 20 世纪 70 年代末和 80 年代经历了一个跨越式的发展。

当时校内外有一句口号："深挖洞，高筑墙，广聚人。""深挖洞"指的是学校喻家山贯穿山麓的很大的防空洞，后来用作引力实验室。"高筑墙"就是搞好校园的长远规划，在规划区的边缘重要地区建设，避免校园被周围的单位蚕食。因而，华中工学院才保有 3000 多亩的广大面积，为学校的学科发展和校园的绿化美化提供了充分的发展空间。这在当时只有清华大学可以媲美。"广聚人"就是利用一切条件，在全国各地各单位选拔人才。这件事，朱九思老院长抓得非常紧。在此期间，华中工学院引进了好几百名能力强、有事业心的青壮年老师。校党委的决心很大，魄力也很大，引进的人才中有周济这样的青年才俊，更有许多当时被认为是在政治上有问题的知识分子，比如右派分子、家庭成分不好的、有海外关系的，甚至有 20 世纪 60 年代被我国俘虏的 U2 飞机驾驶员(此人外语很好)。师资队伍的建设是搞好学科建设的前提。

校党委在学科建设中的一个重大的战略性举措就是搞好理工结合。这在当时也需要有反潮流的精神。因为从 20 世纪五六十年代开始，我国高教事业一边倒地学苏联，原有的综合性大学往往被分解为若干专业化的高校。例如清华大学、浙江大学等，原来都是理科极强的综合性大学，但是 50 年代院系调整，其理科就被调整出去了。华中工学院是在 50 年代初期由武汉大学、南昌大学、广西大学和湖南大学等的工科院系调整组建而成，就更无所谓理科了。但是，教育史的经验告诉我们，理工结合是建设一流大学的基本经验。从 70 年代末到 80 年代初，校党委响亮地提出一定要建设和发展我校的理科，走理工结合的道路。党委在全校的教职工中组织了学麻省理工学院经验的活动，每个人都发了一本厚厚的麻省理工学院学科建设的材料，而且是中英文对照的。

在 20 世纪 30 年代以前，麻省理工学院在美国是一所很普通的工学院，学术水平不高，知名度也不高。30 年代，美国著名的物理学家康普顿出任该校校长。他在任职的 18 年间，坚决贯彻理工结合的理念，很快麻省理工学院便成为美国乃至全世界较优秀的大学之一。其中的原因不难理解，因为理科主要指自然科学中的基础研究，人类伟大的创新都产生于基础研究的重大突破，而工科则主要是针对基础规律的应用，其创新的最重要、最关键的源泉都来自科学(理科)的突破。当然，理科研究的物质基础离不开工科的研究和成果。理工就好比一只鸟的双翼，缺一不可，或者说，一翼强或一翼弱都会影响学科的发展。应该说，在20世纪80年代初期，学校的学科建设中，校党委在充分发挥我校工科优势的同时，在理科建设的工作中，也花费了特别多的精力。我校物理系的建设就是在这一背景下起步的。

学校在学科建设中高调地提出了科研与教学要紧密结合，要把两张皮变为一张皮。基于我们学校当时科研比较薄弱的情况，校党委高瞻远瞩地提出科研应该走在教学的前面。这一战略方针在改革开放初期取得了极大的成功。首先，在1978年第一届全国科学大会上，华中工学院的科研工作在全国高校中成为佼佼者，这是学校第一次在全国高等教育中的闪光亮相。科研工作提高了教师的学术水平，必然会使教学水平有相应的提高。没有第一流的师资水平，谈提高教学质量就是痴人说梦。这条规律在物理系以及后来物理学院的发展中得到了验证。事实上，随着科研工作的开展和水平的不断提高，物理系的教学也经历了由单纯担任基础物理的教学到物理的专业课教学，由单纯的本科生教学到硕士生和博士生教育培养的大发展。如果没有科研先行，教学的大发展和大提高是不可能实现的。

由于校党委在20世纪80年代执行了正确的学科建设战略决策，在此期间，我校经历了一个跨越式的发展，在六大工学院之中，迅速地由后排迈入了前列。到今天为止，华中科技大学豪迈地行进在我国高等学校第一方阵中，其基础应该说是在这个时期奠定的。

## 二、物理学院的发展轨迹

我回忆的内容，主要涉及物理系和物理学院发展的前期，因为21世纪以后的发展，现在的学院领导应该比我更清楚。只是在有必要的时候，提到现在的有些情况。

物理学院的发展，是由物理教研室到物理系，再由物理系到物理学院(2008年物理系经学校批准改名为物理学院)的过程，近40年的历史，大致可分为三个阶段。第一阶段是从1976年开始，到1986年物理系组建，教育部批准物理系的应用物理专业，国务院学位办批准理论物理、凝聚态物理和大学物理教育(与教育研究所共享)硕士点，这一阶段可以算作发展的孕育期。从1987年到1999年，是物理系发展的成长期，其标志是国务院学位办批准物理系的物理一级学科博士点，物理一级学科博士后流动站的成立和以引力实验研究中心为代表的各个方向的实验科研基地的初步建成。2000年至今，是物理学院发展的突破期，其标志是学科建设取得重大突破，师资建设包括以院士、长江学者、杰出青年学者和青年千人计划为代表的一大批优秀学者的学术梯队迅速成长，整体学术水平正迈向我国物理科研水平的前列。

**1. 孕育期(1976—1986年)**

纵观整个物理学院的发展，完全是在校党委的上述学科建设的战略方针指导下进行的。1976—1986年是其发展的孕育期。那时物理学院还未成立，物理教研室尚隶属于基础课部，师资力量极其薄弱，甚至应对面上的大学物理教学都十分困难。如果说物理学院的发展有什么特点的话，那就是校领导对物理专业的发展积聚了更多的精力，给予了更多的关注。可以说，在朱九思老校长的直接关注下，物理教研室克服困难，开始了理科建设的长途行军。

为了改变师资奇缺的局面，朱九思老校长不拘一格，多方面多渠道地从社会上招揽人才，物理教研室也受到了学校的特别关注，招揽力度较大。从1978年开始到20世纪80年代末，教研室从校外引进了许多具有真才实学的知识分子。我和我夫人就是在这个引进人才的大潮中进校的。当时我在华中农学院(现华中农业大学)附中任教，朱九思老校长知道我的情况后，想将我调入华中工学院，同时武汉大学的李国平院士正在筹建数学物理研究所，也邀请我过去，但华农也不愿意放人。后来朱九思老校长只有“曲线救国”，先把我调到湖北省委宣传部(朱九思时任省委宣传部常务副部长)，再调到学校。我夫人彭芳明也随我一起调动。1978年7月，我正式到学校报到。从下商调函到正式报到，整整折腾1年有余。

除了从外引进人才，学校也特别重视师资培养。因为物理教研室当时没有教育部批准的专业，所以还未获得招生的计划指标，不能直接招生。学校就通过开办师资班的方式招收学生，培养师资。所谓师资班，就是从当时学校的各工科系的新生中选拔优良的学生到教研室组建而成。师资班课程还是按照物理专业的大纲培养。除了物理师资班，当时还有化学师资班、数学师资班等。

1976年，教研室开办工农兵学员师资班，招收了一个物理师资班。1977年，全国恢复高考，物理教研室又招收了两个物理师资班。1979年，招收一个物理师资班。由于生源优秀，尽管当时教研室师资水平有限，但物理师资班还是培养了许多优秀人才。其中包括远在海外的美国著名磁性材料科学家朱健刚教授，我国从事引力研究颇有成果的中国科学院院士罗俊教授，等等。学生质量之高，也可以从他们的 CUSPEA(1979—1989 年由李政道和美国物理学界合作创立的中国赴美物理博士入学资格考试)考试成绩看出。该考试门槛极高，许多省都被“剃了光头”，但我校首次参加考试，就有周琥和吴颖(后因故未去)两人被录取，他们都是物理师资班的学生。

教研室对在职教师的培养和提高也极为重视。1979 年 4 月，中国科学院在北京友谊宾馆举办全国性的理论物理研讨班，为期约四个月，由诺贝尔奖得主李政道教授主讲粒子物理、高等统计物理等课程。全国各科研机关、高校共有三四百人参加，其中包括许多知名教授专家，可谓极一时之盛。我校去了五六个人，包括姚凯伦、王勤、黄祖耀和我等人，我是主要联系人。这个研习班对我校的师资力量培养起了很大作用。从这件事就可以看出，学校在人才培养方面肯花大力气。

研究生尤其是博士研究生应该是高校科研的主力军，为了发展理科，物理教研室积极创造条件招收研究生，首先是招收硕士研究生，然后是争取博士研究生的招生资格。1979 年，教研室想方设法争取到两个理论物理研究生的名额，开始招收硕士研究生。

为了克服没有硕士点的困难，也为了提高研究生的培养质量，从 20 世纪 80 年代初开始，我们积极与中国科技大学近代物理系和中国科学院理论物理研究所、等离子体物理研究所、生物物理研究所等合作，采取联合培养的模式，招收多个专业的研究生，包括高能物理、等离子体物理、天体物理等。相关研究所的知名教授或院士帮助我校教师指导研究生和授课。培养模式采取中国科大和科学院选派硕士生导师，我校配备一名合作导师。我校的合作导师有我、张金如等。为了提高研究生的培养质量，我们还举办了暑期讲习班，为学生讲授物理基础课。主讲教师均为全国知名科学家，如讲授等离子体物理的为霍裕平院士，讲授粒子物理和量子场论的为阮图南教授和汪克林教授，讲授群论的为王佩教授和侯伯元教授等。这种联合模式在全国影响很大，反响很好，培养了许多优秀的硕士研究生，如我系的学术骨干罗俊院士、吴颖教授、肖奕教授等。

20 世纪 70 年代末 80 年代初，物理教研室开始科研工作。最早是少数教师从事高能物理、相对论、生物物理、凝聚态物理的理论研究，也开始发表文章，但由于缺乏实验基地，条件有限，开始的时候没有特别重要的、有影响力的成果。80 年代后期，姚凯伦教授、刘祖黎教授等与我开始筹建凝聚态物理实验室，是度芳老师筹建光学实验室，科研工作逐渐走上了正轨。

20 世纪 80 年代初，联合国给予我国高等院校一批科研教学仪器设备的贷款资助。物理教研室一批比较贵重的仪器设备的费用就来自这批贷款，例如穆斯堡尔谱仪（研究材料的铁磁性质）、正负电子湮没谱仪（研究材料的缺陷性质）等。这些仪器既可以用于应用物理专业实验，也可以用于其他科学研究实验。

1983 年 10 月，在学校支持下，依托于物理系的天体物理研究室（1985 年更名为引力实验中心）开始筹建，并于 1984 年 2 月正式建成投入使用。该实验中心一直从事与引力相关的各种物理规律实验检验及相关理论问题研究，如引力测量、地震预测、军用 GPS 研发、地球物理研究等，现已成为我国目前唯一的引力实验研究基地，在国际上也享有良好声誉。引力实验中心的建成，标志着我系的科研水平又上了一个新的台阶。

物理系的建制演变大约始于 1980 年。这一年，物理教研室和化学教研室组建成理化系。1983 年 8 月，学校撤销原理化系，将其与固体电子学系合并，成立物理和固体电子学系。同年 10 月，学校发文《关于物理和固体电子学系改名为物理系的通知》，物理系正式成立。1986 年，教育部正式批准我校设立物理系应用物理专业，至此，物理系在全国开始正式招收物理专业本科生。同年，国务院学位办批准我系设立理论物理、凝聚态物理和大学教育（与高等教育研究所合作）三个硕士点，并在全国招生。

**2. 成长期（1987—1999 年）**

从 1987 年到 1999 年，物理系进入了发展的成长期。这一阶段的主要发展标志为争取到物理博士点、博士后流动站以及一级学科博士学位授予权。

1991 年，物理系申报理论物理博士点，函评为全国第一，但因接连几年都有人告状而未能申请成功。1998 年 7—8 月间，我正在海南休假，接到周济校长的电话，让我回来主持材料物理化学博士点授予权的申报工作。经过和物理系、化学系、固体电子学系（现为光电子材料系）有关老师商量，成功合作申报了材料物理化学博士点。当时材料学院已有 1 个博士点，因为这个新博士点申报成功，那一年我校（当时已改名为华中理工大学）材料学院的材料科学与技术的一级学科博士学位授予权就评审通过了，紧接着，博士后流动站也评审通过。这是理工合作互助的成功范例。

1999 年，物理系成功申报凝聚态物理博士点。2000 年，理论物理博士点的申报也获通过，因而获得物理学科一级学科博士学位授予权和博士后流动站设立权,为今后的发展打下了基础。在此期间,物理学院的教学也多次获得全国教育大奖和省市级奖。

特别要指出的是,从 20 世纪 90 年代中期开始,物理系发表的 SCI 论文数量在全校连续几年都稳居榜首。

**3. 突破期(2000 年至今)**

从 2000 年到现在,是物理学院发展的突破期。在这一阶段,学院的科研和教学工作都取得了极大的进展,成绩很多,我在此只谈几个要点。

首先是教学工作大放异彩。物理学院的本科教学获得了两个全国名师的称号,大学物理和大学物理实验一直走在全国高等院校的前列,多次获得精品课程的称号。在课程建设和教材建设中多有建树,具体情况就不详谈了。

在研究生教学中,有 3 名博士生的论文获得了全国优秀博士论文的称号:罗俊、涂良臣、王唯忠。多名博士生获得校科技十佳(当时已改名为华中科技大学)和其他荣誉称号。多名指导教师受到全国和省部级的表彰。

目前,物理学院的师资已经十分雄厚。有院士 1 名:罗俊。长江学者 3 名:罗俊、吴颖、陆培祥。杰出青年 5 名:罗俊、吴颖、肖奕、陆培祥、涂良成。青年千人计划 3 名:陈学文、付英双、李伟斌。国家自然科学基金优秀青年基金获得者 1 名:兰鹏飞。这些杰出教师各自率领优秀的科研团队做出了许多不俗的成绩。

同时,物理学院在科研方面也取得了令人瞩目的成就。我院的引力实验中心已是国家和教育部的重点实验室,是我国唯一的引力实验基地,在国际上也具有一定的影响。最近,发改委也批准在该实验基地的基础上建立一个全国大科学工程中心。近两年,物理学院获得的国家纵向科研基金在 4000 万元左右。就数量来说,除同济医学院之外,我院获得的国家自然科学基金项目在全校应该是最多的。目前,物理学院已建成材料物理实验室、凝聚态物理实验室、光学实验室、生物物理实验室和引力实验中心等高水平科研中心,成为人才汇聚的高地。2012 年,物理学院在教育部第三轮学科评估中已跃居全国第 12 名。

随着物理学科的发展,一方面我院接受学校强大工科的支持和帮助,另一方面我院也在全校的学科建设中发挥了自身应有的作用。脉冲强磁场实验室的申报成功,没有物理学院的参与是不可能实现的。我校电气与电子工程学院实力雄厚,为脉冲强磁场实验室的设备建设提供了人才和技术支持。但作为一个大的国家工程中心，其首先要阐明实验室成立的目的，也就是说，实验室可以做什么。2005 年暑假，潘垣院士邀请我和姚凯伦参加实验室的申报工作，我们竭尽所能地在申报工作的科学部分贡献了我们的力量。2014 年暑期，脉冲强磁场实验室正式通过国家验收，我和前校党委书记朱玉泉同志愉快地参加了验收仪式。这是理工结合的另一个成功范例。

实际上，2003 年左右，我就参与了学校电气与电子工程学院高温超导工程的一个超级 863 重点项目的申报工作。经过几个月的努力，成功撰写了申报报告，结果由于种种非人力可控的原因，申报差 0.01 分，最后没有成功。但这为之后脉冲强磁场实验室的申报奠定了基础。

## 三、感想与建议

**1. 发展理科是我校学科建设的必然要求，理科建设必须遵从理科发展的客观规律**

理科的发展与工科的发展有共同的规律，也有各自的特点。理科尤其是应用性理科的实用性较强。理工科的发展区别不大，它们都与国民经济的主战场密切结合，因此大项目、大经费都是两者追求的目标，也是衡量两者学术水平的重要标尺。

但是真正的基础研究往往是没有功利性的，耐人寻味的是，往往蕴藏重大科学突破的基础研究并非功利性的追求所取得的。我们应该有足够的战略眼光，有足够的智慧和耐心，允许并鼓励此类研究，给予足够的发展时间和条件，使得研究取得成果和突破。没有这样原创性的突破，我们就不可能真正成为国际一流大学。爱因斯坦的狭义相对论和广义相对论是当前物理学的基础之一，也是当前许多应用技术(包括航天、精密测量、材料科学、宇宙学、国防科学等)的基础。但是，他的研究没有丝毫的功利目的，更没有取得任何科研项目和经费。我们应该细心发现、培育和鼓励类似的基础研究。当然，此类出类拔萃的研究应该是为数极少，有心从事于此类研究的人也应该是为数极少，因为失败的概率高，受到冷漠和歧视的概率高，即使最后取得成功，在漫长的科研过程中，其经济效益和社会效益也会一直很低。如果说前一阶段我校的发展还限于追赶国内和国际的先进水平，对科研工作的指导限于一般化尚可理解，那么今后如果我们希望真正成为世界一流的高等院校，对此类具有重大原创性的研究必须加以鼓励。

**2. 重大基础研究项目的甄别和发现是一项深入细致、高瞻远瞩的学术工作**

诚然，许多重大的基础研究本身就是重大的科学工程，例如希格斯粒子的发现，宇宙微波背景辐射的发现和研究，中微子振荡和质量的研究等。但是毋庸讳言，许多这样的研究没有明显的实用性，也不一定具有大经费、大项目的特征。有许多理论物理和纯粹数学的研究，实际上还不可能完全摆脱传统的个体研究主体。历史上牛顿的研究如此，陈景润和华罗庚的研究如此，杨振宁和米尔斯关于非阿贝尔规范场理论的研究如此，最近我国留美学者陈益唐在解析数论上的突破也是如此。此类学术研究是从学科的理论发展提出问题，解决问题，当然一旦取得突破，对人类社会和产业有可能有重大促进，但是，这不是他们研究的初衷。为了正确地进行有关甄别、发现、培育工作，我们必须改变科学的评价标准，除了对技术、生产和国民经济的贡献之外，基础研究必须考虑其对学科发展的影响。

我校物理学院的发展也有这样的例子。我院退休老教授杨建邺关于科学史的研究，尤其是对诺贝尔自然科学奖的研究在全国是有一定影响的，新华社和其他很多主流媒体都对他进行过多次采访和报道。但是杨教授的研究在我们校内从来都是无声无息的。这样的学术氛围，对于理科和文科的发展是十分不利的。

当然，从事具体的实用研究，也应该注意从中找到规律性的东西，从具体到一般，从表象到本质，也可以构建更有价值的理论模型和体系。21 世纪以来，我带领课题组利用脉冲激光沉积(PLD)技术制备各种功能材料薄膜。PLD 技术在 20 世纪 90 年代就出现了，但是，其机理没有一个全面深入的、有逻辑性的说明。我们基于优化工艺对机理研究的客观需要，从宏观上分析了 PLD 的各个过程之间的内在关联，确定了构建脉冲激光沉积动力学“大厦”的目标。经过近 20 年的努力，同时不断吸收国际学术界在有关领域的最新研究成果，PLD 动力学的较自洽、完整的科学体系基本构建起来了。在近 200 篇论文的基础上，我们撰写了专著《脉冲激光沉积动力学原理》(科学出版社 2011 年版)。这门由中国学者构建的新学科获得了国际上的广泛好评。2011 年 8 月，欧洲材料科学家 David Cameron 教授致函我：“Elsevier 出版社近期拟出版多卷本的关于材料加工的大型学术丛书。我知道在此领域，你经验和学识都十分丰富。我邀请你撰写薄膜和涂覆一章……”2014 年 6 月，《Comprehensive Materials Processing》通过 Elsevier 这个全球较大的科学类出版社在全世界发行。该丛书的撰稿人都是世界级的科学家和专家。该书的出版标志着国际材料科学界对这门新诞生学科的认可。美国出版社 Nova Science Publisher,Inc.也邀请我们撰写了最近出版的英文专著《Laser Ablation: Effects and Applications》(《激光烧蚀:效应和应用》)的第七章"金属靶材飞秒激光烧蚀的热物理效应"。引用率已达好几百次(详见《中华读书报》,2014 年 11 月 12 日第 18 版)。

此类学术性较强的工作,对于扩大我校的国际声誉和提高我校的学术水平具有极大作用,这正是理工结合应该结出的硕果。可惜,这样的工作太少。我们应该创建一个更宽松、更符合科学发展规律的氛围,让理科、文科都得到发展,以便为理工结合解决更具有挑战性的科学技术问题、为培养更具有创新性的科学人才创造更好的平台。

## 篇后语

本文系应华中科技大学校史馆邀请所写。初稿由我口述,由我校校史馆田雪二访谈整理。载于华中科技大学校史网 2015 年 3 月 30 日,并且在《校史通讯》上发表。此稿略经本人修改。

在整理本文的时候,北京传来了好消息。2017 年教育部第四轮教学评估结果表明,华中科技大学物理学科被评为 A—。意味着华中科技大学的物理学科已经步入全国物理学科的第一方阵,与浙江大学、吉林大学、南开大学、武汉大学和中山大学的物理学科一起并列第七名。被评为A+的是北京大学和中国科学技术大学的物理学科,并列全国第一;被评为 A 的是清华大学、南京大学、复旦大学和上海交通大学的物理学科。应该说这是一个非常难得的结果,雄辩地证明了华中科技大学物理学院的学科建设走的道路是正确的,步伐是坚定而雄健的,士气是沉稳而高昂的。作为这段艰难的学科行军、学术建设的长征的全程参与者,我十分欣慰。路漫漫其修远兮,望后起者百尺竿头更进一步。

这篇文章主要是从学术的角度和我个人所知简述了华中科技大学物理学院的发展历程。当然,这些发展和成果的基本保证是党的正确领导,校党委和院系党组织的正确领导。关于院系党组织的领导人,在第一期的发展过程中的关键人物是张秀梅同志。她不仅坚定地贯彻了党的方针政策,广泛团结了全系的教职工,而且往往是亲临教学和科研第一线,党政一起抓(因为当时系的主要行政负责人缺位)，带领我们度过了建系初期的极其困难的时期。1985年，她上调国家教委，升任国家教委科技发展中心主任。在第二期的发展过程中，我以为王海生书记(后升为校工会主席)和姜丽华书记功不可没，姜丽华书记后调任学校党委组织部部长。在21世纪前后，林林书记高瞻远瞩、细致耐心的工作作风更是受到了全院教职工的拥戴。她后来调任国家光电实验室党委书记。

# 调往华中工学院前后的回忆

## 一、印象最深的一件事

1976年，“四人帮”被打倒，群情振奋，欢呼科学的春天来了。当年华中工学院在非常困难的情况下，老校长朱九思求贤若渴，在全国大量网罗人才。朱校长非常尊重知识、尊重人才、爱护人才，并且成功地网罗到一批有抱负、有能力的人才。我认为这是华中科技大学在20世纪70年代末80年代初起飞的最重要因素。朱九思同志是不拘一格地选人才。很多有才智的知识分子在当时的极左路线下，由于种种原因，譬如说出身不好、犯过错误等，其才能未得到充分发挥。但是他广纳贤才，而且气魄很大，这一点是当时各个大学很难做到的。举两个例子。当时有个国民党的U2飞行员被我们俘虏了，但是这个人英文很好，朱九思同志当时就敢于接纳他。后来，此人在我校学报的英语编辑中，发挥了一定作用。再拿我自身的例子来说，我不过是一个普通的中学老师而已，但朱九思同志当时发现我的确学有所长，可以为学校的理科发展助一臂之力，于是为了把我从原来的单位调到华中工学院，不惜费了很大的周折。我们学校在起飞的过程中，引进了一批当时不是很有名，但实力很强的老师。2017年，华中科技大学被评定为“亚洲最具有创造力的高校”之一，在中国大学里面排名第六。当年的起飞确实很不简单，若没有这些人才的支撑，很难有今日的成功。毛泽东同志说过，“教改的问题，首先是教员的问题”，学校里面没有一个好的师资，没有一支爱国的、充满朝气的知识分子队伍，它是不可能发展的。所以，办学最重要的就是在正确路线的指导下，要爱护人才，尊重人才，充分发挥知识分子的作用。没有这一条，其他的东西都是纸上谈兵。

一句话，在 1977 年到 1978 年，我调入华中工学院的过程中印象最深刻的就是学校的党委，党委的主要领导人珍重人才、爱护人才、求贤如渴，使我心中充满了温暖和阳光。

## 二、从中学调入华中工学院的过程

“四人帮”倒台后，科学的春天来了。我充满了信心，自己能在一个更大的平台上为国家的科学和教育事业发展贡献力量。我憋着一股劲，希望能将自己的所学找到用武之地。

第一，大学期间，尽管在国家经济困难时期，我大概两年就把大学的专业课程主要通过自学念完了。大学三年级的上学期，经过批准，我独自以优异的成绩，提前通过了专业课的全部考试。在其后的两年中，我大概自学完了相当于现在理论物理专业的博士专业课程，走向了基本粒子物理研究的前沿。

第二，也是在大三那年(1963 年)的冬天，我参加了南开大学基本粒子物理学专业研究生考试，并考取了第一名。当时学校的研究生科知道了我的考试成绩后，要我专门写了一份题为《如何考好研究生》的总结材料。当时，研究生招考人数很少，很难考，几百个人或几十个人中只录取一个。备考期间，我患有肝炎、浮肿，正在住院。当时大学生甚至温饱也成问题。我那时读书确实还是真正花了一些功夫，对于科学的探索充满了迷恋。

第三，1963 年要召开中国共产主义青年团第九次代表大会，胡耀邦的秘书傅杰(后任中央纪委书记处书记、中共中央委员)在全国各地物色“又红又专”的大学生典范。他看到我的材料之后很激动，跟我进行多次恳切的谈话。但由于当时的规定所限，尽管我已提前通过了所有的专业考试，但不能提前毕业。他就以共青团中央委员会学生工作部的名义，要我所在的大学利用一切条件，给我创造进修的机会。因此，我得以选择去武汉大学学习金属物理、固体物理。我现在研究的专业面较广，一个是理论物理，另一个是凝聚态物理，跟这段经历有很大关系。

尽管后来发展不尽如人意，在当时的环境里，无论在什么条件下，我都没有放松，默默地充实自己。一方面努力完成本职工作，另一方面时刻准备着，等待机会，报效祖国，在科研工作中做出一点贡献。打倒“四人帮”后，我心里想:报效祖国的大好时机到了！我估算,我到北京去发展是有可能的,例如通过报考研究生的途径。这是有点把握的。但是现实的经济困难不容许,我家里有六个人,如果我到北京去,无法维持六个人的生活。权衡再三,最后我选择到华中工学院。

为什么最后我选择了华中工学院呢？这个调动的过程很曲折,当时的背景是这样的。

第一,1976 年,“四人帮”被打倒。武汉市当时有一个非常有名的数学家——李国平,1977 年的上半年,一个偶然的机会他遇见了我。他了解到我不仅基础数学很好,而且通晓拓扑学、泛函分析、群论等前沿数学,跟我讨论过广义函数(德尔塔函数问题)。他深感人才难得,觉得像我这样物理和数学同时很好的人,确实不多见,而且我的文科素养也给他留下了深刻的印象。李国平跟我讲,他正好向当时的国家领导人提出,要在武汉市建立一个数学物理研究所,并且已经得到批准,大概一年左右就会建立起来,于是他邀请我当他的助手。果然,一年以后,中国科学院武汉数学物理研究所正式成立,李国平任所长。李国平院士虽然是武汉大学的教授,但是他要建立的这个机构是隶属于中国科学院的。我现在深深地怀念李国平对我的赏识和栽培。他当时跟我接触频繁,赠送了许多他的科学专著和论文。李国平先生向湖北省教育局高教处处长向志寻同志谈到了我的相关情况。大概向志寻同志就跟九思同志汇报了相关情况:我的数理基础雄厚,文史功底也不错。这样九思同志才知道我这个人,并跟我取得了联系。

第二,为什么向志寻同志要向九思同志汇报呢？朱九思同志当时除了是华中工学院的院长之外,还是省委宣传部副部长,分管湖北省的科学和教育。他的雄心是将华中工学院发展成为理、工、文结合的综合性大学。他在和我的谈话中,展示了华中工学院的发展前景,希望我能够到华中工学院工作。当然这也是我的迫切愿望。当时李国平先生的数学物理研究所没有正式成立,无权进行人事调动。

第三,我当时就职于华中农学院(现华中农业大学)附属中学。至 1977 年春夏之交,华中工学院的调令连续几次送达到华中农学院,惊动了华中农学院的领导。当时华中农学院的党委书记赵抱一、副书记严家明和革委会主任韩德乾都找过我谈话。他们说:“张老师啊,华中工学院是大学,我们也是大学。我们之前没有重用你,是我们工作的失误。听说你对于高能物理有些造诣,我们就准备成立一个原子能农业研究所,由你来当所长。”我当时考虑到两点:第一，要建立一个原子能农业研究所，不是光有一两个人就可以的，还需要相当的设备；第二，我对农业并不擅长。所以我当时的主观愿望还是希望到李国平那里或者到华中工学院工作。

这就是三个单位同时向我抛出橄榄枝的问题。那时，华中农学院的党委书记赵抱一同志，之前是宜昌市地委书记，他的级别要比朱九思同志高两级。当时全国各单位对人才的争夺都开始紧张起来，华中工学院是 1977 年春夏之交就给我下的调令，但他(赵抱一)一直不放人。最后朱九思同志想了一个办法。当时他是湖北省委宣传部副部长，部长是焦德秀同志，分管人事的副部长是余英同志。他们三个人开了一个部长会议，讨论我的调动事宜。余英同志说："他(赵抱一)既然不愿意放的话，那么，我们就把这个人(张端明)调到省委宣传部，并把他的夫人一起调到宣传部，他就不敢不放了，因为我们是上级啊！"利用这个办法，将我跟我夫人的关系转到了湖北省委宣传部，1978 年 7 月把我们调到了华中工学院。

这里还有一个问题：为什么我后来没有到李国平那里去呢？原因有二：第一，朱九思同志的动作快，李国平的那个研究所当时还没有正式成立；第二，朱九思同志跟我多次谈话，我对他的情谊很感动。而且那时我已经有三个孩子，他能够把我和爱人一起调过来，生活安排得很好。因此，我很高兴地选择了华中工学院。

调入华中工学院后，在中学与高校的工作衔接上，我一开始还是有些不适应。中学教育与华中工学院的大学教育相比，对象和内容完全不一样。科学内容对我来说没有问题，但是我对大学生的知识水准和实际水平了解不多。另外，工农兵学员跟 77 级的大学生，能力水准相差很大。刚开始我的主要问题是我的教学进度太快，而不是太慢。因为我觉得要讲的内容很简单，但是学生们觉得困难。应该说我还是有责任的，因为教师备课不仅应该备科学内容，而且应该备学生，充分了解学生的实际水平和接受能力。但这些都是教学方面的形式问题，不是本质困难。大概不到一年，我就适应了。之后，我前前后后，为了适应物理专业的发展，竭尽所能，上了三十几门课，例如工科大学物理、理论力学、热力学与统计物理、原子物理、量子力学、分子物理与热学、电磁学、亚原子物理学、原子核物理、高等量子力学、量子场论、规范场论、固体量子场论、基本粒子物理学、陶瓷物理、铁磁物理、稀土永磁材料与铁基化合物、铁电物理、群论、复杂网络、激光物理、分形物理与颗粒流等，获得了很多省级校级教学成果奖和教学研究奖。我是 1978 年 7 月上旬在华中工学院报到的，当年年底就在华中工学院学报上发表了两篇关于高能物理研究的论文。

## 三、对华中工学院的最初印象

当时华工的理科,即数理化三个专业中,物理教研室的基础最差。物理教研室当时有四个副教授,一个教授。他们因为语言等原因,都不能正常上课,所以整体上,仅仅完成全校的普通物理、大学物理的授课任务都有困难,更不要说专业物理。当时也根本没有专业物理。当时,物理教研室还没有招收本科生的资格,更不要说培养研究生的资格。相对来说,数学教研室和化学教研室的师资就要强一些。数学教研室有好几个老教授,课上得很好,而且还有教材和著作出版。化学教研室甚至有比较好的科研基础,例如关于防腐剂的研究就颇有传统,1978 年就得到了国家发明奖。于是,朱九思同志为了发展新专业,培养师资,就在学校开始办师资班,例如数学师资班、物理师资班等。我调到华工不久,就有一个工农兵 76 级的物理师资班,两个 77 级的物理师资班,这三个班一起上课。师资班为组建物理专业创造了条件。例如,现在的中科院院士、中山大学校长罗俊,长江学者吴颖,武汉市前市长唐良智,湖南大学党委书记蒋昌忠,世界著名材料科学专家朱建刚,等等,都是出自物理师资班。罗俊的大学毕业论文就是我指导的。

学校的另外一个举措就是,为了提高师资水平,尽可能为教师创造学术交流机会。我记得 1978 年下半年,李政道先生连续几个月,在北京科学会堂为全国科学工作者做科学讲座。九思同志那个时候就舍得花钱,派了四五个物理教研室的教师去听李政道先生的讲座,一门学科是基本粒子与量子场论,另一门学科是高等统计物理。这种高水平、高瞻远瞩的学术交流,不仅提高了听众的学术水平,而且创造了良好的学术交流环境。

在当时的特殊条件下,我邀请了中国科学院理论物理所、中国科技大学的一些知名教授来我校上课,并采取联合培养研究生的方式,以带动研究生工作的发展。1979 年,教研室的张金如同志开始招收两名研究生,张金如同志和我则在 1983 年招收了 3 名理论物理的硕士生,就是通过联合培养的方式进行的。华中工学院自主招收物理专业的本科生和培养研究生,需要得到国务院学位委员会和教育部批准。华中工学院的本科物理专业于 1985 年获得教育部的批准,同年,国务院学位办公室批准了华工 3 个物理专业学科方向的硕士学位点。就是说,我们最早能够自主招研究生是 1985 年,当然还不能带博士研究生。这为以后物理系的发展奠定了基础。当时,又要搞教学,又要搞科研,十分困难。回想当年,我在相当一段时间内,工作极为繁忙。1980 年冬天,我大病一场,吐血不止,一个晚上医院就下达 3 次病危通知。从业务上来说,我是输出多、输入少。但是现在回想起来,还是值得的。现在,华中科技大学培养了不少科学家和高级工程技术人员,没有人甘为人梯,怎么培养得出来!没有前人去打地基,后面的高楼大厦,怎么建立得起来!

总之,当时整个学校的学术水平并不是很高,但是华工士气旺,冲劲足。华中工学院有一点可能是其他学校没有的,就是上下一条心,非常团结,朝气勃勃,都想往上争。

## 四、参与脉冲强磁场建设的过程

跨入 21 世纪时,全国的强磁场科学研究基本处于空白,真正的 30 特斯拉以上的磁场,我国的实验室是不能产生的。有极少一些实验室可以产生 20 多特斯拉的磁场,更高的磁场设备就没有了。此时的华中科技大学决定建设脉冲强磁场有以下两个原因。

一个原因是,强磁场科学对于我们国家科学发展和国民经济发展具有重大意义。另一个原因是,我校当时已具备强磁场的技术基础,比如我校高压教研室的大功率电容器,在国内领先。并且,潘垣院士派了一批年轻人到法国的图鲁斯强磁中心、比利时的鲁汶大学学习有关强磁场的技术,所以我们当时在建设强磁场的人才培养上已经先行一步。潘垣院士自己到过国际上较好的强磁场实验室,例如美国洛斯阿拉莫斯强磁实验室、法国的图鲁斯强磁中心,并且收集了大量关于强磁场科学研究和强磁场设备的科学技术资料。这为我们自己建设强磁场提供了参照,同时为在我校建设脉冲强磁场提供了现实可能性。

现在我国强磁场工程中心已基本建成,并且其技术指标已经达到了国际同类先进指标。这个工程中心分两地同时建设,合肥建设稳态强磁场,华中科技大学建设脉冲强磁场。

我参与脉冲强磁场建设的过程,有如下四点感想和体会需要说明。

第一,我参加脉冲强磁场工作完全是由于一个偶然的机会。因为我跟潘垣院士很熟,他的夫人原来是我的学生。好像是 2003 年,有一次,他对我说:“张老师,今天晚上我请你开个会,在武汉市郊区有个梦天湖酒店,离华工不远，晚上我招待吃饭。”于是我就去了。去后他就说，“我们要搞个强磁场，需要向国家写项目建议书。但是，我们这个建议书写了两年多，现在还不太满意，想请大家吃饭看一下。”在此之前，我对强磁场科学虽略有了解，但没有从事专门研究。我当时把建议书的草稿一看，对潘院士说，“这是谁写的？其中科学内容贫乏，没有讲清楚，而且还有很多错误。这个草稿撰写者的文字功底很差，写得没有条理，缺乏说服力！”当时潘院士就笑了，他说：“张老师，那你就参加我们这个起草工作吧！”这样我才开始参加脉冲强磁场建设的建议书起草工作，一起参加起草工作的还有姚凯伦教授、于克训教授等，大家一起在东校区的环境学院工作了几个月。

第二，建议书的困难在什么地方呢？为什么原来写不出来？因为对于强磁场的科学和技术，我们国家以前是一个空白，没有人研究过，但是美国、法国、德国在这方面具有很好的基础，它们有强磁场实验室。建议书的起草工作，潘垣院士在其中起了关键作用。他始终热情洋溢地指导和支持有关工作。他花了很大功夫把相关的科学文献整理出来，共有几百万字的英文资料，给起草工作提供了文献基础。但要消化其内容需要大量时间，需要丰富深厚的科学知识，这一点正好能发挥我的长处。因为我看东西、学东西很快，而且我的中文基础好，善于归纳。实际上强磁场建议书要说清楚两个问题：第一个是怎么建设；第二个是建设了有什么用。怎么建设？我们学校电力系的老师说得很清楚。但是建设了有什么用？他们说不清。理科的同志(包括我)在这部分大概起到了重要作用。在参与申报脉冲强磁场之前，我曾多次参与重点项目的申报工作，比如高温超导项目、超导 863 项目。我具体承担了建议书的“科学部分”，就是要讲清楚强磁场建设后，在科学研究上有什么作用。后来我还参与了整个建议书的最终定稿工作。

第三，要讲科学的工作态度，不要搞太多的行政化干预。起草工作中，我就发现领导多，意见也多。今天是这个意见，明天是那个意见。政出多门，起草的同志无所适从。当时具体分管这件事的是现在教育部科技司的司长，原来我们学校的副校长王延觉，我对他印象很好。有一天我就跟王延觉同志说，“我有话要说！今天 A 领导来说要这样写，B 领导说要那样写，到底听谁的？这篇建议书，到底是科学家说了算，还是当官的说了算？如果我说话不算数，我马上回去！”这之后情况就改观了，建议书很快就写好了。所以，这个事情关键就是，在领导拍板，大政方针确定以后，要讲科学的工作态度，对具体的工作细节，不要去搞太多的行政化干预，要让科学家好好地工作。

第四,我们还应该出更多一流的成果。强磁场建好之后,在国际上很有声誉,但是我觉得缺点是出成果太慢。我对潘垣院士说:“我们自己要利用我们的强磁场做事,我们还应该出更多的一流成果。”实际在技术上,我们已经达到国际先进水平,甚至有些技术还可以领先世界。我们现在科学研究已经出现了一批成果,但还太少,我们要利用好这个平台为自己做事。据我所知,已经产生了一批在 *Nature* 系列上发表的文章。问题是水平还可以更高一些,尤其是我校的科研人员的工作还不够。这个平台当然应该面向全世界,面向全中国的科学家。但是近水楼台,我们学校的科学家为什么不应该先得月呢?我觉得这个平台应该而且必须为我校的学科发展、理科的发展、理工结合起到更大的作用。

物理学的老师和博士生为这个基地的建设都做出了重要贡献,例如姚凯伦教授、胡一帆教授等都做出了实质性的贡献。目前,我们物理学院还是做了很多工作。一直以来,物理学院与脉冲强磁场中心都有着很紧密的合作关系,把脉冲强磁场作为科研工作的重要平台,开展相关的科学研究。但是我希望“百尺竿头更进一步”。今后的合作应更为密切,更有效率。

至于我,在平台的申报过程中,便力求在强磁场科学的研究中有所作为。我的科研团队研制的一种具有奇异的磁阻效应的材料,可以在五六十个特斯拉条件下,保持正线性磁阻效应。我在 2005 年对材料的制备和测试都进行了卓有成效的工作,尤其是我利用 Yang-Mills 理论建立了材料的物理模型,发现这种材料是一种拓扑绝缘体。有关的工作都发表在重要的国际学术刊物上。但是进一步的、关键性的、将理论和实验结合在一起的文章未能及时发出。原因是磁场的测试工作不稳定,居然长达将近 10 年,于 2014 年才发出最后的实验结果。我们知道,2016 年的诺贝尔物理学奖,就是“拓扑相变绝缘体”的研究。十分可惜,尽管我是最早带领我的研究生团队踏进该领域,在材料制备、测试和物理解释方面都取得了重要成果,并发表在国际学术刊物上,尤其是对理论的解释在国际上走在前面,但由于种种原因,关键性的测试结果发表比国外慢了很多。更重要的原因是我面临退休,科研团队萎缩,无法摘取这颗皇冠上的宝石。

## 篇 后 语

本文系根据刘小雪等所作的张端明教授访谈纪要,稍加订正而成。这次访谈是在2017年6月9日晚上9:00—10:00进行的。当时访谈人刘小雪、周亚捷在华中科技大学教育科学研究院518办公室，而我在美国波士顿的女儿张敏家。访谈联系的过程是：2017年6月7日(星期三)晚上，访谈课题组成员刘小雪打电话联系我，发现我家电话已停机，于是到我的工作单位物理学院，询问联系方式；6月8日(星期四)上午，刘小雪去物理学院找到专门负责离退休教师工作的曹爱银老师，成功获取我的手机号码；当日晚上，刘小雪打电话联系上了正在美国探亲的我。我很乐意接受访谈。我当时在美国波士顿，2017年8月才回国，因此不能进行面对面访谈。随后，刘小雪询问我平时是否使用微信等通信工具，得到肯定回复后，通过征求我的意见，以及考虑到中美时差问题，最后约在北京时间6月9日(星期五)晚上9:00，用微信视频进行访谈。整个访谈持续了约1个小时，以我叙述为主，刘小雪和周亚捷补充提问，顺利而愉快。

该课题组的全称是华中科技大学教育科学研究院"双一流建设项目——中国大学历史发展研究"课题组。他们事先出具了邀请信：

尊敬的张端明教授：

您好！

我们是华中科技大学教育科学研究院"双一流建设项目——中国大学历史发展研究"课题组的成员，受学校委托对我校的历史发展进行研究。您是我校脉冲强磁场建设和发展的重要参与者，我们希望更深入地了解这段历史，诚挚地邀请您接受我们的访谈。

谢谢您的支持！

访谈提纲如下：

1. 华中科技大学历史发展中，给您印象最深的一件事？

2. 从中学调入华工的过程。

(1)调入华工前，您想过自己会被调入高校吗？我们在校史馆的访谈资料中了解到，当时有三所高校同时向您抛出橄榄枝，您为什么最后选择了华工？

(2)初到华工时，您是什么样的状态？当时华工给您最深的印象是什么？调入华工后，您在中学与高校的工作对接上有没有不适应的地方？

3. 参与脉冲强磁场建设的过程。

(1)建设脉冲强磁场之前，华工在该领域在全国的地位是怎样的？哪些因素促成了华工决定建设脉冲强磁场？当时有相应的参照对象吗？

(2)您在参与申报脉冲强磁场之前,参与过类似重点项目的申报工作吗?物理学院作为理科学院,在这项理工结合的项目上,做了哪些工作?

(3)在参与申报的过程中,您具体承担了哪些工作?遇到了哪些困难?又是怎么克服的?申报成功后,您还参与了其他后续的建设工作吗?

据我所知,这次访谈的策划人是华中科技大学党委前副书记刘献君同志。

最后要补充的是,脉冲强磁场中心申报成功以后,发展极为迅速,在科研工作中屡创佳绩,在国际学术界的影响不断提高。国家脉冲强磁场科学中心(筹)正式成立于2011年3月28日,主要从事脉冲强磁场技术研究和强磁场环境下的基础科学研究。脉冲强磁场的实验装置于2008年4月正式开工建设,2013年10月建设完成,多项技术指标达到国际一流水平。其中脉冲磁场强度达到90.6T,使我国成为继美国、德国后世界上第三个突破90T大关的国家。2014年10月,脉冲强磁场实验装置通过国家验收。

截至2018年3月,该装置已累计开放运行30722小时,其中对外开放22700小时,对外机时共享率达到74%。为北京大学、清华大学、中科院物理所、美国斯坦福大学、英国剑桥大学、德国德累斯顿强磁场实验室等国内外63家单位开展科学研究754项,在高温超导、拓扑半金属、分子磁体、石墨烯等前沿研究领域取得丰硕成果,在*Science*、*Nature*子刊、*PRL*、*JACS*等高水平期刊发表SCI收录论文553篇,有效推动了我国基础前沿学科的发展。2018年11月22日,国家脉冲强磁场科学中心(筹)成功实现64特斯拉脉冲平顶磁场强度,创造了脉冲平顶磁场强度新的世界纪录。

基于工程建设和科学研究方面的进展,中心在国内外的学术地位不断提升,已经和美、法、德、日等国的多个世界知名实验室建立了紧密的合作关系,聘请了包括诺贝尔奖得主冯·克利青教授在内的8位国际知名学者担任顾问教授,成立了由世界顶级科学家牵头组成的国际咨询委员会。中心重视人才引进与培养,培养教育部“新世纪优秀人才计划”入选者4名,成功获批“高等学校学科创新引智基地”(111计划)和教育部创新团队,已形成一支在相关领域具有国际学术影响力的科研队伍。

当本书付梓之际,湖北省政府已将脉冲强磁场的大科学工程建设,评定为2018年度湖北省科学技术进步奖特等奖,获奖证书已颁发给我。紧接着,国家又将该项目批准为2019年度国家科学技术进步奖一等奖。奖状将于年终召开的全国科学大会上颁发。

# 华中科技大学少年班杂记

2016年11月中旬,华中科技大学物理学院1985年至1988年四届少年班和物理专业的校友返校,济济一堂,欢度返校的美妙时光。其中少年班和提高班的校友不到20人,但是他们都是在事业上卓有成就的中华才俊。特别使我感到惊奇的是,其中居然有两个校友在数学上取得了国家自然科学奖二等奖(均为当年的最高自然科学奖)。其中一位是北京大学数学学院范辉军教授,因为在解决超弦理论的数学瓶颈上的成就而获得2015年度国家自然科学奖二等奖;另一位获奖者是中国科学院数学与系统科学研究院应用数学所黄飞敏教授。此外,我还获悉与他们一起上课的物理班的方忠教授和李明教授即将就任中国科学院物理研究所正副所长。近来关于方忠教授在拓扑绝缘体和威尔费米子的研究取得重大突破的喜讯不断传来,他已被评为中国科学院院士。

华中科技大学(原华中工学院)的少年班和提高班不仅培养了大批的教授和工程师,在国内外不少名牌大学和研究机构硕果累累,而且培养了大批声誉卓著的企业家和金融工作者。华为的原二把手李一男就是我校85级少年班的学生,到华为以后,19岁因为解决高技术难题而晋升为高级工程师。其后很快升为该公司的副总裁,分管过研究发展,也分管过海外业务和营销。离开华为以后自行创业,担任过IT企业和投资公司的总裁。当然他也走了一些曲折的路。他对我校极为关心,曾经委托我在物理学院设立过李一男奖学金。此次回来的吴雅楠在校期间品学兼优,是以北京的一家创业公司老板的身份与我欢聚。

我校少年班创立于1985年9月。1985年,教育部决定,在中国科技大学试办四届少年班的实践基础上,允许全国12所重点大学(清华大学、北京大学、北京师范大学、吉林大学、南京大学、复旦大学、武汉大学、华中工学院、上海交通大学、西安交通大学、南开大学、南京工学院)可以招收少年大学生。同年9月,我校少年班17人入学。1986年9月,我校创办以单科强化训练为宗旨的数理提高班和少年班一起集中管理。86级教改班学生58人,87级37人。

我从少年班创制伊始，一直到20世纪90年代中期一直担任少年班教改班教学指导委员会主任，实际掌管该班的教学业务工作，但人事编制上归属于物理系。1987年12月13日，由我拟定、华中工学院教务处颁发的《华中工学院少年班教学指导小组工作条例（试行）》第一条规定，指导小组成员由组长一人、组员若干人组成，其组员由物理系与有关系商定，报教务处备案，指导小组工作受教务处、物理系双重领导。第二条规定了指导小组的具体职责，第三条规定了指导小组的义务。实际上我作为组长，少年班的具体教学工作由我负责，而具体的日常工作和学生思想教育工作由少年班办公室负责。少年班办公室主任最初由杨汉南同志担任，宋文芝同志担任主任的时间最长，大约是在1987—1994年期间。当时的物理系党总支副书记王海生，对于少年班的学生工作投入了很多精力。1995年以后，少年班转归我校电信系（现电子信息与通信学院）管理，我就没有过问这个班了。1996级少年班学生在2000年毕业后，华中科技大学（2000年之前还叫华中理工大学）少年班就彻底消失了。

1985年初，我受华中工学院朱九思校长之命筹建少年班。朱校长的指导思想是，少年班是根据因材施教的普遍教学原则，对于极少数天赋高的少年大学生采取的一种特殊教育措施。至于针对我校的实际情况还具有另外一层深刻的含义。我校从师资、教学和科研设备以及招收的学生素质，肯定是不可能与清华、北大之类的顶尖学校相提并论的。但是朱校长认为完全有可能，在一个局部的范围集中全校的资源，在师资教学和学生素质各个方面造成局部的优势，以赶超所谓顶尖的学校。我在中国科技大学少年班进行了详细的调研，根据我校的具体情况，提出了我校少年班具体管理模式方案。校领导采纳了我的建议。

我校少年班管理模式，基本上采取中国科技大学的教育模式。集中管理三年（后来改为两年半，最后定为两年），而后根据学生的志愿分配到有关院系。指导方针是强化基础，因材施教。在管理模式上与中国科学技术大学不同的是，中国科学技术大学的少年班有一个单独的行政建制，相当于一个系，而我校的少年班在教学上由教务处领导，具体由教学指导小组执行，而在行政建制上则归属物理系（后来是物理学院）。因此，少年班有条件在全校遴选最优秀的教师，例如外语的梁光耀老师、数学的朱自清老师、电力工程系的陈崇源、计算机的余祥宣老师等。至于课程设置，在照顾全校理工科专业的后续学习的前提下，对于数学、物理、外语、电路理论等均采用内容较为丰富和充实的教材。例如数学便是采用自行编撰的《高等微积分讲义》上下册，大致相当于大学数学专业的数学分析水平。如果没有当时深厚的数学基础，我相信绝对不可能出现现在两名全国一流的数学家。

在20世纪80年代后期和90年代前期，全国少年班由中国科学技术大学少年班牵头，经常举办全国性的教育研讨会，成立了全国超常教育协会（筹），协会理事长是中国科技大学辛厚文副校长，他也是一名物理化学专家，我也当选为协会的主要领导人之一。中国科学院心理研究所查子秀研究员领头，成立了全国超常教育心理研究协作组，我也当选为领导机构成员。参加有关学术会议的不仅有举办少年班的各个大学的代表，还有中国科学院心理研究所和相关教育单位的科学工作者，更多的还是全国各知名重点中学的老师们。例如，1993年10月10日至10月14日在北京召开的中国超常儿童、青少年研究和教育15周年学术研讨会的代表有将近两百人。1989年5月下旬，召开了全国超常教育心理研究协作组会议。应该说当时的超常教育热潮盛况持续不减。1989年12月，我们汇编了有关工作的总结材料《理工科大学生前期优化教育》，并且在1989年中国超常儿童（少年）研究十周年学术研讨会上，我校少年班发表了题为《少年班优化管理初探》的学术论文，署名是任淑香、宋文芝、张端明、王海生。该论文被载入《中国超常儿童（少年）研究十周年学术研讨会论文集》（于1995年正式出版）。文章指出，爱护和理解是少年班管理工作的基本原则，强调在少年班的管理中应加强群体意识、在共性中发展个性，优化管理必须落实到优化学习上。1990年，我在《高等教育研究》1990年第3期（总第41期）发表论文《培养拔尖人才的初步探索与试验——华中理工大学教改（少年）班综合改革的实践与思考》。1993年，我校少年班的教学工作荣获湖北省政府教学改革二等奖。在全国大学十个左右的少年班中，我校少年班的管理工作得到了广泛好评，除了中国科学技术大学的少年班外，应该属于佼佼者。在20世纪80年代末，南京大学少年班有一段时期办得也很出色。当时南京大学一位副校长，好像姓冯，也是一位物理教授，亲自主管少年班。也有学校开始时盲目扩大招生，甚至达到一年招收300余名少年大学生，质量良莠不齐，效果自然不好。这个学校不久后即停止招收少年大学生。

当然，现在大部分的学校包括华中科技大学的少年班都已停办了，社会上有许多对于少年班的误解和非议，我在2006年11月18日接受了湖北教育电视台的专访，题为《少年班探秘》，主持人是刘卉，陪访的还有武汉大学历史系李工真教授。专访分为三个部分：第一部分是少年班创立的原因和停办的原因；第二部分是请专家评价少年班的各种怪状；第三部分是关于智力超常儿童的教育问题。我对于有关非议和质疑进行了理据充分的辩驳和澄清。有趣的是,李工真教授本来规定的角色是质疑者,但是,到专访的最后他居然成了我的观点的附和者。

十年树木,百年树人,人才的培养和鉴别是需要时间的。如果说专访的当时,对少年班成才情况的调查不够充分,或者更确切地说,少年大学生进入社会的时间还太短,其锋芒和棱角的展示还尚待时间的考验。但是,时至今日,少年班培养的人才硕果累累,我校少年班大学生人才辈出,中科大的少年班更是涌现出一大批世界一流的教授、科学家、企业家,这些非议应该是不攻自破了。但是大部分学校少年班的停办也是时事使然,少年班是一种特种教育,需要打破许多常规,探索新的培养方式。尤其选拔少年大学生,是十分琐碎的工作。我们的许多招生同志,不愿意像中国科学技术大学一样,精心面试,文化考察,智商测验,甚至走访家庭。20 世纪 90 年代以后,社会上的浮躁的风气、腐败的风气进一步增加了精准遴选少年大学生的困难,有的地方篡改考生的年龄,甚至编造假学历。

总而言之,我校举办少年班的经验集中到一点,就是根深叶茂,创新花开。没有强固的基础,总想走捷径、抄近路,恐怕是无法到达光辉的顶点的。我们应当记住一位哲人的名言:只有那些在崎岖的小路上攀登不畏劳苦的人,才有可能到达光辉的顶点。

## 篇后语

本文是我 2016 年对华中科技大学少年班的一些零碎的回忆。可以与本书中的《培养拔尖人才的初步探索与试验——华中理工大学教改(少年)班综合改革的实践与思考》参照阅读。

在本文定稿的时候,传来 1989 级提高班王舟同学当选加拿大科学院院士的好消息。所谓提高班,是在全校各系新生遴选优秀学生组成的特殊班,与少年班一起上课,统一教学计划,统一管理,完成基础课程学业以后,三年级开始与少年班的学生一起分流到各个系。王舟是在 1991 年下学期分流到电信系的。他还是加拿大工程学院的院士。加拿大工程院院士有 741 人,其中华裔有 80 人;加拿大科学院院士有 1090 人,其中华裔有 49 人。身兼两院院士的华裔,仅有 13 人。王舟是有史以来获得艾美工程奖的唯一华裔,现任加拿大滑铁卢大学终身教授。

在此附上2017年12月见诸报载的一段关于李一男的文字：

他在脑子里回顾自己的过往，少年得志是第一个关键词，之于媒体的表述就是天才少年。在多甫拉托夫的笔下，“天才不是大众的敌人，而是庸才的敌人，天才就是不朽的凡人”。之于如今的互联网世界，会发现，天才少年的话题更是一大吸引流量的利器。李一男是华中理工大学（现在的华中科技大学）第一届少年班出身。……公开资料显示，华中理工大学选录少年班学生的标准为：智商在130左右、德智体全面发展、年龄在15周岁以下的初高中在校学生。1985年6月，23名天才少年从全国各地进入华工，李一男就是其中之一。

李一男当时的室友叫吴雅楠，他在上铺，吴雅楠在下铺。从第一天起，他们卧谈会的内容，从力学到光学，从电磁学到电动力学，从量子力学到广义相对论，从麦克斯韦方程组到薛定谔的猫，从凝聚态到量子计算……两个天才在这个宿舍里探讨着物理学的前沿，如果沿着这条路走下去，多年后就可能发展成为像自己导师张端明教授一样的物理学大家，所研究的问题就像牛顿一样从物理变成哲学，就像张端明教授一样在晚年的研究成果变成《道德经中的“道”、“无”与真空场、暗能量》、《老子的自然宇宙观》等。

李一男的人生并没有照这样的剧本发展，他与华为的结缘要多亏少年班的班主任宋文芝老师，对了，李一男可能还不知道宋文芝老师已经在今年春夏之交从华为上海研究所光荣退休了。要知道，在宋文芝老师的联络下，一茬又一茬的华科学子被输送到华为，李一男是第一个，也是其中对华为贡献最大的一个。

李一男在华为内部是火箭蹿升的，1993年6月，进入华为的第二天就升任华为工程师，半个月后升任主任工程师、升任中央研究院副总经理，两年后被提拔为华为公司总工程师/中央研究院总裁，27岁坐上了华为公司的副总裁宝座。有报道说，在华为内部，任正非甚至在某些场合直呼其为“干儿子”。

（引自网络材料《从任正非的干儿子到玻璃房子里的囚徒，李一男的边缘书写》）

至于以后他离开华为，创办港湾公司，而后又返回华为，反反复复，恩怨情仇就不多谈了。李一男是教育学中一个非常值得关注的案例。

最后要加一点说明的是，我的晚年固然视野扩及哲学、教育学和科学史等社会科学领域，然而关注的焦点始终是物理科学。这与上述网络材料中的说法多少有点不同。

# 1998 年美国物理协会与美国物理教师协会联合会年会概况

应美国物理协会(APS)的邀请,我出席了 1998 年美国物理协会与美国物理教师协会(AAPT)联合年会。会议于 1998 年 4 月 18—21 日,在美国俄亥俄州首府哥伦布市哥伦布会议中心召开。这是一次高水平的物理学盛会,与会代表达 1800 余人,提交论文 1600 余篇。会议主席是美国 Lawrence Berkerley 实验室的 A. M. Sessler。

年会规格很高,有许多诺贝尔奖得主参加,例如 1997 年诺贝尔物理学奖得主朱棣文、菲利普斯和科昂-塔努吉等。他们在发表了《原子物理与固态物理的交汇》、《用光来操作原子》等精彩演讲。会议总共召开四次全体大会,有 12 个涉及物理学各分支的综述报告,报告人均为国际物理学界著名科学家。

全体大会是大会的高潮。三位诺贝尔奖得主的演讲,异彩纷呈。他们演讲的主旨是中性原子的激光冷却术的有关问题。这是激光物理、原子与分子物理以及量子物理发展迅猛的一个领域。所谓冷却,意味着减少原子彼此间的相对速度。其原理大概是,一束激光聚焦在原子气体上,同时使光波长正好调节到特殊波段,使得某特殊方向运动速度最快的原子会吸收迎头飞来的光子,从而使原子在该方向的运动速度减缓。当然,原子最终会将光子重新发射出来,但其方向是随机分布的。激光轰击的净效应是延缓原子的相对运动,即冷却原子气体。

朱棣文将这种激光束称为“光学黏胶”。它们竟然可以将成百万原子的温度降低到几百分之一度(绝对温度)。加上磁场后,激光装置就可以俘获原子,并进一步使之冷却,甚至达到 $10^{-10} \sim 10^{-9}$ K 原子热运动的减少,从而可能在更高精度研究原子性质。利用激光冷却技术,人们实现玻色-爱因斯坦凝聚。这种新型的物质形态,早在 70 多年前就为玻色和爱因斯坦所预言,但其实现的条件极为苛刻,要求温度十分接近绝对零度。现在人们观察到这种奇异形态:许多原子的波长交叠在一起,最终全部重合,进入同一量子态。

菲利普斯利用此类激光装置,创造出光学晶体,其中原子位置是由光波取代的类晶体。朱棣文作为此项技术的首创者,利用其激光束将超冷原子首先分隔为一个个单独的波，然后又将其重新组合，以形成干涉花样，从而可提供关于原子的详细信息。在一种巧妙的特殊激光冷却装置中，科昂-塔努吉将氦原子置于暗态。处于暗态的原子，温度最低，以致不能吸收附加光，真是匪夷所思！

他们的工作，奠定了更为精密的原子钟、加速度测定仪、回转仪和原子激光的基础。许多人认为，他们的成果，是20世纪物理学的一个圆满句号，同时也拉开了新世纪物理学的序幕。

会议内容很丰富，涉及物理学各分支。美国物理学会的各个分会，如核物理、粒子与场、天文学、化学物理、束流物理、计算物理和等离子体物理等分会均参加该年会。此外，美国物理协会的下属研讨会，如物理学史、教育、物理学与社会、产业与应用物理和国际物理学也积极开展学术活动。物理学中的妇女地位委员会和少数民族委员会也在会议期间，召开了讨论会。会议的主要活动是专业小组会议。我与郁伯铭教授的论文《非线性超光介质和空间亮弧子》在小组会上宣读，论文修改后，已提交 *Physical Review*(*B*)。

作为一个插曲，我介绍了由美国物理研究院公共信息部 P. F. Schewe 和 B. P. Stein 提供的1997年物理珍闻。珍闻取材范围为《科学》、《自然》、《物理评论快报》和《应用物理快报》，也有少量为国际学术会议报告。珍闻67条，其中天体物理10条，原子、分子和光学11条，生物与医疗物理3条，凝聚态与材料物理13条，地球与太阳物理5条，纳米技术13条。凝聚态与纳米技术实际上都可视为凝聚态物理，总计有26条之多。从中可以窥见当前物理发展的动向。凝聚态物理日益成为物理学发展的主流，而实验物理、应用物理也在其中占举足轻重的地位。

会议的 Workshops 质量较高，给人留下深刻印象。APT 组织的四次 Workshops，内容新颖、形式活泼，均为前沿热门问题，如"高热和高密核物质的衰变"、"格点 QCD 与标准模型"、"软 QCD 和宇宙学的5个参数"等。AAPT 组织的3次 Workshops 则更贴近教学，如专题"广义相对论与数学教学"等。AAPT 还在 Hyatt Regency 举办"教育者与学生日"活动，讲演题目则通俗易懂、饶有兴趣，如《流体动力学与巨型肥皂膜》、《牵牛星的物理学家》、《物理学家与玩具》、《教室宇宙学》等。

与国内一般学术会议不同，年会还为学生(包括研究生、博士后)专门举办职业发展的 Workshops，并且设有一个职业中心，大大方便了物理人才的供求流通。职业中心是免费的。美国物理协会所属学术杂志 *Physical Review*、

*Physical Review Letter* 还举办专题活动，题目是《物理评论和快报的一个现场讨论》，即讨论论文"什么是错？什么是对？我们向何处去？"会议期间，还颁发了1998年度APS的各项学术奖，计有Le Roy Apker奖(获奖人Cumeran Ged-ds)，薄膜物理中的论文奖(Bita Chaffari)，Hans A. Bethe奖(John Bahcall，《太阳中微子和其他天体核天文学问题研究》)，Tom W. Bonner奖(Joel M. Moss，《关于在质子与核相互作用中双$\mu$子的产生的研究》)，Edward A. Bouchet奖(J. D. Garcia，《关于含时计算的量子方法的理论》)，Joseph A. Burton奖(Robert Paru，《关于物理科学出版事业》)，Dannie Heineman奖(E. Witten and N. Seiberg，《强耦合的超对称场与弦论》)Julius Edgar Lilien field奖(D. Scalapino，《关于量子多体问题计算方法的突破性工作》)，Maria Goepper-Mayer奖(Eligabeth Beise，《关于核子结构与少核子系统电子散射的研究》)，Nicholson奖(Henry Kendall，《关于协会及学术杂志的贡献》)，核物理论文奖(Yury Kolomensuy，《关于与自旋有关的深度非弹散射实验的工作》)，W. K，H. Panofsky奖(David Nygren，《关于高能碰撞中产生的带电粒子的复拓朴学研究和含时投射室TPC的概念研究》)，研究院成员研究奖(Richard Peforson，《红外光谱学》)，J. J. Sakurai奖(Leonard Susskind，《关于强子弦模型、晶格规范理论、量子色动力学和动力学对称性破缺方面的开拓性工作》)，Leo Sziland奖(H. Geller and D. Goldstein，《关于在提高能源的有效利用，尤其是在应用物理学和经济学对能量有效利用标准的优化研究》)，R. R. Wilson奖(Maffhew Sands，对于加速器物理电子——正电子的演化和质子对撞机的贡献)等。

## 篇 后 语

本文载于华中科技大学《国际学术动态》1998年第9期。按学校的规定，参加国际学术会议必须提供一篇文章介绍有关学术交流的情况。这是我第一次到美国参加学术会议，不仅访问了美国Ohio state university，而且顺访了Cornell University、Columbia University和New York University。扩大了视野，与同行交流了学术，是一次收获满满的美国之行。回来以后，我开始将激光科学和工程作为我的一个重要研究方向。我领悟到21世纪的物理科学可能有两个发展最快的分支学科：光学科学和技术以及天体物理和宇宙学。

我的另外一个沉甸甸的收获是，在我国《物理》杂志上发表了长篇综述

《1997 年度物理学成果精粹》,分别于 1999 年第 7 期、第 8 期和第 10 期以三部分刊载。杂志编者认为,读者可以从中看到国际物理学发展的脉络。据《物理》杂志编辑部信息,该文由于涉及物理学的各个领域,并且内容新颖,特别邀请了中国科学技术大学教授郭光灿院士校对,在此谨表谢意。

# 夸克,世界上最小的"砖石"

"武汉中学复建后的首任校长芦世章,就是我的老师和校长。"2004 年 12 月 31 日,华中科技大学的张端明教授来到武汉中学,用他广博的知识和独到的见解,和同学们漫谈 2004 年的诺贝尔物理学奖。

张教授首先道出他与武汉中学的渊源:"我的父亲,就是创办武汉中学的董必武先生的学生。"张教授简短的话语,一下子拉近了和同学们的距离,在大家看来,这位体态微胖但精神矍铄的学者,似乎就是武汉中学的一员。现场 300 余位师生用热烈的掌声,欢迎张教授演讲。

## 一、夸克,世界上最小的"砖石"

"2004 年 10 月,瑞典皇家科学院宣布,他们将 2004 年诺贝尔物理学奖,授予美国科学家戴维·格罗斯、戴维·波利策和弗兰克·维尔切克,以表彰他们发现了粒子物理的强相互作用理论中的'渐近自由'现象。"张教授由 2004 诺贝尔物理学奖,直接将话题切入微观世界的构成——基本粒子家族。

人们一般都认为:物质是由分子构成的,分子是由原子构成的,原子是由质子、中子等亚原子粒子组成的,而亚原子粒子则是由更基本的"夸克"构成的。张教授说:"'夸克'是宇宙中最小的'砖石',夸克和电子一类的轻子就是我们今天认为的基本粒子。"

至于"夸克"之间的相互作用,张教授形象地说,两个"夸克"如同一对古怪的恋人,靠得越近,越不互相搭理,这就是渐进自由。

## 二、杨振宁和诺贝尔物理学奖

“你们知道吗,2004 年诺贝尔物理学奖,是建立在杨振宁先生的杨-米尔斯理论框架上。”报告厅内发出一阵惊呼声。

张教授一边放幻灯片,一边为大家讲解。杨振宁先生创立的杨-米尔斯理论,是现代量子理论发展的最高峰,这是他因发现宇称不守恒而获得诺贝尔奖以外,对物理学的又一重大贡献。迄今有 6 个诺贝尔物理学奖涉及的研究成果是在其框架内的发展,当然也包括 2004 年的诺贝尔物理学奖。

## 三、诺贝尔奖与中国人擦肩而过

一位女同学问:“为什么我们国家拿不到诺贝尔奖?”

张教授说,新中国成立前,我们曾三次与诺贝尔物理学奖擦肩而过。像科学家吴有训、赵忠尧、王淦昌他们和诺贝尔奖失之交臂。新中国成立后,我们在人工胰岛素的研究领域一直居于世界领先地位,只是由于种种原因没有获得诺贝尔奖。

“中国的中学生在国际性的物理、数学等比赛中拿到很多奖,但为什么成年之后与诺贝尔奖越来越远呢?”这位同学继续问道。

张教授说,我国的科学基础比较差,缺乏深厚的科学传统,一流的科学家太少了。然后就是教育体制的问题。张教授说:“我一直认为尽管教育体制有种种问题,中国的中学生和大学生教育是世界上第一流的,但比较发达国家,博士生教育却很弱。这个问题是制约我国科学发展的瓶颈之一。”

## 四、“我不赞成中学文理分科”

一个同学问道:“如何看待科学和人文之间的关系。”

张教授说:“人应该得到全面发展,搞理科的也要加强人文素养,所以我不太赞成高中就开始文理分科,造成种种弊端。”

“没有人文修养的科技工作者只能叫工匠。如果只知道眼前的课题,不问人生的追求和人生价值的实现,甚至连表达科研成果都很困难,很难想象这样的人能取得大的科研成果。”张教授说,自己时常提醒自己的博士生看《红楼梦》等中外名著，吸收传统文化的养分。

张教授告诉同学们，自己从小就喜欢读《红楼梦》等中外名著。“现在，几十万字的专著，如果材料齐全，我一两个月就能一次定稿，改动得非常少，这得益于我从小打下的文学功底。”

“我们需要人文精神的滋润。”张教授建议大家，要多多学习人文科学，提高人文素养，开阔眼界和净化心灵。

## 篇　后　语

这篇报道是《楚天都市报》记者李樵、通讯员李远华、实习生吴娟撰写的，发表时通栏大标题是《和名家面对面》，主标题是《我们需要人文精神的滋润》，副标题是《夸克，世界上最小的砖石》。演讲是在 2004 年 12 月 31 日。发表大约是在 2005 年 1 月 4 日的《楚天都市报》上，确切日期记不清楚了。在这篇报道里可以看到，在 2003 年到 2004 年，我在社会上大、中学校里面所作的报告的大致内容，以及我对教育和科研工作的一些看法。

# 伯乐奖前的剪影

张端明，教授、博导、校特聘教授，凝聚态-材料物理中心学术委员会主任。1941 年生，1960 年进入华中师范大学物理系，提前两年以优异成绩通过毕业考试，1963—1964 年在武汉大学金属物理专业学习。他历访欧洲意大利理论物理中心及俄罗斯、奥地利、匈牙利等国的高等学校，同时又多次到美国做学术访问，遍及哈佛大学、麻省理工学院、波士顿大学、纽约大学、密歇根大学、俄亥俄州立大学、宾夕法尼亚大学，佛罗里达大学等，并且多次参加学术交流。

累计主持国家自然科学基金、教育部博士点基金、国防预研基金、国家电力系统重大项目以及省自然科学基金等科研项目近 20 项。近年来，在凝聚态物理领域，如特种电子功能陶瓷，纳米复合材料，PLD 机理的研究，颗粒流系统与分形介质，非线性自组织行为(沙堆模型，森林火灾模型)，以及在场论方面，多有著述。在国际、国内权威学术刊物 Physics Review, Journal of Applied Physics, American Ceramic Bulletin, Physics letter A, Physica B: Condensed matter, Physica A, Journal of Physics A: Math. Gen., Solid State Physics Communication, Magnetism and Magnetic Material, Science in China, Chinese Physics Letter 等发表高质量论文 210 余篇,发表专著《应用群论导引》、《世纪之交的物理学》、《高能物理漫记》、《物理学与高新科技》、《大宇宙与小宇宙》5 本,并主编参编《精神文明知识宝库》、《基础物理学》(上、下)、《大学物理学》(上、中、下)等 6 本。

20 余年来,主讲大学物理、力学与热学、原子物理、亚原子物理、基本粒子物理学、理论力学、热力学与统计物理、量子力学、现代早期宇宙学概论、物理学与高新科技、量子场论、规范场论、群论、分形物理、铁电物理与铁磁物理、薄膜物理与表面物理、非线性物理等 20 余门课程,教学效果显著,多次获得教学奖励。1992 年,因主持少年班的教学改革卓有成效,获湖北省教学改革成果二等奖。近年来,在研究生教学中,频繁获奖。2001 年获研究生教学成果一等奖,2001—2005 年连续几年被评为优秀研究生指导教师。

张端明教授忠诚于党的教育事业,一贯爱惜人才,不遗余力地培养年轻学子,尤其对其中的优秀人才更是费尽心血、言传身教、关怀备至。其主要事迹如下。

## 二、不遗余力地培养年轻学子

张端明教授多年培养博士和硕士近百人,其中颇有杰出人士。例如,张教授培养的 96 级硕士生高义华,家庭很穷,脾气倔强,基础并不很好。但是,在张教授耐心细致的教育下,他在硕士阶段取得了非常优异的成绩,在 Journal of Applied Physics 上发表 2 篇高质量论文,而且还在著名的磁学杂志 Magnetism and Magnetic Material 上发表 5 篇论文。这对于一名硕士生是非常不简单的。后来他在中国科学院念博士,与导师发生冲突,几乎不能毕业。张教授知悉这一情况之后,一方面鼓励他不要消沉,另一方面又在学术上指出努力方向。2001—2002 年,高义华在日本高能物理研究所的科研工作取得了世界领先的突破成果,并于 2002 年 3 月在世界顶级科学杂志 Nature 上发表了他的工作;用碳纳米管制成了纳米级的特殊传感器,被吉尼斯世界纪录视为世界上第一支纳米温度计。美国的主流媒体《纽约时报》、《华盛顿邮报》等纷纷报道,美国和英国的西北大学、剑桥大学等5所世界知名大学都邀请他做访问学者。2005年,日本政府授予他筑波科学奖。高义华无论在国内还是在国外,都随时将他的成功和挫折、喜悦和沮丧与张教授分享。张教授鼓励他在国外一定要学成归来,报效祖国,而且还希望他回到母校。后来,果然在张教授的推荐下,他回到了我校国家光电实验室(按:高义华教授现为物理学院二级教授,每年在国际高水平杂志上发表论文,全院最多。在LED领域和负光电导效应领域的研究卓有成果)。

2004年应届硕士毕业生雷雅洁,因其研究工作突出,提前半年毕业,被美国华盛顿大学航空航天系录取攻读博士学位,并获得全额奖学金。因其研究工作表现突出,有创造性,当年秋天就荣获美国西格马学会大奖。该奖项针对全美优秀研究生,数额极少。雷雅洁作为一名非学会会员,获此殊荣,华盛顿大学将此引为一时美谈。西格马学会的会员中,包括几十名诺贝尔科学奖的获得者。

2004年应届博士毕业生李智华,在张教授的指导下,课题研究有突出成绩,例如:建立了能满足近、中、远场动力学行为的PLD中的等离子体演化方程,建立包含PLD各阶段的自洽的动力学模型,获得国际学术杂志审稿人的好评,论文被评为湖北省研究生优秀论文,华中科技大学青年"科技十佳",并入选武汉市"晨光计划",毕业后不久就破格晋升为副教授。尤其可贵的是她人品朴实,关心集体,有口皆碑。前后担任凝聚态物理和材料物理教研室党支部书记和系党总支青年委员,以及系主任助理。她被推荐为国家公费出国进修人员,由于其研究工作有特色,目前已有美国普林斯顿大学、斯坦福大学、密歇根大学、罗切斯特大学等争相邀请。

2001年,张端明教授与李佐宜教授共同指导的博士生王世敏,课题研究极为出色,在攻读博士期间,他29岁就被破格提拔为教授,其学位论文被评为湖北省优秀博士论文(按:王世敏现为博士生导师,2008年12月至今任湖北大学副校长,省部共建功能材料绿色制备与应用教育部重点实验室主任,湖北省化学化工学会副理事长,享受国务院政府特殊津贴专家。研究方向为光电功能材料、纳米复合材料、有机化学。于2000年、2003年、2006年获湖北省自然科学二等奖,2001年获湖北省青年科技奖和湖北省青年五四奖章,2004年获"全国模范教师称号")。

## 二、关心青年教工的成长，积极投身系学术梯队的建设

张端明教授非常关心青年教工的成长。目前，物理系的主要学术骨干如罗俊教授、肖奕教授和吴颖教授等都曾得到他真诚的帮助。

理学院院长、长江学者罗俊教授现在清楚记得他的大学毕业论文是在20世纪80年代初由张端明教授指导的，论文题目是《费曼的路径积分与正则系统的量子化》。从当时的背景来看，论文的内容是比较艰深的，对于掌握现代杨-米尔斯规范场论十分重要。当时张端明教授是在吐血不止、重病卧床的情况下指导毕业论文的（按：罗俊现为引力物理专家，博士生导师，长江特聘教授，中国科学院院士，中山大学党委副书记、校长 ）。直到现在，张端明教授还很关心理论物理中心的发展壮大，想方设法物色人才，为中心补充新鲜血液。目前，正在配合物理系领导积极引进诺贝尔奖获得者温伯格教授和纽曼教授的学生龚云贵教授。

现物理系的系主任肖奕教授在硕士毕业之后，作为青年教师，在张端明教授指导下进修两年。在一年多的时间内，每星期坚持学术活动，把新西兰怀邦教授的名著《典型群及其在物理学上的应用》的全部内容都认真消化，并且做完书中的绝大部分习题（按：肖奕现为华中科技大学理学院院长、《生物物理学报》副主编、湖北省生物物理学会副理事长、湖北省物理学会常务理事，完成和正在承担的基金项目有国家杰出青年人才科学基金、9项国家自然科学基金面上项目和2项国家863课题）。长江学者吴颖教授在博士毕业之后，由于种种原因，有一段时间心情比较郁闷，张教授鼓励他，帮助他，使得吴颖渡过了学术上的最初的难关，发表了他的第一篇学术论文。从此以后，吴颖教授一发而不可止，在学术上很有造就（按：吴颖现为华中科技大学物理学院教授，国家杰出青年基金获得者，教育部长江学者特聘教授，中国科学院“百人计划”入选者，并获得国家自然科学二等奖一项，湖北省自然科学一等奖两项、二等奖一项，教育部自然科学一等奖一项 ）。类似的例子还很多，就不一一枚举。

## 三、竭尽全力，关心和积极参与学校的学科建设和人才引进

1985—1993年，张端明教授主持我校少年班-提高班教学指导委员会的工

作。从该班的组建、规章的制定以及教学秩序的正常运行,他倾注了全部的心血。在当时全国的超常教育中,我校一直是名列前茅。在我校的少年班和提高班的学生中,涌现了大量的优秀人才。张端明教授至今和他们彼此怀有深厚的感情,保持着密切的联系。

例如,85 级少年班的学生李一男,19 岁到华为公司,就解决了一个国际技术难题而被破格晋升为高级工程师。以后历任华为公司的副总裁、常务副总裁、美国部总裁。目前是北京港湾网络公司(资产已达数十亿元)的总经理,无论在管理上还是在技术上,都表现出非凡的才能。李一男,对于母校,对于物理系,对于少年班,对于张端明教授,一直怀有深厚的感情。2003 年,为了报答我校的栽培,经张端明教授的策划,李一男出资在物理系研究生中建立了李一男奖学金(按:李一男的现状见本书《华中科技大学少年班杂记》)。

实际上,我校的少年班和提高班培养了许多优秀人才,例如:前文提及的龚云贵教授(其本科毕业论文由张端明教授指导,用了 3 年就提前毕业了),2003 年归国以后,从事宇宙学的研究,论文就被引用了 300 多次(按:龚云贵现为华中科技大学物理学院二级教授,博士生导师,主要从事引力、粒子物理及宇宙学的研究工作,发表的学术论文在高能数据库 Spires 中被引用 2100 余次。主持了包括国家自然科学基金重点项目在内的多项国家及省部级科研项目。是美国贝勒大学客座教授、北京师范大学兼职教授、湖北省物理学会常务理事、国际广义相对论和引力学会终身会员以及中国引力与相对论天体物理学会理事、秘书长。先后荣获中国侨界双百创新人才贡献奖、重庆市自然科学一等奖及二等奖、巴渝学者等光荣称号)。在美国、加拿大以及祖国的大江南北,到处可以看到这个班的优秀毕业生。

脉冲强磁场与稳态强磁场一起构成了强磁场工程中心,是我国即将新建的十大工程中心之一。脉冲强磁场的建设近几年一直是我校学科建设的中心之一。但是,2005 年夏天,面临即将到来的教育部和科技部对于工程建议书的审查,我校的工程建议书草案起草工作举步维艰,进展不前。张端明教授受学校领导委托,在有关部门的有力领导下,毅然决然地受命于危急之中,担任了建议书中科学部分大部分内容的起草工作。他克服了要在极短的时间内消化数以百万计的文献资料的困难,熟悉强磁场科学研究的基本内容和发展态势,在没有耽误其本身的教学和科研任务的条件下,与其他参与起草的同志一起圆满地完成了建议书的起草任务。建议书顺利地通过了教育部和科技部组织的专家的审查,为我校的学科建设做出了自己的贡献。这个中心不仅是科研的中心,以后也会成为人才教育和培养的中心。

张端明教授心忧全校人才的引进。张端明教授与高义华一直密切接触，动员他早日回我校参加学科建设。经过几年的努力，终于在2006年3月，高义华教授正式进入我校国家光电实验室（筹）。我校校友朱建刚教授在美国梅隆大学成果累累，在美国磁性材料学界享有盛誉，2002年张端明教授赴美访问，多次与朱建刚教授联系，希望他在力所能及的情况下为母校尽力，并且与其父——我校机械学院退休教授朱孝谦恳谈，终于在2004年1月12日，朱建刚接受我校客座教授的聘请。聘书由张端明教授转交。经过张端明教授的进一步工作，尤其是校领导的有力工作，2006年朱建刚进一步接受我校讲座教授的聘请（按:朱建刚现为美国卡耐基梅隆大学电子与计算机工程系正教授，数据存储系统中心主任，研究方向为超高密度存储理论与技术，是磁记录领域世界杰出学者之一。曾被评为教育部长江学者讲座教授，获IEEE Magnetics Society Achievement Award（该学会最高奖，每年一位，朱建刚是迄今唯一的华人获奖者））。

## 四、热心公益活动、素质教育，广泛参与社会的科学普及工作

张端明教授不仅具有精湛的物理素养，而且具有广泛的人文知识。他十分关心我校的人文素质教育。在我校的人文素质系列讲座中做过多次报告，深受欢迎。2001—2002年间，张端明教授以《老子的自然宇宙观》为题在我校机械学院杨叔子院士的研究组作过长篇报告。经杨院士的推荐，又在全校的系列讲座中作过两次报告。影响所及，近几年来，武汉大学、华中师范大学、湖北大学、三峡大学、武汉科技学院、湖北教育学院、江汉大学、长江大学、河南师范大学、广西工业大学、上海师范大学、华中科技大学汉口分院、武汉商贸学院等十余所大学纷纷邀请他就"理想与情操"、"物理学与高新科技"、"老子的自然宇宙观"等专题对师生做报告。对我校一年级的新生、物理系的学生、材料学院的博士生和我校物理爱好者协会等，张端明教授还作过关于科学精神、科学方法、专业思想、科学与美学、科学与幻想等方面的报告，张端明教授口才很好，知识面广博，能循循善诱，这些报告的效果都很好。

2004年5月，在武汉大学召开了首届海峡两岸当代道家研讨会。张端明教授作为特邀代表在大会上作了题为《道德经中的"道"、"无"与真空场、暗能量》的报告，报告引起了海内外哲学界专家们的广泛兴趣及热烈反响，被作为大会文集中科学篇部分的中心文章。这篇文章后来被收入《当代道家与道教》。

张端明教授对学校的教育改革十分关心,特别是对于如何培养具有创新精神的年轻一代有自己独到的看法。他在2001年我校召开的海峡两岸面向21世纪科技教育创新研讨会上所做的题为《营造学术大师脱颖而出的软环境》的报告,受到与会海峡两岸专家教授的好评。台湾大学、成功大学等学校的教务长、校长以及北京科技大学的左铁镛校长等都极为赞赏。经研究生院培养处特批,张端明教授与杨叔子院士联合培养了一名教育学博士,希望能在文理结合方面开辟一条新路。实际上,我校教育研究院、人文学院、新闻学院等的许多师生都跟他保持着密切的联系,互相切磋。其中有不少教育学博士、哲学硕士、新闻硕士经常登门拜访他,请教他有关的学术问题,他都诲人不倦地一一解答。

张端明教授有很多学术兼职,如中国理论物理基础前沿研讨会副理事长负责人,中南理论物理中心副主任,美国科学促进会会员,美国物理学会会员,湖北省物理学会理事,中国高能物理学会会员等等。同时,他还是湖北省科普作家协会的副理事长。张端明教授非常热心社会科学普及工作,他认为向全社会普及科学精神、科学方法、科学知识,是科学和教育工作者义不容辞的责任。近年来,他也花了不少精力,投入在科普工作上。2002年,他获得两项湖北省科普著作一等奖;2003年,他又获得湖北省科普作品一等奖;2003年9月,他的科普文章荣获全国第五届优秀科普作品一等奖(文章类总共2名),在人民大会堂,庄严地领取了奖状。自此以后,他在全国科普界声名鹊起,其作品出版以后,大都立刻销售一空。许多科学报刊(如《科学》、《物理》、《科学画报》、《探秘》、《中华读书报》)等都纷纷向他约稿,以至于他每每有"文债"难偿之叹,在社会上也很有一批读者跟他保持联系。在他的影响下,许多人对物理、对科学产生了浓厚的兴趣。例如,我校原机械系学生兰会彬在他的帮助下,后来考上了中国科技大学近代物理系研究生,念完博士后,到美国国家费米实验室从事高能物理方面的工作。

## 篇后语

本文系根据2005年华中科技大学物理学院申报伯乐奖的材料修改而成。2005年,我光荣地被学校颁发伯乐奖。从中可以看到我在退休前夕大致的工作情况。伯乐奖系华中科技大学为在学科建设上做出卓越贡献,尤其是慧眼识英雄、俯身为人梯的老教师而设立的最高奖项。西汉韩婴有言:"使骥不得伯乐,安得千里之足。"唐代韩愈亦言:"世有伯乐,然后有千里马。"千年史迹,弦歌不辍,我们赞扬推动历史车轮滚滚向前的英雄和风流人物。2005 年,我接近退休。在这个申报材料中大致反映了当时我的工作和生活的剪影。在正文中的按语反映了所涉及个人的现状。

一代又一代的为师者,潜心向学求真知,倾囊相授育新人。而在他们自己看来,潜心向学是底线,倾囊相授是幸事。

# 梅南书香中国梦

2016 年 4 月 21 日下午,在武汉理工学院图书馆二楼报告厅,“梅南书香大讲坛”启动仪式暨“中国梦与科技创新精神培养”报告会隆重举行。常务副校长王元璋等校领导参会,华中科技大学张端明教授作首讲。

张端明教授是华中科技大学教授、博士生导师,中南理论物理中心副主任,美国物理学会会员,美国科学促进会会员,美国纽约科学院成员,中国理论物理基础前沿讨论会副理事长。

张教授首先以张益唐和屠呦呦为例,讲述了他们甘于寂寞、为人低调的生平事迹,向在座的学生讲道:“科学对于一个人的评价不在于他是什么级别,发表了多少文章,而是他在科学上所解决的问题。”他希望在场的学生都可以沉得下心学习,摒弃浮躁的心态。接着张教授指出了科技创新对于实现中国梦的重要意义,并提到经济转型下的“新常态”现象。他认为,现在这个时代是知识经济时代,我国正在由粗放型经济模式向知识经济模式转化,而动力,就是科技创新。张教授还从孔子思与学的关系中,表达了他独特的见解,“学而不思则罔体现的不正是一种创新精神吗?”

“科学是追求真理,而技术则主要体现在应用上。”张教授反复提到科学是技术的源泉,我国之所以缺乏世界杰出的科技人才,究其原因就是缺乏创新精神,所以张教授也呼吁在场的同学做一个人勇于开拓、敢于创新之人。

在最后的互动环节,在座的学生纷纷向张教授提出了自己的问题,张教授则结合自己的亲身经历为同学们一一解答。他表示我国目前还欠缺高等技术型人才,希望在场的同学将来可以填补这一项项的缺口,为实现中国梦而不断努力。

## 篇　后　语

本文系武汉理工学院官方微博2016年4月23日发表的报道，由冯玉琛排版。在这一段时期，我在社会上报告的身份是双重的，即华中科技大学教授和武汉地区科学家科普报告团成员。当时报告的题目主要有《爱因斯坦在1905年》、《物理学与高新技术》、《庭院深深深几许》、《物理学创新》、《物理学与信息科学》、《从断臂维纳斯谈起》、《复杂系统剪影》。

# 断臂维纳斯与诺贝尔物理学奖

2009年5月20日晚，在武汉商贸学院二教C102室，“魅力人文讲座”迎来了华中科技大学张端明教授激情演讲，副校长梅世炎、王树华，各学院负责人及数百名学生聆听了此次科学与人文融合的讲座。

张教授在讲座中表示，断臂的维纳斯是对称性的破缺，所有人都不是对称的。由于对称性破缺比较难懂，他举例说：驴子两边都是草形成对称，一旦选择吃其中一边的草，就形成了对称性自发破缺。张端明认为，对称分为几何对称和内禀对称，并举出了生活中常见的对称景物。

张端明还现场介绍了诺贝尔奖的由来：诺贝尔奖是以瑞典著名化学家、硝化甘油炸药发明人阿尔弗雷德·贝恩哈德·诺贝尔(1833—1896)的部分遗产作为基金创立的。诺贝尔奖包括金质奖章、证书和奖金支票。每年由位于斯德哥尔摩的瑞典皇家科学院(物理学奖和化学奖)、皇家卡罗林外科医学研究院(生理学或医学奖)和瑞典文学院(文学奖)，以及位于奥斯陆的、由挪威议会任命的诺贝尔奖评定委员会(和平奖)评奖和颁奖，瑞典皇家科学院还监督经济学的颁奖事宜。接着张端明介绍了2008年诺贝尔物理学奖获得者：美国籍科学家南部阳一郎和日本科学家小林诚、益川敏英，并称小林诚为腼腆型，益川敏英为保守型(领奖是他平生第一次出国)。他还说，第二次世界大战后诺贝尔物理学奖共颁发过65次，包括：粒子物理28次，凝聚态物理20次，天体物理8次，原子分子物理4次，光学物理4次，等离子物理1次。

张教授称，日本科学家近年基础研究创新突飞猛进，14位日本人曾获得诺贝尔奖，国人应该反思，不要盲目仇视日本人，要冷静地看待这个“邻居”，这个民族的一些东西确实值得我们学习，日本的电子行业达到了世界领先的水平。他说，基础研究是重大科学发现的摇篮和源泉，不重视基础研究的民族是没有希望的，切记不要心浮气躁、急功近利。他坦言，不要遗憾我国科学家没有获得过诺贝尔奖，其实在20世纪30年代时，我国有3位科学家与诺贝尔奖擦身而过。

讲座最后，张教授说，科学家讲究“真”，哲学家讲究“善”，艺术家讲究“美”，也符合佛家“真善美”之说。他特别提醒现场学生，创新要敢于走自己的路，跑步时开始起步慢一点并不妨碍将来取得辉煌的成就。

## 篇后语

本文来源于武汉商贸学院校新闻中心的报道，标题为《与商贸师生畅谈“维纳斯与诺贝尔物理学奖”》，发布时间为2009年5月21日。这个报告，作者在好几个单位都讲过。最近的一次是2018年10月28日上午在武汉展览馆“荆楚书香节”开幕式上报告的。

# 创新需要科学精神和家国情怀

“文章典范千年计，家国情怀万里愁。各位青年朋友一定要在把学问做好的同时，牢记家国情怀。”五四前夕，在华中科技大学1号楼学术报告厅里，“名师与学子面对面”报告会的主讲人——物理学院退休教师张端明教授深情寄语青年学子。虽已77岁高龄，但张端明教授依然精神矍铄。

## 一、“我那时可是不守规矩的学生哟”

初见张端明教授，便觉得这位老教授与想象中严肃的科研工作者形象相去甚远。和蔼可亲的面容加上热情幽默的语言，便是知识分子的真性情了。

"我那时可是不守规矩的学生哟!"中学时的张端明便已自学完成了微积分等大学课程。高中毕业后,因为种种原因未能继续到理想的大学深造。但是饱经坎坷的他,毫不气馁,紧紧抓住难得的进大学学习的机会。进入大学不久,张端明就以优异的成绩提前通过了所有专业考试。在大学剩余的时间里,他自学了高等量子力学、量子场论、黎曼几何与张量分析、基本粒子物理学和广义相对论等高级物理课程。整个大学期间,他都与书为伴,以图书馆为家。他说:"当时借书每人是有本数限制的,后来学校给我特批,不限数量。于是我就一书包一书包地从图书馆往外借。"

"珍珠再好也要链子串起来。"谈起读书秘籍,张教授说出了这句读书箴言。他认为,学习知识一定要成体系。只有知识成体系后,遇到新的信息时容易吸收,只需要把信息填充到你原来的思维知识体系中,那么这个知识点想忘掉都难。"南宋吴文英是个非常有才的词人,但是有人评价他的词像七层珍珠宝塔,散漫跌落在地。问题在哪呢?就是他的'珍珠'没有一根线把它串起来,所以他的诗歌就无法形成一种意境。"张老严肃地说道:"现在的年轻人,太沉迷于那些网络上碎片化的信息了。过分沉迷碎片化的东西,对知识体系的构建有害无益。所以一定要提醒青年朋友们,趁着年轻多读些书,各类的书都要涉猎,不能太偏科。"

## 二、"建百世之功、立国家大业"

被问起当年为何走上物理学这条路,张教授的话匣子便打开了。他说,最初的梦想启蒙,还是来源于书籍。从书中,他看到了近代史上积贫积弱的中国,便因此萌生了用科学报效祖国的想法,年少的张端明便从此立下科研志向。

说着张端明教授便带领记者参观他的书房,一整面墙的书柜被各种成套的史书及物理学书籍填得满满当当。数十年的时间里,他发表科学论文三百余篇,撰有包括《脉冲激光沉积动力学原理》在内的科学专著和科普读物20余本。

真理是简单朴素的,但是追逐真理的过程是艰难的。张教授语重心长地说道:"进行科学研究,一定要有建功立业的气魄。建什么功立什么业?建百世之功、立国家大业,年轻人就要有这样的志向。而做学术,有两个重要因素。

首先就是要有独立人格，要有自己的主见。还有一个就是一定规范下的学术自由。给学者一定的自由，可以更加激发他的创造力，但是这个自由绝对是有一定的规范的，把握好这个度，才能更好地服务于国家的经济建设。”

## 三、“凡事要问为什么”

在采访中，张端明教授多次提到什么是创新。他认为创新就是把以前不足的地方，有错误的地方，找到后再改正、提高，或者是在未知领域发现了新事物。而创新一定要有科学精神。科学精神就是一种质疑的精神。“凡事都要问一个为什么。为什么是这样？它真的是唯一正确的吗?”张端明说，在运用真理的时候，一定要具体情况具体分析，结合自身和单位的情况，将自己的研究与身处的环境相结合才能创造出最大的价值。

“现在的年轻人容易走上两个极端，一个是怀疑一切，否定一切权威；还有另外一个极端，就是老师说的都不错。可是如果都按照以前的路走，怎么可能会有什么创新。求实精神、实证精神、探索精神、创新精神、怀疑精神是科学精神之所在，这才是人类最珍贵的宝藏!”张端明说。

如今古稀之年的张端明教授仍然每天手不释卷，枕边、床边、桌边都散落着他的书籍。“大丈夫应马革裹尸。对我来说也是一样，我要把我有限的时间全都用来读书充实和研究科学，这样才不负此生!”张教授一边开怀大笑一边说着：“我是不怕老的，越是年纪大了知识就越丰富，知识越丰富就越幸福。君不见孔丘说，吾不知老之将至也。”

## 篇后语

本文系华中科技大学通讯员黄树和记者高翔对我的采访报道，时间在2018年4月下旬。经过我稍加修正，于2018年5月4日华中科技大学新闻网正式发布。本文系为我5月3日晚在华中科技大学纪念五四运动99周年暨名师学子面对面活动中的报告《创新是引领发展的第一动力》而撰写的背景采访。

# 青春鸿鹄志　砥砺逐梦行

“青年人的志向就是要和祖国的发展需要紧密结合起来，这样的青春才有力！”5月3日晚，华中科技大学一号楼报告厅传来掌声阵阵。华中科技大学纪念五四运动99周年暨名师学子面对面活动邀请物理学院博士生导师、国务院特殊津贴专家、退休教师张端明教授以《创新是引领发展的第一动力》为题与学子分享了自己的感受与经验。

张端明教授用翔实的数据说明了国家如今对科技创新的高度重视。2012年以来，国家研究与试验发展经费支出、发明专利申请量、研发人员总量、国家高新科技开发区数量等指标逐年走高。这些数据背后反映的正是国家为实现创新驱动做出的不懈努力。从粗放型经济增长到以科技创新驱动，我们国家走出了一条自主自强的中国特色社会主义道路。

张端明教授以我国科学家屠呦呦获诺贝尔生理学或医学奖、自主研发大飞机C919、可燃冰稳定试采成功、北斗导航第三阶段组网成功、华为极化码方案成为5G标准等一系列生动有力的事实证明了国家近年来在各方面秉持科技创新从而取得了突破性成就。

张端明教授表示，习近平总书记在党的十九大报告中提出的“要瞄准世界科技前沿，强化基础研究，实现前瞻性基础研究、引领性原创成果重大突破”，为我们高校师生指明了奋斗的目标与方向。

“苟利国家生死以，岂因祸福避趋之。”张端明教授寄语在座师生要牢记家国责任，将自己的职业发展志向与国家发展需求相结合，燃烧青春、投身奉献。

张端明教授还向师生介绍了退休以后自己从事科普工作的情况，并向学子赠书。

自动化学院2018级本科生王一然表示，听了张端明教授的经验分享，让自己备受鼓舞，“年轻人就应该对自己要求高一点、严一点，就从努力掌握课本上的每一个知识点开始”。

法学院2018级研究生邱晓希望通过自己的努力，成为新时代建设者中光荣的一分子，“尽力而为，努力而为，文科生同样是创新驱动发展中不可或缺的力量”。

活动现场，学子以《青春鸿鹄志　砥砺逐梦行》为题表演诗朗诵。校团委书记林桢栋致辞。校关工委副主任梅世炎，宣传部、学生工作部（处）、研究生工作部、老干部工作部负责人，校关工委老教授报告团成员、二级关工委负责同志、各院系学生及相关负责同志参加活动。

本次活动由学校关心下一代工作委员会（简称"关工委"）主办，学生工作部（处）、研究生工作部、校团委、宣传部、老干部工作部承办。

## 篇　后　语

本文系记者汪泉对于此次活动的报道，题目为《纪念五四运动 99 周年物理学院张端明教授谈青年应立志创新》，发布时间为 2018 年 5 月 4 日。

# 用科学情怀，致敬青春！

——关于《物理发现启思录》的有关采访

1919 年 5 月 4 日，北京三千多学生高呼"外争国权、内惩国贼"的口号，举行游行示威，并迅速发展成为全国规模的反帝爱国运动和以民主科学反对封建文化传统的新文化运动。

为继承和发扬五四运动的爱国、民主、科学精神，1949 年 12 月，中华人民共和国中央人民政府政务院正式宣布五月四日为中国青年节。而"爱国、进步、民主、科学"也就成为五四精神的核心内容。爱国主义是五四精神的源泉，民主与科学是五四精神的核心。

华中科技大学纪念五四运动 99 周年暨名师学子面对面活动，华中科技大学出版社《物理发现启思录》作者张端明教授做客现场，为广大学子带来了"创新是引领发展的第一动力"的主题演讲。

张端明教授，华中科技大学物理学院教授，博士生导师，享受国务院特殊津贴专家。风趣幽默的谈吐和底蕴深厚的人文知识，让这位年逾八旬的物理学老教授格外受年轻学子的欢迎。

张老特别强调，宇宙、世界和社会都是统一的，知识也必须统一，文理都是相通的，不能割裂，要坚持科学精神与人文素养的统一。“人生太短，要多读书；读书多，视野才会开阔，逻辑才会通顺。”

张老教授引经据典，借用《论语》里“知之者不如好之者，好之者不如乐之者”，鼓励学生读书求学的态度应是“以求学为快乐”。现场学子对张老最新出版的百万字科普读物也有浓厚兴趣。

在讲座上，张老没有提及让他蜚声中外的理论物理学术著作与研究成果，而是做了一个纯粹的“科普家”，饶有兴趣地为大家介绍了 2017 年十大科研突破，并给热心提问的学子赠送了最新面世的新书《物理发现启思录》。

在场有学生提问：“您写下《物理发现启思录》这部科普巨著的动力是什么？”张老坦言道：“我曾经有个成绩非常优秀的学生，却在这个浮躁的社会走偏了，我感到很惋惜。教育的根本任务是引导青年学生树立正确的世界观、人生观、价值观和荣辱观。我希望这本科普读物能让现在的年轻人都有科研精神。”

年近八旬的老人，少年之时踏上探索物理奥秘的漫漫长路，并将之作为一生的事业，到如今仍笔耕不辍，写下百万字的《物理发现启思录》，影响了新一代的年轻人。

他最后用五四运动核心人物胡适先生的话“怕什么真理无穷，进一寸有一寸的欢喜”与大家共勉！

## 篇　后　语

本文系根据 2018 年 5 月 4 日华中科技大学出版社官网上的有关采访材料删节而成。

# 科技创新引领新时代发展

2018 年 4 月 12 日星期四下午，社会学院学习十九大精神专题讲座（二）在东七楼 321 教室顺利举行。华中科技大学物理学院教授张端明为大家带来了以“创新是引领发展的第一动力——十九大与科技创新”为主题的专题讲座，华中科技大学离退休工作处尹处长、社会学院副院长刘成斌出席了此次讲座。

讲座伊始，张教授介绍了我国近几年来在科技创新方面取得的重要成就，指出近年来我国科技创新得到了长足进步，对国家经济发展起到了重要作用。他认为科技创新的意义不仅局限于科技领域和经济领域，而是事关国家兴亡的大事，党的十九大报告也对科技创新给予了很大的重视。

紧接着，张教授介绍了中国经济增长方式战略指导历程，指出我国的经济驱动机制经历了从粗放型驱动向集约型驱动再向创新驱动的变化过程，认为创新是驱动的第一动力。他指出，党的十八大以来的 5 年多时间，我国科技创新能力显著增强，研发经费投入强度已达到中等发达国家水平，攻克了一批关键技术难关。

最后，张教授总结到，虽然我们目前取得了一些成绩，在很多方面取得了领先水平，但要保持头脑冷静，戒骄戒躁，清醒地认识到自身存在的不足，"要瞄准世界科技前沿，强化基础研究，实现前瞻性基础研究、引领性原创成果重大突破"。

讲座结束后，同学们就自己的问题与张教授进行交流。张教授特别指出，社会科学在很多领域都发挥着重要作用，很多社会问题也与自然科学有着密不可分的关系。社会科学与自然科学这两者之间需要多进行沟通和交流。同时勉励学社会科学的同学们要有意识地去补充一些自然科学知识，多进行跨学科的交流，"只有思想碰撞才会产生火花"。

社会学院本科生党支部的纪蓓蕾同学表示："今天下午，张老师对党的十九大报告中有关科技创新的解读使我收获颇多。张老师拥有全球和历史的视野，一个多小时的讲述使我对当前中国的科技力量和创新能力有了一个更为全面深刻的了解，也使我清楚认识到中国正处于发展的关键期，各个领域的创新都是紧迫且重要的。诚然，我们'专攻'社会科学，但自然科学不能被冷落忽视，其重要性不言而喻，在平时我们应该多多关注，思考其进步与局限所在。对于创新而言，社会科学和自然科学知识都不可或缺。"

"张教授在宣讲过程中旁征博引，不论是中外不同国家的情况，还是当下时事热点事件，他都有所关注，提起他的专业领域更是能感受到他的专业素养过硬，甚至在最后的交流中就中国的教育和社会科学领域发表了自己的看法，颇有见地"，杨舒萍同学会后表示，"我看到张教授年事已高，走路有些不便却仍然坚持来给青年学生宣讲党的十九大精神，如此举动与精神，着实令我钦佩。党的十九大精神,不仅存在于书本中,更活在每个人的生活中。作为一名青年,我也应当继承并发扬这种创新精神,秉持创新观念去学习,从生活中践行党的十九大精神。”

## 篇后语

本文系华中科技大学社会学院官网2018年4月13日的报道,略有删减。在此前后,类似的报告我还讲过几次。特别要指出的是,2018年3月21日,我在武汉大学物理学院还作了关于拓扑绝缘体及应用前景的学术报告,除介绍国际学术界有关方面的研究进展以外,还比较系统地介绍了我和我的课题组在有关领域的研究情况。在20世纪80年代中期和21世纪初,我们几乎同时与2016年诺贝尔物理学奖获得者David J. Thouless开展了拓扑绝缘体的研究工作,但是最终未能赢得竞赛,有许多经验和教训。

# 我的事业在中国

我的事业在中国,我的成就在中国,我的归宿在中国。

——钱学森

如钱学森这样一些爱国科学家,他们是国家的珍宝,他们的名字便是祖国的荣耀。是对科学的热爱与对国家的赤诚激励着他们将自己的一生献给祖国的科学事业。又往往是他们,对青年一代有着最真切、最发自肺腑的期望;他们身上的爱国主义与科学献身精神,无论在何处都向我们辐射最耀眼美丽的光芒。

他们离我们并不远。在华中大,我们便有这样一位怀着赤子之心的名家——物理学院张端明教授

张端明,1941年生,湖北武汉人,华中科技大学教授。1964年于华中师范大学物理系毕业,1978年进入华中工学院,1993年被评为教授,1999年任博士生导师。现为中国高能物理学会会员,美国物理学会会员,美国化学学会会员,美国科学促进会会员,美国纽约科学院成员。其研究工作主要集中在理论

物理和凝聚态物理方面。著有《应用群论引论》、《物理发现启思录》等众多专著和科普书籍。他是华工20世纪80年代艰苦创业的典型代表，多次获得国家级和省部级奖励。

改革开放以后，1978年，张端明老师来到华中工学院(华中科技大学前身)，当时学校的理科院系几乎一片空白，摆在张老师面前的只是一个简陋的物理教研室，连教授大学物理课程都成问题。好在其时朱九思老院长深感"理工结合"之必要，决意发展物理、数学等基础学科。受此鼓舞，张老师等人从招收师资班出发，几乎白手起家，一步一个脚印，一心一意搞学科建设。从1983年建系到1985年教育部获名，从1999年博士点设立到2008年升格为学院，再到2017年学科评级位列A－，如今物理系已建系35周年，筚路蓝缕之功，张老师应排在前列。

"很多事情我们都觉得是做不到的，自己认为很难，实际上是自己没有真正花心思，没有费劲儿；如果真正搞的话，很多事情都是可以做的。你们年轻人啊，一定要有雄心。"烈士暮年，壮心不已，张教授由自己早年在华工的经历感慨道。

这些年来，无论科研工作多忙，张端明教授始终不曾放松过自己教书育人的职责。

他热诚投身于教育和教学改革，由他创建并主持华中理工大学少年班及教改班的工作十余年；他桃李满天下，为国家和世界科技界培养出众多英才，同时也不乏各个行业的杰出人物，包括中国科学院院士、美国西格马学会奖获得者、政府精英和企业界领袖等。

究竟是什么支撑着张老师一路至今呢？过去张老师在上群论课的时候，经常全程4个小时一气呵成。对此，他不无得意地说："要是有这样的激情，还有什么是搞不懂的呢？"

这样的激情，诚可谓一种较真的韧劲，更何尝不是知识本身的鼓舞呢？

教授有着浓厚的科普情结，快人快语的他总想扮演传播科学知识、为大众破除迷信与谬误的角色。至今教授已撰写出版科学专著与科普著作各十本，并仍然保持着创作的热情与节奏。科普情结，这是出于教授对自己事业的信仰与热爱，也是老先生在年逾古稀之时下决心撰写《物理发现启思录》这一近百万字著作的动力所在。他集聚一生科研教学经历之精华，写出了这部作品。这部巨著不仅史诗般地展现了物理学波澜壮阔的图景，还倾注了教授希望引领更多青年一代学习科学、走上科学道路的令人动容的情感。

作为中国物理学界的权威人士，教授还是一位才情不羁、酷爱史书的人文学者。在中学时代自由学风的熏陶下，他博览群书，写剧本，作文言，从资治通鉴到中外小说，从唐诗宋词到近代文史，都涉猎至深。教授出版的众多著作除科学著作、科普作品外，还有以极深厚的文学功底创作的古典文学范式的佳作。目前教授正在书斋编写本书，全书收集他为科学发展科技创新事业奉献几十年的经历与感悟，本书正在紧张编辑中。

一身清风勤求索，栉沐风雨志不移。

这是对教授中肯的评价，教授也说："作为一名战士，最光荣的是战死沙场，马革裹尸；作为一名物理学家，一名科学家，就应当把自己献给科学。"

教授寄语：

**年轻人应该敢于建功立业。建功，建设祖国、实现中国梦之功；立业，立国计民生、千秋万代之大业。**

**我歌颂祖国的现在，我加倍地赞颂祖国的将来；我希望年轻人将自己的青春梦和中华民族伟大复兴的中国梦融合在一起。**

**年轻人要顶天立地做人，扎扎实实打好基础。**

教授乃老一辈华工科技工作者之脊梁，能有老先生时至今日为华中大兢兢业业地付出，实乃吾辈之幸事。

又是一年青年节，且恰逢党的十九大胜利召开。在党的十九大报告中，10余次提到科技，50余次强调创新。当今，科技创新已成为当代科技工作的主旋律，为了建设社会主义现代化强国，我们的科技界需要创新。这个责任当仁不让地落在当代青年身上，尤其是我们华中大的青年们。如张端明先生，他们是祖国科学的先驱，我们作为国家科学的未来，应当从他们身上的爱国主义精神与科学献身精神中获取养料，让这样的品质成为我们信仰中不可或缺的一部分。仰望星空，脚踏实地；上下求索，践行梦想。这不仅是我们作为科技工作者的标杆，也是国家对我们的期望与号召。

让我们走近这位将自己的一生奉献给国家科研与教育事业的大师，5月3日18:30在华中科技大学国际学术交流中心一号楼学术报告厅，聆听他讲述从中国科技的进步，到祖国对我们青年一代的号召，让五四精神与科学献身精神在我们身上得到传承与发扬！

## 篇后语

这篇报道系摘自华中科技大学学生会于2018年4月30日21时58分发

布的报道,题目为《纪念五四运动99周年暨名师学子面对面交流报告会》。

# 老骥伏枥　志在青年

我今年78岁,患有一些老年性的疾病,如高血压、糖尿病等,平时坚持吃药,各项身体指标尚可达到标准。所幸者大脑运行基本正常,因此,有条件发挥余热,发挥智力劳动的特长,从事关心下一代的工作,紧紧围绕立德树人的根本任务,积极宣传和践行社会主义核心价值观,作用于青少年。近年来,发挥自己所长,从2006年退休以后,一方面,以身作则,竭尽所能,总结、提高自己几十年的科研工作,在科研前沿继续奋斗,取得了可喜的收获,在国内外学术界赢得了良好的声誉。另一方面,随着年事的增大,将越来越多的精力放在关心下一代的健康成长的工作上。借助华中科技大学老同志报告团和武汉地区科学家科普报告团的平台,开展了以弘扬爱国主义为宗旨,宣扬科学精神,普及高科技知识的科学报告和科普讲座,让听众领略我国科技事业发展的动人态势。尤其是在2017年中国共产党第十九次全国代表大会召开以后,努力学习党的十九大精神,提高自己的使命意识,强化政治引领,比较自觉地将有关精神贯彻到自己的报告和著作中。2018年5月3日晚,应华中科技大学有关单位的邀请,在"纪念五四运动99周年暨名师学子面对面"交流报告会作主题报告《创新是引领发展的第一动力》,取得了良好的反响。

## 一、鞠躬尽瘁,竭尽所能,在科研前沿继续奋斗,成果丰硕

我总想活着干、死了算和小车不倒只管推,总结数十年科研和教学工作,从退休以后,撰写并发表10余本科学专著和科普著作。在国际和国内获得了良好的声誉。

**1. 在科学前沿继续奋斗**

据2014年检索,我退休后发表SCI论文56篇和EI论文35篇(其中有重叠)。累计有60余篇国际重要研究论文。发表科学专著4本,培养多名博士生

（最后一名于 2015 年毕业），获得 2009 年湖北省自然科学二等奖（第一申请人）。主持完成了一项自然科学基金和一项中国科学院出版基金，累计金额 44 万元，并参与两项国家自然科学基金项目，累计金额约 80 万元。

**2. 成功构建并提出新学科分支——脉冲激光沉积动力学**

2006 年，在我们课题组科研成果的基础上，初步整理和构建国际上一门新兴学科分支——脉冲激光沉积动力学的基本理论框架，在湖北科学技术出版社出版了专著《脉冲激光沉积动力学与玻璃基薄膜》。此书被列为国家"十五"重点图书出版规划项目，并于 2007 年 4 月入选第一届"三个一百"原创图书出版工程。2009 年该项目阶段成果获得湖北省自然科学二等奖。

2011 年 3 月，在进一步的理论和实验工作基础上，深入充实完善和提高，科学出版社出版了我领军撰写的《脉冲激光沉积动力学原理》，这是国际上第一本全面阐述脉冲激光沉积动力学的专著，宣告该学科分支构建的初步完成。该书的影响迅速波及国内外学术界。

2012 年 3 月，我国《物理》杂志首页发表我们的综述《脉冲激光沉积动力学研究进展》。在 2013 年开源学术刊物《凝聚态物理学进展》发表综述《激光烧蚀在材料加工中的应用及其机理研究进展Ⅰ：在加工领域和表面改性纳米光栅方面应用》。

2011 年 8 月，欧洲材料科学家 David Cameron 教授致电我："我由中国科学院 Jie Li 教授介绍，得知你是激光烧蚀沉积技术专家。Elsevier 出版社近期拟出版多卷本的关于材料加工的大型参考丛书。我负责编辑关于薄膜和涂覆一卷的工作，我希望此卷包括激光烧蚀中薄膜沉积这一章，在这个领域你经验和学识极为丰富（我邀请你撰写此章），我要求其内容涉及激光烧蚀工艺和加工的理论与实践……如果你接受邀请，我将深感荣幸，期待你的回复。"需要说明的是，Jie Li 教授与我素昧平生，至今尚未谋面，算是学界同仁、天涯神交吧。大家知道，Elsevier 出版社，是目前世界上较大的科技医学领域中的出版集团。

2014 年 6 月，国际材料科学界精英撰写的大型材料加工科学专著《Comprehensive Materials Processing》（《材料加工大全》）正式向全世界发行，全书 13 卷 1500 多页，应该说是国际材料加工领域的盛事。Elsevier 出版社宣称，该书受邀请的撰写人均为各个领域世界级的专家。就是说，我们受邀应该说是中国科学工作者的一份殊荣，也标志着国际材料科学界对于中国学者提出和构建的脉冲激光沉积动力学的认可。我们为在此书所撰写的激光烧蚀一章的内容，严格来说，只是在 2011 年科学出版社出版的《脉冲激光沉积动力学原理》一书的详细英文摘要而已。这也算作《脉冲激光沉积动力学原理》所结出的一颗丰美的果实。

应美国出版社 Nova Sicence Publishers, Inc. 之邀，我们在他们最近出版的英文专著《Laser Ablation: Effects and Applications》(《激光烧蚀：效应和应用》)中撰写了第七章"Thermophysical effects of femtosecond laser ablation of metaltarget"(金属靶材飞秒激光烧蚀的热物理效应)。2016 年 12 月 16 日，德国科学出版社邀请我们参与专著《纳米尺度领域研究前沿》的撰写，次年该著作正式出版。

《中华读书报》2014 年 11 月 22 日 18 版发表专文《桃李不言，下自成蹊——庆祝科学出版社建立 60 周年》，详细介绍了科学出版社与脉冲激光沉积动力学诞生的渊源，科学出版社出版《脉冲激光沉积动力学原理》一书的过程以及该书的巨大国际影响。

**3. 科学专著的撰写和博士生的培养**

退休以后培养博士研究生 5 名、博士后 1 名。

2012 年 6 月，湖北教育出版社出版了我的专著《21 世纪物理学》。该书总结了物理学在 20 世纪经历革命性的飞跃发展，在 21 世纪又持续保持其迅猛发展的态势，可谓波澜壮阔，风光无限。用约 40 万字的篇幅，全面系统地描绘物理学的壮丽画面，简明扼要地阐述了当代物理学的各个分支：粒子物理、核物理和原子物理、分子物理、等离子物理学、凝聚态物理和光物理学发展的基本内容和态势。

2013 年 10 月，科学出版社出版了我的数学专著《应用群论》。该书总结了我在有关领域多年的研究成果和教学成果，是一本反映群论最新发展状况的严谨的科学专著，也是优良的群论教材。该书特点鲜明，具有良好的先进性、可读性和可接受性。该书力求阐明近代群论所蕴含的近代代数、拓扑和流形的内涵，反映群论及其应用研究的最新成果。

2018 年 2 月，华中科技大学出版社出版了百万字的科学著作《物理发现启思录》，这是一本将弘扬科学精神、提升人文素质和科学前沿发展的介绍有机结合的巨著。本书分为三大部分——现代宇宙学素描、高能粒子物理学剪影和应用物理撷英，通过生动典型的物理发现案例，尤其以 21 世纪以来的重大发现为载体，介绍物理学发展的新内容、新态势，阐明基础研究与高新技术的相互促进、相互依存的密切关系——重大的基础研究突破往往导致新的技术跃进和产业提升，使读者感染到科学家在探求真理中所表现的崇高科学精神

(求实精神、实证精神、探索精神、理性精神、创新精神、怀疑精神、独立精神和原理精神等),从而达到普及科学思想和科学精神,陶冶性情,提升人文素养的目的。

**4. 对拓扑绝缘体材料进行了前瞻性的理论和实验研究**

我与博士杨凤霞(后为博士后)和徐洁在2003年就成功研制出一种拓扑绝缘体材料,初步对其性质进行了表征,并对机理进行了深入的讨论。其结果在权威国际学术刊物上发表。我们发现,该材料具有特别的正磁阻效应,在高达60特斯拉的强磁场下,依然保持线性规律不变,是当时国际上的较好结果之一。在理论上我们发现杨-米尔斯理论可以很好地描述其性质,尤其是其螺旋性。我们的工作一度在国际上领先。2017年,三个英国人在该项目的研究上获得了诺贝尔物理学奖。

**5. 参与华中科技大学脉冲强磁场的申报与创建工作**

我从2003年开始参与华中科技大学脉冲强磁场的申报与创建工作。该实验室于2007年成立,我在申报工作中关于实验室的科学部分的撰写发挥了重要作用,受到了学校领导和潘垣院士的赞扬。2018年,在申报湖北省重大科学项目的奖励中,该实验室将我列为主要完成人之一。该实验室是中国十一五期间计划建设的十二项国家重大科技基础设施之一,也是教育部所属高校承建的第一个国家重大科技基础设施项目。目前,实验室的磁场强度最高峰值已达到98特斯拉,该项目荣获2018年度湖北省科学技术进步特等奖,继而被评定为2019年度国家科学技术进步一等奖。我为获奖人之一。

## 二、关心下一代健康成长,弘扬爱国主义,宣扬科学精神

关心下一代健康成长,弘扬爱国主义,宣扬科学精神。退休以后,我主要利用科普著作和科学报告、科普讲座作为平台,与广大青少年交流,开展关心下一代健康成长的工作。我的另一项工作是担任光电国家实验室(筹)和光学与电子信息学学院顾问及教学督导,关心青年教师和大学生的健康成长。

撰写科普著作是我开展关心下一代工作的主要平台之一。我曾荣获全国科普作品一等奖、湖北省科普作品一等奖和湖北省科学技术进步奖。2007年10月,中国科普作协第五次全国会员代表大会召开,授予我"优秀科普作家"称号。许多读者成为我的粉丝,如武汉实验中学的师生多次拜访我。许多出版

社纷纷向我约稿,大有应接不暇之势。退休后,已出版和再版的科普著作累计有一百多万字:

《科学王国的宙斯——物理学与高新技术》,湖北科学技术出版社,2011年12月第2版;

《小宇宙探微》,湖北教育出版社,2013年2月;

《大宇宙奇旅》,湖北教育出版社,2013年2月;

《神秘失踪的中微子》,河北科学技术出版社,2015年7月;

《宇宙创世纪史诗》,河北科学技术出版社,2015年7月(2019年2月第一次印刷);

《小宇宙与大宇宙》,湖北科学技术出版社,2018年3月。

科学报告和科普讲座是我开展关心下一代工作的另一个有效平台。十年来,我的主要精力用在配合中国梦和新常态的宣传和教育上,在校内外以老教授和武汉地区科学家报告团成员的身份,举行数十次的报告和演讲,以培养青少年的科学精神和创新精神,激发青少年的爱国主义精神。在华中科技大学物理学院、国家光电实验室(筹)、能源学院、新闻与传播学院、数学学院、社会学院、人文学院、华中科技大学附属中学、华中科技大学出版社等,校外如武汉大学、湖北工业大学、武昌理工学院、湖北襄樊学院、湖北民族学院、武汉商贸职业学院、东西湖职业学校、湖北三峡大学、重庆邮电大学、河北大学、武汉一中、武汉十四中、武汉三十九中、武汉二十九中、武汉二十七中、洪山中学、武汉中学、武汉四十九中、武汉十九中等数十所大中学校,多次以《创新是引领发展的第一动力》、《中国梦与创新技术的培养》、《新常态与科技创新》、《物理学创新》、《物理学与信息科技》、《爱因斯坦在1905》、《物理学与高新技术》等题目进行关心下一代的科普报告,反响十分热烈。每次演讲完毕以后,与学生、听众的交流场面极其动人。不管是年轻老师、博士生、硕士生,还是天真烂漫的中学生,他们都敞开心扉,与我交流社会生活中所遇到的科学问题、社会困惑以及人生感悟。2018年10月27日,我在武汉展览馆就我的科普著作与广大读者交流场面极其热烈。

华中科技大学社会学院本科生党支部的纪蓓蕾同学表示:“张老师对党的十九大报告中有关科技创新的解读使我收获颇多。张老师拥有全球和历史的视野,一个多小时的讲述使我对当前中国的科技力量和创新能力有了一个更为全面深刻的了解,也使我清楚认识到中国正处于发展的关键期,各个领域的创新都是紧迫且重要的。诚然,我们‘专攻’社会科学,但自然科学不能被冷落忽视，其重要性不言而喻。在平时我们应该多多关注，思考其进步与局限所在。对于创新而言，人文科学和自然科学知识都不可或缺。”

华中科技大学社会学院杨舒萍同学会后表示：“张教授在宣讲过程中旁征博引，不论是中外不同国家的情况，还是当下时事热点事件，他都有所关注，提起他的专业领域更是能感受到他的专业素养过硬，甚至在最后的交流中就中国的教育和社会科学领域发表了自己的看法，颇有见地。”“我看到张教授年事已高，走路有些不便却仍然坚持来给青年学生宣讲党的十九大精神，如此举动与精神，着实令我钦佩。党的十九大精神，不仅存在于书本中，更活在每个人的生活中。作为一名青年，我也应当继承并发扬这种创新精神，秉持创新观念去学习，从生活中践行党的十九大精神。”

华中科技大学自动化学院 2018 级本科生王一然表示，听了张端明教授的经验分享让自己备受鼓舞，“年轻人就应该对自己要求高一点、严一点，就从努力掌握课本上的每一个知识点开始”。法学院 2018 级研究生邱晓希望通过自己的努力，成为新时代建设者中光荣的一分子，“尽力而为，努力而为，文科生同样是创新驱动发展中不可或缺的力量”。

我在报告中多次指出，习近平总书记在党的十九大报告中提出的“要瞄准世界科技前沿，强化基础研究，实现前瞻性基础研究、引领性原创成果重大突破”，为我们高校师生指明了奋斗的目标与方向。“苟利国家生死以，岂因祸福避趋之。”诚恳希望广大听众要牢记家国责任，将自己的职业发展志向与国家发展需求相结合，燃烧青春、投身奉献。

在报告中以科学家屠呦呦和张益唐为例，讲述了他们甘于寂寞、为人低调的生平事迹，鼓励同学们要沉得下心学习，摒弃浮躁的心态。指出评价一个人的科学贡献，不在于他是不是院士和教授，发表了多少文章，而是其在科技领域解决了什么问题。强调科技创新对于实现中国梦的重要意义。目前我国正在由粗放型经济模式向知识经济模式转化，其基本动力就是科技创新。我认为，优秀的中国传统文化蕴含着创新的精神。孔子云：“学而不思则罔。”体现的不正是一种创新精神吗？在这些交流中，我鼓励青年学子奋发向上，努力攀登科学高峰。要反对社会上少数人存在的一切向钱看的腐朽人生观，树立正确的世界观、人生观和价值观。空谈误国、实干兴邦，真正的爱国主义者一定要学会韧性地战斗，实事求是、脚踏实地，把我国建设成为现代化的新时代中国特色社会主义强国，实现中华民族伟大复兴的中国梦。

从 2008 年开始，我先后担任光电国家实验室(筹)和光学与电子信息学学院顾问及教学督导。本着加强基础、瞄准前沿的原则，参与这些单位教学计划的制订和修改、青年教师大奖赛的筹备和评审，坚持十年听课，征求同学们对教学的意见和建议，关心青年教师和大学生的健康成长。

## 三、努力学习党的十九大精神，提高使命意识，强化政治引领

党的十九大是在进入新时代召开的一次具有开创性、里程碑式的划时代意义的大会。党的十九大报告是坚持和发展中国特色社会主义的政治宣言和行动纲领，是马克思主义的纲领性文献，这就给我们在关心下一代的工作中，提出了新的要求。在与年轻人的交流中，也痛感自己的政治理论素养不足，往往我要更深入学习党的基本路线和最新政策，尤其是党的十九大精神。我在日常生活中养成了每天上人民网的习惯，深深感到活到老、学到老的重要性，不然就会赶不上形势，更可能贻误我们的关心下一代工作。在党的十九大召开的时候，我曾赋七律一首：

### 贺中国共产党第十九次全国代表大会胜利召开

京邑盛装金菊节，洪钟大吕响天阙。敢教玉凤昆仑栖，缘有金龙瑶圃歇。万里神州着锦屏，千秋华夏展新页。西山枫叶红于花，习习迎风歌不绝。

因此，在报告和讲座的与学生互动环节中，面对学生许多新鲜而尖锐的问题，我都能比较从容地予以回答，并让学生满意。

关心下一代工作是关系我国千秋万代繁荣富强的公益事业，这种事情是跟物质利益完全不挂钩的。从事有关工作，首先自己本身就不能一切向钱看。就应该是毛泽东同志所说的：一个高尚的人，一个脱离了低级趣味的人，一个毫不利己专门利人的人。人生如梦，譬如朝露。我虽已渐趋高龄，夕阳已快下山，但是并无黄昏的低沉，只觉夕阳的灿烂，夕阳的美好。

我对于关心下一代工作饱含热情，总想抓紧不长的余生，多为青年人做一点事。毕竟未来是属于年轻人的，我们国家的前途掌握在年轻人的手里。平生在教学科研工作中获奖无数，我比较淡然。比如脉冲激光沉积动力学构建完成并且取得了国际学术界的承认，一般应该申请高级别的国家自然科学奖，我将荣誉置之度外。但是 2016 年 4 月国家教育部关工委授予我“先进个人工

作者"的称号，我特别高兴。恰逢欣闻三孙辈在全美数学竞赛中绩名列前茅，于是赋诗一首表达我的心情：

## 示　孙　辈

春光浛滟鸟声稠，喻苑枇杷灿如油。老圃护花缘有意，雏凰引吭为无忧。
文章典范千秋计，家国情怀万里愁。破浪乘风终有日，遨游银汉摘牵牛。

## 篇　后　语

这是我为华中科技大学老教授协会（老年协会）所撰写的文章，初稿写于2017年，载于华中科技大学老教授协会所编写的《老有所为》文集。经过充实改写，标题改为《老骥伏枥，志在青年》，在教育部直属高校关工委第二协作组会议上报告交流，时间为2018年11月15日上午。在《教育部直属高校关工委第二协作组2018年会议交流材料》第64页中，我校关工委指出：

2018年5月3日，老教授报告团成员、物理学家张端明教授做了一场《创新是引领发展的第一动力》的报告。张教授从2017年我国十大科技突破入手，介绍了物理科学的飞速发展状况，慷慨激昂，挥洒自如，引人入胜。在互动环节，张教授回答了学生提出的许多问题，如面对发达国家对于全球顶尖精密仪器的垄断，在中国高精尖技术层面怎样才能尽快突破瓶颈等。互动环节后，张教授还向现场提问的学生赠送了5套他刚出版的百万字大作《物理发现启思录》，学生报以热烈的掌声。校关工委还以《"名师学子面对面"品牌活动实践探索》为题，专门在会议上交流了此次报告活动经验和体会。

需要补充的是，在2016年4月25日，华中科技大学召开纪念教育部关工委成立25周年暨第五次工作会，全国教育系统322个先进集体、653个先进个人受到表彰。我校张端明教授很荣幸地被评为教育部关心下一代先进个人（湖北省共有10余位，我校一位）。我校关工委特别发文表彰张端明教授为底蕴深厚、经验丰富、学生爱戴的老教授，他退休后除了继续开展科学研究外，还积极投身科普事业，传播科学思想，倡导科学方法，努力弘扬科学与人文精神，提升大学生、中学生的科学文化素质。2013年张老师担任华中科技大学关工委聘用的老教授报告团成员，他非常高兴地接受了这项工作，并发挥自身优势，多次为大学生作报告。在2014年校关工委开展的讲好中国故事活动中，张端明教授虽然腿脚不便,但他每次都克服困难,提前10分钟到达会场。他主讲的题目是《中国梦与科技创新》,虽然是同样的标题,但对于不同的学院,都要根据该学院的特点修改讲稿,每次修改PPT都需要花上半天的时间。他的报告中包含着理想信念故事、改革发展故事、做人做事做学问的故事、中华优秀传统文化及世界优秀文化故事及科学生活故事,观点深刻,视野开阔,深受大学生的欢迎。

这篇文章可以视为我退休生活的剪影。

# 五十年风雨历程　醉心物理创辉煌

——记华中科技大学张端明教授

张端明,1941年生,华中科技大学教授、博导,享受国务院特殊津贴。湖北省物理学会理事,中南理论物理中心副主任,湖北省科普作家协会副理事长。曾任华中科技大学凝聚态-材料物理中心主任、学术委员会主任,全国理论物理基础前沿研究会常务理事。

## 一、物理研究结硕果

张端明于1960年进入华中师范大学物理系,提前两年以优异的成绩通过所有专业考试,50年来致力于理论物理和凝聚态物理研究,致力于华中科技大学理科专业的创建和发展。累计主持国家自然科学基金、国家电力系统重大项目以及各种省部级科研项目近30项。主要研究方向有:高能物理和量子物理的基础研究;有序介质的缺陷和拓扑性质的研究;新型电子功能材料的制备、表征和机理研究,以及脉冲激光沉积动力学的构建和发展研究;分形物理,复杂颗粒流系统输运行为以及随机动力学的研究;复杂网络和自组织系统的临界行为和动力学规律的研究。成果卓著,取得了许多具有国际和国内先进水平的成果,累计在国际和国内学术期刊上发表论文300余篇,出版科学专著8部。多次获得国家级、省部级的奖励,其中包括自然科学成果奖、科学技术进步奖、优秀论文奖等。

## 二、不图虚名，独辟蹊径

特别应该指出的是，在科研工作中，他能坐下来、沉下去，不图虚名，独辟蹊径。在脉冲激光沉积动力学领域坚持 10 余年的理论和实验研究，填补了我国这一领域的空白，在国际上发表了该领域的第一本专著《脉冲激光沉积动力学与玻璃基薄膜》。在非平衡非线性物理研究中，提出了复杂非平衡系统稳态中整体温度的概念，并且提出了相应的第零定律和第一定律的假设；最近发现的非化学计量硫族银化物的奇异磁电阻效应，其机理的研究在国际上是一个具有高度挑战性的问题。他领导课题组将高能物理中的杨-米尔斯理论的思想、欧氏网络中的电阻网络应用到有关的研究中，取得了具有国际先进水平的成果：在国际上提出了与实验定量吻合的机理理论。

## 三、人文素养深厚

张教授多次以《老子的自然宇宙观》、《中国古代哲学的自然和谐观》、《营造学术大师脱颖而出的软环境》、《道德经中的"道"、"无"与真空场、暗能量》等题目，在华中科技大学、武汉大学、华中师范大学、湖北大学等四十余所院校和许多中学做人文素质和科学普及的报告，并多次在重要社会科学学术会议上发表学术演讲。多年来，张端明教授在《中华读书报》、《科学》、《自然》、《世界科学研究与发展》、《科技日报》、《湖北日报》、《长江日报》、《华中科技大学学报(社会科学版)》等刊物发表关于哲学、科学史、教育、书评以及科普方面的作品 40 余篇。

## 四、桃李满天下

张端明教授忠诚于教育事业，热诚投身于教育和教学改革，创建并主持华中科技大学少年班和教改班的工作十余年，对于如何培养具有创新精神的年青一代有自己独到的看法，培养了数以百计的博士生和硕士生，多次被评为湖北省、学校研究生教学成果奖、优秀研究生导师。他是 2009 年荣膺中国科学院院士的罗俊的本科毕业论文的指导教师。他培养的研究生高义华于 2001—2002 年在日本材料物理研究所的科研工作取得了世界领先的突破成果，并于

2002年3月在世界顶级科学杂志Nature上发表了他的研究论文;用碳纳米管制成了纳米级的特殊传感器,被吉尼斯世界纪录视为世界上第一支纳米温度计。高义华在张教授的感召下,最终又回到了华中科技大学国家光电实验室(筹)。他的学生雷雅洁,在美国华盛顿大学攻读博士学位期间研究工作表现突出,荣获美国西格马学会大奖(该奖的获得者中有几十人获得了诺贝尔科学奖)。雷雅洁作为一名非学会会员,获此殊荣,华盛顿大学将之引为一时美谈。

## 篇 后 语

这是中国科技部所属《科学成果管理与研究》杂志2010年6月25日所载其记者对我采访的报道。类似的介绍和采访,近年来很多。例如中国画报出版社为纪念新中国成立60周年而出版的《影响中国的500位专家》一书中的第580页;中国未来研究会为纪念辛亥革命100周年所编的《百年中国》第192面,以及《科技日报》、《科技文摘报》等都对我的工作进行了报道。

# 一身清风勤求索 栉沐风雨志不移

导语:科学是人类社会发展的原动力,尤其是在当今时代,科学发展水平已成为衡量一个国家综合国力的重要标志。新中国成立60余年来,我们国家从百废待兴的状态发展到今天拥有举世瞩目的伟大成就,离不开一代代科学家和科技工作者的无私奉献。有这样一位科学家,历经磨难而矢志不渝,将毕生的心血奉献给了祖国的科学研究事业,不仅做出了杰出成就,而且以一身睿智清风,勤于求索,笔耕不辍,为培养年轻一代付出大量心力。他,就是华中科技大学教授、我国著名物理学家张端明教授。

## 一、厚积薄发,求索真知结硕果

已逾古稀之年的张端明教授是我国物理学界的权威级专家,享受国务院政府特殊津贴。他一生历经坎坷而矢志不渝,坚持探索科学、追求科学真理,在 70 余年的人生道路中留下了一串串光辉的足迹。少年时代的张端明天赋异禀，中学阶段起就文理兼优，爱好科学，以求索科学真谛、实现科学报国为宏伟志向。早在 1963 年，尚在大学中求学的他，就提前两年以优异成绩通过所有专业考试，以第一名的成绩通过某知名大学粒子物理专业的研究生入学考试。虽然由于种种原因，张端明教授继续深造的理想未能实现，他却以无畏的勇气迅速从困境中重新崛起，毫不气馁，不仅自学完成了所有物理专业的基础课程，而且自学完量子场论、原子核物理、粒子物理、群论、微分几何与张量分析、广义相对论、泛函分析和拓扑学等，为日后的物理学教研工作打下了深厚的基础。

1978 年，张端明教授进入华中工学院(华中科技大学前身)，当时学校的理科院系几乎是一片空白，完全是依靠他及同仁一点一滴白手起家建设起来的。张端明教授以满腔热忱投入到学校的理科专业建设当中，为科研教学事业奉献了几十年的心力。他在约 30 载光阴中先后主持并完成国家自然科学基金、国防预研基金等国家级、省部级重要科研项目 20 余项，累计在国内外权威学术期刊发表论文约 300 篇。主要研究方向包括：①有关高能物理和量子物理的基础研究；②有关有序介质(液晶、超流液氦三或液氦四)的缺陷和拓扑性质的研究；③关于新型高温超导材料、新型稀土铁磁材料、特种铁功能材料和有机物为基底的纳米复合功能材料的制备和性能研究，非线性铁电光学材料 K T N的制备和机理研究，超强磁场下线性磁阻效应系列材料的制备和机理研究；④分形物理以及特种分形多孔材料的输运性质的研究和粒度具有分形特征的混合颗粒流系统理论模型的建立及随机动力学性质的研究；⑤复杂网络和自组织系统的临界行为和动力学规律的研究；⑥脉冲激光沉积(PLD)技术的动力学机理的研究。

21 世纪初，他成功研制出新一类非化学计量硫族银化物，具有奇异磁电阻效应。他领导课题组用量子场论中的杨-米尔斯理论构建材料的机理模型，表明材料具有 $Z_2$ 的拓扑性，模拟研究的结果与实验定量吻合，取得了具有国际先进水平的成果。可惜由于种种原因，实验结果发表滞后。这种材料就是 2016 年诺贝尔物理学奖相关的拓扑绝缘体材料中的一种。

脉冲激光沉积技术是近年来发展的一种先进制备材料的技术，但是机理研究严重滞后。张端明教授带领课题组展开了艰苦攻关，在十余年中应用该技术制备多种先进的薄膜材料，同时为了优化工艺技术，对该技术的机理进行了系统深入的研究，从而在世界上成功地构建了一门新学科——脉冲激光沉积动力学。其初步成果总结在 2006 年出版的专著《脉冲激光沉积动力学与玻璃基薄膜》中，并在 2007 年被新闻出版总署评为自主创新工程。

2011 年，经过进一步充实和完善，科学出版社出版了国际上第一本关于 PLD 技术机理的学术专著《脉冲激光沉积动力学原理》。本书完整地构建了 PLD 动力学的理论框架，并且详细阐明了各个工艺段的物理图像和规律，在中外学术界引起强烈反响。

2011 年下半年，世界上最大的科学类出版社 Elsevier 遴选国际上知名的材料科学家撰写材料科学大型专著《Comprehensive Materials Processing》。张端明教授受邀撰写其中的“Laser ablation”部分，全面系统地介绍了 PLD 动力学的主要内容。该书已于 2014 年正式向全世界发行。全书 13 卷 5000 多页，影响巨大。在此期间，国际材料科学和凝聚态物理的多次国际学术会议邀请张教授到会做报告，甚至邀请他以其研究内容为主题组织专门的研讨会议。

张端明教授的教学和科研工作得到了国家的多次奖励，其中包括国家级的奖励和省部级自然科学奖及科技进步奖多项。

## 二、书香为伴，桃李芬芳满天下

将近半个世纪的不懈钻研、求索生涯，让张端明教授取得了众多在国内外具有先进水平的研究成果。其研究成果以论文的形式发表。他还注意研究成果的总结和提高，以使研究成果发挥最大的社会效益和学术效益。

迄今为止，张端明教授已经出版或即将出版的著作已达 20 余本，其中学术专著有《物理发现启示录》、《脉冲激光沉积动力学原理》、《脉冲激光沉积动力学与玻璃基薄膜》、《应用群论引论》、《21 世纪物理学》、《高等量子理论》、《世纪之交的物理学》等。《物理学与高新科技》、《极微世界探极微》等在国内外学界引发广泛好评。他热衷于科学普及工作，多次获得有关奖项。2003 年 9 月荣获全国第五届优秀科普作品一等奖，在人民大会堂庄严地领取了奖状。凭借深厚的文学造诣和出色的文笔完成的科普著作有《星河欲转千帆舞——大宇宙奇旅》、《庭院深深深几许——小宇宙探微》、《大宇宙与小宇宙》、《小宇宙与大宇宙》、《精神文明知识宝库》(科学部分)、《笔尖下冒出来的幽灵粒子——中微子漫记》、《宇宙创世纪史诗》等。他走遍荆楚大地，为上百所高等学校、中小学校和许多机关团体做科普报告，为向下一代和社会各界普及科学知识、弘扬科学精神付出了大量心血。

这些年来，无论科研工作有多忙，张端明教授始终不曾放松过自己身为教授的职责。他忠诚于教育事业，重视教育理论和教学方法的研究，热诚投身于教育和教学改革。由他创建并主持华中科技大学少年班及教改班的工作十余年，对于如何培养具有创新精神的年青一代形成了独到的看法，培养了数以百计的博士生和硕士生，多次获得湖北省教学成果奖。优秀研究生导师。他桃李满天下，为国家和世界科技界的发展培育出众多英才，不乏各个行业的杰出人物，包括中国科学院院士、美国西格马学会奖获得者、企业界领袖等，在不同领域内均有卓越建树。

雅好文史的张端明教授曾多次通读《资治通鉴》，他不仅拥有深厚的科学素养，而且哲学、教育及科学史等人文科学学术底蕴雄厚。他虽一生饱经风雨，却壮志不渝，为了科学事业、为了年青一代尽心尽力。2000 年，在面向新世纪海峡两岸高层教育研讨会上，他所作的报告《营造学术大师脱颖而出的软环境》指出，学术大师营造的必要条件是独立人格与学术自由，舍此绝无有原创性的创新，在会上引起热烈反响。近年来，他还在哲学、教育、科学史领域发表多篇论文，并在国际文化交流论坛上做了一系列有真知灼见的学术报告，反响很好。目前他正在书斋编写他的诗文集《斑斓人生——科苑咀华录》，全书收集了他写作和发表的关于教育学、哲学、科学史的相关论文和他写作的古典诗歌，以及他的部分生平回忆。全书约 50 万字，正在紧张编辑中，即将由华中科技大学出版社出版。

半个世纪的勤奋求索，历经风雨的执着无悔，在张端明教授身上得到了最深切的体现。他一身清风，淡泊名利，遨游于书香科海之间，时至今日仍笔耕不辍，为了科学事业、为了给年轻人留下更多宝贵的财富而辛勤耕耘着。

## 篇 后 语

本文系《科技文摘报》2016 年对我的一篇报道，照片来自原文。

# 宇宙鸿蒙畅想曲

——评张端明教授《极微世界探极微》

近几年来，原创优秀科普著作令人欣喜地越来越多，而华中科技大学物理系张端明教授撰写的《极微世界探极微》就是其中的杰出代表。

张端明教授是搞理论物理研究的，还是一位博士生导师。不一般的是，他不像许多博士生导师那样，认为写科普作品是什么“掉底子”的事，相反，他认为进行科普作品的创作是一项极有价值的事业。几年来，他在闲暇之余其乐融融地写出了三本完全可以称得上优秀的科普作品。除了上面提到的《极微世界探极微》，还有《大宇宙与小宇宙》和《科技王国的宙斯——物理学与高新技术》。

《极微世界探极微》一书以基本粒子物理学发展为线索，追本溯源，寻幽探微，旁征博引，生动地撩开了“极微世界的面纱”。在一幅幅壮丽画卷中，作者展现了现代粒子宇宙学的最新研究成果。最令人惊喜的是，张端明教授能够以他独有而丰富的中国古典文学功底，将美不胜收的中国古诗词融入最新、最深奥难懂的现代物理学、宇宙学研究内容之中，其贴切、美妙和准确能够让你领略现代物理学、宇宙学的真谛。

该书开篇第一小节就是“极微世界的惊雷”，由此拉开了全书的大幕。

是什么样的惊雷能够成为开篇之作？原来是 1998 年 5、6 月份，日本和美国科学家组成的“超级神冈协作组”宣布：他们经过 600 多天的观察，发现中微子具有静止质量。他们测得的 $\mu$ 子型中微子 $\nu\mu$ 的静止质量为 0.03～0.10 电子伏，相当于电子质量的 $2\times10^{-10}$～$1.6\times10^{-6}$ 倍。接着作者写道：“不要低估这个‘微不足道’的质量，他也许会掀起微观世界的轩然大波，甚至会扭转宇宙演化的进程……这真是微观世界的惊雷啊！”

读者看到这儿，我想都会被这个预言所吸引，迫不及待地往下看，以便知道个究竟：何以一个静止质量如此微小的中微子，会掀起轩然大波呢？

接下来的章节就越来越有吸引力了：“镜花水月奈何天”，“往事钩沉心潮急”，“青萍之末起微风”，“最是销魂雾中花”，“路漫漫其修远兮”，“宇宙鸿蒙畅想曲”，“此曲只应天上有”……

最近我也看到一些书的作者,用上了许多也可以说是美轮美奂的诗句,十分花哨,但是等你看完之后,却觉得只不过是花里胡哨的花架子而已,读者不可能从这些花架子中学到什么更多的科学知识,有时还会把人弄得稀里糊涂,比没有看之前还糊涂!

但是张端明教授可以让读者从他的书里,学到一些物理学前沿知识。我举几个具体的例子。

在“镜花水月奈何天”这节里,讲的是物理学中最深奥的内容——对称性和守恒。作者开始却给读者看一幅美丽的照片:印度的对称典雅的“泰姬陵”。由这幅美丽、高度对称的建筑物照片,作者向读者介绍了“以中轴线”为界的左右对称和它在水中影像的“镜像对称”,还用五角星介绍什么是“五重对称”……然后并得出物理学和数学中非常重要的结论:“对称性往往导致不变性;反之,不变性往往导致某种对称性。”再往下,作者让读者遇到新的问题:由镜像对称得到一个新的守恒定律——宇称守恒。

写到这儿,作者留下一个“包袱”:“镜中花,水中月,摇摇曳曳,荡荡晃晃,一向是诗人讴歌的对象,难道内中还有什么‘玄机’隐藏?”

确有“玄机”隐藏!下面几节直到“往事钩沉心潮急”,都是讲的这个隐藏的“玄机”。

在“绿衣人似花,爝火来天涯”这一节,作者又为读者道出 20 世纪天文学领域四个最重大发现中的一个魔幻般的、离奇的发现故事。

1967 年的一天晚上,英国剑桥大学天文学家休伊什的研究生贝尔,在用他们刚刚扩大改建的射电望远镜巡视天空的时候,发现一个非常稳定而奇怪的脉冲信号,这个脉冲信号每隔 23 小时 56 分重复出现一次,其脉冲周期为 1.3372275秒。人们对于这个出现恒定和周期如此短暂的信号,感到非常惊讶:它说明这个信号源在疯狂般迅速旋转!人们从来没有见到过这样疯狂旋转的天体。于是,有人异想天开地推测,这是天外文明发来的信号;甚至有人由信号的特点猜测,这种天外文明人有比我们更加高度的智慧,并且体格退化,形体极小,皮肤还是绿色的,能够直接利用光能……他们为这种文明人起了一个名字:“小绿人”。

作者写到这儿不由诗兴大发:“这正是:爝火来天涯,绿衣人似花!”

真的有小绿人吗?没有。后来,休伊什和贝尔在继续研究中认定,这是一颗中子星发射的信号。作者由此回顾了理论物理学史中的一段佳话。原来,早在 20 世纪 30 年代中子被发现没有多久,就有人提出“中子星”的概念。他们认为当超新星爆发以后,其中心会坍缩成一颗全部由中子组成的星球。中子星密度大得惊人,可达到每立方厘米100亿吨,但是半径只有20千米左右。正因为半径很小,所以它能够以疯狂的速度高速旋转,其旋转周期当然就可以非常小,例如几秒钟。在休伊什和贝尔观测以前,中子星只是一个理论上的猜想,谁也没有想到他们的观测,居然意外地证实自然界果然存在中子星。

这在当时简直是一个惊人的、划时代的伟大发现!

精彩的故事和美妙的诗文在这本书里还多得很,可惜这儿不能一一列举。

张端明教授虽说是理论物理学教授,但是他的古文功底使他在写科普作品借用古诗词时游刃有余,真乃信手拈来、左右逢源。

科普作品的创作,有点像翻译外国文学作品一样,要讲究"信、达、雅"。科普作品要将充满科学术语、科学公式的大自然之声,翻译成生动、贴切、美妙又不失原意的通俗语言,让没有足够科学知识的一般读者也能够理解,这就必须满足"信、达、雅"的要求,否则不是读者看不懂或不愿意看,就是看完以后得出的是一种对于科学的错误的理解。因此,科普创作的难度绝不会小于翻译外国文学作品的难度。这点张端明教授可能早就深刻领会到了。在《极微世界探极微》一书的后记中,他写道:

"科普著作不乏传世佳作。但平心而论,真正令人满意者不多。所以然者何?大多数作品非拘泥科学性,类同科学论文,则流于肤浅,甚至每每有失真之叹。是书也,作者力求抓住科学本身发展脉络,在动态中描述近50年粒子物理的繁花硕果。力求做到勘奇而不失其真,探真而务求其趣。简言之,信,科学内容准确;达,文字流畅酣达;雅,风雅可乐。"

诚哉斯言!

## 篇后语

本文载于《中华读书报》2005年3月16日第15版,系著名科普专家和诺贝尔物理学奖的权威研究者杨建邺教授为我写的《极微世界探极微》科普著作而写的书评。类似的书评很多,但是杨建邺教授的这篇书评,我觉得是比较到位的。他作为行家里手,眼光独到,要言不繁,非一般的泛泛而论的书评。收录于此,可见业内人士对我的科普著作的看法。

# 日暮春深老泪多

——中国科学技术大学诸先贤祭

我跟中国科学技术大学(简称“中国科技大学”或“中国科大”)近代物理系似乎在冥冥之中结下了不解之缘。在我报考大学的时候,班主任娓娓动听地劝说我,要我将第一志愿由武汉大学改报为中国科技大学近代物理系。结果当然不胜美妙。1978 年 7 月,我调入华中工学院以后,在朱九思院长的指挥下,致力于学校物理学科的建设,努力争取中国科学院和中国科学技术大学这样的学科先进单位的支持。在这些兄弟单位中,与我联系最多,对我们支持最多的就是中国科技大学的领导和老师们。阮图南教授、汪克林教授、刘耀阳教授、尹鸿钧教授、辛厚文教授,以及钱临照院士、管惟言校长等,对我帮助良多,至今难以忘怀。其中,阮图南教授、尹鸿钧教授、钱临照院士、管惟言校长等已经驾鹤西去,感触良多。

2007 年去世的阮图南教授与我交往最深,给我的帮助最多。阮图南是北大物理系 58 级的学生。他才华横溢,功底深厚,为人谦和。当年中国科大副校长尹鸿钧(也当过近代物理系的系主任)曾这样评价他:“中国科大近代物理系的阮先生可以说是一木支天,我们系的科研工作如果算十分的话,他一人独占六七分。”在 1965 年北京基本粒子研究组的众多论文,据说最后都要由他审核无误后才能发表。

按百度的介绍,阮先生于 1965 年参加朱洪元教授指导的层子模型工作,提出了 V-A 强作用。1977 年与周光召等共同提出陪集空间纯规范场理论和路径积分量子化的有效拉氏函数理论,丰富和发展了杨-米尔斯场论和费曼-李杨理论。1980 年与何祚庥等共同提出相对论等时方程,重新建立复合粒子量子场论,并较早提出原子核的幺正对称理论和高能集团散射理论。

在政治上,阮先生一贯低调。据我校潘垣院士讲,1960 年,他们一起在原子能所工作,有人认为他们是“白专”,将他们下放到山西平遥农村劳动,但阮先生的一生没有遭受重大挫折。阮先生是我国建立博士学位制度时第一批培养出博士生(共 18 人)的指导教师,他的研究风格以推导物理理论严谨而著称,享誉全国。他的第一个博士生范洪义是著名物理学家、博士生导师,曾任中国科学技术大学材料科学与工程系系主任，意大利国际理论物理中心协联成员，美国名人传记学院顾问。

中国科技大学近代物理系对于我校物理学科建设最大的贡献就是在20世纪80年代初期采取合作培养研究生的方式，帮助我们提高师资水平，大大地促进了研究生培养工作和物理学科学术水平的提升。我们招收的第一批研究生都是采用联合培养的办法。阮图南教授是这种培养模式的主要决策人，他与汪克林教授是近代物理系派出的第一批联合培养导师。我校派出的联合培养导师则是张金如副教授和我。

阮图南与我共同培养了两个基本粒子专业的硕士生：毕勇毅和罗晓明。这两个学生硕士毕业后，前者分配到北京化工大学，后者则留校教书。后来都分别远渡重洋到加拿大和美国从事学术工作。张金如与人联合培养了一名天体物理的研究生，姓高，名字记不起来了，毕业于武汉大学。后来张金如调往武汉理工大学，姓高的学生就由我负责培养了。

中国科技大学当时在学术合作上极为开放和真诚。1983年，中国科技大学为了帮助我们发展理论物理专业，曾将近代物理系施勇等5个优秀毕业生分配到华中科技大学物理系。还有教授将已经录取为他的研究生的两名高才生转让给我们。其中一名是湖南的理科状元，叫王建安，作为我的研究生。毕业后留校。后在加拿大 McGill University 博士毕业，现在深圳创业。另一名则是当年报考他的研究生中考分最高的，作为当时我们的系主任黄念宁教授的研究生，后来去了武汉大学。这些支援都是阮图南教授等商量进行的。

1986年5—6月间，我们联合培养的5个研究生要答辩了，我作为华中科技大学联合导师的代表，赴中国科技大学，参加答辩。答辩委员会阵容强大，共6个人，除我以外，都是中国科技大学的精英：管惟言院士（当时中国科技大学的校长）、霍裕平教授（现为院士）、项马林教授、阮图南教授等。

必须指出，从20世纪80年代以阮图南教授为代表的中国科技大学的教授们身上，我丝毫看不到文人相轻的恶习，反倒看到文人相重、文人相惜、文人相爱，大公无私，高风亮节。

中国现代教育史上，民国时期的蔡元培校长，梅贻琦校长等教育大师，秉承学术自由、独立人格的科学教育理念造就了教育史上难得的百家争鸣、人才辈出的辉煌。在当时内忧外患、国力疲弱的情况下，居然造就一大批忧国忧民、风骨凛然的学术大师，肩负着挽救民族危亡，致力于科学民主自由的光荣事业。但是君不知，在20世纪80年代上半叶，以严济慈校长、钱临照院士等为首的中国科技大学领导和教授们，秉承1958年建校以来的优良传统，在20世纪80年代初不断深化教学改革。中国科技大学在全国率先提出并实施专业结构调整和改造，使当时以理工为主的学科结构调整为理工结合、兼有文管的综合性学科结构，并通过不断完善，使学科专业一直保持在全国高校的先进水平。学校还及时提出对人才培养目标进行调整，进行“4-2-3(学士-硕士-博士)分流培养”的试点，通盘考虑高等教育的三个层次。特别要指出的是，首创少年班和创办全国第一个研究生院。

2017年，国家组织高等学校的学科评比，中国科技大学的物理学科与北京大学一样，被评为A+，实至名归。截至2015年，他们一共获得5次国际物理学重大进展，3项国家“十一五”科技成就展基础研究代表成果，其研究成果，1次被评为世界十大科技进展，被评为13次中国十大科技进展。知名校友有潘建伟、赵忠贤、华罗庚、朱清时、张亚勤、尹志尧、侯建国等。几十年来，该校处于较偏僻的安徽合肥市，取得如此傲人的成绩十分不易。这是该校建校以来，继承严济慈、华罗庚、钱学森、赵忠尧、郭永怀、赵九章、贝时璋等一批著名科学家的优良学风的结果。改革开放以来，中国科技大学大胆创新，开始了第二次创业，面向世界，面向基础科学的前沿，终于办成一所以前沿科学和高新技术为主、兼有特色管理和人文学科的综合性全国重点大学。我在20世纪80年代至90年代初，由于校级合作学术交流的关系，来往武汉、合肥多次。在1989年6月7日，我受朱九思同志的委托，代表他参加中国科技大学少年班的教学成果鉴定会。除我之外，与会的都是前辈学者和老领导，有上海教育局的一位老局长，有南京大学的冯副校长(物理学家，分管南京大学少年班)，中国科技大学与会的领导是德高望重的钱临照院士。当然与会的还有中国科大少年班的主管领导。会议开得非常成功。我记得有一个细节，由于会议开得比较紧凑，钱临照先生体力不支，几乎晕倒。对于老前辈的敬业精神，我十分敬佩。总而言之，中国科技大学在办学理念上有许多值得我们学习和借鉴的地方。

20世纪80年代后期至90年代前期，我和中国科大的接触，由学术交流逐渐转到关于少年班办学的合作与交流。从1985年华中工学院开办少年班以来，直到90年代初，我主持少年班的工作。我校少年班的办学模式基本上是借鉴中国科大少年班。最初中国科大分管少年班的领导是尹鸿钧教授，后来是辛厚文教授，我向他们讨教，获益良多。

尹鸿钧教授的专业是理论物理，历任中国科大近代物理系系主任，教务长、副校长，兼任高等教育研究所所长、《教育与现代化》杂志主编等职。少年班办学的宗旨、理念最初都是他告诉我的。他有名的一句话，中国科大的少年班我们办出甜头来了，是中国科大的一个法宝，永远不会丢掉。从 1978 年中国科大少年班开办至今，培养的人才蜚声海内外，数以千计。据 2014 年的统计，在海内外任教授的有 202 人，其中美国有 106 人，两名美国科学院院士，一名美国人文与科学院院士。2008 年，少年班与微尺度物质科学国家实验室联合办学，少年班—交叉学科人才培养模式创新试验区项目在中国科大少年班 30 年庆典大会上正式揭牌。此举意味着中国科大“超常少年”教育模式已经得到了国家的认可，中国科大少年班必将在培养“超常少年”的道路上坚定地走下去。附带说一句，中国科大少年班的第一任班主任朱源同志，当时青春年少，意气风发，20 世纪 80 年代前期，我到中国科大与他交往密切，多承关照。现在尹鸿钧教授已经驾鹤西去，他与我的最后一次接触，是他代表中国科技大学到我校参加全国研究生院第一次评比，时为 21 世纪初，音容笑貌，宛在眼前。朱源同志现已 70 岁，据说在深圳的一所学校工作。

辛厚文教授系物理化学家，历任中国科技大学量子化学研究室主任、中国科技大学副校长。20 世纪 90 年代以后，他在中国科大分管少年班的领导工作，对少年班工作极为热心，著有《大学少年班教育概论》。大概 1991 年秋天，他发起全国超常教育协会筹备大会，在北京召开，参会代表约有两百人。不光有来自大学少年班的代表，还有全国许多重点中学的代表，中国科学院心理研究所的代表。会后成立了全国超常教育协会(筹)，选举了领导小组 7 人，他是组长，我也是领导小组的成员之一。这个协会好像而后还开过两三次会议，后来因为人事调整，这个协会始终没有正式成立。

对于超常教育的研究，中国科学院心理研究所查子秀研究员贡献很大。查子秀从事超常教育心理研究 40 余年，以全国人民代表大会代表的身份，大声呼唤重视超常教育。20 世纪 90 年代，我与她接触很多，多次参加她主持的全国超常教育心理学研究的学术会议。1989 年 5 月 21 日，她在中国科学院心理研究所(坐落在北沙滩)主持全国超常教育心理学研讨会，我带领我校少年班办公室的宋文治、任淑香与会。她对事业的忠诚，对于超常教育的执着，都是值得学习的好榜样。会议代表的返程是一个大问题，当时北京市内的交通基本瘫痪，火车票难以购买。但她还是保证了代表的正常返程。我们是 5 月 31 日搭 38 次返武汉的火车回家的。大概就是在这次会议上，成立了中国超常儿童研究协作组，选举了领导小组，成员有 5 人，负责人自然是她，我也是领导小组的成员之一。这个协作组的学术活动很多，参加的有大专院校、重点中学，当然最多的还是师范学院。辛厚文教授与查子秀研究员当时是全国超常教育研究的两个顶梁柱。多年未通音讯，料想查子秀研究员现在应该有90岁了。

在我记忆中的中国科技大学，确实存在一股欣欣向荣的气象。整个学校朝气蓬勃，领导与教师打成一片，教师与学生打成一片。招收的学生质量之高超过北大清华。中国科大每年招收的学生比北大清华少得多，但每年招收的各省理科状元占据全国的一半，另外一半大部分被北大清华所获得。可见中国科大在全国青年学生中的地位和吸引力。中国科大的特殊举措与举办少年班等都一时成为美谈。中国科技大学办学之所以取得如今的辉煌成绩，在当年还是可以看到一些端倪的。

往事如烟，一晃都是三四十年前的事了。日暮春深老泪多，我也是将近八旬的老翁了，不禁在脑海中时时浮现曾经在学术上对我多有提携、在合作办学上对我校学科建设多有帮助的中国科技大学的前辈们。他们给予我们的帮助是不会忘记的。

# 张家长冲张氏宗谱序

谱牒之修由来久矣。盖其功能为记录家族血缘关系而载之文献。自殷商以来，垂三千余年，中华民族修谱制牒之优良传统延续至今，良是以有自。一言以蔽之，家谱为维系家族血缘关系之纽带。修撰之义例曰“惩恶扬善”、曰“为亲者讳”。其宗旨则敦睦宗亲，尊贤敬祖。迩来文明昌盛，谱牒之修尤具新意。家谱者，族人血缘关系之记录也、社会文明进步之轨迹也。是谓关于家庭起源、家族形成、民族融合及其繁衍生存、迁徙分布、发展兴衰之重要史籍，其中珍贵人文资料，亦已多矣。君不见欧美诸国比来谱牒之学大盛欤？

张姓者，中华之显姓也。肇始“黄帝子少昊青阳氏第五子挥”（《新唐书·宰相世系表》）。据《元和姓纂》：“黄帝第五子青阳生挥，为弓正，观弧星，始制弓矢，主祀弧星，因姓张氏。”直言之，张姓乃黄帝之正宗苗裔。张姓之所以成泱泱大姓者，因其兼收并蓄，源出多头，有别源自春秋之晋姬氏之说；历代更不乏出自赐姓或他姓改姓之记载。

张家长冲之张姓本宗，据1946年所修之张氏宗谱所载，始祖“仲则公由江西(按系现新余市)移籍阳逻之张王畈。明初之际,七传至福端公,分移黄安之碎石岭,转迁张家长冲,遂世居焉。其后子孙有分居曾家田、邱家厂、五家湾各村传代二十余世,历时五百余年,民元以前南宫拾紫、泮水采芹之士代不乏人。呜呼,亦盛矣"。然数百年谱牒未修,赖有墨谱相传。民国三十五年(1946年),国土重光,先辈少鹏君、竟成君、位山君、起凤君与先君文翥合议创修安邑张氏宗谱。是谱督修总辑少鹏,编修校刊竟成、位山、起凤,协修先纬、先裕、文翥、文海,经费管理文选,绘图楚杰、人虎,外调收费子珊、先纺、先机、人遂、人铨、人佐、人国、文利、文鹗、文炳、华朗。诸公苦心一志,黾勉从事,草创三昧,谱牒告成,为此次续修宗谱奠定基础。

世事浮沉,人世变幻,于今六十余载矣!按修谱惯例,三代一修,此其时矣。华贵、志和、志明、文信、海波、顺喜、敬先、国建、建兵、全元、才先、华良、金才、文堂、瑞丰、长久、元喜、奇志、学勤诸君,急公好义,倡议续修张氏宗谱,组成谱局。历时两载,劳碌奔波,任劳任怨,于今新谱遂将告成耶。盛世修谱,功莫大焉。值此新谱付梓之际,颇有所感。

方今国家兴盛,经济发达,现代化、城市化、工业化、信息化,令举国面貌一新,人口流动频繁,此千古未有之大变革也。盖1946年张家长冲张姓宗谱,在籍人口约七八百人之众,而今在籍人口不过两百而已。经大量外调,勾稽流散,新谱所载丁口依然七八百人之众。六十年国家升平,人口繁衍,按常情推理,家族丁口应为2000人之谱。新谱所载丁口如此之少,所以然者何?人口流动性急剧增大之故也。由此可见,新时代修谱之艰难。家族人丁遍及四陲——新疆、云南、东北、广东、上海、浙江等,音信杳然,联系中断。甚而至于漂流海外,远及欧洲、美国、加拿大、新加坡。谱局人员,不辞劳苦,千方百计,访丁问口,钩沉于新谱之中。然而,人口之大量流散,无法缉查,已成大局。抚今追昔,原谱创修之艰难,续谱辑撰之困顿,凡我族人,应三致意焉。

新谱告成,承前启后,昭长幼尊卑之序,启后嗣敦伦睦族之心,达惩恶扬善之资,察兴废盛衰之理。明有典籍,循有章法。切望族人后裔,明谱法乡规之义,光读书明理之道,立功、立德、立言,期期然光宗耀祖,为一乡之贤士,为中国之俊杰。是为序。

## 篇后语

此文是我为族人家谱所写的序。按家谱的格式,落款为二十一世孙华辅

（端明）谨撰，于二〇一一年七月十七日。序言中的华辅系我在谱中旧名，自我入学以来对外对内从未使用过，特此说明。家谱又称族谱、宗谱等。是一种以表谱形式，记载一个家族的世系繁衍及重要人物事迹的书册。皇帝的家谱称玉牒，如新朝玉牒、皇宋玉牒。它以记载父系家族世系、人物为中心，由正史中的帝王本纪及王侯列传、年表等演变而来。

家谱是一种特殊的文献，就其内容而言，是中国文明史中具有平民特色的文献，记载的是同宗共祖血缘集团世系人物和事迹等方面情况的历史图籍。家谱属珍贵的人文资料，对于历史学、民俗学、人口学、社会学和经济学的深入研究，均有不可替代的独特功能。

经历了五代十国时期的连年战乱和社会动荡，历史上传世的家谱几乎丧失殆尽，许多家族的世系也因此断了线、失了传。流传至今的古代家谱，大多是明清两代纂修。新中国成立以后，曾经有很长一段时间把宗谱作为旧文化的产物，更无从有修谱、续谱之举。改革开放以后，一些地区开始出现零星的新修家谱，它们主要出现在明清以来宗族文化发达的地区，往往以修地方志的名义隐蔽地进行。20 世纪 90 年代初，继之而起的是浙江温州、珠江三角洲、福建闽南等一些经济非常活跃、与海外交往非常密切的地区。这些新修家谱甚至被当作是吸引海外华人寻根甚至被作为招商引资的捷径。随后，各地的修谱开始高调进行，学术机构、收藏机构的介入，也在不自觉间起到推波助澜的作用。我本人出生在武汉，与老家红安的族人的接触也是从改革开放后开始的。我国自古以来有盛世修谱的传统，因此我十分荣幸地为族人新修的家谱，写了以上序言。

# 先君张文翥传略

先君张文翥光绪甲辰（1904 年）正月初十卯时生于张家长冲幺塘角，先严姚象娥生于光绪癸卯（1903 年）八月初十。父亲人伟家境并不富裕，常年租进几亩田，属于佃中农，兄弟姐妹六人，一家八口，勉强温饱而已。少而聪颖，七岁靠本村殷实大户资助，进入村小。十四岁考入县立乙种农业学校，当时教汉语拼音的老师有后来担任国家代主席的董必武，成绩优异，甚得老师赞扬。

1922年,插入武昌旧制启黄中学,不到两年就毕业了,其语文老师董必武甚为赞赏。1925年由当时民国总统黎元洪的秘书、乡贤刘俊卿帮助,在黎府为刘的儿女补习功课。1926年春,回汉口就职于湖北鹅公颈征收局任文书,旋即国民革命军北伐到达武汉,遇到在国民政府任要职的董必武先生,承董老多方教育关怀,先出任《民国日报》编辑,旋即被派往全国总工会筹建缝纫业工会。工会成立后被选为委员长,积极投身大革命的活动。不幸不久被人陷害入狱。董老知悉后委托湖北省民政厅厅长张难先(国恩)保释出狱。之后,先君报考并被录用为国民革命军第七军参谋处文书室文书。

先君随北伐军东征江西、安徽等地的孙传芳部军阀,并直捣南京。1927年夏秋之交,改任新编第十九军营部文书,随军征讨到达湖南衡阳、宝庆,升任团部文书,上尉待遇。1929年,桂系在湖北荆沙一带的第七、第十九军等部队被蒋介石分化瓦解垮台。先君自此以后,不参与任何党派军政活动。从1929年到1936年,先君先后在汉口公用局、湖北省官钱局资产债务委员会、湖北水利局第六工赈区驻工办事处、天门县第六专署第四科等任小职员,借以为生。1936年坚辞天门专署的职务,并从此不介入国民党的政府活动。1937年春,在天津启新洋灰公司唐山电力厂任收支员,后来实际担任电力厂经理的襄理工作。七七事变以后,先君抛弃优厚的待遇,借机由开滦矿务局的英国商船直奔香港回到汉口。岂料1938年冬武汉又沦陷了。汉口大汉奸刘翰如为伪警察总监,多方诱逼先君担任日伪政权要职,先君毅然逃回黄安故里,几次遇险,幸而逃脱。在日伪据汉期间,先君颠沛流离,誓不任伪职,市伪商会引诱他担任秘书,他一概拒绝。此时先君利用广泛的人脉关系,由我叔张文光出面开办了规模不小的晋源五金店。一家人的生活总算无虞。在此期间,先君曾多次赞助在故里打游击的新四军第五师。

1945年抗日胜利,先君先后在汉口市商会任机要秘书和武汉第一纱厂总经理程子菊的主任秘书。在此期间,他极力安排董老的亲弟董觉生到汉口市商会工作。董觉生于1948年不幸病逝,他全力妥善为其安排了后事。他极力鼎助汉口市商会主席程子菊招待在汉口参加军调会的李先念将军、参加国共会谈的董必武先生。可惜的是他没有抓住参加革命的大好时机,他不愿意介入国内政治中的党派之争的成见太深了。新中国成立后,在武汉养病的中共中央委员郑位三,曾有一段时期与先君过从甚密,极力想安排他的工作;时任平原省委书记的戴季英也托人请他参加该省的工作;尤其是他的老师董必武也曾通过直接或间接的方式希望他到北京参加革命大学的学习,以便安排工作。所有这些机会他都放过了。1957年,他因生活无着,在武汉市第二水电合作社任出纳工作。其后几经周转,先后在武汉市机电安装公司、永华电机厂和市拖拉机合作工厂担任过工作。1978年,先君以74岁的高龄退休,后于1996年12月29日逝世。

先君一生正直清廉,急公好义,民族大义凛然,厌恶国内的党派之争,从未参加过任何党派,一生历史清白;痛恨国民党的腐败无能,从来不参与反共、反人民的活动,对共产党新四军的活动多抱同情,帮助甚多。对乡亲桑梓之情殷厚,1946年修撰张氏宗谱,他不仅是主要发起人之一,而且赞助良多。在20世纪40年代中后期,我至今记忆犹新,我家住宅较为宽敞,家里常常有几个乃至十几个人,在我家借宿,包吃包住,实际上相当于一个变相的招待所。他对于张家长冲,自抗日战争以后,阔别已久,但是念念不忘,至死方休。他常常提起早年帮助他求学的殷实大户,如文海的祖父。他不能忘记幺塘角和龙岗山。我感到深深负疚的是,限于当时的条件,我没有能帮助先君实现他的愿望——带他回家看看张家长冲的乡亲。

## 篇后语

这是我为父亲张文翥所写的小传,系应宗谱修撰而作。落款:儿华辅(端明)谨撰,于二〇一一年七月十七日。

# 后　记

当我拿到《科苑沉思录》的校样时，感慨万千。几十年的沧桑岁月，几万里的艰难跋涉，几多的悲欢离合，几多的开怀畅饮，国家的风云际会，点点滴滴，斑斑驳驳，似乎都浓缩在这本小册子上。作为一名教师，近60年辛勤地耕耘在杏坛苗圃中，教学和科学研究是我生活的主旋律。作为一名物理科学的研究者，40余年奋战在研究工作的第一线。生活是充实而多彩的，感悟是复杂而甜蜜的。工作之余，闲暇之时，尤其到了晚年，我喜欢将这些感悟、回忆用散文或古典诗歌的形式写下来。全书分为四篇：第一篇 赏花人言，主要收录了我在报刊上发表的书评和在社会科学方面发表的论文，涉及哲学、教育学、科学史、社会信息学、宗教学、科学专著和科普作品评述；第二篇 书香魅影，主要收录我撰写的科学专著、科普作品中的前言和后记，大致可以反映我在有关领域的研究工作情况；第三篇 杏林弦歌，主要收录我在晚年创作的约50首古典诗词，可以从中窥见我晚年的幸福生活和时代脉搏所折射的情感跃动；第四篇 萍踪碎影，主要收录我的若干片段回忆，重点在于我忙碌的晚年生活，总结和提升我的科研成果，在海内外出版多部有影响的科学著作，劳碌奔波在各大专院校和中学主讲科学普及和励志报告，还收录了部分媒体对我的报道和评述。

本书的材料收集和撰写工作，前后整整花了4年时间。我要特别感谢何敏华博士，几乎贯穿本书写作的始终，她都一直忙碌于材料的收集、文字打印和排版编辑。本书得以顺利出版，首先应该感谢华中科技大学出版社领导的大力支持，特别是阮海洪社长和人文社会科学分社副社长周晓方。没有他们的鼎力相助，本书是不可能出版的。

我对本书的责任编辑苏克超先生和杨玲女士表示由衷的谢忱。他们高水平的、细致的编审工作，不仅最大限度地减少了本书的舛误，而且提升了本书的写作规范度和思想水平。十分难得的是，他们(尤其是苏先生)还查阅本书转引的原始文献，提出了许多宝贵的修改意见。杨玲女士工作一贯耐心细致，在本书写作过程中，她有效地与作者保持了密切的联系，避免了许多麻烦。在本书的最后加工中，她甚至参加了部分修订工作。

2019年,对于我来说是悲喜交集的一年。这一年的开局,似乎好事连连。在春天的时候,我应我的毕业博士生房然然副教授的邀请,到山城重庆进行了学术访问。发现她们的科研工作非常出色,感到极为高兴。山城也是我幼年生活的地方,我看到山城奇迹般的变化,对比了当年简陋的城市建设,极为兴奋,写下了《远眺》:

## 远　　眺

独立文峰观景台,渝城图画入帘来。远山含黛天涯尽,近郭迷楼雾上栽。少小已随风雨去,萧翁却伴岫云回。当年慈父牵童子,蔓草飞鸢自快哉。

【注解】

[1]2019年4月下旬,我携夫人受房然然博士之邀,访问重庆邮电大学。4月26日由史老师陪同游览重庆南岸文峰塔下的观景台、抗战时国民政府主席林森府邸。尽欢而返,此两处已于多年前划入铁路疗养院范围,一般游人罕至,环境优雅。

[2]文峰塔矗立于南岸区黄桷垭文峰山之巅,建于清道光30年(1850年),为重庆市级文物保护单位之一。《巴县志》记载:“文峰塔峭立山巅,凡七级,高逾十丈,万松围护,攒天一碧。”

[3]此观景台与著名一棵树观景台相距不远,乃川军名将范绍增在重庆南岸的别墅,保存良好,现改作游人观景台,二楼家具为其原来陈设,古香古色。我们一起,品茶谈天,乐何如哉!

这一年我终于完成了本书的写作和《北斗卫星导航系统》(河北科学技术出版社即将出版)。我所参加的科学大工程——脉冲强磁场的建设项目荣获湖北省2018年度科学技术进步奖特等奖,并且及时获得湖北省人民政府颁发的科学技术奖励证书。尤为高兴的是,该项目已被国家正式批准获得2019年度国家科学技术进步奖一等奖,奖状将于年终召开的全国科学大会上颁发。我的科普著作《宇宙创世纪史诗》,被河北省评选为最受读者欢迎的优秀作品之一。湖北省科学技术协会评我为湖北省“优秀科学传播人物”之一。更使我想不到的是被爱思唯尔(Elsevier)出版集团邀请参与下一期泰晤士高等教育“世界大学排名”(Times Higher Education World University Rankings)的评选调查工作。这是我第二次参与这个调查工作。泰晤士高等教育“世界大学排名”是公认的世界四大排名系统之一。

然而，“祸兮福所倚，福兮祸所伏”。这一年也是我十分不幸的一年。从端午节至今，我和我的夫人轮流重病。我夫人的病经过手术和漫长的恢复过程，目前已渐渐痊愈。而我的病，先是肺炎、尿道炎和前列腺炎并发。经过住院治疗，炎症已经消失。但是疾病转为前列腺癌。所幸者经过三个月有效靶向治疗，健康指标已趋于正常。我是一个不服老、不信邪的老人，并不感到消沉。在住院期间，我还抽空在我校公共卫生学院、光电学院和校团委组织的一次活动中，做了 3 次标题为《实干兴邦，空言误国》的报告。在 7 月份我还以专家的身份参加了中华人民共和国教育部组织的强磁场物理前沿中心建设方案的专家论证会。

在此期间，我反复吟诵，创作了《荷花》三章。收录如下，可见我的心境。前两章为《荷花吟》，均为七律。后一章《残荷》，词牌为水龙吟。

## 荷　花　吟

公元二〇一九年八月十七日，携友人至东湖之滨，会渔桥畔赏荷。前此，我多次与夫人在回雁岛景区夜观荷花。感触良深，因有是律。

### 其　一

丽日晴空晓风轻，软沙翠浪探佳人。雁翔月下悄无力，鱼戏朝晖绝俗尘。妆就水天无尽碧，霞蒸珠泪数尖新。风生亭盖翩翩舞，夏韵原来胜似春。

### 其　二

君生时节春怨生，丽质天然初长成。不与牡丹争国色，爱共白鹭度昏明。婷婷荷盖鱼声细，漾漾翠波蒹苇轻。悄悄而来飘逸去，寒塘残荷载诗情。

【注解】

[1]定稿于 2019 年 9 月 14 日。拖延数月，盖因我病体缠身数月也。在此期间，获得湖北省科学技术进步奖特等奖奖状。前几日，有关领导告知此项目已正式批准为国家科学技术进步奖一等奖。古哲云，“祸兮福所倚，福兮祸所伏”，信不诬也。强弩之末，势不能穿鲁缟。衰朽之人，以静养休息为上。

## 残荷(水龙吟)

轻风暮雨寒塘,滴滴荷蓬声声慢,蓦然回首,万千夏韵,删繁就简。月破云来,雁归迷影,醉偎阑干。念月华精神,冰霜秉性,处污淖,何曾怨?

况有元公长伴,爱莲歌、年年绕旋。佩弦背影,哽酸凝睇,魂牵梦缠。莹莹泪珠,秋声迷隐,荷残香断。忒多情,自有人间痴汉,待芳卿返。

【注解】

[1]《爱莲说》是北宋理学家周敦颐(谥号元公)创作的一篇散文。这篇文章通过对莲的形象和品质的描写,歌颂了莲花坚贞的品格,从而也表现了作者洁身自爱的高洁人格和洒落的胸襟。

[2]《背影》是现代作家朱自清(字佩弦)于1925年所写的一篇回忆性散文。这篇散文叙述的是作者离开南京到北京大学,父亲送他到浦口火车站,照料他上车,并替他买橘子的情形。在作者脑海里印象最深刻的,是他父亲替他买橘子时在月台爬上攀下时的背影。

在我患病的时候,一个意外的收获是,体会到人间的温暖和组织的关怀。学校关心下一代委员会的领导梅世炎多次登门探望,退休工作处的处长尹喻华和物理学院的领导更是多次到医院和寒舍慰问。我的散布在国内外的学生,只要知道我生病情况的纷纷致电慰问。远在河北、重庆、南京、深圳、广州和襄阳的关丽教授、韩祥云博士、孙敏博士、楚亮博士、王建安博士和李国元教授等,不辞辛苦,登门探望,殷切之情十分难忘。我的老友霍继安伉俪和老领导张秀梅远在北京不辞辛苦登门问候。至于同处江城的老同学吴锦城伉俪、高志远伉俪、何大同伉俪以及余焱祖、白祖柏,尤其是病中的郭村平伉俪频频祝福。我的狮子山下的同学们也没有忘记老师,一批批地赶来嘘寒问暖。至于在本校的学生,则经常挂念问好,不绝于耳。在此一并表示感谢!值此《科苑沉思录》付梓之际,这些真诚的关心和人间大爱,应该是给我的人生添上了浓重的幸福的色彩。我想起了顾亭林先生的诗句:苍龙日暮还行雨,老树春深更著花。

今年是新中国成立七十周年,我愉快地写下了七律一首《贺国庆七十华诞》,承蒙我校瑜园诗社不弃,而且请我校书法高手书写并装裱为精美的楹联版,推荐到湖北省老教授协会举办的诗歌、摄影和绘画展览。这首七律可以表达我此刻的心境:

# 贺国庆七十华诞

巨帆起航七十年，乾坤腾跃换新天。春风万里长征路，霞虹千层改革篇。四海龙腾云水怒，九州凤舞百花妍。何辞衰朽鸣钟吕，唱罢《大风》唱凯旋。

【注解】

[1]“钟吕”即洪钟大吕，均为中国古代乐器，泛指乐律、声律。

[2]《史记·高祖本纪》载：“高祖还归……自为歌诗曰：‘大风起兮云飞扬，威加海内兮归故乡，安得猛士兮守四方！’” 指慷慨悲歌及治国安邦之志。

2019年11月22日初稿，11月28日定稿

**图书在版编目(CIP)数据**

科苑沉思录/张端明著.—武汉：华中科技大学出版社，2020.10
ISBN 978-7-5680-6624-2

Ⅰ.①科…　Ⅱ.①张…　Ⅲ.①社会科学-文集　Ⅳ.①C53

中国版本图书馆 CIP 数据核字(2020)第 179559 号

**科苑沉思录**　　张端明　著

Keyuan Chensi Lu

策划编辑：周晓方　杨　玲
责任编辑：苏克超
封面设计：刘　婷
责任校对：刘　竣
责任监印：周治超
出版发行：华中科技大学出版社(中国·武汉)　电话：(027)81321913
武汉市东湖新技术开发区华工科技园　邮编：430223
录　　排：华中科技大学惠友文印中心
印　　刷：湖北新华印务有限公司
开　　本：710mm×1000mm　1/16
印　　张：26　插页：8
字　　数：450 千字
版　　次：2020 年 10 月第 1 版第 1 次印刷
定　　价：198.00 元

本书若有印装质量问题，请向出版社营销中心调换
全国免费服务热线：400-6679-118　竭诚为您服务